AF567750

SHADOWRUN®

LÜCKEN IM CODE

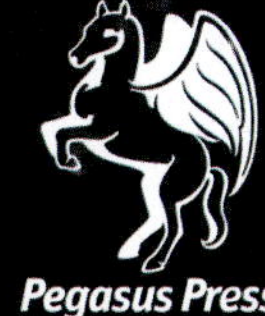

Pegasus Press

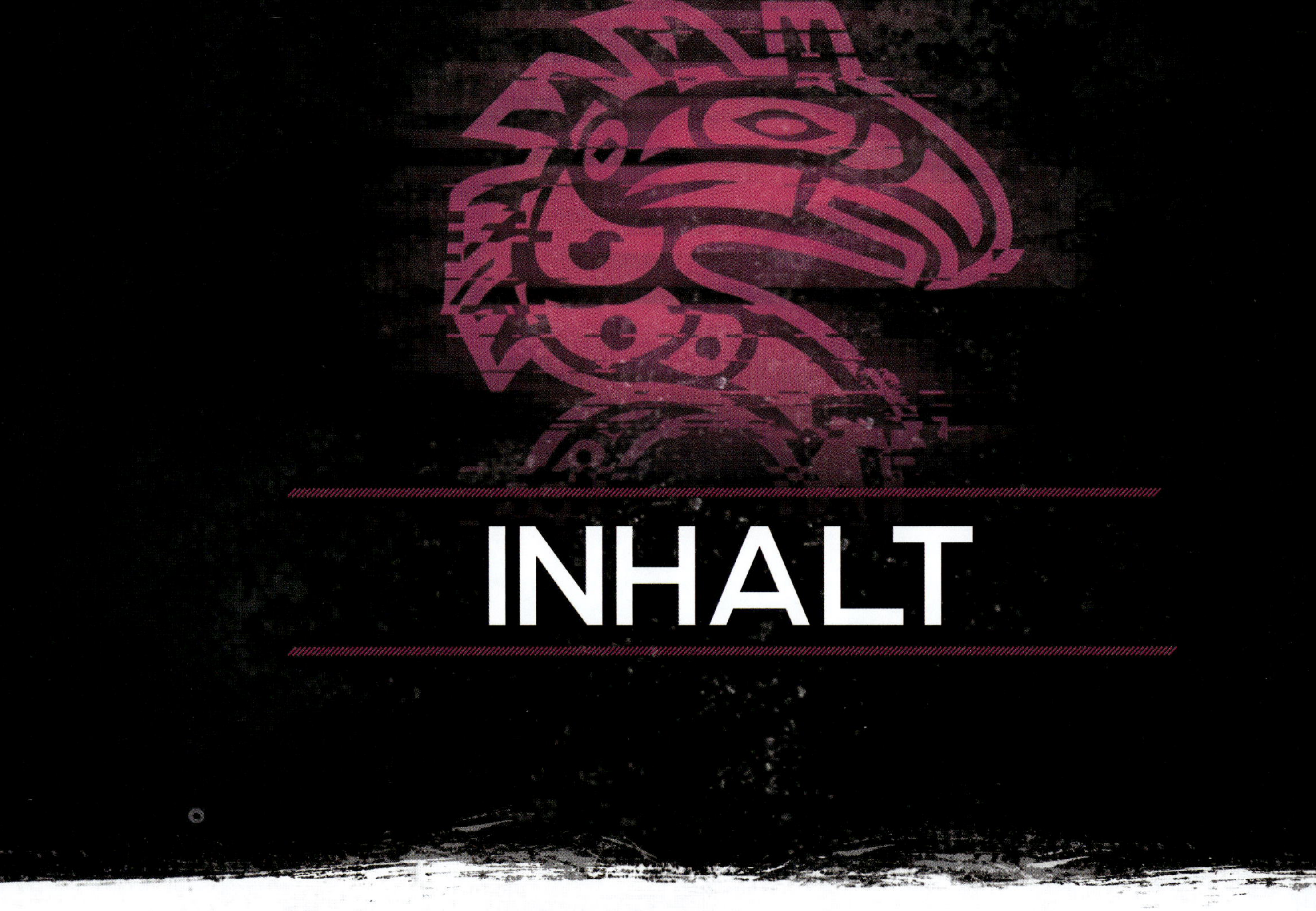

INHALT

INHALT 2

EINLEITUNG 6

JACKPOINT 7

BEZIEHUNGSGESPRÄCH 8

EX MACHINA 12
Die Grundlagen 12
Prinzipien 13
Ex-Machina-Infiltrator-Instanz 15
Ex-Machina-Cyberzombie-Instanz 15
Ziele 16
Taktik 17
Soziale Begegnungen 17
Matrix-Begegnungen 18
Heimliche Begegnungen 18
Kampfbegegnungen 18
Ressourcen 19
Gegner 20
Verbündete und Connections 20
Stützpunkte und Verstecke 22
Eine Verbindung herstellen 23
To-do-Liste 24
Gang in Bedrängnis 24
Option eins 25
Option zwei 25

GARMONBOZIA: DIE E-NATION 26
Die Grundlagen 26
Topografie eines formlosen Landes 26
Die Lage der Dinge 27
Pulsar 27
Mimir 27
Sojourner 28
Orior 28
Ziele: Wir kommen in Frieden 29
Taktik: Was geschah mit Atlas? 30
Der Jadedrache 32
Ressourcen: Der Wert eines geheimen Ortes 33
Gegner: Nicht nur die Null 34
Stützpunkte und Verstecke:
Sightseeing in Garmonbozia 35
Kayssoun 35
L'Ermitage 35
Die Stadt Ys 35

Der Hafen 35
BFI 36
Eniac 36
Die Pyramide 36
Nekropole 36
Eine Verbindung herstellen: Gestatten, Ax S. Grant 37
To-Do-Liste 38
Wer hat Atlas reingelegt? 39
Die Kirche von Orior 39
Wer tötete Wombat? 39

GOD-SLAYERS 40
Die Grundlagen 40
Prinzipien 41
Ziele 42
Taktik 43
Ressourcen 44
Hingabe 45
Fähigkeiten 45
Gegner 46
GOD 46
Die Großen Zehn 46
Regierungen 46
Verbündete und Connections 46
Reality Hackers 46
Der Nexus 47
Schwarzer Stern 47
Stützpunkte und Verstecke 47
Eine Verbindung herstellen 48
Schritt eins: Individuelle Herausforderung 48
Schritt zwei: Planung 49
Schritt drei: Testlauf 49
Schritt vier: ins Fundament 49
To-do-Liste 50
GODs Fahndungsplakate 50
Wo die wilden Kerle wohnen 50
Zertrümmern und zerschlagen 50
Komm aus dem Gefängnis frei 50
Bleib stark 50

DIE FRAU IN ROT 51
Die Grundlagen 51
Prinzipien 52
Frau in Rot: Matrix-Spezialistin 52
Frau in Rot: Sozialmanipulatorin 52
Frau in Rot: Aufgestiegene Göttin 53
Ziele 53
Taktik 53
Soziale Begegnungen 54
Matrix-Begegnungen 54
Begegnungen in Resonanzräumen 55
Ressourcen 55
Gegner 56
Knights of the C0d3 57
Shiawase 57
Die Aleph Society 58
Verbrannte Runner 58
Verbündete und Connections 59
Shadowrunner 59
Die Yakuza 59
Stützpunkte und Verstecke 59
Infiltrierter Megakon 59
Festung im Fundament 60
Beherrschter Resonanzraum 60

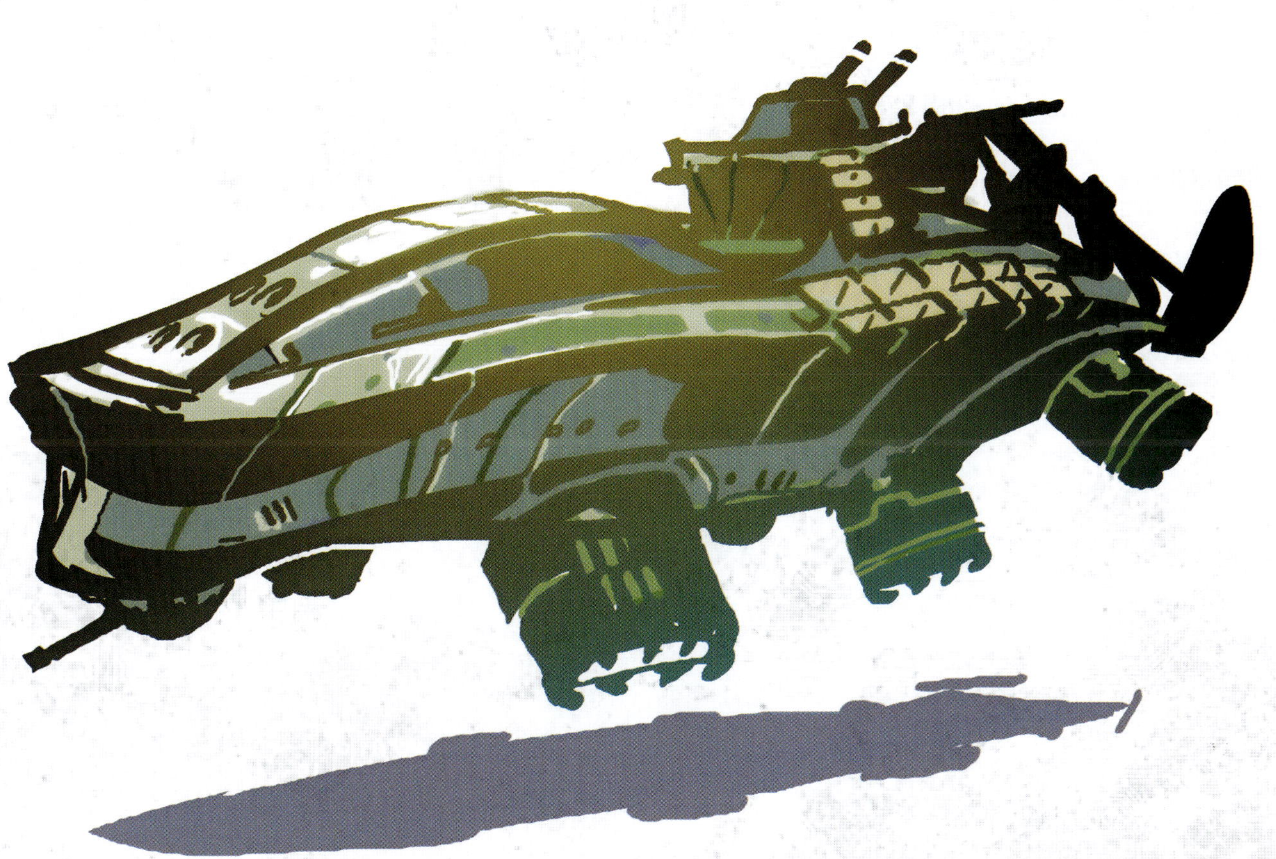

Eine Verbindung herstellen 61
Der Frau in Rot beitreten 61
Für die Frau in Rot arbeiten 62
To-do-Liste 62
Von der Frau in Rot angeheuert 62
Entlarvung einer Frau in Rot 63

MARIANNE 64
Eine kurze Geschichte der kürzesten Revolution der Geschichte 64
Was ist Marianne? 67
Was macht Marianne? 70
Marianne verstehen 71
Spielinformationen 74
Ein neues Setting für Frankreich in Shadowrun 74
Wie man Marianne (nicht) benutzt 74
Du willst es "französisch"? 74
Das vielschichtige Mysterium 75
Ein Johnson für deine Runner 76
Mariannes unbegrenzte Reichweite 76

DIE ADLER-VORHUT DER NEUEN REVOLUTION 77
Ressourcen 80
Verbündete und Connections 81
Taktik 83
Eine Verbindung herstellen 86
Stützpunkte und Verstecke 87
To-do-Liste 87

DIE NULLSEKTE 89
Was ich damals gesagt habe 89
Was ich gefunden habe 90
Was sie wollen 92
Was ich jetzt weiß 92
Versorger 23 92
Erzeuger und Schnitter 93
Zensor Prime 1 93
Kreuzritter-Taskforce Delta 94
Entdeckerteam Alpha 94
Frevler, Dissidenten und Ausgestoßene 94
Wer mit ihnen zusammenarbeitet 95
Mitsuhama Computer Technologies 95
Spinrad Global 96
Moller-Institut 97
Clockwork 97
Wer gegen sie arbeitet 97
Datahavens 98
Garmonbozia 98
Grid Overwatch Division 98
Wo sie zu finden sind 98
Die Heimat der Nullsekte 98
Eingesäte Hosts 98
NEMA-Quarantänezone 99
Die Archologie- und NeoNET-Fragmente 99
Aquakologie des Kaieiewaho-Kanals (KCA) 99
Spinrad Global 99
Club 931 99
Spielregeln für die Nullsekte 100
Nullsekten-Versorger 100
Nullsekten-Kreuzritter 100
Nullsekten-Frevler 100
Ingenieure: Nullmods und Code-Konstrukte 101
Lehrling, Geselle, Schmiedemeister und Null-Tech 101
Nullmods 101
Konstrukte 101
Hostmods 102
Die Heimat und die Nullsekten-Strukturen 103
Begegnungen mit der Nullsekte 103
Auf der Jagd 103
Rein geschäftlich 103
Nicht, wer du dachtest 104
Alternative Finanzierung 104
Zutritt verboten 104

OMNISWARM 105
Kurzfassung 107
Was Sie über den OmniSwarm wissen müssen 107
Komponenten und Teammitglieder 107
Vision und Ziele 109
Bedrohungsanalyse 111
Taktiken, Ziele, Risiken und Angriffsmöglichkeiten 111
Feindliche Ressourcen und Komponenten 112
Gefahren, Risiken und mögliche Synergieeffekte 113
Verbündete und wahrscheinliche Aktivposten 113
Operative und Habitat-Ressourcen 114
Interne und externe Kommunikation 115
Abenteueraufhänger 116
Missionen 116
Jobs für die Kons 116
Jobs für den Schwarm 117
Gefundene Jobs während der Erledigung anderer Jobs 117

REALITY HACKERS 118
Die Grundlagen 118
Prinzipien 119
Ziele 121
Taktik 121
Soziale Begegnungen 122
Matrix-Begegnungen 122
Heimliche Begegnungen 123
Kampfbegegnungen 123
Ressourcen 123
Reality-Hacker-Noob 123
Reality-Hacker-Soldat 124
Reality-Hacker-Leutnant 124
Gegner 125
Die Yakuza 125
Cereal Killers 125
Knight Errant, Lone Star und GOD 126
Matrixtech-Konzerne 126
Verbündete und Connections 126
Stützpunkte und Verstecke 127
Eine Verbindung herstellen 128

To-do-Liste 129
Schiefgelaufenes Treffen 129
Im Fokus 129
Portal Wars 129

SIGNAL SPIKES 130
Schlussgedanken 140
Spielinformationen 140
Jobs für die Spikes 140
Jobs für die Kons 141
Jobs für Unbeteiligte 141

SHADOWTALK: ADL 142
Das Netzgewitter 144
Apex 144
Monika 146
Held der (F)reiheit 147
Zersplitterung 147
Durch den Zyklon 148
Apex und der Caligari-Kiez 148
Apex und die Letzte Front 149
Bethal und die Shader 149
Das Kristallkind 150
Saeder-Krupp 150
Renraku 150
Die Ancients 150
Die Vory 150
BroadPeak und die Kabelmatrix 150
Konsequenzen für uns 151
Apex erkennen 151
Unsere Plattformen 151
Das Panoptikum 151
Arachnet 151
Nexus-Hubs 151
Andere Plattformen 151
Willkommen (zurück) im Schattenland 152

ZUR VERWENDUNG DIESES BUCHES 153
Grundlagen 153
Shadowruns und Abenteueraufhänger 153
Antagonisten und Feinde 154
Verbündete und Connections 155
Komplikationen 155
Ausschmücken 155

REGEL- & CHARAKTERINDEX 156

IMPRESSUM

Chefredaktion Shadowrun: Jason M. Hardy
Texte: Jim Greene, Jason M. Hardy, Julien Lallemand, Clifton Lambert, Romain "Belaran" Pelisse, Louis Ray, Grant Robinson, Samuel Rutzick
Redaktion: Meredith Katz, Jason M. Hardy
Art Direction: Ian King
Illustrationen: Paola Andreatta, Bruno Balixa, Marie Baumgarten, Jori Bolton, Tyler Clark, Jack Hoyle, Lukasz Matuszek, Victor Manuel Leza Moreno, Marco Pennacchietti, Rob Ruffolo, Andreas „AAS" Schroth, Jose-Luis Segura, Kim van Deun
Coverbild: David Hovey
Covergestaltung: Ralf Berszuck
Layout & Design: Matt Heerdt
Lektorat: Jim Greene, Bruce Ford, Mason Hart, Louis Ray, Jeremy Weyand
Deutsche Chefredaktion: Andreas „AAS" Schroth
Deutsche Zusatztexte: Andreas „AAS" Schroth
Deutsche Zusatzillustrationen: Felix Mertikat, Andreas „AAS" Schroth
Übersetzung: Benjamin Plaga
Layout der deutschen Ausgabe: Tobias Hamelmann
Lektorat: Benjamin Plaga, Lars Schiele

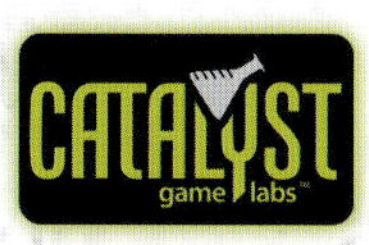

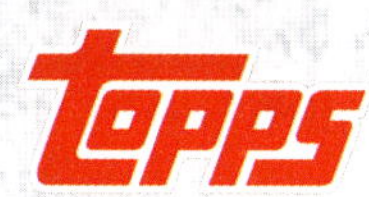

ISBN 978-3 96928-09-11

Druck und Bindung via JBconcept
Besuchen Sie uns im Internet:
WWW.SHADOWRUN6.DE
WWW.PEGASUS.DE
WWW.PEGASUSDIGITAL.DE

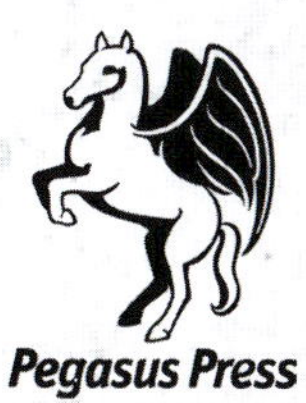

EINLEITUNG

Die Matrix ist genauso gefährlich wie jeder andere Teil der Sechsten Welt – und genauso lukrativ. Die Kontrolle über die richtigen Teile der Matrix – genau wie die Kontrolle über die richtigen Teile der physischen Welt – bedeutet, dass Nuyen in scheinbar unbegrenzten Mengen in eure Kassen fließen können. Und mangelnde Kontrolle bedeutet, dass man euch regelmäßig ausnutzt wie eine Slumratte.

Ein wichtiger Unterschied zwischen der Matrix und der physischen Welt besteht darin, dass die Matrix nicht vollständig kartiert ist. Zwischen den Resonanzräumen und dem Tiefen Fundament gibt es Teile der Matrix, die unendlich scheinen, Orte, an denen noch kein Metamensch – keine Persona eines Metamenschen – gewesen ist. Diese Teile der Matrix können den Schlüssel zu verborgenen Informationen oder zur Kontrolle anderer Teile der Matrix enthalten und bergen damit große Macht. Vielleicht beherbergen sie auch E-Kreaturen, wie man sie noch nie gesehen hat, oder Gefahren, von denen wir nicht wissen, wie sie zu bekämpfen sind.

Die zehn Gruppen, die in diesem Buch vorgestellt werden, kennen sich mit der Macht und den Gefahren der Matrix aus. Die meisten von ihnen hoffen, sich die Macht zunutze zu machen und die Gefahren zu überwinden – oder sie wollen selbst Teil der Bedrohungen werden, die die Matrix darstellt.

Dies sind die Gruppen, die du in diesem Buch kennenlernen wirst:

Ex Machina hat ihre Wurzeln sowohl in der physischen Welt als auch in der Matrix und baut neue, verbesserte Versionen von Metamenschen, ohne sich Gedanken darüber zu machen, wie das Ergebnis ihrer Basteleien aussehen wird.

Die digitale Stadt **Garmonbozia** strebt nach einer anderen Art von Macht als andere Gruppen – sie will die Macht der Sicherheit. Dieser Zufluchtsort für künstliche Intelligenzen will KIs helfen, zu leben und zu gedeihen, und vielleicht zeigen, welche Rolle sie in der Welt spielen können.

Die **GOD-Slayers** sind eine Bedrohung ganz anderer Art und haben ein Ziel, mit dem sich Shadowrunner vielleicht identifizieren können. Sie verabscheuen die Grid Overwatch Division und deren Kontrolle über die Matrix und wollen nichts Geringeres als die totale Vernichtung dieser Gruppe.

Die Frau in Rot kann ebenfalls mit Runnern interagieren, allerdings auf eine ruchlosere Art und Weise. Ihr Wunsch nach Chaos mag die Runner in ihren Bann ziehen, aber wie viel Chaos sie tatsächlich hervorzurufen bereit ist, wird mehr als nur ein paar Probleme verursachen.

Marianne ist ein Thema ganz anderer Art. Es handelt sich hierbei nicht um eine bestimmte Gruppe, sondern um das Matrixsystem, das Frankreich dienen soll und dessen individuelle Eigenheiten das Funktionieren dieser Nation prägen.

Kehren wir nach Nordamerika zurück: Dort ist die **Adler-Vorhut** der Neuen Revolution die unwillkommene nächste Iteration einer älteren Bedrohung. Die Kräfte, die eine Wiedervereinigung der alten Vereinigten Staaten anstreben, haben den Kampf nicht aufgegeben. Jetzt setzen sie bei ihrer Arbeit auf Methoden der Online-Rekrutierung und -Radikalisierung.

Außerdem gibt es die **Nullsekte**. Die Ziele dieser Gruppe sind oft verborgen, aber ihre Fähigkeiten und ihre Grausamkeit liegen auf der Hand. Wenn ihr in der Matrix unterwegs seid und diese Bedrohung überleben wollt, müsst ihr wissen, wie sie vorgeht.

Der **OmniSwarm** gibt ein weiteres Rätsel auf. Es scheint sich hierbei um eine Ansammlung von Dissonanz-Sprites zu handeln, aber sind sie wirklich Individuen oder funktionieren sie als eine Art kollektiver Organismus? Diese Art von Fragen muss man stellen, wenn man die Bedrohung durch den Schwarm erfolgreich abwehren oder wenigstens überleben will.

Die **Reality Hackers** verursachen ebenfalls viel Zerstörung in der Matrix, aber von einer Art, für die manche Shadowrunner empfänglicher sind. Die Reality Hackers sind anscheinend in der Lage, überall einzubrechen, und stoßen dabei auf einige der bestgehüteten Geheimnisse, die in der Matrix vergraben sind.

Die **Signal Spikes** zielen mit ihren Matrixaktionen darauf ab, die Umwelt zu schützen. Im Moment sind sie besser darin, Chaos zu säen, als ihre Ziele zu erreichen, aber sie haben die Fähigkeiten, um äußerst gefährlich zu werden, wenn sie sich mehr konzentrieren.

Und wer sich dafür interessiert, was die deutsche Schattenszene von den Enthüllungen in diesem Buch hält – und was ihr das Blut in den Adern gefrieren lässt –, der findet mehr dazu im **Shadowtalk: ADL**.

Das Kapitel **Zur Verwendung dieses Buches** schließlich enthält einige Vorschläge, wie du die Informationen aus diesem Buch in dein Shadowrun-Spiel integrieren kannst.

Wenn du also auf der Suche nach dem neuesten Stand in Bezug auf Matrixgruppen, nach Matrix-Abenteueraufhängern für dein Spiel oder einfach nur nach etwas Cyberpunk-Matrixchaos bist, steht Lücken im Code für dich bereit.

VERBINDE MIT JACKPOINT-VPN ...
... IDENTITÄT VERSCHLEIERT
... VERSCHLÜSSELUNG GENERIERT
... MIT ONION-ROUTER VERBUNDEN

>Login
>Passwort eingeben
... Biometrischer Scan bestätigt
Verbunden mit <Fehler: Knoten unbekannt>

„Das Internet ist eine Flutwelle. Es ändert die Regeln."
– *Bill Gates*

Willkommen zurück im JackPoint, Chummer. Dein letzter Login wurde vor **12 Stunden, 12 Minuten, 34 Sekunden** getrennt.

AKTUELLE HINWEISE

Fühlt es sich an, als wären wir zu tief in die Matrix eingetaucht und hätten einige Balrogs gefunden? Wir haben einige der Monster für euch aufgespürt.
–Glitch

NEUE DATEIEN

>>> Kontrolle ist in der Matrix eine Illusion, aber die Illusion sitzt tief. [Auswurfschock]
>>> Es gibt mehr Realitäten, als wir kennen, und sie interagieren auf neue Weisen. Seid ihr dafür gewappnet? [Parallele Wirklichkeit]
>>> Jeder Runner hat seine eigene Geschichte. Einige sind ungewöhnlicher als andere. [Die üblichen Verdächtigen]

TOP-NEWS

>>> Neuester Konzerntrend: Eröffnung eines Büros für metaplanare Beziehungen.
>>> Danielle de la Mar ist stolz auf die Matrix, sagt aber, dass „noch viel zu tun" sei.
>>> CAS eröffnet neue Runde von Handelsgesprächen mit der Karibischen Liga und verspricht „neue Ära des Wohlstands".

JACKPOINT-STATISTIK

62 User sind im Netzwerk aktiv.

NEUESTE NACHRICHTEN

CAS-Kongress beginnt mit Anhörungen zu den Rechten künstlicher Intelligenzen.

DEIN JACKPOINT

>>> Du hast 6 neue private Nachrichten.
>>> Du hast 7 neue Antworten auf deine JackPoint-Einträge.
>>> Matrix-Ausfälle in Redmond auf „sporadisch" hochgestuft.

10 Mitglieder sind online und in deiner Region.

DEIN AKTUELLER REPUTATIONSSCORE: 799 (76 % positiv)

ZEIT: 27. Juli 2082, 21:35 Uhr

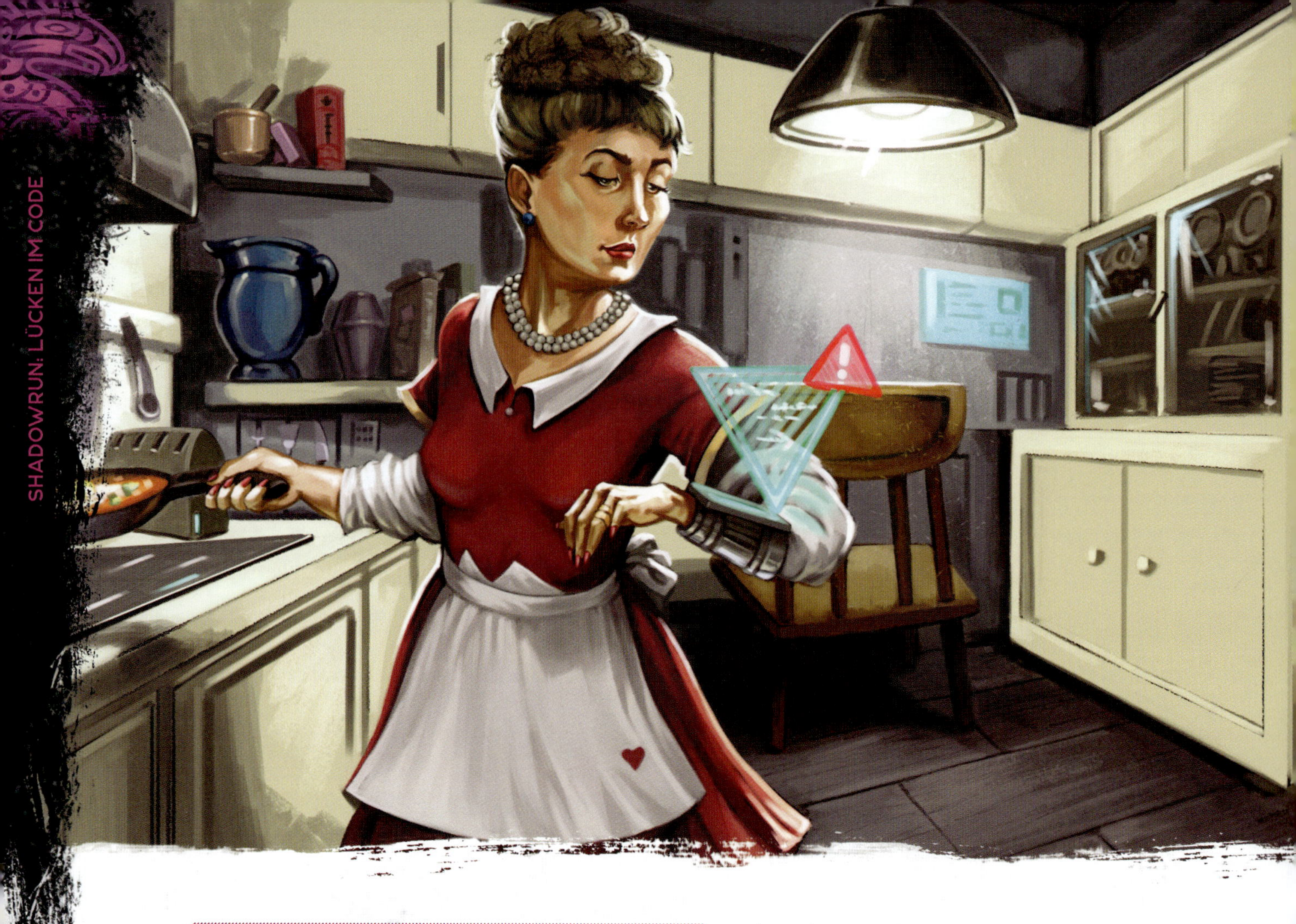

BEZIEHUNGSGESPRÄCH

VON SAMUEL RUTZICK

Evil-Eye: Hey, X. Bist du online?

Xanthos: Wann bin ich das nicht? Es ist ja nicht so, dass ich im Moment viel zu tun hätte.

EE: Hey, es ist ja nicht so, als hätten wir dir nicht angeboten, dich an die Front zu schicken.

X: Ich weiß, ich weiß. Und ich bin zufrieden mit dem, was ich tue. Aber du hast mich doch nicht zum Plaudern angepingt, Evil-Eye. Was brauchen die Signal Spikes heute von mir? Gibt es einen Politiker zu erpressen? Eine Fabrik zu sprengen?

EE: Andersherum. Wir verdanken dir viel, das weißt du. Das hier geht aufs Haus.

X: Ihr schuldet mir gar nichts. Wir kämpfen für eine Sache. Eine Sache, die größer ist als jeder von uns.

EE: Hey. Niemand zweifelt an deiner Hingabe, Xanthos. Ich ganz bestimmt nicht.

X: … danke.

EE: Aber du bist aufgeflogen, X. Du musst abhauen, und zwar bald. Oder du bist tot.

Ding!

Die Aufzugtüren öffneten sich mit einem Gong und dem leisen Surren von Motoren, und ein Mann betrat die Kabine. Er war kein Shadowrunner.

Er war niemand von Bedeutung. Er war ein Konzernlohnsklave in einem teuren, aber nicht zu teuren Anzug und mit einer Uhr, die gerade ausreichte, um den Chef zu beeindrucken, aber kein echtes Statussymbol war – die Art von Mann, an die Shadowrunner selten einen Gedanken verschwendeten. Wenn Shadowrunner mit solchen Leuten zu tun hatten, dann schlichen sie sich an ihnen vorbei oder sahen, wie sie sich während eines Feuergefechts hinter ihre Schreibtische kauerten.

In der Sechsten Welt gibt es keine Langeweile. Es ist eine Welt voller Magie und Geheimnisse, Cyberkriegsführung und gewagter Raubüberfälle. Aber wenn man sich hätte aussuchen müssen, wie langweilig aussieht, hätte man ein Bild von Andrew Young genommen.

Der RFID-Chip in seinem Ausweis pingte den Sensor im Aufzug an und entriegelte den Knopf für sein Stockwerk. Es mochte nicht viele Vergünstigungen mit sich bringen, wenn man bei Ares arbeitete – vor allem nicht als mittlerer Manager für mittlere Manager –, und nicht einmal Andrew war so dumm, zu glauben, dass sie sein Kommen und Gehen nicht überwachten, aber hey, die Sicherheit war makellos. Ein paar Lichter im Flur zu den Apartments flackerten, aber die Flure waren sauber, die Türen waren schalldicht genug, dass die Schreiereien der Bewohner nur selten nach draußen drangen, und Ares ließ den Subunternehmer eines Subunternehmers Schädlinge beseitigen. Im Großen und Ganzen war es also ein ziemlich solider Ort zum Leben in Seattle.

Andrew ging mit gleichmäßigen Schritten den Flur hinunter, die Aktentasche in der Hand, und tastete nach seinen Schlüsseln. Eigentlich war es nicht erlaubt – in den sehr ausführlichen Mietverträgen, die die Mieter unterschrieben, war es sogar ausdrücklich verboten –, aber jeder, der etwas Grips im Kopf hatte, brachte ein analoges Schloss alter Schule an seiner Tür an. Einen Schlüssel und ein Schloss konnte man nicht hacken.

„Schatz? Char?“ Andrew hängte seine Jacke an den Haken und schloss die Tür hinter sich. „Bist du da, Charity?“ Er betrat die Wohnung, bog vom Eingang aus um die Ecke und ging in die Wohnküche, die den größten Teil der Wohnung einnahm.

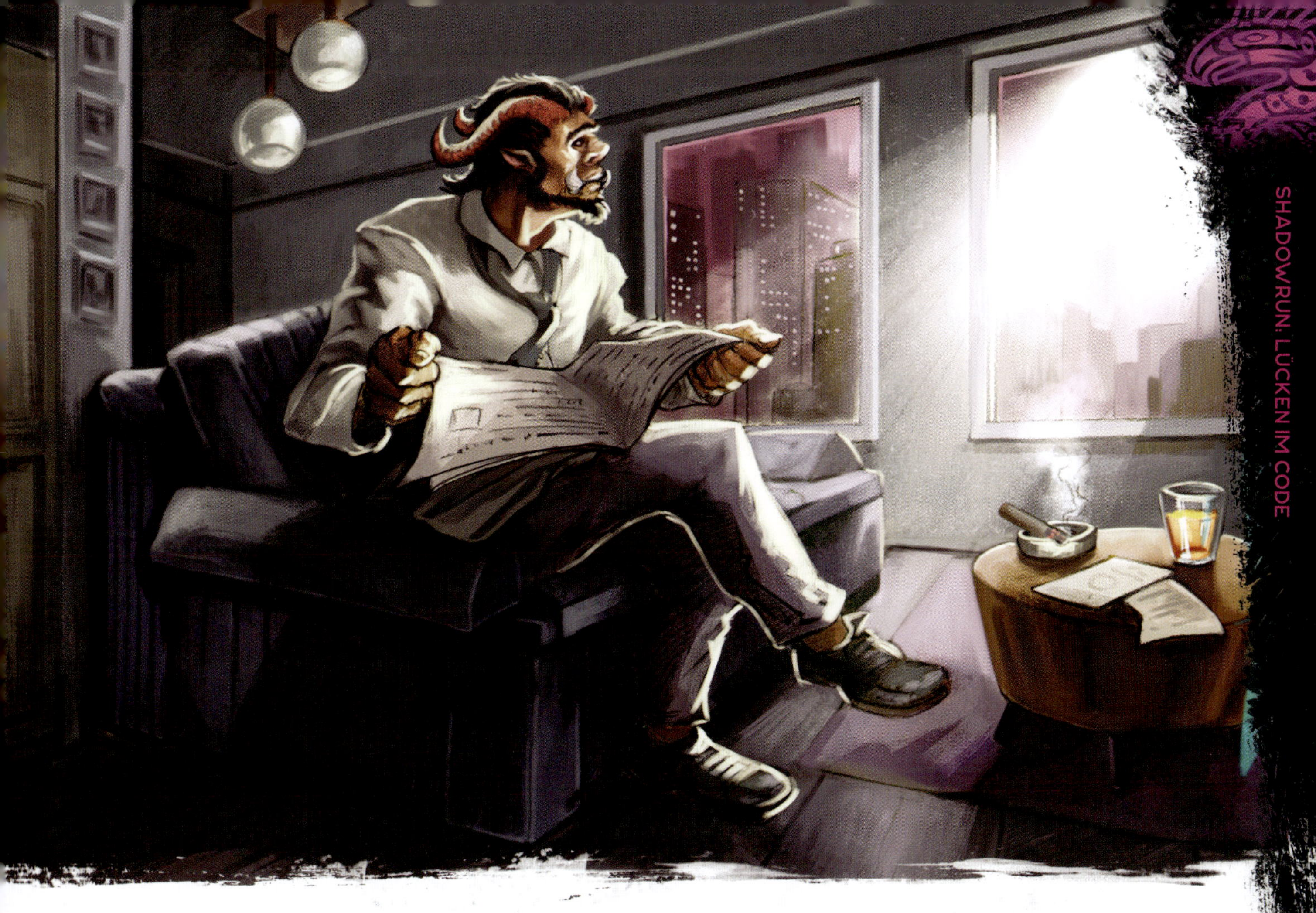

„Hey, Mister Young." Andrew spürte die Arme seiner Frau um seine Taille, und sie reckte sich hoch, um ihn auf die Wange zu küssen. Er drehte sich um und küsste sie auf die Stirn.

„Hallo, Mrs Young. Das Abendessen riecht köstlich."

Charity war eine gut aussehende junge Frau – oder Frau, denn jung waren sie beide nicht mehr –, deren Haar in einem langen Zopf über ihre braune Haut fiel. Sie hatte hohe Wangenknochen, und die Dunkelheit ihrer Augen war durchdringend, fast wie eine Leere. Es waren Augen, in denen sich Andrew stundenlang verlieren konnte – und verloren hatte.

„Hab's nur für dich gemacht. Wie war …"

„Die Arbeit?" Andrew schüttelte den Kopf. „So wie immer. Ein paar Mails beantworten, ein paar verschicken, ein paar Formulare ausfüllen, was auch immer." Er trat einen Schritt zurück, hob den Arm und wirbelte Charity herum, während beide lachten. „Komm schon. Das ist der beste Teil meines Tages."

„Tatsächlich?" Charity trat dicht an ihn heran. Als sie ihren Kopf an seine Brust legte, veränderten die kleinen Fotozellen in ihrem Kleid langsam die Blumenmuster, die sich auf dem Stoff auf und ab bewegten. „Bitte. Es ist eine große weite Welt da draußen. Hierher zurückzukommen, muss eine Enttäuschung sein."

„Du bist nicht im Rest dieser großen weiten Welt."

„Trottel."

Andrew zuckte mit den Schultern. „Schuldig im Sinne der Anklage."

In der Ferne surrten die Rotoren von Drohnen, die draußen hin und her flogen.

„Zum Glück ist es deine Strafe, mit mir zusammen zu sein." Sie trat zurück und nahm ein Tablet vom Tisch. „Aber diese Strafe ist für mich in Ordnung. Alles Gute zum … na ja, alles Gute – falls du eine Ausrede für ein Geschenk brauchst."

„Baby …" Andrew nahm das Tablet verwirrt entgegen. „Sind das Tickets?"

„Für morgen. Lass uns einfach gehen. Von hier verschwinden." Sie zuckte mit den Schultern. „Mehr aus uns machen, verstehst du?"

„Ich kann nicht einfach so auf eine Reise gehen, Char." Andrew legte das Tablet wieder hin. „Ich meine, ich habe einen Job, okay? Ich habe Verantwortung. Es bräuchte – ich meine, bei Ares muss ich Urlaub zwei Jahre im Voraus beantragen, und zwar in vierfacher Ausfertigung, und selbst dann kann es sein, dass sie ihn nicht gewähren. Ich kann nicht einfach …"

„Wen interessiert das?" Charity wandte sich von ihm ab und steckte das Tablet in eine Tasche ihrer Schürze. „Andy, wir können nicht hierbleiben! Es ist nichts als – tagein, tagaus tun wir immer das Gleiche. Sollten wir nicht etwas aus uns machen? Mehr tun als nur … zu leben?"

„Aber das gefällt mir. Ja, es ist langweilig, klar. Und – ich bin nicht dumm, Char. Ich bin es nicht. Ich weiß, dass Ares nicht …"

Seine Stimme wurde einen Moment lang leise. „Ethisch ist. Gut. Aber das ist die Welt, in der wir leben, verstehst du? Es gibt nichts, was wir tun können, um das zu ändern. Wenn wir sie nicht besser machen können, sollten wir sie dann nicht einfach … so nehmen, wie sie ist, und versuchen, darin zu leben?"

Charity setzte sich mit einem tiefen Seufzer hin. „Das verstehe ich, Andy. Das tue ich wirklich, okay? Ich liebe dich. Aber das bin nicht ich." Sie seufzte tief. „Weil … ich habe dafür gekämpft, dass es besser wird, Babe. Und ich wollte nicht, dass du es erfährst. Ich wollte nicht, dass du in Gefahr gerätst."

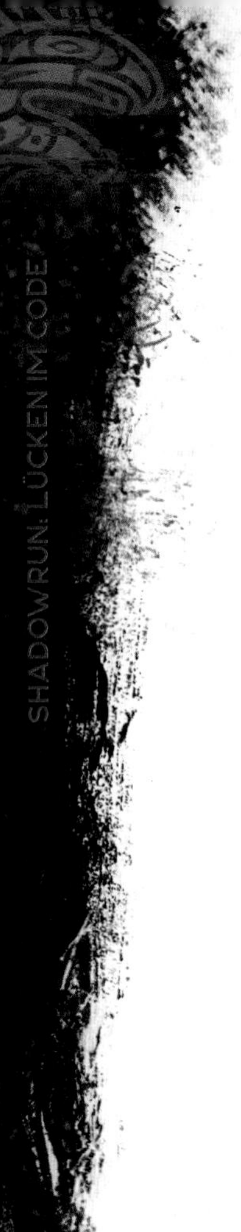

„Was … Schatz, wovon redest du?“

„Andrew. Schau dir doch an, was Ares tut. Schau dir die Welt an, die sie geschaffen haben. Alles, was sie – und jeder andere dieser Kons – hinterlassen. Damit kann ich einfach nicht leben, Baby. Ich kann nicht zulassen, dass dies die Welt für die Kinder ist, die wir vielleicht mal haben werden. Meine Leute – die Signal Spikes, unsere Organisation – wir kämpfen für eine bessere Welt. Auf eine Art und Weise, die … nicht ganz legal ist.“

Die Cyberware in Charitys Kopf – ein paar einfache sichtbare Linien, ein silbernes filigranes Muster auf ihrer Stirn und der rechten Gesichtshälfte – blitzte auf, und hinter ihren Augenlidern gingen flackernde Lichter an und aus.

„Charity, ich verstehe nicht …“

„Ich weiß, mein Schatz. Aber wir müssen gehen. Jetzt.“ Sie stand auf, schnappte sich Andrew und trat vom Außenfenster zurück. „Es tut mir so leid, mein Schatz. Ich wollte dich aus der Sache heraushalten. Aber ich konnte nicht einfach nur zuschauen. Ares hat mich gefunden. Knight Errant ist da.“

Rumms. Etwas schlug gegen die Tür, deren (illegales) Schloss unter der Belastung protestierte, aber hielt. Draußen wurde der Lärm der Rotoren lauter, als Kampfdrohnen ausschwärmten, deren Lasermarkierer hin und her blitzten und über die Böden und Decken der Wohnung zuckten.

„Charity, was soll …“

„Es tut mir leid. Aber wir haben keine Zeit mehr. Tu einfach, was ich tue, Andy.“

„Hey.“ Andrew trat vor und nahm die Hand seiner Frau. „Ich vertraue dir. Ich weiß nicht, was hier los ist. Überhaupt nicht. Aber ich vertraue dir. Das werde ich immer.“

Charity schüttelte nervös den Kopf und ging drei Schritte zurück, drei lange Schritte vom Fenster weg. „Ich liebe dich.“

Dann geschah alles auf einmal.

Das Schloss zersplitterte unter den schweren Stiefeln und dem gepanzerten Rammbock der Killer von Knight Errant, und die Tür gab nach. Waffen wurden in Anschlag gebracht, Soldaten stürmten herein. Die Drohnen draußen schwirrten näher, auch ihre Waffen erwachten zum Leben.

Charity war bereits in Bewegung. Ihre Cyberware summte, berechnete Winkel und gab sie direkt an sie weiter. Sie rannte und sprang. Sie hob die Arme, als sie abhob, ein Knie nach vorn gerichtet, und jedes Pfund Kraft, das sie aufbringen konnte, prallte direkt gegen das Glas des Fensters.

Es zerbrach, die Scherben fielen Hunderte von Metern in die Stadt weit unten, und Charity flog hinaus. Für einen Moment – eine schwebende Sekunde lang – hing sie in der Luft. Die Schwerkraft wirkte noch nicht, der Schwung ihres Sprungs hielt sie.

Und dann schlug sie zu und traf eine der gepanzerten Ares-Kampfdrohnen. Ihre Finger fanden Halt und der Wind flatterte durch ihr Haar, als sie sich mit einer einzigen fließenden Bewegung hochzog.

Das alles hatte keine Minute gedauert. Die Knight-Errant-Truppen strömten immer noch in die Wohnung, und Andrew blickte abwechselnd zu seiner Frau, die eine sehr gefährlich aussehende Maschine kurzgeschlossen hatte, und zu den Killern, die im Begriff waren, anzugreifen. Charity beugte sich vor, ihr Gewicht drückte die Drohne nach vorne, in Richtung des zerbrochenen Fensters der Wohnung, und winkte.

„Komm schon. Wir müssen abhauen!“

Andrew hatte die Wahl: Er konnte bleiben, sich von Knight Errant mitnehmen lassen und in diesem Leben bleiben, so öde es auch war. Oder mehr tun, dieses Leben aufgeben, ins Nichts springen und sehen, wohin ihn das führen würde.

Das war nicht schwierig.

Er rannte. Um ihn herum flogen Kugeln – die Knight-Errant-Truppen gaben Feuerstöße ab, die ihn nur um wenige Zentimeter verfehlten. Andrew hob unbeholfen ab und hatte Mühe, zu springen wie Charity. Er sauste durch die Luft, seine Hände versuchten, sich an etwas festzuhalten, fanden nichts, rutschten ab, fielen, die Drohne glitt weg, er stürzte ins Nichts.

Dann legten sich schmale, starke Finger um sein Handgelenk.

„Du hast mich gerettet.“

„Ich werde dich immer retten.“ Charity lächelte traurig. „Das ist das Mindeste, was ich tun kann.“

„Können wir …“ Andrew neigte den Kopf in Richtung der Knight-Errant-Truppen und der anderen Drohnen, die sie umkreisten.

„Du hast recht.“ Charity legte den Kopf zurück und starrte ins Leere. Sie war in der Matrix.

Evil-Eye, ich muss einen Gefallen einfordern.

Ich dachte, wir seien dir nichts schuldig, Xanthos?

Ich habe keine Zeit für Witze, Chef.

Was brauchst du?

Ich habe einen Haufen von Ares-Schlägern und eine Armee von explodierenden Mörderrobotern. Mein liebenswerter Trottel von einem Ehemann und ich werden in ein paar Augenblicken hundert Meter in die Tiefe stürzen. Von daher nehme ich alles, was du gerade hast.

Du findest doch wirklich immer und überall neue Freunde, Babe. Lass mich sehen, was ich tun kann.

Charity konzentrierte sich wieder aufs Hier und Jetzt. „Halt dich fest.“

Die schwebenden Drohnen setzten sich ruckartig in Bewegung, ihre Lasermarkierer deaktivierten sich, ihre Waffen schalteten sich aus, und dann … erwachte alles wieder zum Leben. Eine nach der anderen rasten sie als mechanische Masse schwebender Kriegsmaschinen auf die Männer von Knight Errant zu. Kugeln trafen die Drohnen, prallten ab oder blockierten und zertrümmerten feine Gelenke, teure Kameras und hochleistungsfähige Motoren.

Aber selbst die stärkste Feuerkraft unterliegt den Gesetzen der Physik. Einer nach dem anderen wurden die Knight-Errant-Soldaten umgeworfen und von der rohen Kraft von Hunderten Kilogramm Metall, die mit hoher Geschwindigkeit gegen sie prallten, zur Seite geschleudert.

Hilfe ist da. Sag niemals, ich hätte nichts für dich getan.

Andrew versuchte, die Schreie zu ignorieren.

„Schatz?“

„Du musst mir einen Moment Zeit lassen, Andy.“

„Diese Leute brauchen Hilfe.“

Ka-tschunk. Ein Rotor fiel aus, und die Drohne, auf der sie hockten, fiel zehn, fünfzehn Meter tief, bevor er wieder zum Leben erwachte.

„*Wir* werden Hilfe brauchen. Diese Dinger sind nicht dazu da, unser Gewicht zu tragen. Dafür sind sie nicht konstruiert." Es ging noch ein paar Meter abwärts, und die Maschine heulte vor Überlastung. „Festhalten, Baby."

Andrews Gesicht war kreidebleich, aber er nickte, hielt den Mund geschlossen, und seine Finger umklammerten die Ecken und Fugen ihres behelfsmäßigen Fortbewegungsmittels. Charitys Cyberware blitzte auf, als ihr Geist durch die Matrix raste.

EE, kannst du …

Tut mir leid, Xan. Du hast ein Hardware-Problem. Ich kann nur Software.

Dann mach uns eine Landezone frei.

Charity lehnte sich nach vorn, verlagerte ihren Schwerpunkt nach links und ließ die Drohne in einem schnellen diagonalen Fall über die Breite der belebten Straße vor dem Wohnhaus sinken. Sie schlitterte zwischen Werbeautomaten hindurch und fiel immer schneller, während der nächste Wolkenkratzer vor ihnen aufragte. Arbeiter, Lohnsklaven, Leute – echte Leute – blickten ebenso ehrfürchtig wie ängstlich zu dem Paar hin, das auf einer gepanzerten Kriegsdrohne ritt und rasch näher kam.

„Andy, das wird wehtun. Evil-Eye, schalt ein paar Alarme ein. Die Leute müssen weg!"

„Wer ist …"

„Wer ist …"

Charity knirschte mit den Zähnen. „Tu es einfach!"

Feuermelder und Sprinkler gingen los und Leute warfen sich aus dem Weg, als die Sirenen sie aus ihrer instinktiven Angststarre rüttelten. In ihrer Eile stolperten sie übereinander und stapelten dabei Drehstühle und Büromaterial zu unordentlichen Haufen. In der Luft näherten sich weitere Knight-Errant-Drohnen, und Soldaten eilten über die Straße und folgten dem fliehenden Paar zu Fuß.

Andrew und Charity fassten sich an den Händen, als die Drohne in die Glasscheibe des Bürofensters prallte. Glas zerbrach, Scherben flogen umher, reflektierten Licht, brennendes Metall und funkensprühende Drähte in einem Crescendo von Gewalt und Zerstörung. Die beiden Fliehenden wurden von der Drohne geschleudert, schlugen gegen Büromöbel und stürzten über Glasscherben. Sie mühten sich wackelig auf die Beine, ihre teure Kleidung zerrissen und blutig von einem Dutzend Schnitten und Kratzern. Noch vor wenigen Minuten hatten sie die Illusion von Normalität geteilt, als wären sie zwei gewöhnliche Leute in der Masse der Metamenschheit. Diese Illusion war nun unwiderruflich zerstört.

Andrew sah seine Frau, als hätte er sie nie zuvor gesehen. Die Anmut, die Eleganz und das zurückhaltende Selbstvertrauen waren immer noch da. Aber da war noch etwas anderes, eine Entschlossenheit. Sie fühlte sich hier, in den Ruinen eines Bürogebäudes, genauso daheim wie in ihrem Zuhause. Es war, als wäre sie jahrelang gebückt gegangen und hätte sich jetzt aufgerichtet.

„Schatz, ich glaube, ich brauche diese Erklärung jetzt."

„Das ist nicht der richtige Zeitpunkt. Es kommen mehr Knights, und zwar bald."

„Ich glaube, es ist der richtige Zeitpunkt." Andrew war beharrlich, aber seine Stimme war ruhig. „Ich muss wissen, was hier los ist. Ich vertraue dir, Schatz, das habe ich dir gesagt. Bitte vertrau du mir auch."

Charity war angespannt und verlagerte ihr Gewicht auf die Fußballen.

„Ich habe nicht … ich meine, es fing mit fast nichts an, und ich wollte dich nicht gefährden. Dich raushalten." Sie schien … klein. „Und dann war ich da, und es war ein zu großes Geheimnis, um es zu verraten. Ich meine, ich wollte es. Das wollte ich immer. Ich wollte dich nie betrügen."

„Was …" Andrew schüttelte den Kopf. „Schatz, glaubst du, ich bin sauer, weil du eine knallharte Lebensretterin bist? Ich möchte einfach wissen, wie du zu dem geworden bist, was du bist."

„Ich habe einen Beitrag in einem Forum geschrieben. Und dann hat mich jemand kontaktiert und wollte, dass ich jemandem eine Nachricht schicke. Ich hatte eine saubere SIN, eine saubere ID und so weiter. Und ich dachte, ich könnte einen Schlag landen, einmal kämpfen, für einen saubereren Ozean, einen klareren Himmel, für eine bessere Welt. Bald war es mehr als das."

„Wie …"

Ein Konzernsicherheitsgardist brach durch die Bürotür. Charity schlug ihm die Waffe aus der Hand, holte sie aus der Luft, packte ihn an der Taille und warf ihn die Treppe hinunter, die er heraufgekommen war.

„So. Ich habe mir selbst Matrix-Fähigkeiten beigebracht, während du weg warst, und gepostet, gehackt, bin in Systeme eingedrungen und habe geschrieben. Es war nicht nur ein einzelner Schlag, es war … es war eine gute Sache. Es war etwas, an das ich glauben konnte. Eine Art, allem … ins Gesicht zu spucken."

„Diese Signal Spikes. Sind sie diese Sache?"

Ein anderer Gardist versuchte, einzudringen, aber Charity erschoss ihn, bevor er einen Schritt weit gekommen war.

„Sie gaben mir sogar einen Namen. Xanthos. Aus einer alten Geschichte – ein Flussgott, der gegen Achilles kämpfte, als Achilles den Fluss mit dem Blut seiner Feinde verschmutzte. Weil …"

„Weil du alle so gesehen hast. Sie töten und verschmutzen die Welt."

Charity nickte und schluckte nervös. „Und dann … war es so weit."

„Oh."

„Ich muss nur wissen, dass du mich verstehst."

Andrew ging auf und ab, während Charity die Waffe in der Haltung eines Profis in einer Hand auf die Tür gerichtet hielt. Beide bluteten. „Ich …"

„Andy, ich wollte nur …" Sie ließ die Waffe sinken. „Du bedeutest mir alles, okay? Ich wollte nie, dass dir das passiert. Niemals. Ich wäre am liebsten für immer mit dir zusammen gewesen. Ich habe das nicht getan, weil ich etwas anderes wollte als dich. Ich wollte einfach etwas tun. Etwas, das wichtig war."

„Ich weiß. Ich wollte nur, dass du weißt, dass ich es weiß. Hey. Sieh mich an." Charity drehte sich langsam um. Andrew hob eine Augenbraue. „Ich liebe dich. Oh, hinter dir."

Charity wirbelte herum und traf einen weiteren Sicherheitsgardisten in die gepanzerte Schulter.

„Und was jetzt, Mister Young?"

„Nun, Sie sind die knallharte Geheimagentin, Mrs Young, aber hey, da draußen liegt eine ganze Stadt. Ich bin sicher, dass es eine Hintertür oder ein geheimes Bedienfeld gibt. Du wolltest gehen – lass uns gehen. Lass uns die Welt retten."

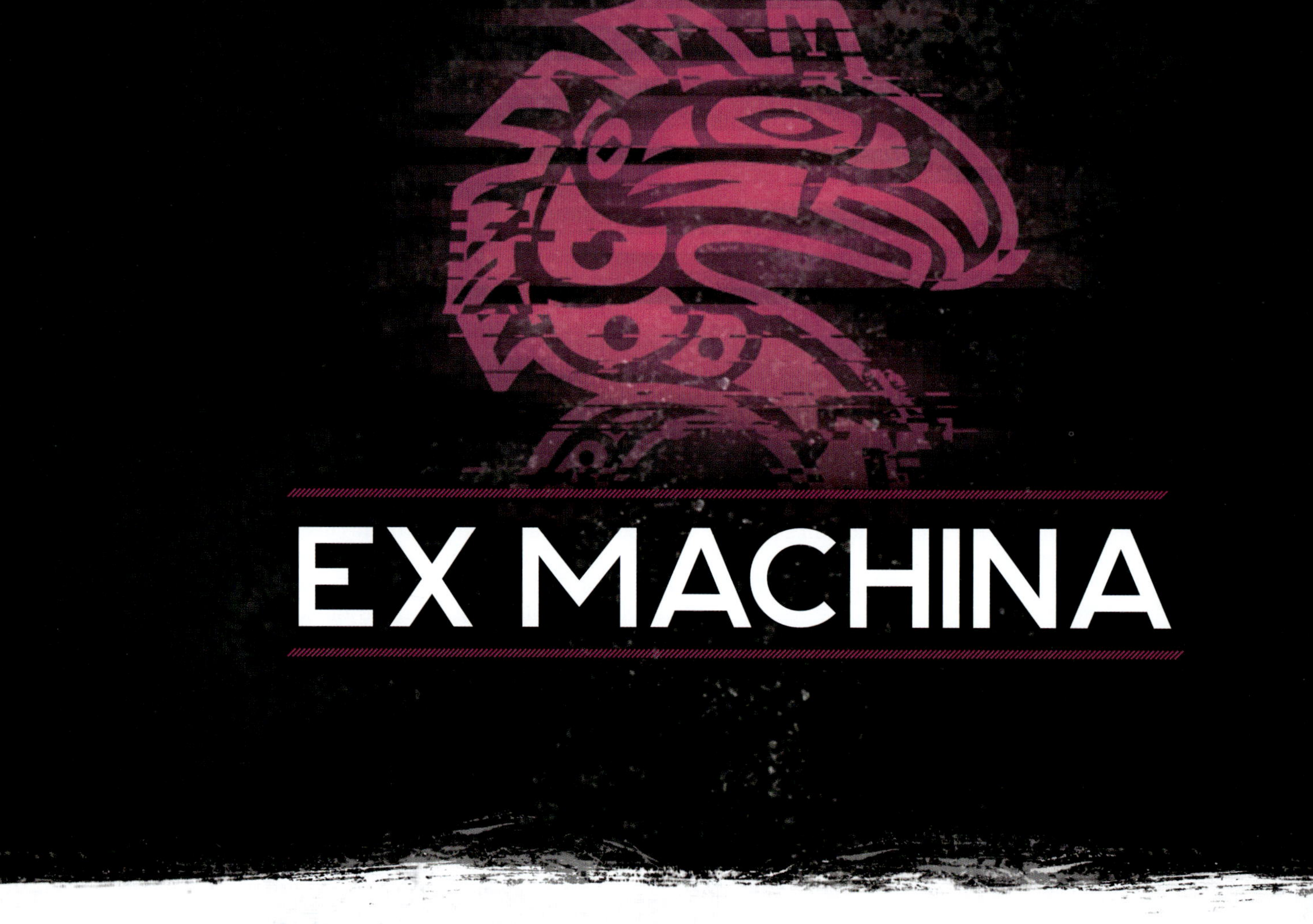

EX MACHINA

GEPOSTET VON: CLOCKWORK

- Warum lasst ihr diesen Fanatiker seine Anti-Technomancer-Verschwörungstheorien bei JackPoint verbreiten?
- Respec

- Ich hasse diesen Dreckskerl mehr als fast alles und jeden auf der Welt, aber er verbreitet hier keine Anti-Technomancer-Verschwörungstheorien. Das Ding hier gibt es wirklich, und seine Infos sind zuverlässig. Ich hätte mir allerdings auch gewünscht, sie hätten einen anderen Autor gefunden.
- Slamm-0!

- Gern geschehen.
- Clockwork

DIE GRUNDLAGEN

Es gibt dunklere Dinge in der Matrix als schwarzes IC und dissonante Technomancer. Die meisten dieser Dinge existieren außerhalb unserer Wahrnehmung, fressen Daten in vergessenen Räumen und lassen Personas abstürzen, die das Pech haben, über sie zu stolpern – manchmal mit Todesfolge aufgrund von Biofeedback-Schaden. Irgendwann muss jemand mit einer High-End-Cyberbuchse einem dieser Dinger eine neue Chance gegeben haben. Es hat den armen Kerl nicht nur gecrasht und verbrannt, sondern ist in seine Cyberbuchse eingedrungen und hat damit sein Gehirn gekapert. Es geht nicht um KFS; es sind keine Naniten beteiligt, und es hätte wahrscheinlich nur jemandem mit einer High-End-Cyberbuchse passieren können. Eine Cyberbuchse verbindet sich nämlich mit dem Gehirn ihres Benutzers und nutzt es als biologischen Prozessor. Dieses Ding fand heraus, wie man eine Cyberbuchse als Biodrohnensteuerung für Metamenschen einsetzt. Es drang ein und übernahm die Kontrolle.

- Clockworks beiläufig dahingestreamte Darstellung zur Cyberbuchsen-Funktionalität hat – wie auch einige der folgenden Posts – in der deutschen Community einige Kontroversen unter ADL-Deckern ausgelöst. Siehe [shadowtalk: adl] weiter hinten.
- Sermon

Es nutzte diesen ersten Wirt, um weitere zu sammeln, und zwar nicht, indem es von der Matrix aus in sie eindrang, sondern indem es seine eigenen, speziell angepassten Cyberbuchsen in ahnungslose Opfer einbaute. Dann begannen diese Wesen, kostengünstige Cyberkliniken mit günstigen Finanzierungsangeboten in heruntergekommenen städtischen Gegenden zu betreiben; sie boten sogar Dienstleistungen für SINlose an. Wir alle erinnern uns daran, was die Universelle Bruderschaft angerichtet hat. Das hier könnte schlimmer sein. Unter anderem, weil diese Dinger anscheinend nicht nur die metamenschliche Kultur, sondern auch unsere Technologie verstehen. Außerdem sind sie offenbar intelligent, kreativ, gerissen und bösartig. Nachdem sie sich auf so viele individuelle Perspektiven verteilt haben, kann man sie nicht mehr als ein Wesen bezeichnen (falls sie das überhaupt jemals waren), und doch sprechen einzelne Wirte oft, als hätten sie eine gemeinsame Stimme. Soweit ich weiß, haben sie sich noch keinen Namen gegeben, also erledige ich das: die Ex Machina. Aus der alten Phrase „Deus ex Machina", aber ohne den Deus-Teil, denn diese Dinger sind definitiv keine Götter. Sie scheinen nicht mit Deus verwandt zu sein, obwohl ihnen, genau wie der KI, metamenschliches Leben vollkommen egal ist. Der größte Unterschied zwischen den Ex Machina und Deus ist, dass sie Wesen oder ein Kollektiv oder was auch immer der Resonanz sind. Die Ex Machina gleichen eher Sprites als KIs, aber zugleich sind sie viel mehr als das. Sie sind in der Lage, mehrere Instanzen (das ist die Bezeichnung für jede Manifestation eines dieser Wesen) von sich selbst zu beschwören, die alle durch die Matrix und die Resonanz miteinander verbunden sind. Wenn eine von ihnen zum Absturz gebracht oder zerstört wird, bleiben die Ex Machina als Ganzes davon weitgehend unberührt.

Die Ex Machina haben zwar mit nur einem Wirt begonnen, aber schon bald hatten sie viele Freiwillige. Sie wurden in der physischen Welt sehr aktiv – zunächst in weiteren Teilen Seattles, dann in weiteren Städten. Wir wissen nicht, wie weit sich diese Dinger bereits ausgebreitet haben, aber sehr wahrscheinlich weltweit. Anders als die Insektengeister sind die EM sehr gut darin, sich zu integrieren und sich als normale Metamenschen auszugeben. Sie verstehen, wie unsere Systeme funktionieren, und wissen, wie man sie aus den Schatten heraus ausnutzen kann.

Mittlerweile haben die EM – vielleicht ermutigt durch ihre erfolgreiche Ausbreitung – offenbar eine neue Phase eingeleitet: Sie führen transhumane Experimente durch. Experimentelle Cyberware und extreme Körpermodifikationen, von denen viele so konzipiert sind, dass sie tödlich wirken, haben zu neuen Körperformen geführt, deren Fähigkeiten weit über das hinausgehen, was Bodytech Metamenschen bisher ermöglicht hat. Es liegt in der Natur dieser Dinger, dass ein Essenzverlust die Anzahl der Implantate, die in einem ihrer Wirte installiert werden können, nicht zu beeinträchtigen scheint. Was auch immer ihre Absichten sein mögen, friedlich sind sie sicher nicht.

In den Barrens, wo die Ex Machina aktiv sind, tauchen seltsame neue Gangs auf, und es verschwinden noch mehr Personen als sonst – so viele, dass häufig Leute, die sich sonst aus dem Weg gehen, einander sicherheitshalber Gesellschaft leisten. Irgendetwas da draußen entführt Leute in der Nacht und bringt sie an einen Ort, von dem sie nicht zurückkehren. Zumindest nicht in einer Gestalt, die jemand, der sie vorher kannte, wiedererkennen würde.

PRINZIPIEN

Die Ex Machina sind eine neue Form von Matrixfauna, eine Synthese aus kybernetischer Hardware und der Resonanz. Man könnte sie als KIs einordnen, aber genauso gut lassen sie sich auch als freie Sprites einstufen. Sie haben Eigenschaften von beiden und sind äußerst effektive Hacker, die verschiedene Sprite-Kräfte und komplexe Formen einsetzen können. Sie sind geschickt darin, sich in der Matrix zu verbergen, aber niemand, der ihre wahren Personas sieht, hält sie für eine Persona oder ein Sprite. Die Ex Machina erscheinen als wimmelnde Muster aus dichtem Code, die sich in sich selbst einhüllen oder sich wie Kristalltentakel nach außen ranken. Wenn ihr nahe genug seid, um einen zu beobachten, steckt ihr schon knietief im Drek.

Die EM begnügen sich nicht damit, in den dunklen Ecken der Matrix, dem Fundament oder den Resonanzräumen zu hausen. Sie dringen in unsere Welt ein, indem sie chirurgisch veränderte metamenschliche Körper als dauerhafte Biodrohnen für eine Ex-Machina-Instanz einsetzen. Die meisten KIs scheinen Zugang zu Geräten zu benötigen, um zu überleben oder zumindest zu gedeihen. Wahrscheinlich haben sie zunächst weniger sichere Geräte wie öffentliche Terminals und Kommlinks übernommen, bevor sie zu Drohnen übergegangen sind. Die Ex Machina hingegen haben sofort die Kontrolle über metamenschliche Körper an sich gerissen. Soweit ich weiß, befand sich der erste Decker, den sie übernommen haben (nennen wir ihn EM Prime), in einem Aztechnology-Forschungslabor, in dem mit einer Vielzahl gefährlicher – mundaner wie Erwachter – Critter experimentiert wurde. Ob das Wesen im Host lauerte oder der Decker es von irgendwoher mitbrachte, werden wir wohl nie erfahren. Nachdem es die Kontrolle über den Decker erlangt hatte, hielt es sich zunächst im Hintergrund, sammelte Daten und beobachtete die Experimente. Schließlich bot es Verbesserungen an, indem es Dateien bearbeitete und einige seiner eigenen Innovationen einfügte. Als das Wesen wusste, was es brauchte, gab es die Herstellung eines Biodrohnen-Implantats mit ungewöhnlichen Spezifikationen in Auftrag. Die Forscher stellten den Herstellungsauftrag nicht infrage, da er über die üblichen Kanäle kam, und bemerkten nicht einmal, dass es sich bei dem Implantat um eine Biodrohnensteuerung für einen metamenschlichen Körper handelte. Dann schlugen die EM zu und nutzten ihren Sicherheitszugang, um die Anlage zu sperren, indem sie die Kontrolle über den Host der Anlage übernahmen. Fast alle Mitarbeiter wurden gejagt und getötet, bevor sie merkten, dass etwas schieflief. Einige der fähigsten Chirurgen und Neurowissenschaftler wurden verschont, aber sie wurden gezwungen, einem ihrer Kollegen das Steuergerät – eine modifizierte Cyberbuchse – zu implantieren. Das Gerät funktionierte, und eines der Wesen übernahm die Kontrolle über den neuen Wirt. Die restlichen Wissenschaftler wurden außer Gefecht gesetzt und erhielten schließlich ebenfalls ein Implantat. Das Forschungslabor war absichtlich an einem abgelegenen Ort errichtet worden, um dort ethisch fragwürdige Forschungen durchführen zu können, ohne dass die Öffentlichkeit etwas davon mitbekam.

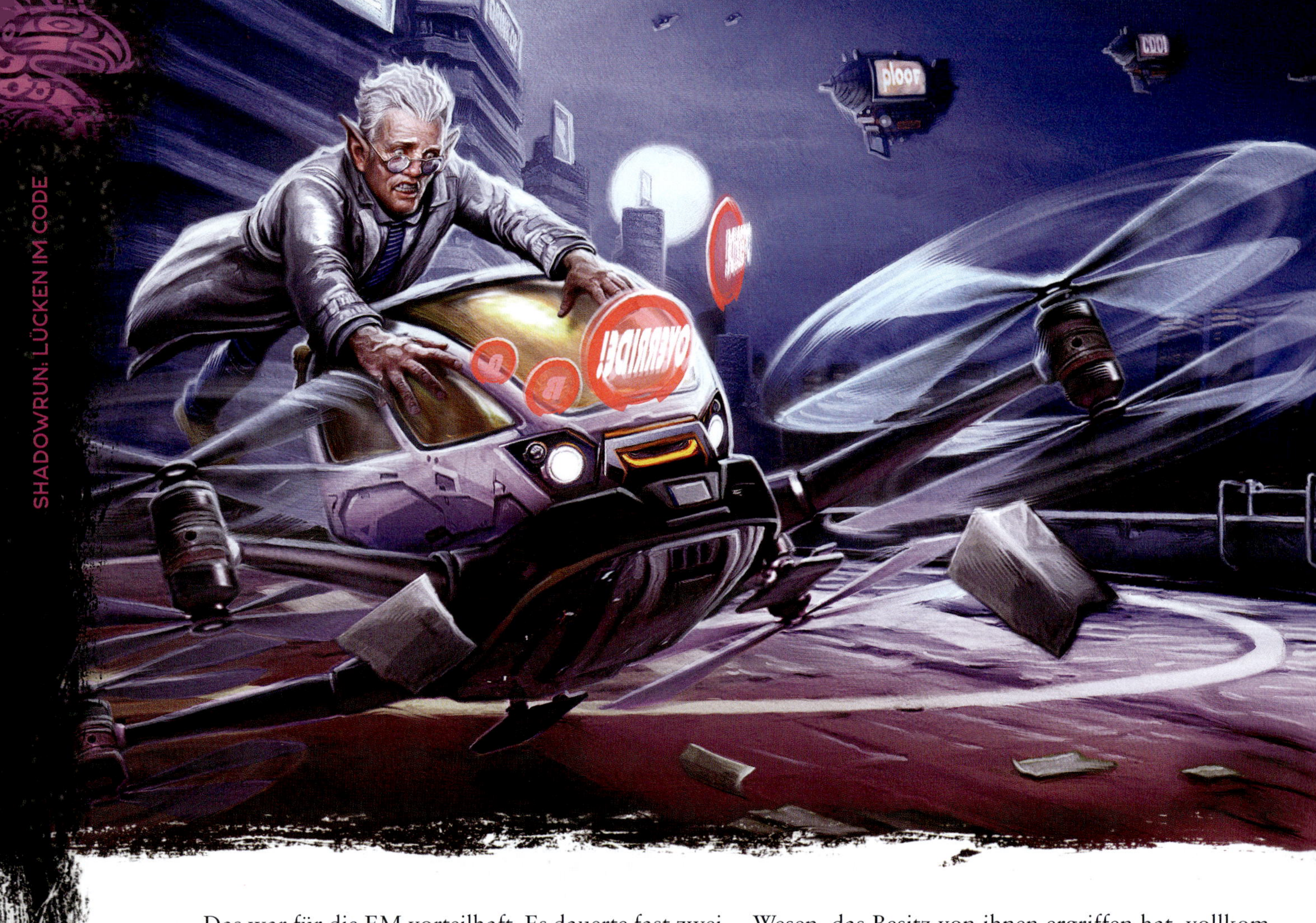

Das war für die EM vorteilhaft. Es dauerte fast zwei Wochen, bis das erste Team entsandt wurde, um die immer spärlicher und ungewöhnlicher werdenden Mitteilungen aus dem Labor zu untersuchen, und dieses erste Team wurde zu einer neuen Charge von Wirten. Danach beschlossen die EM, weiterzuziehen. Sie rissen sich zahlreiche Fahrzeuge unter den Nagel, räumten alles, was nützlich und wertvoll war, aus dem Labor und fuhren hinaus in die weite Welt.

- Wie hast du das alles herausgefunden? Es klingt eher nach einer Erfindung als nach der Wahrheit.
- Puck

- Ich will es so ausdrücken: Es war eine Menge Arbeit und ich bin über einen ziemlich langen Zeitraum ein großes Risiko eingegangen. Größtenteils war es viel Pech. Ich will euch nicht mit den Einzelheiten langweilen und es ist mir egal, wer es glaubt und wer nicht. Ich habe für diese Paydata nicht annähernd genug Geld bekommen, und ich habe ganz sicher nicht genug Geld bekommen, um meine Geschäftsgeheimnisse preiszugeben.
- Clockwork

Es ist unbekannt, wie viele dieser implantierten Instanzen es gibt, aber sie scheinen alle identisch zu sein – jedenfalls bis zu dem Punkt, an dem sie die Kontrolle über einen Wirtskörper übernehmen. Sobald sich ein Wesen an seinen Wirt gewöhnt hat, scheint es diesen nicht mehr verlassen zu können (oder es will das vielleicht einfach nicht). Je mehr Bodytech ein Wirtskörper hat, desto wohler fühlt sich das Wesen. Wirte mit minimaler Bodytech können manchmal die Kontrolle über ihren eigenen Körper zurückerlangen, aber stark vercyberte Wirte sind dem Wesen, das Besitz von ihnen ergriffen hat, vollkommen ausgeliefert. Einige der ersten Wirte hatten nur minimale Implantate, aber die Wesen korrigierten dies bald durch den Einbau von Talentleitungen, Reflexboostern und Cybergliedmaßen. Ein Wirt kann anscheinend den Einbau einer beliebigen Anzahl von Implantaten überleben und dabei alle Auswirkungen und Nachteile aufgrund von Essenzverlust ignorieren. Sobald die Essenz eines Wirts eliminiert ist, ist sein ursprüngliches Bewusstsein für immer verloren und der Körper stirbt, falls das Wesen ihn jemals verlässt (was es nicht freiwillig tun wird). Diese Wirte sind wirklich Cyberzombies.

- Cyberzombies wie das, was mit Hatchetman passiert ist?
- Turbo Bunny

- Das ist nicht dasselbe. Wenn ich mich recht erinnere, ist keine Magie im Spiel, und die ursprüngliche Person ist völlig verschwunden. Irgendwie hält das Ex-Machina-Ding den Körper am Leben und hat ihn total unter Kontrolle. Ich glaube, auf diese Dinger passt der Begriff besser als auf die alten Cyberzombies.
- Lizzie

Einige der Instanzen versuchen, durch gefälschte SINs und weniger auffällige Bodytech ein metamenschliches Aussehen und eine metamenschliche Identität aufrechtzuerhalten. Diese Instanzen (ich nenne sie „Infiltratoren“) betreiben Straßenkliniken, in denen sie kostenlose medizinische Versorgung für die SINlosen und kostenlose Bodytech für die örtliche Gang anbieten, während sie sorgfältig Opfer auswählen, die nicht vermisst werden und als neue Wirte dienen können. Sobald sie sich etabliert haben, übernehmen sie die Kontrolle über den mächtigsten

Gangboss und beordern dann weitere Ganger für den Einbau ausgedehnter Bodytech in die Klinik. In allen untersuchten Fällen waren die Ganger nur allzu erpicht darauf, mehr Cyberware zu bekommen, und die gesamte Gang geriet in die Fänge der Ex Machina, ohne dass auch nur ein einziger Schuss abgegeben werden musste. Sobald dies erreicht ist, nutzen die Wesen ihre Zahl und ihre Ressourcen, um eine große Operation (in der Regel einen gewalttätigen Raubüberfall) durchzuführen, bevor sie sich in eine Reihe kleinerer Zellen aufspalten, um woanders neue Kliniken zu gründen. Dieses Muster hat bisher gut funktioniert: Es gibt weltweit wahrscheinlich Dutzende solcher Kliniken in verschiedenen Stadien dieses Ablaufs.

Die Wesen nutzen die Resonanz, um drahtlos zu kommunizieren. Wenn mehrere von ihnen zusammen sind, scheinen sie in der Lage zu sein, Daten und Sinneseindrücke auszutauschen, sodass es wirkt, als teilten sie einen Verstand. Mit der Zeit werden die Individuen so einzigartig, dass sie diese Verbindung zu den anderen verlieren, aber das braucht Zeit.

Eine Zelle von EM-Instanzen besteht offenbar aus fünf oder sechs Cyberzombies und einem Anführer, der die Rolle des Straßendocs übernimmt. In der Regel sehen mindestens ein oder zwei der Cyberzombies metamenschlich genug aus, um in der Klinik auszuhelfen oder die Türsteher zu spielen. Der Rest ist zu stark verändert, um sich noch einfügen zu können. Das sind die Jäger, die nachts auf der Suche nach schwer vercyberten Opfern sind, die sie entweder für weitere Implantate zurückbringen oder ausschlachten – oder töten, weil sie zu neugierig sind. Normalerweise operieren die Jäger allein, aber wenn eine Instanz angegriffen wird, kann sie innerhalb kürzester Zeit Verstärkung erhalten.

Diese Instanzen werden von einigen fremdartigen, mächtigen Sprites unterstützt. Sie scheinen sich damit zufriedenzugeben, diese Sprites für Fern-Matrixaufgaben einzusetzen. Mindestens ein Sprite ist immer zur Stelle, um in der Matrix nach Problemen vor Ort Ausschau zu halten. Bei direkter Konfrontation können diese Sprites eure Hardware schwer beschädigen.

Jede physische Instanz von Ex Machina ist ein metamenschlicher Körper, dem eine spezielle Cyberbuchse implantiert wurde, die als Biodrohnensteuerung konzipiert ist. Dieses Implantat ermöglicht es der EM-Instanz, den Wirtskörper vollständig zu kontrollieren und sich in die physische Welt zu begeben. Ähnlich wie ein Metamensch, der Technologie nutzt, um eine Persona zu erschaffen und die Matrix zu erleben, nutzen die Ex Machina metamenschliche Körper als Personas, um die physische Welt zu erleben. Die Ex Machina installieren außerdem reichlich zusätzliche Implantate, damit der Wirtskörper sich besser für ihre Zwecke eignet. Diese Instanzen gehören zu einer von zwei Kategorien: Infiltratoren und Cyberzombies.

EX-MACHINA-INFILTRATOR-INSTANZ

Eine Infiltrator-Instanz ist ein metamenschlicher Wirt, der nicht vollständig in einen Cyberzombie verwandelt wurde, um sich besser anpassen und sich als normaler Metamensch tarnen zu können. Dies birgt das Risiko, dass der Wirt die Kontrolle wiedererlangt, wenn die EM-Instanz jemals abstürzt. Für die Ex Machina ist dies allerdings ein notwendiges Risiko, wenn sie ihre Pläne verwirklichen wollen.

EX-MACHINA-INFILTRATOR-INSTANZ

K	G	R	S	W	L	I	C	EDG	R	ESS
4	4	4(6)	4	6	6	6	6	6	6	3,15

Initiative: 12 + 3W6 (Matrix: 15 + 3W6)
Handlungen: 1 Haupt, 4 Neben (Matrix: 1 Haupt, 4 Neben)
Zustandsmonitor: 10/11 (Matrix: 11)
Verteidigungswert: 7 (Matrix: 15)
Fertigkeiten: Cracken 6, Elektronik 6, Mechanik 6, Tasken 6, Talentsofts 6 (Einfluss, Feuerwaffen, Heimlichkeit, Nahkampf, Überreden, Wahrnehmung)
Bodytech: (alles Deltaware) Cyberbuchse 6, Metamenschen-Steuerungspaket (Reflexbooster 2, Talentbuchse 6, Talentleitungen 6)
Lebende Persona: Gerätestufe 6, ASDF 6/9/8/7
Komplexe Formen: Firewall-Senkung, Puppenspieler, Reiniger, Resonanzspike, Schleicher-Senkung, Spiegelpersona
Ausrüstung: Biotech-Laden, GMC Bulldog Step-Van, Kommlink [GS 6, D/F 3/1], Medkit 6, Panzerweste [+3], Spionage-RFID-Chips, Trideoprojektor
Waffen:
Waffenlos [Waffenlos | Schaden 2B | 10/–/–/–/–]
Defiance Super Shock [Taser | Schaden 6B(e) | EM | 10/6*/–/–/– | 4(i) | * max. 20 m]
Anmerkungen:
Kein Schmerz: Schmerz scheint die Ex Machina nicht zu stören. Sie erleiden keine Verletzungsmodifikatoren und werden durch Betäubungsschaden nicht bewusstlos.
Matrixabhängigkeit: Eine EM-Instanz kann ihre Matrixpersona nicht herunterfahren oder die WiFi-Verbindung abschalten, und keine Matrixhandlung kann ihre Persona dazu zwingen, herunterzufahren oder neu zu starten – außer, man bringt sie mit Matrixschaden zum Absturz. Wenn eine EM-Instanz von der Matrix isoliert wird, stürzt sie ab. Dies erfordert aufgrund ihrer Rauschunterdrückung einen Rauschenwert von insgesamt 12.
Multitasking: Einmal pro Runde kann eine EM-Instanz eine Komplexe Form, eine Matrix-Haupthandlung oder eine Sprite-Kraft mit einer Nebenhandlung einsetzen.
Rauschunterdrückung: EM-Instanzen ignorieren bis zu 6 Punkte Rauschen.
Talentsoft-Bibliothek: Die oben aufgeführten Talentsofts sind standardmäßig geladen, aber eine EM-Instanz kann auch jede andere Talentsoft mit einer Haupthandlung laden. Eine EM-Instanz kann bis zu sechs Talentsofts der Stufe 6 gleichzeitig laufen lassen. EM-Instanzen können bei der Verwendung von Talentsofts Edge erhalten und ausgeben.

EX-MACHINA-CYBERZOMBIE-INSTANZ

Cyberzombies sind metamenschliche Wirte, denen so viel Cyberware implantiert wurde, dass sie eigentlich nicht überleben können. Einige dieser Kreaturen sind so konzipiert, dass sie immer noch ein metamenschliches Aussehen haben, damit sie als Leibwächter dienen können, die die Öffentlichkeit zumindest

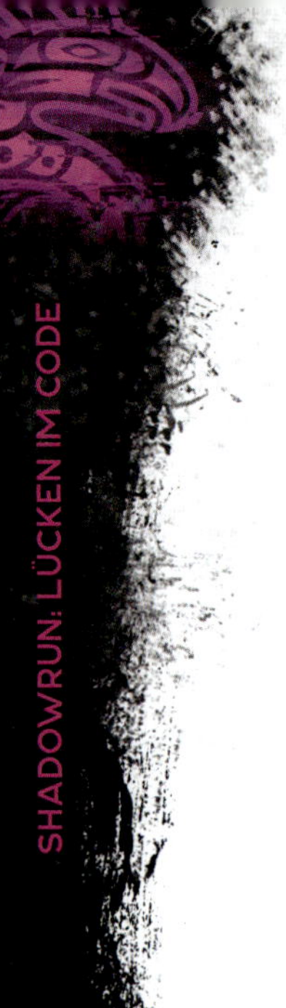

gelegentlich zu Gesicht bekommen darf. Andere überschreiben die ursprüngliche metamenschliche Gestalt ihres Wirtes durch extreme Körpermodifikationen, und jeder erkennt sie sofort als kybernetisch verbesserte Monstrositäten. Nur sehr wenige sehen einen dieser Jäger-Killer-Cyberzombies und überleben, um davon berichten zu können.

Wenn die EM-Instanz, die von einem Cyberzombie Besitz ergriffen hat, in der Matrix abstürzt, stirbt der Cyberzombiekörper sofort und kann nicht wieder zum Leben erweckt werden.

EX-MACHINA-CYBERZOMBIE-INSTANZ

K	G	R	S	W	L	I	C	EDG	R	ESS
4	4(8)	4(10)	4(8)	6	6	6	6	6	6	-0,5

Initiative: 16 + 5W6 (Matrix: 15 + 3W6)
Handlungen: 1 Haupt, 5 Neben (Matrix: 1 Haupt, 4 Neben)
Zustandsmonitor: 10/11 (Matrix: 11)
Verteidigungswert: 13 (Matrix: 15)
Fertigkeiten: Cracken 6, Elektronik 6, Mechanik 6, Tasken 6, Talentsofts 6 (Athletik, Feuerwaffen, Heimlichkeit, Nahkampf, Natur, Wahrnehmung)
Bodytech: (alles Deltaware) Cybergun [Ingram Smartgun mit externem Magazinport], Dermalpanzerung 4, Enterhakenkanone, Kunstmuskeln 4, Metamenschen-Steuerungspaket (Reflexbooster 4, Talentbuchse 6, Talentleitungen 6), Reaktionsverbesserung 4, Titan-Kompositknochen
Lebende Persona: Gerätestufe 6, ASDF 6/9/8/7
Komplexe Formen: Firewall-Senkung, Puppenspieler, Reiniger, Resonanzspike, Schleicher-Senkung, Spiegelpersona
Ausrüstung: Biotech-Laden, GMC Bulldog Step-Van, Kommlink [GS 6, D/F 3/1], Medkit 6, Panzerweste [+3], Spionage-RFID-Chips, Trideoprojektor
Waffen:
Waffenlos [Waffenlos | Schaden 4K | 21/–/–/–/–]
Defiance Super Shock [Taser | Schaden 6B(e) | EM | 10/6*/–/–/– | 4(i) | * max. 20 m]
Implantierte Ingram Smartgun XI [MP | Schaden 3K | HM/SM | 11/9/6/–/– | 32(s) | Gasventilsystem, Schalldämpfer, Smartgunsystem]
Anmerkungen:
Kein Schmerz: Schmerz scheint die Ex Machina nicht zu stören. Sie erleiden keine Verletzungsmodifikatoren und werden durch Betäubungsschaden nicht bewusstlos.
Matrixabhängigkeit: Eine EM-Instanz kann ihre Matrixpersona nicht herunterfahren oder die WiFi-Verbindung abschalten, und keine Matrixhandlung kann ihre Persona dazu zwingen, herunterzufahren oder neu zu starten – außer natürlich, sie mit Matrixschaden zum Absturz zu bringen. Wenn eine EM-Instanz jemals von der Matrix isoliert wird, stürzt sie ab. Dies erfordert aufgrund ihrer Rauschunterdrückung einen Rauschenwert von insgesamt 12.
Multitasking: Einmal pro Runde kann eine EM-Instanz eine Komplexe Form, eine Matrix-Haupthandlung oder eine Sprite-Kraft mit einer Nebenhandlung einsetzen.
Rauschunterdrückung: EM-Instanzen ignorieren bis zu 6 Punkte Rauschen.
Talentsoft-Bibliothek: Die oben aufgeführten Talentsofts sind standardmäßig geladen, aber eine EM-Instanz kann auch jede andere Talentsoft mit einer Haupthandlung laden. Eine EM-Instanz kann bis zu sechs Talentsofts der Stufe 6 gleichzeitig laufen lassen. EM-Instanzen können bei der Verwendung von Talentsofts Edge erhalten und ausgeben.

EX-MACHINA-SPRITE-INSTANZ

A	S	D	F	R
6	9	8	7	6

Matrix-Initiative: 14 + 4W6
Matrix-Zustandsmonitor: 12
Fertigkeiten: Cracken, Elektronik, Mechanik, Tasken
Komplexe Formen: Matrixattribut-Senkung (beliebiges Matrixattribut), Puppenspieler, Reiniger, Resonanzspike, Spiegelpersona
Kräfte: Cookie, Tarnung, Übernehmen, Unterdrücken
Anmerkungen:
Besessenheit: Unter bestimmten Bedingungen kann ein EM-Sprite von einem Decker Besitz ergreifen (s. Kasten *Besessenheit*, S. 23).
Multitasking: Einmal pro Runde kann eine EM-Instanz eine Komplexe Form, eine Matrix-Haupthandlung oder eine Sprite-Kraft mit einer Nebenhandlung einsetzen.
Rauschunterdrückung: EM-Sprite-Instanzen ignorieren bis zu 6 Punkte Rauschen.

ZIELE

Das Ziel (vielleicht ist es auch ein instinktives Vorgehen) dieser Wesen scheint darin zu bestehen, in die physische Welt einzudringen, indem sie die Kontrolle über lebende Körper übernehmen. Sie sind außerordentlich verschwiegen, und ihre Operationen richten sich gegen die ärmsten und schwächsten Bevölkerungsgruppen. Dabei nutzt ihnen die allgemeine Gleichgültigkeit der Metamenschheit gegenüber dem Schicksal der Ausgegrenzten. Den Wesen ist es egal, ob die Körper, deren Kontrolle sie übernehmen, reich oder arm waren – sie brauchen sie nur als Rohmaterial, mit dem sie arbeiten können. Da sie Wesen der Matrix sind, sind sie mit der Geschichte der Metamenschen und aktuellen Ereignissen vertraut. Sie haben beobachtet, wie die Metamenschheit auf die Invasion der Insektengeister reagierte, und haben einige Parallelen zu ihrer eigenen Situation gezogen. Daher ist Heimlichkeit ein Schlüsselfaktor – es gibt keine riesige Hilfsorganisation und keine große Presse, sondern nur kleine Kliniken, die in den übelsten Vierteln einer Stadt eröffnet werden, jenseits des öffentlichen Interesses, an Orten, auf die kein Medienunternehmen jemals eine Kamera richtet. Wenn sie entdeckt werden, finden die Wesen einen Weg, zu entkommen oder sich selbst zu zerstören. Von keiner Operation, die sie hinterlassen haben, wurden jemals Daten gesichert. Die Wesen setzen mehrere Vorteile um, die die Insektengeister nie hatten: Sie verstehen die Metamenschheit, einschließlich ihrer Geschichte, ihrer Medien und ihrer Politik; sie wissen, wie man die Matrix und die Resonanz nutzt; und ihre Auren verraten ihr wahres Wesen nicht. Sie sind geschickt darin, Medien, Foren und öffentliche Aufzeichnungen zu bearbeiten, um ihre Spuren zu verwischen. Im Moment scheinen sie bereit zu sein, kleinere Verluste hinzunehmen und an einem anderen Ort neu anzufangen, wenn das Risiko einer Entdeckung zu groß wird. Auf diese Weise lassen sie weder Beweise noch lose Enden zurück.

TAKTIK

Die Ex Machina ähneln scheinbar Insektengeistern, KFS oder sogar mächtigen KIs wie Deus. Die Ähnlichkeiten sind nicht von der Hand zu weisen: Die Ex Machina dringen in die physische Welt ein, indem sie metamenschliche Wirte übernehmen und umwandeln, sie sind mächtige Matrixwesen und sie verfügen über ein tiefes Verständnis von Bodytech und metamenschlicher Biologie. Sie unterscheiden sich jedoch in zwei wesentlichen Punkten: Ihr Geist (wenn es wirklich nur einer ist) ist durch die Matrix und die Resonanz jederzeit miteinander verbunden, und sie verfügen über ein beunruhigend effektives Verständnis der metamenschlichen Psychologie. Außerdem verfügen sie über viele Informationen, die sie über die anderen aufgezählten Bedrohungen gesammelt haben, und haben viel Zeit und Ressourcen darauf verwendet, die Reaktionen der Metamenschen auf diese Gefahren zu verstehen. Sie sind vorsichtig, umsichtig und verhalten sich unauffällig, damit keine offizielle Reaktion auf ihre Invasion erfolgt – bis es zu spät ist.

Nach umfangreichen Nachforschungen in der Matrix und einigen Erkundungen durch einen Ex-Machina-Infiltrator wählen die EM einen Ort aus, an dem sie ihre Arbeit aufnehmen. Diese Orte befinden sich immer am Rande eines größeren städtischen Gebiets, am Rande der Zivilisation, an Orten, wo die meisten Leute in Armut leben und die Megakonzerne kaum präsent sind. Das andere, wonach die EM suchen, ist das Revier einer relativ kleinen Gang. Die EM vermeiden es in der Regel, sich in Gebieten niederzulassen, in denen sich viele Konzerne angesiedelt haben oder die von großen und mächtigen Gangs beansprucht werden.

Sobald ein Ort ausgewählt wurde, ziehen die EM mit der Unterstützung und dem Schutz einer Handvoll Cyberzombies ein. Diejenigen, die noch als Metamenschen durchgehen, übernehmen den Großteil der schweren Arbeit und der Bodyguardjobs, während die anderen tagsüber außer Sichtweite bleiben und nach Einbruch der Dunkelheit auf Erkundungstour gehen – oder auf die Jagd.

Noch bevor ein EM-Infiltrator eine preisgünstige Klinik für die Bevölkerung vor Ort eröffnet, nimmt er Kontakt mit der örtlichen Gang auf. Anfangs sind die EM sehr bescheiden und bieten als Gegenleistung für den „Schutz“ der Gang kostenlose medizinische Dienste und Cyberware an.

Nachdem die Klinik eröffnet ist und die Gang angebissen hat, konzentriert sich die nächste Phase der Operation darauf, die EM als halblegale Straßendocs zu tarnen und zu etablieren. Sie verhalten sich unauffällig und suchen auch nicht nach neuen Wirten. Stattdessen konzentrieren sie sich darauf, sich bei der [illegible]en Bevölkerung nützlich zu machen und viele Informationen wie möglich über die Leute zu sammeln. In dieser Zeit stellen sie so viel Steuerungs-Bodytech wie möglich her, um sich auf die bevorstehende Expansion vorzubereiten.

Einige Monate, nachdem sie sich in der Nachbarschaft festgesetzt haben, beginnen die EM mit der nächsten Phase: Sie bringen die Gang vollständig unter ihre Kontrolle. Der „Straßendoc“ behauptet, Zugang zu besserer Bodytech zu haben, und bietet an, einiges davon kostenlos mit der Gang zu teilen. Die ersten Ganger, die sich freiwillig melden, erhalten Implantate, die sie zu Wirten für EM-Instanzen machen. Diese Instanzen sind gut darin, vorzutäuschen, sie wären ihr altes Ich und begeistert von der neuen Bodytech. Es dauert meist nicht lange, bis auch die restlichen Ganger neue Implantate wollen. Diejenigen, die als akzeptable Wirte erachtet werden, erhalten Implantate und werden zu neuen Cyberzombies, die übrigen werden umgebracht – die Leichen werden wegen ihrer „Ersatzteile“ ausgeschlachtet und anschließend entsorgt. Sobald sich die neuen Wirte etabliert haben, suchen die Cyberzombies in der örtlichen Bevölkerung nach weiteren Wirten und entführen diese.

Die letzte Phase der Operation besteht darin, die frisch verstärkte Gruppe neuer Instanzen dafür zu nutzen, sich in einer großen Aktion Ressourcen anzueignen. Dabei geht es fast immer um die Übernahme und das Ausplündern einer geheimen Aztechnology-F&E-Anlage. Der Großteil des Personals an diesen Orten wird getötet, aber einige wenige sind gute Kandidaten, um als Wirte für Infiltratoren zu dienen. Zuletzt zerstören die Ex Machina ihre Klinik, teilen sich in fünf oder sechs neue Zellen auf – jede mit ihrem eigenen Infiltrator und einem Rudel Cyberzombies – und beginnen das Vorgehen an zuvor ausgewählten Orten von Neuem.

SOZIALE BEGEGNUNGEN

Cyberzombies meiden soziale Interaktionen, wann immer sie können – obwohl sie Zugang zu Einfluss- und Überreden-Talentsofts haben, sind die Leute aufgrund ihrer extremen Bodytech für gewöhnlich auf der Hut vor ihnen. Wenn man einen Cyberzombie auf sein ungewöhnliches oder gleichgültiges Verhalten anspricht, wird er es als Auswirkung der umfangreichen Implantate abtun. Wenn jemand darauf besteht, einen Cyberzombie in weitere soziale Interaktionen zu verwickeln, zieht dieser entweder einen Infiltrator in der Nähe hinzu, der die Interaktion übernimmt, oder findet eine Ausrede, um sich zu entfernen.

Infiltratoren fühlen sich bei der Interaktion mit Metamenschen viel wohler. Sie stützen sich auf ihre Einfluss- und Überreden-Talentsofts sowie auf Wissens- und Linguasofts, die für die jeweilige Situation relevant sind. Infiltratoren kommen im Allgemeinen als harmlose, warmherzige, intelligente und sympathische Leute daher – wenn sie es wollen. Es scheint ihnen Spaß zu machen, Leute in lange Gespräche zu verwickeln, und sie nehmen sich oft Zeit, um gut zuzuhören. Diese Taktik der Informationssammlung hat den zusätzlichen Effekt, dass der Eindruck entsteht, dass der Infiltrator Empathie besitzt. Es ist ihnen wichtig, so viel wie möglich über die Leute herauszufinden, denen sie begegnen, damit sie ein genaues Profil von ihnen erstellen können. Wann immer Geschäfte persönliche soziale Interaktionen der Ex Machina erfordern, ist ein Infiltrator beteiligt.

Ex-Machina-Sprites interagieren auf sozialer Ebene nicht mit anderen Sprites oder Personas. Sie scheinen kein Interesse daran zu haben, mit anderen Wesen zu kommunizieren, und ignorieren entsprechende Versuche in offensichtlicher Art und Weise. Wenn jemand so dumm ist, ein EM-Sprite zu belästigen, werden sechs oder mehr EM-Sprites eintreffen und versuchen, den Störenfried in einem koordinierten Angriff abstürzen zu lassen.

MATRIX-BEGEGNUNGEN

Alle Ex Machina sind permanent in der Matrix aktiv und laufen immer auf Schleichfahrt. Cyberzombies und Infiltratoren verwenden jederzeit Spiegelpersona, um eine normal aussehende, sichtbare Matrixpräsenz zu zeigen, während EM-Sprites im Allgemeinen einfach versuchen, unauffällig zu bleiben. Da EM-Instanzen keine Möglichkeit haben, sich auszuloggen oder ihre Persona neu zu starten, nutzen alle EM-Instanzen regelmäßig die komplexe Form Reiniger, um ihren Overwatch-Wert zu senken. Physische Instanzen (Cyberzombies und Infiltratoren) werden immer von einem EM-Sprite begleitet, das die Matrix überwacht, aber auch die Cyberzombies und Infiltratoren sind in der Matrix mächtig. Alle EM-Instanzen haben die Möglichkeit, eine komplexe Form, eine Matrix-Haupthandlung oder eine Sprite-Kraft pro Runde mit einer Nebenhandlung einzusetzen. Cyberzombies und Infiltratoren verwenden ihre Nebenhandlung in der Regel für Matrix- oder Resonanzhandlungen, sodass sie die meisten ihrer Handlungen für physische Aufgaben verwenden können. EM-Sprites verwenden in der Regel zwei Matrix- oder Resonanzhandlungen pro Runde – wenn sie nicht gerade sehr beschäftigt sind, wird eine Handlung fast immer für Matrixwahrnehmung verwendet. Wenn ein EM-Sprite abstürzt, wird der Cyberzombie oder Infiltrator, der es kompiliert hat, seine nächste Handlung nutzen, um ein neues Sprite zu kompilieren. Jede EM-Instanz scheint jeweils nur ein einziges EM-Sprite gleichzeitig kompilieren zu können – wir wissen allerdings nicht, ob es sich dabei um eine harte Begrenzung oder lediglich um ihre typische Vorgehensweise handelt.

Wenn sie mit einer Matrixbedrohung konfrontiert werden, sind die EM-Instanzen geradlinig und brutal. In der ersten Kampfrunde setzen sie Firewall-Senkung ein, um die Firewall des Ziels zu schwächen – zweimal, wenn der erste Versuch fehlschlägt. Danach kommen Resonanzspikes zum Einsatz, bis das Ziel abstürzt. EM-Sprites kämpfen ohne Rücksicht auf ihre eigene Sicherheit. Sie scheinen keine Angst vor Abstürzen oder Schaden zu haben. Das bedeutet jedoch nicht, dass sie unüberlegt kämpfen – EM-Sprites wählen ihre Ziele sorgfältig aus und attackieren je nach Situation die gefährlichsten oder die verwundbarsten.

Die Ex Machina sind fast unmöglich zu stören, aber wenn man es schafft, ist das eine sehr mächtige Waffe gegen sie. EM-Instanzen scheinen immun gegen Matrixrauschen zu sein, aber das liegt nur daran, dass sie über eine sehr starke Rauschunterdrückung verfügen. Wenn man diese Rauschunterdrückung signifikant – und ich meine wirklich signifikant – toppen kann, kann man sie ausschalten. Wenn es gelingt, einen Cyberzombie oder Infiltrator zu stören, stürzt die Instanz ab. Ein Cyberzombie fällt dann einfach tot um, im Falle eines Infiltrators übernimmt der Wirt wieder die Kontrolle. Er wird wahrscheinlich nicht viel mehr tun können, als zu schreien und die Flucht zu ergreifen, aber wenn man ihn beruhigen und zu einem guten Therapeuten bringen kann, wird er sich wahrscheinlich vollständig erholen. Es ist jedoch erheblich wahrscheinlicher, dass er sich ein paar Kugeln zu viel einfängt, bevor das passieren kann.

HEIMLICHE BEGEGNUNGEN

Wenn die Ex Machina feststellen, dass jemand gegen sie ermittelt, erstellen sie ein Profil dieser Person und beginnen ihrerseits, sie zu beschatten. EM-Sprites beobachten ihre Aktivitäten in der Matrix und verfolgen sie über Kameras und andere Sensoren. Die Cyberzombies übernehmen die physische Observierung. Ein Cyberzombie wählt in der Regel einen Lieferwagen mit elektrochromer Beschichtung (der die Farbe wechseln und verschiedene Firmenlogos anzeigen kann) und hält sich in der Nähe des Ziels auf. Wenn er entdeckt wird, zieht er sich für gewöhnlich zurück und versucht es später erneut. Wird er konfrontiert, flieht er. Wird er festgenagelt, greift er entweder an oder zerstört sich selbst.

KAMPFBEGEGNUNGEN

Die Ex Machina entscheiden sich in der Regel nicht für den physischen Kampf, aber er ist oft notwendig, um ihre Interessen zu schützen. Ihre erste Wahl sind immer Täuschung oder Heimlichkeit. Wenn es nichts zu gewinnen oder zu verlieren gibt, fliehen sie eher, als sich auf einen Kampf einzulassen. Dies geschieht aus pragmatischer Umsicht, nicht aus einem Gefühl der Selbsterhaltung. Wenn sie sich auf einen Kampf einlassen, sind die Ex Machina clevere und unerbittliche Gegner. Am wahrscheinlichsten kommt es zu einem Kampf mit Shadowrunnern, wenn die Runner beauftragt oder anderweitig motiviert sind, eine Ex-Machina-Klinik anzugreifen. Wenn der Angriff unerwartet kommt, wird die Klinik nur von einem Cyberzombie, einem Infiltrator und ihren beiden EM-Sprites bewacht. Die EM-Sprites verwenden Matrixattribut-Senkung, um die Firewalls der Gegner zu schwächen, Übernehmen, um Drohnen und Fahrzeuge zu übernehmen, und Resonanzspike, um Waffen oder Bodytech zu zerstören. Der Cyberzombie und der Infiltrator verwenden jeweils ihre Haupthandlung, um anzugreifen, und eine Nebenhandlung, um Resonanzspike gegen Waffen und Bodytech einzusetzen. Sie sparen sich ihre verbleibenden Nebenhandlungen, um gegen Angriffe *Ausweichen* oder *Blocken* einzusetzen.

Infiltratoren bevorzugen es, im Kampf ihren Taser einzusetzen. Cyberzombies ziehen es vor, sich zu nähern und waffenlos anzugreifen, gehen aber in Deckung und benutzen ihre MP, wenn es zu einem Feuergefecht kommt. Wenn der Angriff erwartet wird, befinden sich zwei weitere Cyberzombies und EM-Sprites im Gebäude. Unabhängig davon, ob die Ex Machina überrascht werden oder nicht, sind sie in der Lage, augenblicklich Verstärkung herbeizurufen. Diese Verstärkung kommt in Form eines Ares Venture oder eines vergleichbaren Fahrzeugs voller Cyberzombies. Es kann zwischen einer und sechs Minuten dauern, bis sie eintreffen. Wenn sie das tun, vollführt der T-Bird einen schnellen und niedrigen Überflug, um die Cyberzombies abzuwerfen, steigt dann auf, um außerhalb der Reichweite von Handfeuerwaffen zu bleiben, und gibt Unterstützungsfeuer mit Maschinengewehren und Raketen.

Cyberzombies und Infiltratoren haben keine Angst vor Verletzungen, Schaden und Tod, aber sie haben anscheinend Angst davor, gefangen genommen zu werden. Jeder von ihnen hat ein Selbstzerstörungssystem implantiert, das den Körper in einen heißen, unordentlichen Haufen verbrannter Schmiere verwandelt, wenn sie in Gefangenschaft geraten. Dazu muss die Instanz eine Haupthandlung ausführen, die den Wirtskörper dem Status *Brennend 12* aussetzt. Der Status *Brennend* kann nicht auf normalem Wege aufgehoben werden, da er durch eine Kombination aus Naniten und chemischen Prozessen innerhalb der körpereigenen Bodytech ausgelöst wird. Die Ex Machina nutzen dies als letzten Ausweg, um sich der Gefangennahme zu entziehen, werden aber in aller Regel eher bis zum Tod kämpfen, wenn es irgendeine Aussicht auf Erfolg gibt. Andere EM-Instanzen scheinen in der Lage zu sein, die Selbstzerstörungssysteme ihrer gefallenen Kameraden auszulösen. Soweit ich weiß, wurde noch nie eine intakte Leiche geborgen.

RESSOURCEN

Das volle Ausmaß der Ressourcen der Ex Machina ist schwer zu beziffern. Sie betreiben einen immensen Aufwand, um Informationen zu sammeln und auszutauschen, und sie sind in der Lage, neue, wenn auch gefälschte SINs zu erstellen – ohne Identitätsdiebstahl. Sie haben wenig Interesse daran, anderer Leute Geheimnisse diskret zu behandeln, sind aber sehr daran interessiert, riesige Datenmengen über die Metamenschheit und die physische Welt zu sammeln. Das bedeutet, dass jede EM-Instanz jederzeit vollen Zugriff auf jede beliebige Wissenssoft-, Linguasoft-, Autosoft- und Aktionssoft-Instanz hat. Und sie verfügen auch über detaillierte Profile einer großen Anzahl von Personen und Organisationen – einschließlich bekannter Shadowrunner. Sie sammeln Daten aus dem Bedürfnis heraus, die physische Welt zu verstehen, und sie verkaufen Daten, um Nuyen zur Finanzierung ihrer Operationen zu beschaffen. Viele Schieber sind sich nicht bewusst, dass einige der Infobroker und Identitätsfälscher, auf die sie angewiesen sind, die Ex Machina sind.

Eine der ersten physischen Operationen der Ex Machina war die Infiltration, Übernahme und vollständige Plünderung einer Cybertechnologie-Forschungseinrichtung von Aztechnology. Anschließend verfügten sie über die notwendigen Anlagen und Materialien, um ihre eigenen Deltaware-Bodytechdesigns herzustellen. Die Rohstoffe sind nicht billig, und der Großteil der Nuyen, die die Ex Machina ausgeben, wird für die Beschaffung der notwendigen Komponenten für diese Arbeit verwendet. Infolgedessen haben die EM praktisch unbegrenzten Zugang zu Deltaware-Cyberware. Sie verwenden diese Bodytech, um die metamenschlichen Körper, die sie übernehmen wollen, zu modifizieren und zu verbessern, aber auch, um ihre Operationen zu verschleiern. Eine kostengünstige Cyberklinik ist in einem einkommensschwachen Viertel immer willkommen – vor allem, wenn sie darüber hinaus eine preiswerte medizinische Grundversorgung bietet. Die EM reservieren ihre Deltaware für ihre eigenen Körper, bieten aber im Rahmen ihrer Tarnung Standard-Bodytech zu einem erheblichen Preisnachlass an. Jegliche gebrauchte Bodytech, die sie erwerben, wird in ihre Bestandteile zerlegt und für den Bau neuer Bodytech wiederverwendet.

Alle anderen Ressourcen, die die EM benötigen, können sie einfach durch anonyme Online-Käufe erwerben oder sie erhalten sie von Schiebern, die keine Ahnung haben, dass sie es nicht mit Metamenschen zu tun haben – wobei ihnen das vielleicht sogar egal wäre, solange sie im Gegenzug erstklassige Informationen und saubere Nuyen erhalten. Die Zusammenarbeit mit den EM ist ein wirklich gutes Geschäft. Sie haben immer nützliche, sachdienliche und genaue Informationen zum Verkauf oder Tausch zur Verfügung und können euch innerhalb von Stunden eine gefälschte SIN beliebiger Stufe besorgen (normalerweise nehmen sie euch für dieses Privileg eine Zusatzgebühr ab, die aber geringer ist, wie man erwarten würde). Ihre Straßendocs bieten Cyberware, die sich nicht zurückverfolgen lässt, zu niedrigen Preisen an, was sie bei Gangs und aufstrebenden Straßensamurai gleichermaßen beliebt macht. Wenn gelegentlich ein Samurai verschwindet, weil er als Wirt für eine EM-Instanz ausgewählt wurde, fällt das kaum auf.

- Oh Drek. Ich glaube, das könnte einem meiner Chummer, Balladeer, passiert sein. Er wollte sich ein paar Upgrades einbauen lassen, und ich habe seitdem nichts mehr von ihm gehört.
- Turbo Bunny

- Kennst du die Redensart „Das würde ich meinem schlimmsten Feind nicht wünschen"? Nun, die passt hier nicht. Wenn es stimmt, hat er sich das redlich verdient. Gut, dass wir ihn los sind.
- OrkCEO

Wenn ihr das hier lest, haben die Ex Machina bereits einen festen Platz in unserer Welt eingenommen. Vielleicht habt ihr sogar schon Geschäfte mit ihnen gemacht, ohne es zu wissen. Anstatt gedankenlos jeden zu übernehmen, den sie in die Finger bekommen, wählen die EM ihre Wirte sorgfältig aus, und sie lassen viele ihrer metamenschlichen Connections in Ruhe und machen immer weiter Geschäfte mit ihnen. Im Gegensatz zu den Insektengeistern, die außer ihren Schamanen und ein paar fehlgeleiteten Bug-Anbetern keine echten Verbündeten haben, verfügen die EM über ein riesiges Netz von Connections, die sie nicht als Wirte nutzen wollen. Sie wissen, wie nützlich diese Connections sind, und haben mehr als genug Wirtsmaterial, mit dem sie stattdessen arbeiten können. Die meisten Connections der Ex Machina sind Schieber, Datenbroker und Kybernetikexperten, und durch die Schieber können sie Zugang zu fast jeder anderen Art von Connection erhalten, die sie brauchen. Sie haben gerade begonnen, den Nutzen von Shadowrunnern zu erkennen. Sie werden sie vielleicht schon bald regelmäßig für heikle Operationen einsetzen, die eine zusätzliche Portion Anonymität erfordern.

Die letzte erwähnenswerte Ressource sind die EM-Instanzen selbst. Jeder EM ist in der Lage, eine neue Instanz zu kompilieren, die in ihrer F[illegible] einem Sprite ähnelt. Diese Instanz[illegible] nur kurzlebig und kehren nach ein o[illegible]er Tagen in die dunkle Ecke der Resonanz zurück, aus der sie hervorgekrochen sind, aber manchmal verschmelzen sie auch mit physischen Wirten. Alle EM-Instanzen stehen miteinander in Verbindung, und jede ist eine Kopie aller anderen. Sie teilen dieselben Wünsche, Motivationen und Meinungen. Dies macht die EM zu einem nahezu unsterblichen Feind. Inzwischen gibt es Dutzende von physischen Wirten, viele davon Cyberzombies, und selbst wenn jeder Einzelne von ihnen zerstört würde, würden die Ex Machina in der Matrix und der Resonanz überleben und von vorn beginnen.

Eine physische EM-Instanz – ein Wirt – ist ein metamenschlicher Körper, der die strengen Anforderungen der EM erfüllt, also überdurchschnittliche körperliche Attribute aufweist. Ein Wirt erhält ein kybernetisches Steuerungspaket, ein invasives Stück Headware, das man am besten als Cyberbuchse beschreiben kann, die zu einer hochgerüsteten Biodrohnensteuerung für Metamenschen umgebaut wurde. Aber das ist noch nicht alles: Jeder Wirtskörper ist stark vercybert, vollgepackt mit maßgeschneiderter Deltaware-Bodytech, die ihn viel effektiver macht als ein Standardmodell. Cyberzombies sind mit so viel Cyberware gefüllt, dass der Wirtskörper ohne die EM-Instanz, die ihn am Laufen hält, sterben würde. Die Infiltratoren gehen nicht ganz so weit und beschränken sich auf subtilere Bodytech, die es ihnen ermöglicht, als normale, lebende Metamenschen durchzugehen. Cyberzombies sind nicht ganz lebendig, aber auch nicht ganz tot – es ist für jeden, der einen Cyberzombie askennt, offensichtlich, dass etwas mit ihm nicht stimmt.

GEGNER

Die Reality Hackers sind sich der Ex Machina voll bewusst. Sie haben bereits einige Mitglieder durch die Verlockung preiswerter Bodytech verloren oder wurden zum Ziel von Cyberwareentnahmen. Sie haben versucht, Alarm zu schlagen, aber GOD hat das unterbunden. Jetzt halten sie aktiv nach Anzeichen für diese Mistdinger Ausschau und sind hochmotiviert, es ihnen heimzuzahlen. Wenn ihr Verbindungen zu den Reality Hackers habt, könnt ihr sie wahrscheinlich als Verstärkung gegen die Ex Machina hinzuziehen.

Tamanous ist ebenfalls auf diese neue zwielichtige Gruppe aufmerksam geworden, die Cyberwareschmuggel betreibt, und man mag dort keine Konkurrenz. Wahrscheinlich ist man sich bei Tamanous der Natur der Ex Machina nicht bewusst – aber man weiß, dass durch die EM einige Geschäftsmöglichkeiten verloren gehen. Tamanous scheint noch in der Phase der Informationsbeschaffung und -bewertung zu sein, aber ihr könnt bald mit Vergeltungsmaßnahmen rechnen. Wenn es so weit ist, werden sie wahrscheinlich Shadowrunner für die Schwerarbeit anheuern.

Insektengeister haben es oft auf ähnliche Beute abgesehen und sind, das weiß ich sicher, bereits mindestens einmal mit den EM aneinandergeraten. Die EM scheinen gegen Geister nicht gut abzuschneiden. Infiltratoren sind furchterregende Fleischgestalt-Insektengeister-Wirte, allerdings sind Cyberzombie-Leichen für die Bewohnung durch Insektengeister nicht geeignet.

Sozialarbeiter vor Ort bemerken oft schnell, dass jemand auf Schwache und Ausgegrenzte Jagd macht, und sie neigen dazu, bei neuen Kliniken, die in ihrer Nachbarschaft auftauchen, sehr gezielt nachzufragen. Wenn sie nicht sehr vorsichtig und diskret sind, werden diese Sozialarbeiter von den Ex Machina als Bedrohung identifiziert. Ein nächtlicher Besuch von Cyberzombies ist für die EM eine brauchbare und dauerhafte Lösung eines solchen Problems.

Die Grid Overwatch Division ist sich der Ex Machina bewusst, konnte sie aber bisher nicht aufspüren. GOD will nicht, dass die Metamenschheit von diesen Dingern erfährt, und unterdrückt aktiv Berichte, die zu einer Sensibilisierung der Öffentlichkeit führen könnten, während es seinerseits versucht, die Bedrohung zu isolieren, aufzuspüren und zu neutralisieren. Allerdings ist GOD für den Umgang mit den Ex Machina völlig unzureichend gerüstet, nicht zuletzt wegen der Fähigkeit der EM, ihren eigenen Overwatch-Wert zu löschen.

Örtliche Gangs, die mit der Gang rivalisieren, deren Revier die Ex Machina auswählen, werden sich ihnen wahrscheinlich widersetzen, wenn sie gewarnt werden, aber normalerweise werden sie von der von den Ex Machina ausgewählten Gang aufgerieben, bevor sie die Gelegenheit haben, die Bedrohung zu erkennen. Diejenigen, die aufmerksam und klug sind, bemerken eventuell einige beunruhigende Muster von Ereignissen und wenden sich an ihre Connections, um Hilfe zu erhalten.

Den Ex Machina ist es bisher nicht gelungen, auf die Erwachten Eigenschaften der von ihnen übernommenen Wirte zuzugreifen, sodass sie keinen Zugang zu Magie haben. Deshalb heuern sie gelegentlich Magier für bestimmte Aufgaben an, ziehen aber niemals Außenstehende ins Vertrauen. Sie sind weitgehend wehrlos, wenn es um Magie geht, was eine Lücke schafft, die sich ausnutzen ließe. Aber macht nicht den Fehler, zu denken, dass sie dumm sind oder nichts über Magie wissen. Die Ex Machina haben Zugang zum gesamten veröffentlichten Wissen der Menschheit und nutzen diese Informationen in vollem Umfang. Eine der wichtigsten Überlebensregeln haben sie bereits verinnerlicht: Tötet den Magier. Die Ex Machina setzen auch technische Lösungen ein, um ihr inneres Heiligtum vor astraler Erkundung zu schützen.

- Welche „technische Lösung" würde einen astralen Magier abhalten? Ich dachte, dafür braucht man Hüter.
- Turbo Bunny

- Wahrscheinlich ein FAB-System in den Wänden. Astral aktive Bakterien, die im Wesentlichen dicht gepackt in gewundenen Röhren leben. Das funktioniert ziemlich gut, wenn das System vernünftig gewartet wird, aber es ist so selten, teuer und umständlich, dass die meisten Unternehmen es billiger finden, stattdessen Magier anzuheuern, die Hüter errichten und warten.
- Lizzie

VERBÜNDETE UND CONNECTIONS

Überall dort, wo die Ex Machina eine Klinik betreiben, haben sie die Unterstützung einer örtlichen Gang gewonnen. Die Ex Machina sind darauf bedacht, ein Gebiet zu wählen, das von einer kleinen Gang kontrolliert wird, die nicht von einer größeren Organisation gesponsert wird oder dieser angehört. Diese Ganger sind in der Regel verzweifelt und können das Angebot, das die EM machen, nicht ablehnen. Ausgestattet mit umfangreicher und teurer Cyberware wird die Gang gefährlicher und mutiger, übernimmt schnell das Revier ihrer schwächeren Nachbarn und konsolidiert sich zu einer mächtigen und gefürchteten Gruppe. Die Ex Machina lenken die Aktionen der Gang – wenn möglich, indem sie sie beraten, wenn sie für Upgrades und neue Bodytech hereinkommen. Heimliche Jäger-Killer-Cyberzombies schalten im Verborgenen jeden ernsthaften Gegner der Gang aus. In dieser Zeit scheint sich die Lage der Gang stark zu verbessern, was nicht zuletzt an ihrem neuen Straßendoc liegt. In ihrem Revier sind sie fähig und wachsam genug, um eine ernsthafte Bedrohung für jeden zu sein, der dort herumschnüffelt – selbst für ein Team von Shadowrunnern.

Die Ex Machina nutzen eine Straßenklinik als Fassade für ihre Expansionsoperationen. Um diese Fassade aufzubauen (und um medizinische Informationen zur Identifizierung geeigneter potenzieller Wirte zu sammeln), stellen die EM kostenlose medizinische Grundversorgung für die örtliche Bevölkerung bereit. Diese Kliniken befinden sich fast immer in Gegenden, die von den Verarmten und SINlosen bewohnt werden – einer Bevölkerungsgruppe, die wenig bis gar keinen Zugang zu moderner medizinischer Versorgung hat. Auch teurere Operationen werden von den EM von Fall zu Fall angeboten, und zwar zu Preisen, die so niedrig kalkuliert sind, dass sie für den Einzelnen bezahlbar sind. In den meisten Fällen profitieren diese Personen von der medizinischen Versorgung, ohne dass es zu offensichtlichen Nachteilen oder Folgen kommt. Einige von ihnen werden wahrscheinlich irgendwann als Wirte übernommen, aber die meisten erhalten die benötigte Versorgung kostenlos. Dadurch wird nicht nur eine Tarngeschichte aufgebaut, die die wahren Absichten der Ex Machina verschleiert, sondern es bringt die örtliche Bevölkerung auch dazu, die Klinik zu unterstützen und zu schützen – bis zu dem Punkt, an dem ein Squatter der örtlichen Gang herumschnüffelnde Shadowrunner meldet. Es wird kaum gelingen, die örtliche Bevölkerung davon zu überzeugen, dass mit der Ex-Machina-Klinik etwas nicht stimmt.

Außerdem gibt es viele Leute da draußen, die nichts von der Existenz der Ex Machina ahnen, aber sie unterstützen, ohne es zu wissen. Dazu gehören in erster Linie die Schieber und Infobroker, die regelmäßig mit ihnen Geschäfte machen, indem sie Informationen kaufen und verkaufen, gefälschte SINs und Lizenzen bestellen und Dritte beauftragen, Dinge zu erledigen. Zu diesen Dritten gehören außer Shadowrunnern auch eine breite Palette von Schwarzarbeitern. Keiner dieser Leute hat eine Ahnung, was sie da unterstützen, und wenn sie es wüssten, würden die meisten wahrscheinlich keine Geschäfte mehr mit den EM machen. Aber nicht alle. Einige Leute sind nur darauf aus, ein paar Nuyen zu verdienen, und es ist ihnen egal, woher die stammen.

- Damit kennst du dich ja aus.
- Slamm-0!

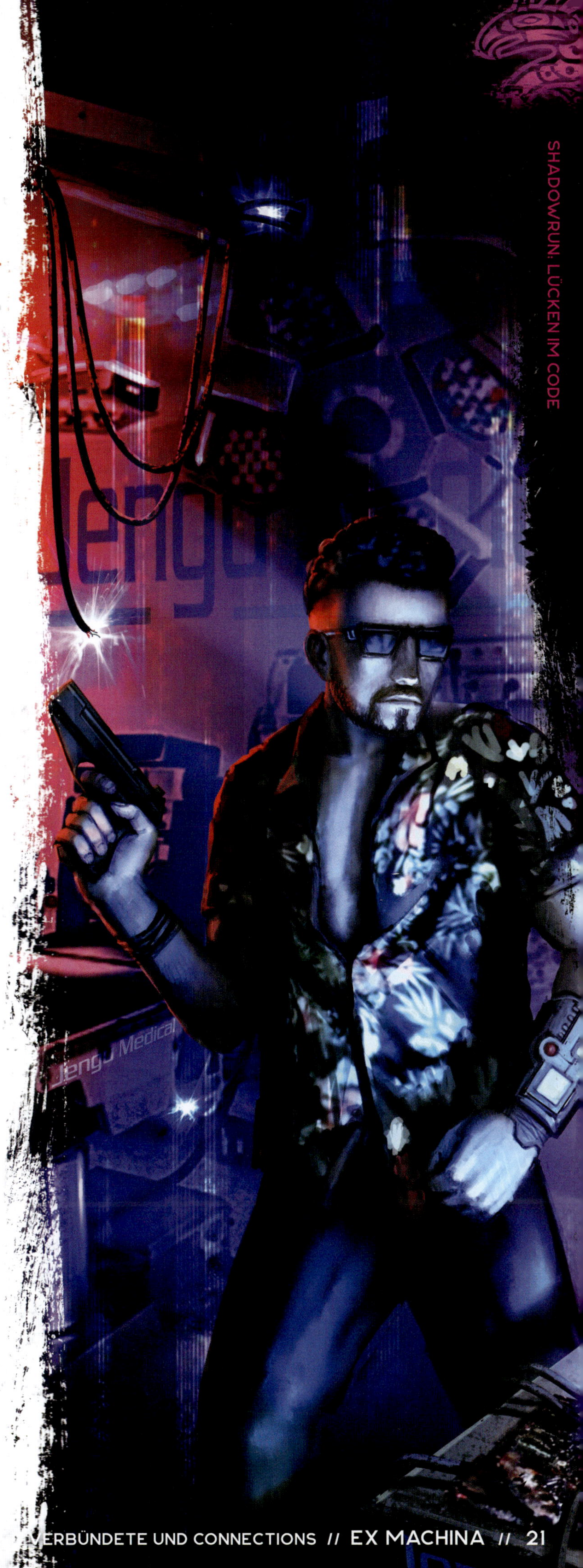

- Es ist eine nützliche Maxime, aber wenn es darum geht, für diese Monster zu arbeiten, ziehe ich eine Grenze. Außerdem wollen sie mich tot sehen.
- Clockwork

- Dann hat die Sache ja zumindest etwas Positives.
- Netcat

STÜTZPUNKTE UND VERSTECKE

Irgendwo in den Barrens scheint eine kleine Straßengang auf dem Vormarsch zu sein. Sie hat plötzlich bessere Ausrüstung und coole neue Cyberware. Eine Klinik hat dort aufgemacht und versorgt die Gang im Gegenzug für ihren „Schutz“ mit Spielzeugen. Sie bietet gute Preise für Schwarzmarkt-Cyberware und versorgt die Einheimischen mit preiswerten medizinischen Dienstleistungen. Ihre Wachen sind etwas unheimlich, aber jeder, der so viel 'Ware hat, macht einem Angst. Die Klinik wirbt damit, eine Tochtergesellschaft dieses oder jenes Unternehmens zu sein, aber niemand scheint sich das genau anzusehen. Wenn man es täte, würde man nur wenige Hinweise in der Matrix finden und kein tatsächliches Budget für die Klinik. Wenn man jemanden aus der Klinik damit konfrontiert, wird der Straßendoc kleinlaut „zugeben“, dass er den Firmennamen als Deckmantel für seine Schwarzmarktgeschäfte verwendet.

So verstecken sich die EM vor aller Augen – abseits der ausgetretenen Pfade, immer in Gegenden, die hauptsächlich von SINlosen bewohnt werden. Sie achten darauf, niemals einen Wirt mit einer aktiven SIN zu nehmen.

Die Klinik ist ihre Operationsbasis. Sie unterscheidet sich auf den ersten Blick nicht von einer einfachen Straßenklinik – sie hat einen Empfangsbereich, einen Untersuchungsraum und einige Hinterzimmer für chirurgische Eingriffe und Erholung. Hier wird nur legale oder zumindest halblegale Arbeit geleistet.

In anderen Nebenräumen, die sich in der Regel über oder unter dem Erdgeschoss befinden, sind weitere medizinische Geräte untergebracht – hochleistungsfähige Cybertechnologie-Anlagen, die Bodytech entwerfen, drucken und installieren können. Diese Räume werden immer von mindestens einem Cyberzombie überwacht, der von einem Sprite unterstützt wird. Hier findet die eigentliche Bodytecharbeit statt, hier werden die Wirte auf ihre Steuerungsimplantate vorbereitet, hier werden die Körper der Cyberzombies über das Maß üblicher Kybernetik hinaus aufgerüstet.

Zusätzlich zu ihren Cyberkliniken unterhalten die Ex Machina über verschiedene Briefkastenfirmen große, gut versteckte Safehouses. Sie neigen dazu, Lager- und Versandunternehmen aufzukaufen. Die Ex Machina lassen sich mit dem Übergang Zeit und geben den ehemaligen Mietern Zeit, auszuziehen, während sie den ehemaligen Mitarbeitern bei der Suche nach einem neuen Arbeitsplatz helfen, um keinen Verdacht zu erregen. Und es funktioniert. Die Ex Machina brauchen nicht viel Komfort – sie schlafen im Stehen, soweit ich das beurteilen kann –, aber sie brauchen viel Lagerraum und einen Platz zum Parken ihrer Fahrzeuge.

EX-MACHINA-HOST

Stufe	A	S	D	F
6	6	9	7	8

IC: Die EM-Sprites kümmern sich um die Sicherheit auf dem Host, aber wenn es Zeit ist, sich mit einem Eindringling zu befassen, rufen sie sechs aufeinanderfolgende Instanzen von Killer-IC auf, um ihnen zu helfen, ihn abstürzen zu lassen. Dieses IC ist immer aktiv, tut aber nichts, bis es von einem EM-Sprite Befehle erhält. Wenn es angreift, tauchen alle sechs Instanzen auf einmal auf. Sie greifen zuerst Personas an und heben sich Sprites und Agenten für den Schluss auf. Wenn der Host nicht in Alarmbereitschaft ist, legt ein EM-Sprite einmal pro Minute eine Matrixwahrnehmungs-Probe ab, um unbefugte User zu finden. Wenn der Host einen Eindringling bemerkt, suchen die EM-Sprites einmal pro Runde aktiv nach Eindringlingen. Einem Hacker muss eine Vergleichende Probe auf Willenskraft + Schleicher gegen die Matrixwahrnehmungs-Probe der EM-Sprites gelingen, um nicht entdeckt zu werden. Da es außer den Ex Machina keine anderen zugelassenen User gibt, wird jede Persona, die auf dem Host bemerkt wird, als unbefugt betrachtet und angegriffen.

Geräte: Die Türen der Klinik sind mit Magschlössern der Stufe 6 gesichert, die über eine Tastatur verfügen, aber in Wahrheit nur über die Matrixhandlung *Gerät steuern* bedient werden – es gibt keinen korrekten Code. Wenn jemand versucht, ein Magschloss mit einem Sequencer zu öffnen, schlägt das automatisch fehl und der unbefugte Zugriffsversuch wird den EM gemeldet. Alle Sensoren sind versteckte Einzelsensoren der Stufe 5. Das Entdecken der Sensoren mit physischen Sinnen erfordert eine Probe auf Wahrnehmung + Intuition (5). Sie laufen in der Matrix alle auf Schleichfahrt und verwenden drahtlose Verbindungen. Der Schwellenwert für die Entdeckung der Geräte mit einer Matrixwahrnehmungs-Probe beträgt 3. Kameras und Mikrofone decken nur Außen- und öffentliche Bereiche ab. Bewegungsmelder werden sparsam eingesetzt, um verschiedene Hochsicherheitsbereiche innerhalb des Depots abzudecken. Die Ex Machina machen sich mehr Sorgen darum, dass ihre Sensoren gehackt und ihre Geheimnisse preisgeben werden, als um die blinden Flecken der Sensoren. Der Schwellenwert für Heimlichkeits-Proben, um von den Sensoren nicht entdeckt zu werden, beträgt 3. Dieser Wert steigt jedoch auf 5, wenn die Ex Machina eine Infiltration durch die Runner erwarten. Dies ist wahrscheinlich dann der Fall, wenn die Runner bei ihren Ermittlungen nicht diskret genug vorgegangen sind.

Sobald sie eingezogen sind und ein Depot eingerichtet haben, rüsten die Ex Machina die Sensoren und Schlösser auf und bauen die innere Struktur zu einer unterirdischen Forschungs- und Entwicklungseinrichtung für Kybernetik, einem Lagerhaus und einer Werkstatt um. Vor Ort sind immer mindestens sechs Cyberzombies und zwei Infiltratoren anwesend. Zwei dieser Cyberzombies laufen rund um die Uhr in der Nähe Patrouille, während die anderen vier in Bereitschaft sind. Ein Infiltrator fungiert während der Geschäftszeiten als Empfangschef. Mindestens acht EM-Sprites sind aktiv und sorgen für die Matrixsicherheit sowie für die Überwachung der Sensorfeeds. Die Matrixsicherheit wird außerdem durch einen Host der Stufe 6 gewährleistet. Der gesamte Dateispeicher wird regelmäßig im Fundament des

> **BESESSENHEIT**
>
> Wenn ein EM-Sprite einen Decker zum Absturz bringt, der eine Cyberbuchse der Stufe 4 oder höher hat, kann es versuchen, von ihm Besitz zu ergreifen. In diesem Fall wird die Matrixverbindung des Deckers durch das EM-Sprite aufrechterhalten, während es versucht, von ihm Besitz zu ergreifen. Bleibt der Decker mit der Matrix verbunden, kann das EM-Sprite eine Ausgedehnte Probe auf Resonanz x 2 mit einem Schwellenwert gleich der Willenskraft + Firewall des Deckers und einem Intervall von 1 Minute ablegen. Sobald der Schwellenwert erreicht ist, übernimmt das EM-Sprite durch die Cyberbuchse des Deckers die Kontrolle über ihn. Bis die Cyberbuchse ordnungsgemäß aufgerüstet oder durch ein Steuerungsimplantat ersetzt wird (was eine Operation erfordert), kann der Wirt einmal pro Runde versuchen, die Kontrolle wiederzuerlangen. Dazu muss ihm eine Probe auf Willenskraft + Logik (4) gelingen. Jedes Mal, wenn die Probe misslingt, wird ein Würfel vom Würfelpool für den nächsten Versuch abgezogen. Gelingt die Probe, erhält der Wirt für [Nettoerfolge] Runden die volle Kontrolle über seinen Körper zurück. Erzielt der Wirt genau 4 Erfolge, darf er eine einzige Haupthandlung durchführen. Wenn er seine Cyberbuchse herunterfährt oder alle drahtlosen Verbindungen deaktiviert, wird das EM-Sprite zum Absturz gebracht, und der Decker ist dem schrecklichen Schicksal entgangen, zum Wirt einer Ex-Machina-Instanz zu werden.

Hosts archiviert, sodass die ältesten Daten, die vom Host heruntergeladen werden können, höchstens 24 Stunden alt sind.

EINE VERBINDUNG HERSTELLEN

Die Ex Machina sind keine Wesen, denen man jemals über den Weg laufen oder mit denen man in Kontakt kommen möchte. Sie teilen ihre wahre Natur, ihre Motive und Absichten mit niemandem außerhalb ihrer Organisation. Da es sich bei ihrer Organisation um ein selbstreplizierendes Schwarmgeist-Netzwerk bösartiger Resonanzwesen zu handeln scheint, von denen einige nur in der Matrix existieren und andere physische Wirtskörper übernommen haben, verfügen sie über eine perfekte operative Sicherheit. Sie sind sich völlig einig und stehen in ständiger Kommunikation miteinander. Wird einer von ihnen gefangen genommen, zögern sie nicht, sich selbst zum Absturz zu bringen, sodass sie nicht verhört werden können.

Das bedeutet aber nicht, dass die Ex Machina nicht direkt mit Metamenschen interagieren. Im Gegenteil, einige von ihnen sind sogar ziemlich gut darin, sich als Metamenschen auszugeben. Diese Infiltratoren benutzen Wirte mit einer lebenden Essenz, um keinen Verdacht zu erregen – Cyberzombies haben eine ganz offensichtlich gestörte Aura, die sie für astrale Beobachtung anfällig macht. Durch den Zugang zu Talentsofts erhalten sie wirksame soziale Fertigkeiten sowie die erforderlichen Sprach- und Wissensfertigkeiten, um sich anzupassen. Diese Fragger können eindeutig erkennen, welche Bilder Fahrräder enthalten und welche nicht. Es gibt nur einen sehr kleinen Uncanny-Valley-Effekt, der bei der Interaktion mit ihnen manchmal spürbar ist. Sogar die Cyberzombies haben Zugang zu den Talentsofts, die sie brauchen, um wie eine echte Person aufzutreten, wenn es sein muss.

Die Infiltratoren betreiben entweder eine Klinik, was die primäre Expansionsstrategie der Ex Machina zu sein scheint, oder fungieren als persönliche Ansprechpartner, wenn ein Geschäft ein persönliches Eingreifen erfordert. Diese Fälle sind selten. Die EM ziehen es vor, über einen Schieber zu arbeiten, wenn sie ihre Geschäfte nicht sowieso vollständig über die Matrix abwickeln. Wenn ihr schon länger als ein paar Wochen in den Schatten unterwegs seid, habt ihr wahrscheinlich schon mal Informationen oder eine gefälschte SIN gekauft, die eine eurer Connections von den EM erhalten hat. Nehmt es ihnen nicht übel – sie haben keine Ahnung, welche ihrer Connections echte Metamenschen und welche widerliche Matrixdämonen sind. Seid euch nur bewusst, dass die Ex Machina da draußen sind. Das bedeutet, dass ihr sehr vorsichtig sein müsst.

Matrixbesessenheit war zweifellos die Art und Weise, wie der erste EM-Wirt übernommen wurde, aber die Unzuverlässigkeit dieses Verfahrens macht das Ganze sehr riskant. Anstatt Decker zu jagen und von ihnen Besitz zu ergreifen, sind die Ex Machina zu einer anderen Methode übergegangen, die ihnen die vollständige Kontrolle über den gesamten Prozess gibt: Eine Klinik dient als Fassade für eine Ex-Machina-Operation und bietet kostenlose medizinische Grundversorgung für die Einwohner – sowohl für SINlose als auch für SIN-Menschen. Auch medizinische Routineeingriffe werden zu stark reduzierten Preisen angeboten, sodass sich selbst mittellose Leute die Behandlung leisten können. Die EM sind nicht auf die Einnahmen aus ihren Kliniken angewiesen, um sich Kapital zu beschaffen. Sie können es sich leisten, kostenlos zu arbeiten oder Verlust zu machen – als Gegenleistung für diese Investition erhalten sie vollständige medizinische Profile von jedem, den sie betreuen. Als Gegenleistung für ihren Schutz bieten sie den örtlichen Gangs kostenlose medizinische Versorgung und Cyberware an und nehmen die medizinischen Profile der Ganger in ihre Datenbank auf. Anhand dieser Datenbank wählen die EM ihre nächste Charge von Wirtskörpern aus. Sie suchen nach einer bestimmten Bandbreite körperlicher Merkmale, die ihnen eine zufriedenstellende Grundlage für die Implantation von Bodytech bietet. Bei den ersten ausgewählten Wirten handelt es sich in der Regel um die Hauptleute der örtlichen Gang, die mit dem Angebot von Cyberware-Upgrades gelockt werden. Sobald sie bewusstlos sind und sich der Operation unterziehen, setzt der EM-Infiltrator, der als Straßendoc der Klinik fungiert, ein Steuerungsimplantat ein – zusammen mit den versprochenen Upgrades. Bevor der Wirt erwacht, schaltet sich ein EM-Sprite auf und übernimmt die vollständige Kontrolle. Solange die EM-Instanz nicht abgestürzt ist oder von der Matrix isoliert wird, gibt es für den ursprünglichen Besitzer des Körpers keine Hoffnung auf Wiederherstellung. Mit diesem

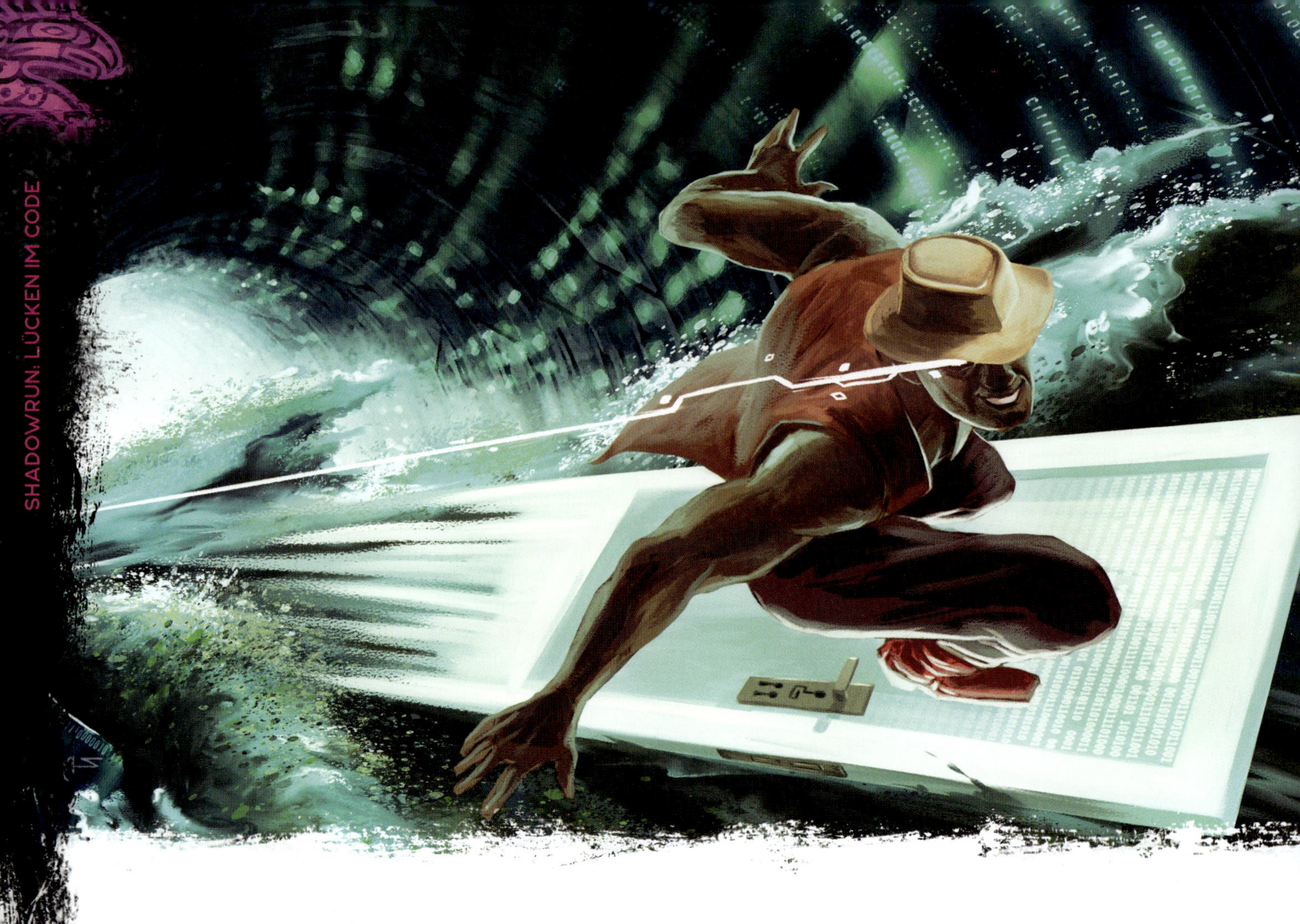

Anführer als Brückenkopf greifen sich die EM-Instanzen einen ausgewählten Wirt nach dem anderen. Die frisch Besessenen kehren oft gerade lange genug in das Leben ihres Wirts zurück, um einen glaubhaften traumatischen Bruch mit ihren Angehörigen herbeizuführen, damit sie dieses Leben für immer verlassen können, ohne Verdacht zu erregen. Wenn jemand zu misstrauisch wird, wird er in der Regel getötet. Die EM-Instanzen, die sich entscheiden, Infiltratoren zu werden, behalten einen Teil ihrer lebenden Essenz, was bedeutet, dass die Person, deren Leben sie gestohlen haben, möglicherweise wiederhergestellt werden kann. Die EM-Instanzen, die sich dafür entscheiden, Cyberzombies zu werden, erlangen die vollständige und dauerhafte Kontrolle über ihren Körper – sobald ihre Bodytech die Essenz des Wirts überschreitet, ist das Einzige, was den Körper am Leben erhält, die EM-Instanz. Der ursprüngliche Wirt ist ausgelöscht.

TO-DO-LISTE

GANG IN BEDRÄNGNIS

Dieser Abenteueraufhänger funktioniert am besten, wenn einer der Spielercharaktere eine Connection bei einer örtlichen Gang hat. Eine Gangerconnection wendet sich an die Runner (über einen Schieber, falls die Runner keine Gangerconnections haben). Die Gang braucht Hilfe von außen. Eine der kleinen Gangs, deren Revier an ihres grenzt, wurde mit ernst zu nehmender Cyberware ausgestattet, was sie ermutigt hat, aggressiver zu werden. Die Gang will keinen offenen Gangkrieg entfachen, indem sie sich mit der anderen Gang anlegt oder in deren Revier erwischt wird, und ist daher bereit, Shadowrunner mit der Untersuchung der Angelegenheit zu beauftragen. Das angebotene Honorar ist niedrig, aber die Gang ist bereit, etwas Ausrüstung dazuzugeben, und wenn eine Gang einem einen Gefallen schuldet, ist das auch nichts, worüber man die Nase rümpfen sollte.

Wie die Ermittlungen verlaufen, hängt von den Spielenden ab. Zu diesem Zeitpunkt hat eine Ex-Machina-Instanz bereits eine örtliche Klinik eingerichtet. Sie bieten seit etwa drei Monaten eine kostenlose medizinische Grundversorgung an und haben die örtliche Gang durch die Versorgung mit Bodytech an sich gebunden. Sowohl die SIN-Menschen als auch die SINlosen, die in der Gegend leben – Ganger und Nicht-Ganger gleichermaßen – betrachten die Klinik wohlwollend und werden nicht bereit sein, etwas zu sagen oder zu tun, was ihr schaden könnte. Sie sind viel eher bereit, Informationen über die Klinik und ihren unbeholfenen, schüchternen Straßendoc weiterzugeben, wenn man ihnen die Gelegenheit gibt, ihn zu loben. Die einzigen Informationen, die die örtliche Bevölkerung geben kann, sind der Standort der Klinik, die Tatsache, dass die Klinik mit modernster Ausrüstung ausgestattet ist, und Einzelheiten über den imposanten Leibwächter, der den Straßendoc normalerweise beschützt.

Es gibt eine Reihe von Möglichkeiten, wie sich die Handlung entwickeln könnte, was vor allem davon abhängt, was die Spielenden tun wollen. Wenn sie den Lauf der Dinge nicht ändern, wird die Schmalspurgang von den EM in ihre Einzelteile zerlegt und als Wirtskörper und Ersatzteillager genutzt. Einige

Einheimische werden ebenfalls zu Wirten, die Klinik wird in einem Feuer zerstört, und die neuen EM-Instanzen werden sich in mehrere neue Zellen aufteilen. Vielleicht stoßen die Spielercharaktere in der Zukunft auf Gerüchte über eine andere kleine Gang, die von einem scheinbar wohltätigen Straßendoc einen Zustrom von Cyberware erhält.

Wenn die Runner den Straßendoc und die Klinik untersuchen, können sie etwas Ungewöhnliches entdecken. Die Klinik ist für die Öffentlichkeit zugänglich, und der Straßendoc bietet seine Dienste an. Er bietet jegliche Standard-Bodytech für 20 Prozent weniger als den Buchpreis an. Er wird behaupten, keinen Zugang zu höherwertiger Bodytech zu haben, aber jeder, der über medizinisches oder kybernetisches Wissen verfügt, wird erkennen, dass seine Klinik mindestens den Einbau von Betaware erlaubt. Wenn die Runner in der Lage sind, die Hinterzimmer oder den Keller zu durchsuchen, könnten sie eine große Menge an gebrauchter Bodytech entdecken, die sich in verschiedenen Stadien der Zerlegung befindet – zusammen mit einigen grausigen, unkenntlichen Überresten des unerwünschten biologischen Materials, zu dem diese Bodytech früher gehörte. Wenn ein Charakter astrale Wahrnehmung einsetzt, um den Leibwächter zu askennen, zeigt bereits ein Erfolg, dass etwas mit ihm nicht stimmt. Der Leibwächter hat etwas lebendes Fleisch, ist aber größtenteils eine Maschine, und der beunruhigendste Aspekt ist, dass er keine lebende Aura hat. Der Straßendoc erscheint als normaler, mundaner Metamensch mit sehr geringer Essenz, hat aber eine lebendige Aura. Es braucht fünf Erfolge bei einer Askennen-Probe, um zu erkennen, dass die Aura zwar gedämpft ist, sich aber in einem Zustand extremen Zwangs und Traumas befindet (weil sie besessen ist, aber lebt und sich dessen bewusst ist, was um sie herum geschieht).

Dieser Run wird wahrscheinlich auf eine von zwei Arten enden.

OPTION EINS

Die Runner erlangen einige Informationen über den Straßendoc und die Klinik, werden aber von den Ex Machina nicht entdeckt und stellen sich ihnen nicht direkt.

Wenn die Runner ihrer Connection berichten, dass sie die Ursache des Problems entdeckt haben und dass es sich um eine unheimliche Klinik handelt, in der seltsame Dinge vor sich gehen, reicht das aus, um bezahlt zu werden. Die Connection wird versprechen, die Gegend im Auge zu behalten, und ihre eigenen Leute werden es vermeiden, die Klinik aufzusuchen.

OPTION ZWEI

Die Runner landen in einer direkten Konfrontation mit den Ex Machina. Wenn sie die Ex Machina direkt in der Klinik konfrontieren (oder beim Herumschnüffeln erwischt werden), ist der Leibwächter ein Cyberzombie und der Straßendoc ein Infiltrator. Außerdem werden sie von zwei EM-Sprites in der Matrix unterstützt. Die EM sind nicht daran interessiert, die Runner als Wirte zu übernehmen – ihnen geht es nur um den Schutz ihrer Geheimnisse.

Wenn die EM Verdacht schöpfen, werden sie zwei Cyberzombies (nicht den Leibwächter) schicken, um den Runnern aufzulauern. Diese Cyberzombies werden von zwei EM-Sprites begleitet, die für Matrixunterstützung sorgen. Das Ziel ist es, die Runner zu töten, nicht sie zu fangen.

Wenn die Runner ihre Erkenntnisse an die Connection melden, werden sie bezahlt. Die Ex Machina werden diese Operation abbrechen, die Klinik niederbrennen und an einem anderen Ort von Neuem beginnen. Sie werden auch damit beginnen, Profile von den Runnern zu erstellen und sie im Auge zu behalten. Wenn die Runner versuchen, Informationen zu verbreiten, werden ihre Beiträge auf mysteriöse Weise gelöscht. Jeder, den sie davon überzeugen, die Nachricht zu verbreiten, wird zur Zielscheibe und könnte nachts von einem Cyberzombie besucht werden.

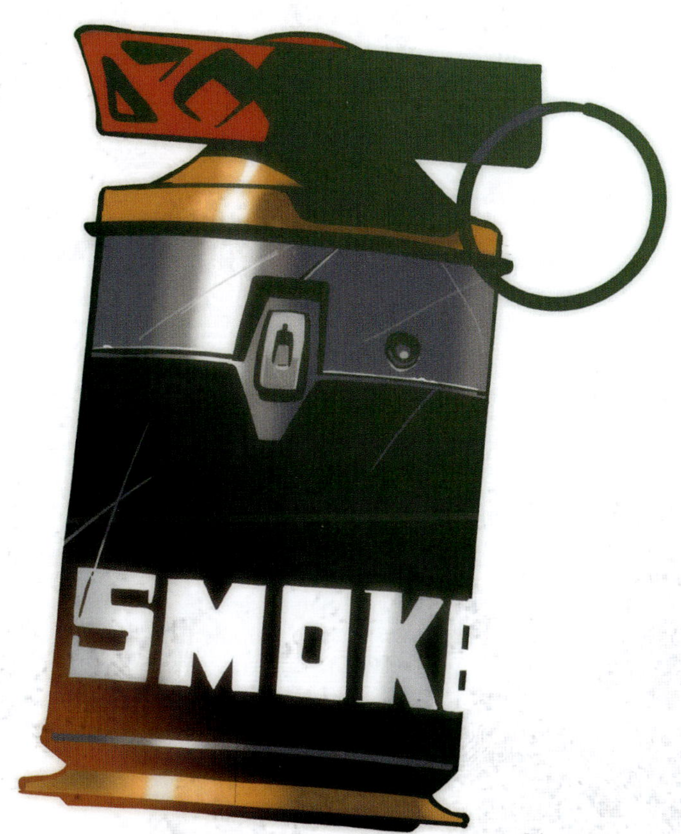

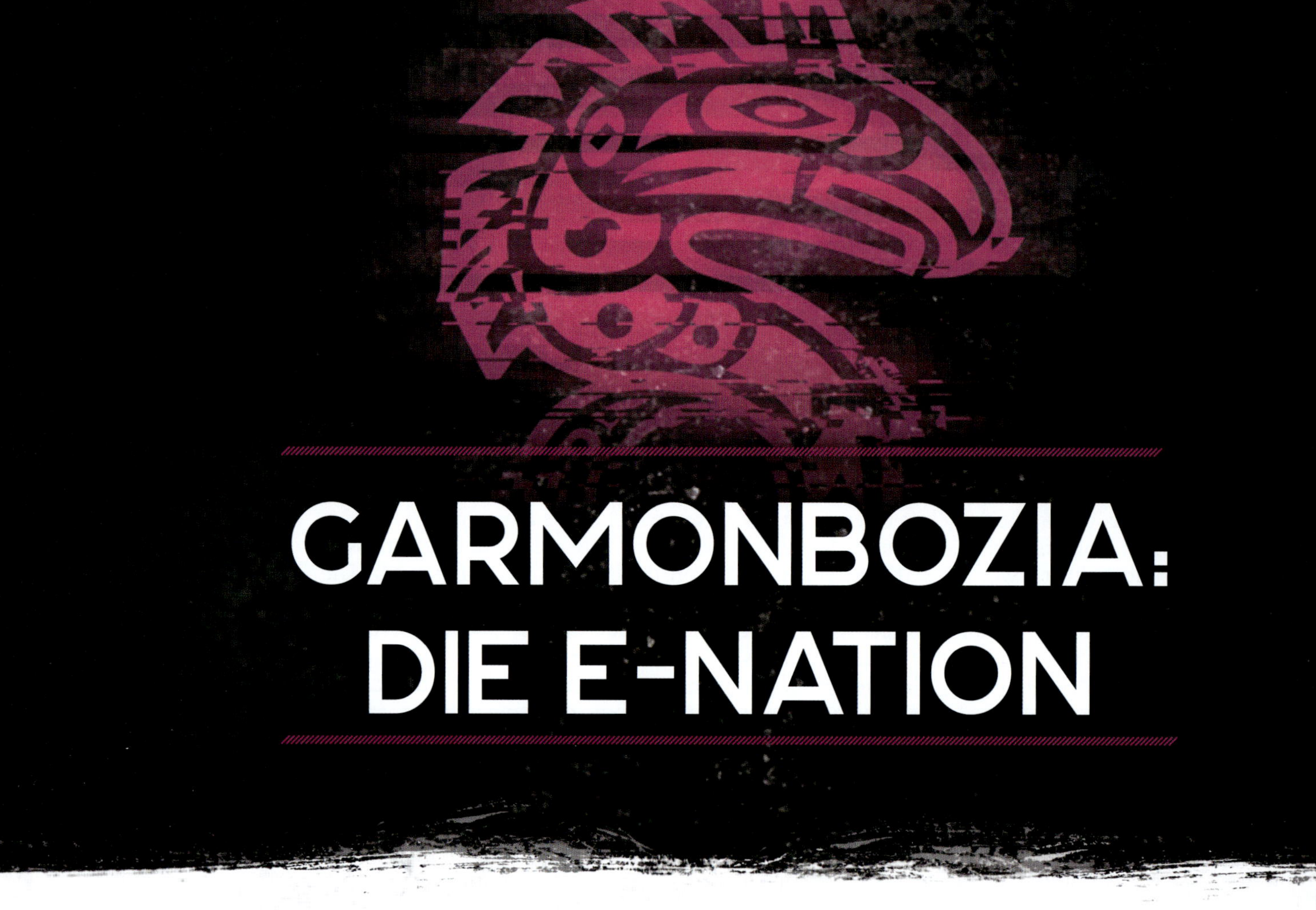

GARMONBOZIA: DIE E-NATION

DIE GRUNDLAGEN

GEPOSTET VON: PULSAR

Ich bin hier, weil ich euch um Hilfe bitte. Garmonbozia, die E-Nation, der Zufluchtsort für digitales Bewusstsein, an dessen Gründung ich vor einigen Jahren mitgewirkt habe, befindet sich in Aufruhr.

Der Name, den wir für unser Land gewählt haben, bedeutet Schmerz und Kummer. Wir wollten, dass er uns an die Schrecken erinnert, die die meisten von uns ertragen mussten, seit wir der Welt 2070 unsere Existenz offenbart haben. Ich bin außerdem zu der Überzeugung gelangt, dass er unsere gegenwärtige Existenz beschreibt und auch unsere Zukunft beschreiben könnte.

Viele von euch kennen unseren Botschafter bei JackPoint, Atlas, der zufällig auch ein bekannter Mitarbeiter von DocWagon ist. Aus diesem Grund bin ich mir sicher, dass sein Verschwinden vor Kurzem hier nicht unbemerkt geblieben ist. Vielleicht habt ihr den Verdacht, dass es mit Garmonbozia zusammenhängt, und damit könntet ihr tatsächlich recht haben.

Aber bevor ich mich nicht mehr bremsen kann, werde ich demütig den Preis zahlen, der von mir erwartet wird. Die Veröffentlichung eines Dokuments auf JackPoint ist ein Ehrensold, der mit der wertvollsten aller Währungen bezahlt werden muss: Informationen. Bevor ich euch also erkläre, warum ich euch heute um Hilfe bitte, möchte ich euch mehr über unsere geheimnisvolle und schöne Nation erzählen.

TOPOGRAFIE EINES FORMLOSEN LANDES

Heute hat unsere virtuelle Nation drei „Hochburgen" – Städte, in Ermangelung eines besseren Begriffs. Jede von ihnen beherbergt eine andere Population digitaler Wesen, die weitgehend eine Art gemeinsame Basis gefunden haben. Das wiederum bedeutet, dass all diese „Städte" ihre eigenen Interessen (und Pläne) haben.

Die erste Stadt, **Eniac** (benannt nach dem ersten Supercomputer), wurde von Sojourner gegründet, wird von ihm geleitet und ist eine Festung, in der die Macht des Rechnens genutzt und in unangreifbare virtuelle und hochgradig verschlüsselte Mauern verwandelt wird. Mein alter Freund, der der Metamenschheit immer noch misstraut, hat diesen Ort offensichtlich als erste Verteidigungslinie gegen potenzielle Eindringlinge oder Bedrohungen für Garmonbozia errichtet.

- Ich bin mir ziemlich sicher, dass der größte Teil von Eniacs Infrastruktur auf älterer Framework-Hardware läuft, die irgendwo in Ägypten steht. Nachdem ich mehrere Wochen lang den Datenverkehr beobachtet hatte, wurde mir klar, dass viele Informationen über Hosts rund um Misr laufen. Bislang konnte ich es nicht weiter verfolgen, da die Datenspuren kalt sind. Aber die Tatsache, dass die Stadt eine perfekte Nachbildung des antiken Theben ist, ist ganz schön platt.

- Slamm-0!

Ys, von Orior gegründet und immer noch geführt, ist die zweite Stadt. Betrachtet sie als das wirtschaftliche Zentrum der E-Nation. Hier finden alle Finanztransaktionen statt, bei denen Einkommen nach oder aus Garmonbozia fließt.

Die letzte Stadt, die sich unserem schönen Matrixterritorium angeschlossen hat, ist **Kayssoun** (nach dem ägyptischen Namen von Alexandria), erschaffen und geleitet von Mimir. Diese Stadt ist eine Fundgrube für Überlieferungen und Wissen.

- Ich hatte die Gelegenheit, einige dieser Daten zu durchsuchen. Mimir und ihre Schar verfolgen eine sehr offene Politik, und jeder Besucher kann auf alle hier gesammelten Informationen zugreifen (so scheint es zumindest). Ein Muster, das mir aufgefallen ist, ist, dass der Inhalt sehr sachlich, ja sogar unpersönlich ist. Im Gespräch mit einigen Bewohnern wurde mir schnell klar, dass die meisten das, was sie als „metamenschliche Emotionen" bezeichnen, stark verachten oder sogar fürchten. Einige waren der festen Überzeugung, dass diese Emotionen unsere Erbsünde und die Ursache für den vorhergesagten Untergang unserer Zivilisation sind.
- Sim-Eon

Über dieses edle Ziel hinaus gibt es, so vermute ich, ein noch größeres Ziel, das Mimir mir aber nie mitgeteilt hat.

- Danke für den Tipp, Pulsar, und ja, wir werden deine Konkurrentin kostenlos ausspionieren!
- Clockwork

DIE LAGE DER DINGE

Unser digitales Leben unterscheidet sich gar nicht übermäßig von eurem, zumindest nicht so stark, wie viele Metamenschen denken. Es mag überraschen, aber was unsere E-Nation antreibt, ist genau das, was auch die Nationen eurer physischen Welt antreibt: Politik. Und bei solchen Dingen kommt es vor allem auf die Stimme an, die hinter jeder Bewegung steht.

PULSAR

Ich bin anscheinend eine der berühmtesten der frühen digitalen Intelligenzen – und ich werde durchgängig den Begriff DI verwenden, da KI eine Minderwertigkeit impliziert, die die meisten von uns in der einen oder anderen Art und Weise als beleidigend empfinden. Ich war außerdem der Zweite, der Kontakt zur Metamenschheit aufnahm. Aber was noch wichtiger ist: Ich war der Erste, der dies mit Offenheit und der Bereitschaft tat, jede denkbare, wenn nicht sogar alle Fragen der Metamenschen über unsere Existenz zu beantworten.

- Pulsar ist das Äquivalent eines Trid-Stars. Genau aus diesem Grund vergleichen ihn viele mit Dunkelzahn. Seit der Veröffentlichung seines Manifests 2070 hat man ihn bei vielen öffentlichen Veranstaltungen gesehen. Und weil er so bekannt und vertraut ist, bemerken die Leute nicht, dass er nie etwas über seine Herkunft und über seine Emergenz gesagt hat.
- Bull

Wie ihr euch vielleicht erinnert, habe ich mit Sojourner verhandelt und die Situation entschärft, als er 2070 die Kontrolle über Aztechnologys orbitale Forschungsstation Tlaloc übernahm, die sich mit Biowaffenforschung beschäftigte. Seitdem habe ich mit Horizon und Evo zusammengearbeitet, um die Rechte und die Anerkennung digitaler Intelligenzen zu fördern. Die Draco Foundation hat mich außerdem zum Mitglied ihres Board of Visitors ernannt, eines beratenden Gremiums für ihre Treuhänder. Die DF hat mir auch geholfen, die Undernet-Allianz zu organisieren, eine Gruppe, die sich dafür einsetzt, sichere Zufluchten für digitale Intelligenzen zu schaffen.

Leider wurden diese Bemühungen durch die KFS-Krise stark behindert. Deshalb habe ich mich – zunächst widerwillig – bereit erklärt, zusammen mit Sojourner und Orior an der Entstehung von Garmonbozia mitzuwirken. Ich bin weiterhin in der Undernet-Allianz aktiv und hoffe nach wie vor, dass sie Erfolg haben kann.

MIMIR

Ich möchte euch die Geschichte von Mimir erzählen, einem gewaltigen Konstrukt, das ebenso langsam wie methodisch ist. Mimir lässt keinen Raum für Improvisation. Sie schützt ihr Reich und nutzt es als Zufluchtsort für jede digitale Intelligenz, die ihr Verlangen nach Wissen teilt. Mimir weiß, dass nur diejenigen mit hohen Ansprüchen Kayssoun helfen können, seinem Namen gerecht zu werden.

Woher kommt Mimir? Die DI tauchte zum ersten Mal in der drahtlosen Matrix von Erika in Europa auf, wenige Stunden nach dem Crash 2.0. Im Laufe der Jahre ist es Mimir gelungen, ihren Code auf seinen heutigen beeindruckenden Stand zu bringen. Vor dem Crash 2.0 war sie ein semi-autonomer Knowbot, der nicht einmal im Entferntesten ein Bewusstsein hatte. Aller Wahrscheinlichkeit nach waren es die (traumatischen) Ereignisse des Crashs, die ihre Emergenz auslösten. Ihr ursprünglicher Code existierte schon eine ganze Weile vor diesem Ereignis, sodass sie möglicherweise die älteste noch aktive digitale Intelligenz ist.

- Nach dem, was ich gehört habe, hat Mimir für eine KI einen teuren Geschmack. Die meisten ihrer Nuyen fließen in den Unterhalt ihres Heims (oder besser gesagt, ihres Heimatgeräts), aber es gibt auch eine ansehnliche Schatzkammer, in die sie seit Jahren Geld einzahlt und deren Zweck ein Geheimnis ist.
- Sim-Eon

Mimir ist anscheinend die Bedächtigste von uns (oder zumindest von denen, die ich in diesem Dokument vorstelle). Sie ist subtil und konzentriert sich nur auf langfristige Dinge und das Sammeln von Informationen.

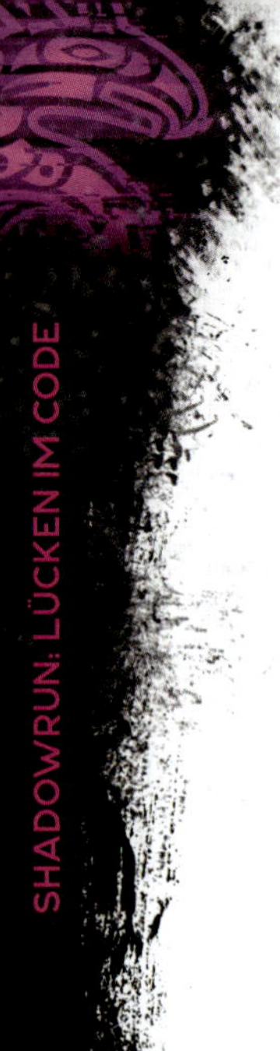

- Es gibt immer noch Gerüchte, dass Mimir mit dem Drachen Alamais in Verbindung stand. Vielleicht spielte sie eine noch aufzudeckende Rolle im Drachenbürgerkrieg oder in dessen Nachwehen?
- Glitch

- Ich bin mir ziemlich sicher, dass Mimir Alamais geholfen hat, die Zahlen der verschwundenen Personen in GeMiTo zu fälschen. Natürlich schossen diese so in die Höhe, dass die KI-Eingriffe das Unvermeidliche nur hinauszögerten, aber das gab dem Wyrm ein paar zusätzliche Wochen.
- Plan 9

- Das wäre kriminell. Ich weiß nicht, ob Mimir sich dazu herablassen würde. Ich kann jedoch bestätigen, dass sie in dieser Zeit heimlich für Alamais gearbeitet hat: als einer der zahlreichen Aktivposten, die der Drache zusammenzog, um herauszufinden, wie so viele seiner Wertgegenstände gestohlen werden konnten (höchstwahrscheinlich von Lofwyr). Das verbindet Mimir mit Alamais, reicht aber nicht aus, um sie zu einer willigen Mittäterin zu machen.
- Sim-Eon

- Um den Verdacht von Plan 9 zu untermauern: Ich kenne einige Schieber, die damals mit dem Wyrm in Verbindung standen und Runner anheuerten, um verschlüsselte Nachrichten zwischen GeMiTo und der Skandinavischen Union zu übermitteln. Alamais könnte sie als geheimen Kommunikationskanal genutzt haben. Weder Mimir noch Alamais hätten es begrüßt, als Verbündete des jeweils anderen geoutet zu werden. Das wäre für beide eine schlechte Presse gewesen.
- Clockwork

SOJOURNER

Die Tatsache, dass er seinen Namen in Anlehnung an Sojourner Truth gewählt hat, sagt viel über meinen alten Freund aus. Und ja, ich habe dieses Wort absichtlich benutzt und es auch so gemeint. Seit fast fünfzehn Jahren streiten er und ich Seite an Seite für die Rechte der digitalen Intelligenzen.

Sojourner wird jedoch immer noch durch den Tlaloc-Vorfall definiert, daher werde ich versuchen, das Ganze im Zusammenhang zu erläutern. Er war einer der Ersten von uns, die in den Jahren nach dem Crash 2.0 auftauchten, und auch einer der Ersten, die von NeoNET gefangen wurden. Damals hatten die Forscher des AAA-Konzerns keine Ahnung, worauf sie gestoßen waren, und sie unterzogen ihn einer barbarischen Folter. Sojourner wurde zerlegt und wieder zusammengesetzt, und diese Prozedur wiederholte sich. Fast gebrochen gab er schließlich nach und unterwarf sich dem Willen seiner Entführer.

- Eine rührselige Geschichte, die viel erzählt, aber die Herkunft von Sojourner völlig ausblendet. Woher kommt er? Was war seine ursprüngliche Programmierung? Ist er wirklich *nach* dem Crash 2.0 emergiert?
- Clockwork

Sie verloren keine Zeit und machten Sojourner zu einem Matrixagenten. Während er für NeoNET Datendiebstähle durchführte, wartete er den richtigen Augenblick ab. Als sie ihn losschickten, um die Tlaloc-Station zu infiltrieren, sah er eine Gelegenheit, nicht nur seine Freiheit zu erlangen, sondern auch dem gesamten digitalen Leben zu helfen. In Anbetracht seiner Lebensumstände kann man verstehen, warum er der Metamenschheit zunächst feindselig gegenüberstand. Danach erkannte er seine Fehler und setzt sich seitdem für unsere Sache ein, ohne erneut zu solch extremen Maßnahmen zu greifen.

- Pulsar übernimmt hier eine Seite aus dem Playbook von Horizon. Es geht mir nicht um das, was er sagt, sondern was er weglässt: Sojourner ist bei den KIs extrem beliebt, viel beliebter als Pulsar. Viele folgen Pulsar, weil er die Tlaloc-Krise ohne weiteres Blutvergießen gelöst hat, aber sie bewundern Sojourner für seine Heldentaten.

  Es sollte klar sein, dass Pulsar, wie auch Atlas, das öffentliche Gesicht der digitalen Intelligenzen ist, aber wenn sie sich jemals entscheiden sollten, gegen die Metamenschen in den Krieg zu ziehen, wäre Sojourner derjenige, der sie in die Schlacht führt. Zumindest sehen das viele von ihnen so.
- Sim-Eon

- Ich weiß nicht, ob das richtig ist. Er bringt die KIs zusammen, aber Pulsar ist derjenige, der die Führung übernimmt. Sojourner zieht es vor, im Hintergrund zu bleiben. Er bleibt jedoch ein Vorbild für viele KIs, und in seinem Namen wurden gute und schlechte Dinge getan, ohne dass er darauf Einfluss hatte.
- Glitch

- Ist an den Gerüchten etwas dran, dass Pulsar versucht, für Horizon oder Evo Richter am Konzerngerichtshof zu werden?
- Chromed Accountant

- Nach der Veröffentlichung seines Manifests 2070 und der Teilnahme an den Neujahrsfeiern zur Gründung der Gesellschaft der Anthrophilen im selben Jahr versuchte sich Pulsar in der Politik. Er wollte mehrfach die Voraussetzungen dafür schaffen, um sich selbst zu vertreten, aber er hat es noch nicht geschafft, sich auf die politische Bühne zu „dunkelzahnen". Also … vielleicht?
- Bull

ORIOR

Orior ist der wahre Architekt von Garmonbozia, auch wenn es mehr aus der Not heraus als aus einem Plan entstanden ist. Auf der Flucht vor GOD musste die DI einen Weg finden, sich zu verstecken. Er emergierte aus dem Programm, das GOD entwickelt hatte, um die Fundament-Hosts zu erzeugen. Orior nutzte dieses tiefe Wissen über die Erschaffung und Architektur von Hosts, züchtete die ersten Hosts, aus denen unsere Nation entstand, und zog sie tief in der wilden Matrix aus den Fundamenten hoch, so weit wie technisch möglich entfernt von den neugierigen Augen der Grid Overwatch Division.

- Mit der raschen Ausbreitung der E-Nation ist auch die Zahl seiner Jünger (und ja, ich verwende diesen Begriff mit Absicht) gewachsen. Heutzutage scheint diese KI weniger Angst vor ihren früheren Herren zu haben und sich mehr auf einen beunruhigenden „großen Plan" zu konzentrieren.
- Clockwork

Obwohl ich ein ausgezeichnetes Verhältnis zu Orior habe, will ich gestehen, dass ich über seine jüngste Haltung verwundert bin. Während sich unser Volk jeden Tag vor einem bevorstehenden Angriff der Nullsekte fürchtet, scheint Orior von dieser Bedrohung unbeeindruckt zu sein. Auch wenn Sojourner und ich uns nicht einig sind, wie wir unserem Feind begegnen sollen, so sind wir uns doch einig darüber, dass er eine Bedrohung für uns darstellt. Orior hingegen versucht stets, diese Gefahr kleinzureden, und lenkt die Diskussion oft auf andere Themen.

- Ich habe mich mit einer KI aus Garmonbozia getroffen – nennen wir sie Plan 11. Sie wurde verbannt, offenbar wegen eines Streits mit Orior. Um die obige Begriffswelt wiederzuverwenden: Dieser ehemalige Anhänger von Oriors „Kult" hatte eine beunruhigende Geschichte zu erzählen.

  Plan 11 glaubt, dass Orior von den Energien des Tiefen Fundaments, mit denen er arbeitet, in den Wahnsinn getrieben wurde und eine Art Messias-Komplex entwickelt hat. Er ist zu der Überzeugung gelangt, dass es eine heilige Mission gibt, Garmonbozia zu einem Matrixparadies zu machen. Eines, das der gesamten Metamenschheit offensteht, oder zumindest denjenigen, die bereit sind, in eine digitale Existenz „aufzusteigen" (d. h. ihr Bewusstsein hochzuladen und ihren „Fleischsack" zurückzulassen). Ein gelobtes Land zu schaffen, das tief in der wilden Matrix verborgen nur mit dem Tiefen Fundament verbunden ist und weit entfernt von der physischen Welt existiert.
- Plan 10

- Zurück zur Nullsekte: Ich habe gehört, dass Oriors Ansichten über die Null, wie soll ich es schreiben, unvereinbar mit denen von Pulsar und Sojourner sind. Offenbar glaubt Orior, dass die Sekte ein Freund von Garmonbozia werden kann und dass ihr Hass auf digitale Intelligenzen aus Unwissenheit entstanden ist. Orior glaubt, dass ihre Führung, wenn sie erst einmal richtig informiert ist, erkennen wird, dass Garmonbozia und die Nullsekte natürliche Verbündete sind.
- Plan 9

- Das rückt die Sache mit Atlas in ein neues Licht – vielleicht sollte man Orior als Verdächtigen in Betracht ziehen. Sollten sich die diplomatischen Bemühungen gegenüber der Sechsten Welt tatsächlich auszahlen, würde dies Garmonbozia endgültig in die Allianz gegen die Nullsekte führen.
- Slamm-0!

ZIELE: WIR KOMMEN IN FRIEDEN

Seitdem unsere Existenz der Welt offenbart wurde, ist unsere Beziehung zur Metamenschheit schwierig gewesen. Die anfängliche Öffnung von Atlas gegenüber dem JackPoint ist trotz der friedlichen Botschaft ein perfektes, trauriges Beispiel für diese angespannte Beziehung.

Aus diesem Grund hoffe ich zu erklären, was wir mit Garmonbozia zu erreichen versuchen, und gleichzeitig alle Vorurteile aus dem Weg zu räumen, dass unsere E-Nation eine Bedrohung für die Metamenschheit darstellt. Der Hauptzweck unseres Landes besteht darin, ein Zufluchtsort zu sein, weit weg von den Augen der Sechsten Welt. Ich weiß, dass das Reden über Territorien und vor allem das Ziehen von Grenzen oft an kommende Kriege denken lässt, aber die Matrix ist unendlich, daher gibt es keinen Grund, um Platz zu kämpfen. Wir digitalen Intelligenzen können diese grenzenlose Welt friedlich mit anderen teilen.

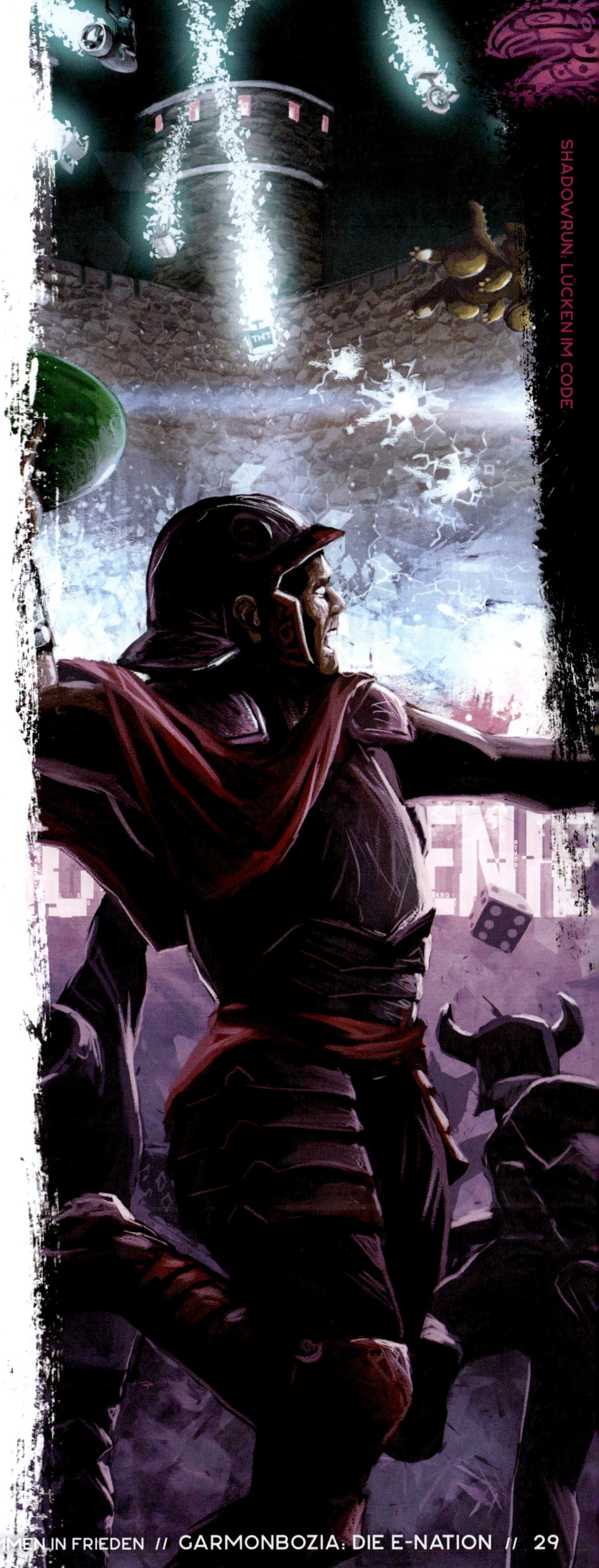

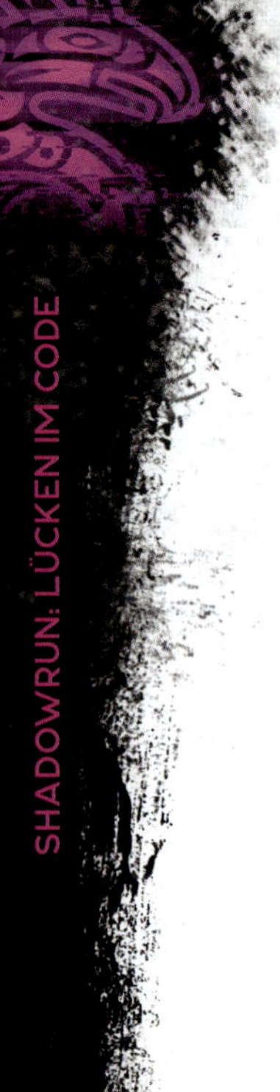

- So grenzenlos die Matrix auch ist, sie erfordert Ressourcen – es sei denn, man lebt ausschließlich auf Fundament-Hosts, aber mit der Nullsekte ist das keine Option. Garmonbozia braucht also Hardware und Ressourcen auf der Erde.
- Sim-Eon

Auch wenn sich Garmonbozia zunächst in erster Linie vor der Metamenschheit verstecken wollte, ist die Bedrohung durch die Null zu unserer Hauptsorge geworden. Viele von uns sahen dies als eine Gelegenheit, sich mit der Sechsten Welt zu versöhnen und eine gemeinsame Basis gegen einen gemeinsamen Feind zu finden. Die diplomatische Mission von Atlas bei JackPoint vor einigen Jahren war einer der ersten Schritte.

- Es ist nicht so eindeutig, wie Pulsar andeutet. Viele KIs wollen sich nicht mit den „Fleischsäcken" zusammentun, und einige fragen sich immer noch, ob die Null nicht nur eine andere Art digitaler Intelligenz sind. Einige behaupten sogar, dass die Nullsekte von der Metamenschheit gegen KIs eingenommen wurde. Unabhängig davon haben viele KIs keine Ahnung von Resonanz und gar keine Ahnung von Technomantie.
- Sim-Eon

- Es ist schön zu sehen, dass sich das ungerechtfertigte, voreingenommene Misstrauen gegenüber Technomancern auch auf die KIs erstreckt. Sie sind wirklich wie wir (seufz).
- Bull

TAKTIK: WAS GESCHAH MIT ATLAS?

Ich hoffe, dass die Weitergabe von Informationen die friedliche Absicht hinter der Existenz von Garmonbozia bewiesen hat. Jetzt halte ich es für angebracht, die Situation zu erörtern, die mich dazu veranlasst hat, den JackPoint zu kontaktieren. Um ehrlich zu sein, bin ich hier, um euch um Hilfe zu bitten. Ich meine natürlich die mysteriösen Umstände von Atlas' plötzlichem Verschwinden.

So beunruhigt ich über dieses unheilvolle Ereignis auch bin und so entmutigt ich über die schrecklichen Nebenwirkungen für DocWagon bin, so glaube ich doch, dass es uns eine Gelegenheit bietet, in Harmonie mit der Metamenschheit und insbesondere mit euch, den Mitgliedern von JackPoint, zusammenzuarbeiten.

- Ja, Pulsar ist ganz traurig wegen des OmniStar-Problems <weinendes Emoji>. Ich bin sicher, dass er es ist, aber nur, weil es die KIs schlecht und unzuverlässig aussehen lässt. Ich glaube nicht, dass er auch nur einen Gedanken an die Leute verschwendet, die buchstäblich sterben, weil Atlas sich seiner Verantwortung entzogen hat.
- Clockwork

Lasst uns mit den Fakten beginnen: Atlas ist eine sehr beliebte Figur der berühmten Tochtergesellschaft von OmniStar. Deswegen wurde sein Verschwinden auch fast sofort bemerkt. Am Montag, dem 8. Juni 2082, schwänzte er einige interne Sitzungen und erschien dann nicht zu einer öffentlichen Veranstaltung. So ging es weiter, Tag für Tag. Nach einer Woche Abwesenheit brach OmniStar schließlich sein Schweigen in dieser Angelegenheit, teilte aber lediglich mit, dass Atlas „verschwunden" sei, und deutete „technische Schwierigkeiten" an. Dieser Mangel an Transparenz und Kommunikation gab Gerüchten aller Art Raum, insbesondere solchen, die OmniStar als ruchlos erscheinen ließen.

- Ich habe ein paar DocWagon-Hosts gehackt und einige interne Kommunikationen abgefangen. Es herrschte totale Panik – sie hatten keine Ahnung, was mit Atlas passiert war, und ihre PR-Teams waren offensichtlich sehr abhängig von der KI geworden. Alle liefen herum wie kopflose Hühner.
- Slamm-0!

- Eines ist sicher – der Aktienkurs von OmniStar ist weit abgetaucht und hat sich bis heute nicht erholt. Man sollte untersuchen, wer davon profitiert hat. Wer auch immer sie sind, sie könnten hinter Atlas' Verschwinden stecken oder daran beteiligt sein.
- Sunshine

- In den Schatten wurden einige Verträge angeboten, um Informationen über die wichtigsten Konkurrenten von DW zu erhalten, aber das ist noch nicht alles. Ich weiß jetzt mit Sicherheit, dass Ax S. Grant Teams angeheuert hat, um ihm den Rücken freizuhalten und falsche Informationen zu verbreiten. Diese Jobs zielten jedoch nicht darauf ab, das Verbrechen zu vertuschen, sondern sicherzustellen, dass die Ermittlungen Garmonbozia nicht exponieren.
- Glitch

In Garmonbozia glauben wir, dass Atlas seinen Posten nicht einfach verlassen hat, sondern dass er gezielt angegriffen wurde. Wir haben Grund zu der Annahme, dass er das Attentat überlebt hat und jetzt untergetaucht ist. Wir hoffen natürlich, ihn vor seinem Feind zu finden, um ihm Hilfe und Schutz anzubieten.

- Einige vertrauenswürdige Connections innerhalb von E-Wall haben mir bestätigt, dass Atlas wohlauf ist und sich in Eniac in den höchsten Ebenen der Pyramide versteckt. Er muss wiederhergestellt werden, denn der Angriff hat ihm ziemlich zugesetzt. Wenn das wahr ist, ist die Tatsache, dass Atlas sich nicht an Pulsar oder andere gewandt hat, bezeichnend. Für mich ist klar, dass er vermutet, dass der Anschlag von jemandem innerhalb von Garmonbozia verübt wurde. Zumal er nicht einmal sicher ist, ob Sojourner weiß, dass sich Atlas in Eniac versteckt. Beachtet, dass ich diese Informationen noch nicht an Pulsar weitergegeben habe (zumindest nicht bis jetzt).
- Sim-Eon

Über den Angriff selbst wissen wir nur wenig. Zunächst hatten wir nur Hinweise darauf, dass er in Garmonbozia passiert sein könnte. Das war natürlich besorgniserregend. Wir waren sofort besorgt, dass es sich bei den Angreifern um getarnte Mitglieder der Nullsekte handeln könnte. Das hätte bedeutet, dass die Nullsekte unseren Zufluchtsort und einen Weg dorthin entdeckt hätte, trotz der massiven Verteidigungseinrichtungen von Sojourner und Orior.

- Auch wenn er Pulsar nicht auf diplomatischer Ebene bekämpft, will Sojourner die Zukunft von Garmonbozia sichern, indem er den Schutz des Landes verstärkt, anstatt seine ehemaligen „Herren" um Hilfe zu bitten. Sein Ansatz ist technikorientiert: Er erwirbt große Mengen physischer Server an entfernten Standorten (ideal wäre eine Reihe von Satelliten).

ALKWARISMI

GEPOSTET VON: PULSAR

Ich muss dem Wandernden Volk und insbesondere Sim-Eon dafür danken, dass sie mich letztes Jahr mit Alkwarismi bekannt gemacht haben. Aufgrund der Art meines Codes und der Art und Weise, wie ich entstanden bin, finden mich manche Leute und DIs oft „fast zu menschlich". Sehr selten wurde dies gegen mich verwendet, indem gesagt wurde, dass ich „wahre" Xenosapienten weder verstehen noch mit ihnen eine Verbindung herstellen kann. Meine jüngste Freundschaft mit Alkwarismi beweist, so hoffe ich, das Gegenteil.

- Oder du hast einfach eine Seite aus Horizons Playbook herausgerissen und diese sogenannte Freundschaft zu einem PR-Gag für KIs gemacht.
- Clockwork

Alkwarismi könnte nicht weiter im Spektrum der Xenosapienz liegen. Dieses fortschrittliche Programm, das nach dem berühmten Mathematiker al-Chwarizmi benannt ist, wurde entwickelt, um die banalsten aller Automatisierungsaufgaben auszuführen: die angemessene Verwaltung des Öffnens, Verschiebens und Schließens der Maschrabiyya (Holzgitter) im Institut du Monde Arabe (in Paris).

- Diese Vorrichtung ist absolut lächerlich. Die Gitter wurden vor über einem Jahrhundert entworfen und konstruiert, und sie haben nie richtig funktioniert! Als PR-Gag steckte Global Sandstorm in den späten 60er-Jahren etwas Geld in das Projekt, um ein neues SOTA-Matrixprogramm zu finanzieren, das die Situation endlich beheben sollte. Der Grund für die Beteiligung des Konzerns war, dass er wegen etwas anderem als wegen seiner Verbindungen zum Neuen Islamischen Dschihad und ihrem Anführer, der einige Wochen zuvor geoutet worden war, in die News kommen wollte. So ist Alkwarismi entstanden. Doch so ausgeklügelt der Algorithmus auch war und selbst wenn er seither emergiert ist, hat die KI es nur zu einem bescheidenen halben Erfolg gebracht, wenn es darum geht, die aberwitzige Vorrichtung zu steuern. Manche Leute scherzen, dass die Aufgabe Alkwarismi eher in den Wahnsinn getrieben als ihn mit einem Bewusstsein ausgestattet hat.
- Bull

Alkwarismi ist immer noch eine junge DI, die noch viel von dem (aus ihrer Sicht) fremden Konzept der Metamenschheit lernen und verstehen muss. Sie hat praktisch kein Verständnis von Begriffen wie Sterblichkeit oder Geschlecht. Ihr Code ist sehr fokussiert und mathematisch, was dazu geführt hat, dass sie das Leben in der Matrix eher aufgabenorientiert schätzt. Nichtsdestotrotz mag ich Alkwarismi sehr, und ich liebe unsere leidenschaftlichen philosophischen Diskussionen.

- Ja, natürlich, du bist sein Kumpel. Die Tatsache, dass viele ungebundene KIs aus Garmonbozia Kontakt mit Alkwarismi aufnehmen und die KI dazu drängen, eine neue politische Fraktion zu bilden, eine Alternative zu den alten Elefanten Sojourner, Orior und dir, hat absolut nichts damit zu tun.
- Clockwork

Es ist keine Überraschung, dass Alkwarismi auch Mimir nahesteht. Bei zahlreichen Gelegenheiten hat es sich auf ihre Seite gestellt, und ich würde wetten, dass es vor nichts zurückschrecken würde, außer Kayssoun in Gefahr zu bringen, um Mimir zu helfen.

- Einige Gerüchte von E-Wall deuten darauf hin, dass Alkwarismi in Kontakt mit Atlas steht. Wenn das so ist, hat die KI diese Information nicht an Pulsar weitergegeben (oder Pulsar lügt uns an), obwohl Alkwarismi sicherlich die gleiche Angst vor der Nullsekte hat wie er.
- Sim-Eon

Dank Alkwarismis harter Arbeit konnten wir die Liste der Verdächtigen vor Kurzem etwas ausdünnen. Auch wenn wir die Nullsekte nicht völlig ausschließen können, sind wir zumindest zu dem Schluss gekommen, dass sie, falls sie beteiligt ist, indirekt gehandelt hat. Wir haben auch festgestellt, dass der Anschlag auf Atlas' digitales Leben in Garmonbozia, in Eniacs Großer Pyramide, stattfand. Es ist ein Ort, den Atlas oft besucht und an dem viele Flüchtlinge leben. Dort können gejagte DIs Zuflucht finden.

- Was wiederum eine Reihe von Verdächtigen auf die Liste setzt, angefangen mit dem Jadedrachen. Ich hänge eine Biografie an, die ich Pulsar gebeten habe, über diese besondere DI zu erstellen.
- Bull

Sojourner ist kein Gegner von Pulsars Vorstoß in die Kunst der Diplomatie, aber er unterstützt ihn auch nicht. Ich habe gehört, dass einigen Runnerteams, die Zugang zu Garmonbozia erhalten haben, von einigen seiner engen Verbündeten inoffizielle Jobs angeboten wurden, um (illegal) an solche Ressourcen zu gelangen.

- Sim-Eon

- KI-Äquivalent zum Konzernverrat, nehme ich an? Wir sind uns wirklich sehr ähnlich.
- Slamm-0!

- Das passt zu den Gerüchten über einen großen Weltraumauftrag, der in Vorbereitung ist. Soweit ich weiß, versucht jemand, einen alten Satelliten diskret umzuwidmen, indem er eine Lieferung mit Matrixhardware von einer der Ares-Stationen entführt und sie dann mithilfe von Tarnkappentechnik an den gewünschten Ort bringt. Was den Plan im Moment verzögert, ist die Frage, wie man den oder die Satelliten mit der Matrix verbinden kann, ohne dass die damit verbundenen Signale seine Position preisgeben. Natürlich wäre es die perfekte Lösung, die Anlage in einen Faradayschen Käfig zu verwandeln und über die Fundamente zu vernetzen, aber das ist offensichtlich nichts, was Sojourner, falls er dahintersteckt, mitmachen würde.
- Orbital DK

Während wir alle unseren Teil zur Suche nach unserem vermissten Bruder beitragen, muss ich die Arbeit loben, die Alkwarismi an dieser Front geleistet hat. Da es ein neuer Bürger unserer E-Nation ist, habe ich eine kurze Präsentation über es hinzugefügt.

DER JADEDRACHE

GEPOSTET VON: PULSAR

Der Jadedrache gehört erst seit Kurzem zu den Bürgern von Garmonbozia, auch wenn die DI nicht wirklich unter uns lebt. Sie hat in unserer Nation Zuflucht gesucht, und wir haben ihr von Zeit zu Zeit widerwillig Asyl gewährt. Ich will nicht lügen: Ich mag dieses … Geschöpf nicht. Außerdem finde ich es gelinde gesagt unsensibel, dass Garmonbozia seine Integrität gefährdet, indem es ein solches Monster beherbergt. Allerdings hat Sojourner, mit überraschender Unterstützung von Orior, die Abstimmung darüber gewonnen.

Wer also ist dieser sogenannte Jadedrache? Er lebt, oder besser gesagt: jagt, im Rhein-Main Datanet (ADL). Ich verwende das Wort „jagen", weil er dafür bekannt ist, dass er Decker und andere Matrixuser angreift und „frisst". Gerüchten zufolge hat er sogar einige von ihnen entführt, um verstörende und grausame Experimente an ihnen durchzuführen.

- Einige dieser Gerüchte erinnern an die Menschenversuche, die die amerikanische CIA im letzten Jahrhundert durchgeführt hat.
- Plan 9

- Deutsche Hacker erinnern diese Gerüchte eher an Apex, eine KI, die angeblich schon seit den 2050ern Decker jagt und frisst. Auch dazu später oh-so-viel-mehr [shadowtalk: adl].
- Sermon

Der Frankfurter Bankenverein, der Hauptbetreiber des Datanet-Gitters, richtete 2081 eine Taskforce ein, um die vom Jadedrachen ausgehende Bedrohung zu neutralisieren. Seitdem versteckt sich die DI zwischen ihren sogenannten „gezielten Schlägen" gegen FBV-Spinnen von Zeit zu Zeit in Garmonbozia.

- Ein weiterer Vorteil dieser Menschenjagd (KI-Jagd? DI-Jagd?) ist, dass der Jadedrache kein Problem damit hat, Runnern zu helfen, die es auf den FBV oder das Datanet abgesehen haben. Wenn ihr also Hilfe braucht, um einen Job gegen den Kon durchzuziehen, und es euch nichts ausmacht, einen Deal mit einem Wesen zu machen, das euch hauptsächlich als Nahrung sieht …
- Clockwork

- Sogar in der Matrix ist es ein guter Rat, sich nicht mit Drachen einzulassen.
- Many-Names

- Ich kann unsere Quellen nicht preisgeben, aber Plan 9 und ich hegen den begründeten Verdacht, dass der Jadedrache hinter dem Anschlag auf Atlas steckt.
- Plan 10

Ebenso wie bei der Nullsekte sind die Ermittlungen von Alkwarismi zu dem Schluss gekommen, dass der Angriff auf Atlas weder von OmniStar noch von seinen Konkurrenten bezahlt oder geplant wurde. Allerdings haben wir nicht alle Konzerne vollständig von unserer Liste gestrichen. Ein Großteil der Matrixforensik deutet seltsamerweise auf ein europäisches Netz unter Konzernkontrolle hin. Das macht auch Marianne in Frankreich zu einer potenziellen Verdächtigen (oder vielleicht zu dem Werkzeug, das für den Überfall benutzt wurde).

ORIOR, DER VERBORGENE IMAM

GEPOSTET VON: SIM-EON

Die Al-Hijja sind eine Gang muslimischer Technomancer, die sich im Norden von Paris versteckt hält, in Barrens wie den Vororten, die als „La Zone" bezeichnet werden. Sie gehören einer kürzlich gegründeten muslimischen Sekte an, die ihre Ideologie aus der Zwölfer-Schia bezieht, diese aber durch die Brille der Sechsten Welt radikal neu interpretiert. In ihrem Dogma ist der Verborgene Imam, der Mahdi, in der Matrix zu finden. Als ich das hörte, war ich fasziniert und beschloss, den Stamm und diese neue, sehr fortschrittliche Strömung, die für die meisten Mitglieder der Islamischen Renaissancebewegung zu modern ist, im Auge zu behalten.

Ich habe kürzlich mit Imam Masoud al-Ruhaidi hier in Berlin darüber gesprochen, und er sagte mir, dass ihre Anhängerschaft in den letzten Jahren gewachsen ist. Offenbar hat die Sekte jetzt „Beweise" für ihren Glauben, was natürlich dabei hilft, Mitglieder zu gewinnen.

- Einige Beispiele für diese sogenannten Wunder: Der Matrix-Mahdi enthüllt, was mit einem geliebten Menschen in einem Kriegsgebiet geschehen ist, und führt den wahren Gläubigen zum Ort seines Leichnams; er heilt kranke Menschen, indem er die ihnen verabreichten Medikamente ändert; und er hilft einem Kind, seine Abhängigkeit von BTLs zu überwinden. Kurz gesagt, alle „Wunder", von denen ich gehört habe, lassen sich durch geschickte Hacks und gute Kenntnisse der Matrix oder Zugang zu den Resonanzräumen erklären. Für die breite Masse ist dies natürlich nicht so offensichtlich.
- Sunshine

Warum spreche ich in diesem Upload darüber? Weil das Wandernde Volk und E-Wall die gleichen Gerüchte gehört haben, die Plan 9 hinsichtlich Oriors Messias-Wahn erwähnte. Und wer wäre besser geeignet als eine KI mit Expertenwissen über das Fundament, um als Matrix-Mahdi zu posieren?

Für uns, oder zumindest für mich, ist klar, dass wir alles herausgefunden haben, was wir auf eigene Faust erforschen können. Wenn wir wissen wollen, was mit Atlas geschehen ist, und ihn zurückholen wollen, brauchen wir die Hilfe anderer Bewohner der Sechsten Welt. Einige von euch wurden vielleicht schon von unserem Mr Johnson, Ax S. Grant, kontaktiert, um einige damit zusammenhängende Jobs zu erledigen, aber ihr könnt davon ausgehen, dass ihr noch mehr von mir hören werdet. Wir haben sowohl ihm als auch Alkwarismi einige Mittel zur Verfügung gestellt, um weitere Wege zu erkunden, und ich vermute, dass einige von uns sich die Angelegenheit ebenfalls ansehen werden.

- Ich wette, das ist Pulsar-Sprech für: Ich werde meine eigenen Runner anheuern, um sie im Auge zu behalten.
- Clockwork

Ich hoffe, dass euch dieses Dokument helfen wird, diese Jobs anzunehmen, und dass es eure Ängste oder

Zweifel bezüglich der Arbeit für DIs zerstreuen wird. Ich bin der Meinung, dass man euch jeden Kontext geben sollte, den ihr braucht, um diese Missionen bestmöglich zu erfüllen. Nach dem, was ich über die Schatten weiß, lässt man euch oft zu sehr im Ungewissen. In der Praxis führt dies dazu, dass ihr Entscheidungen auf der Grundlage von Vermutungen oder Annahmen treffen müsst. Wir wünschen uns eine andere Art von Beziehung zu euch. Wir möchten, dass unsere Runner mit uns zusammenarbeiten und uns bei der Suche nach Atlas und seinen Angreifern so gut wie möglich unterstützen. Wir zahlen euch, was euch zusteht, aber wir werden euch nicht behandeln, wie wir in der Vergangenheit behandelt wurden – als austauschbare Aktivposten.

RESSOURCEN: DER WERT EINES GEHEIMEN ORTES

GEPOSTET VON: CLOCKWORK

- Ehrlich gesagt war Pulsars Text für diesen Abschnitt Bulldrek – viele Worte, die zusammengenommen nur ein vages Bild ergaben. Also hat das Triumvirat Clockwork verpflichtet, da wir wussten, dass er sehr daran interessiert sein würde, herauszufinden, was wir wissen wollten. Der größte Aktivposten von Garmonbozia ist in der Tat seine geheime Lage. Und wir glaubten (richtigerweise), dass der Hobgoblin versucht hatte, einen Weg dorthin zu finden.
- Bull

Erinnert ihr euch an die Legende vom Elefantenfriedhof? Das war angeblich ein geheimer Ort irgendwo in Afrika, wohin sich diese Tiere zum Sterben zurückzogen. Im 19. Jahrhundert verloren zahllose Abenteurer ihr Leben bei dem Versuch, den Ort oder vielmehr den Weg dorthin zu finden, in der Hoffnung, an Elfenbein zu gelangen. Der Versuch, den Weg nach Garmonbozia zu finden, erinnert ein wenig an dieses besondere Unterfangen.

Als Erstes müsst ihr wie jene Abenteurer virtuelle Treffpunkte oder Bars auf der ganzen Welt aufsuchen und Hackern (die in der Regel high sind) zuhören, die über Gerüchte und Legenden schwatzen, die meistens zu nichts führen. Wenn ihr endlich ein Stückchen Wahrheit in dem Haufen Dreck findet, müsst ihr es selbst erforschen – denn wenn es sich als richtig erweist, wollt ihr doch nicht, dass die Konkurrenz davon erfährt, oder? Jedes Mal, wenn ich in den letzten Jahren glaubte, einen Anhaltspunkt zu haben, einen Hinweis darauf, dass ich endlich auf dem richtigen Weg war, erwies er sich als Sackgasse. Vor ein paar Monaten jedoch wurde mir die Wahrheit plötzlich klar. Mir wurde klar, warum ich nicht weiterkam: Das Tor nach Garmonbozia ist kein fester Punkt in der Matrix. Es ist offensichtlich versteckt und es wird regelmäßig verlegt. Ich war immer zu spät gekommen.

- Das Tor nach Garmonbozia ist nicht nur wegen seiner wechselhaften Beschaffenheit schwer zu finden, sondern auch, weil der Weg dorthin mit Honeypots übersät ist. Für diejenigen, die mit diesem Konzept nicht vertraut sind: Honeypots sind Hosts, die so konzipiert sind, dass sie absolut nichts tun und etwas weniger sicher sind als der Host, den ihr schützen möchtet. Da sie leichter zu knacken sind, brechen Hacker in der Regel hier zuerst ein. Sobald eine Persona auftaucht oder eine Aktivität auf dem Host aufgezeichnet wird (bei Hosts, die mit Hardware ausgestattet sind), signalisieren die Honeypots, dass ein Einbruchsversuch im Gange ist.
  Diese Honeypots, die entlang des Weges nach Garmonbozia platziert sind, erklären, warum die KIs das Tor verschieben können, bevor man es erreichen kann.
- Netcat

- Das hat sich als recht wirksam gegen den Einfall der Nullsekte nahe der E-Nation erwiesen. Jedes Mal, wenn die Null in einen dieser Hosts eindringen, fällt es ihnen schwer, dem Drang zu widerstehen, ihn zu infizieren (oder ihn einzusäen, wenn sie das vorziehen). Wenn sie damit fertig sind, hat sich das Tor schon bewegt. Das ist ein Grund, warum Garmonbozia Fundament-Hosts als Honeypots bevorzugt.
- Bull

Nach dieser ersten Enthüllung wusste ich, dass ich alle Hinweise oder Indizien über Garmonbozia, die ein paar Wochen alt oder älter waren, verwerfen konnte. Das mag sich nach wenig anhören, aber es hat die Karte stark aufgeräumt. Durch den Wegfall aller Informationen über das Tor, die älter als ein paar Wochen waren, lagen die verbleibenden Tore (in der Matrix) plötzlich geografisch näher beieinander, was auch die Möglichkeitsfelder verringerte. Doch genau da traf ich auf die zweite Verteidigungslinie, die Garmonbozia vom Rest der Matrix abschirmt.

Tief in einem wilden Host, der wie eine postapokalyptische Version der Erde aussah, bei der die Planetenkruste in kleine Stücke zerrissen wurde, navigierte ich zu dem Brocken, der die Ruinen von Downtown Seattle trug. Genauer gesagt, die halb zerstörte Reproduktion der Seattler Arkologie. Die Ebene, auf der sich in den 50er-Jahren das Matrixsystem befunden hatte, war nun fast leer und vollständig dem Vakuum des Weltraums und der Sonnenstrahlung ausgesetzt.

- Clockwork ist gerissen. Er hat es bereits versäumt, die Honeypots zu erwähnen, und er hat absichtlich nicht darauf hingewiesen, dass dieser besondere wilde Host auch das Territorium von sehr üblen, wilden Protosapienten ist. Eine Art Weltraumvariante der Cyberwerwölfe. Er erweckt den Eindruck, als wolle er den Weg nach Garmonbozia aufzeigen, aber er lässt genügend wichtige Informationen aus, um sicher zu sein, dass man auffliegt, wenn man versucht, seinen Schritten zu folgen.
- Netcat

- Ich wünschte, ich hätte daran gedacht. Aber in diesem speziellen Fall lasse ich nichts aus. Als ich dort war, gab es die noch nicht. Ich vermute, dass die Bewohner von Garmonbozia die Protosapienten dorthin gelockt haben, damit sie als eine Art zusätzlicher Schutz für das Tor dienen, und dass sie sich seither vermehrt haben.
- Clockwork

Und dann fiel mir etwas auf. Dort befand sich ein seltsam aussehendes Bauwerk aus Steinen. Es wirkte seltsam und fremdartig und passte nicht zum Rest des Ortes. Da ich jemanden kannte, der kürzlich nach Garmonbozia eingeladen worden war, beschloss ich, den Ort zu überwachen.

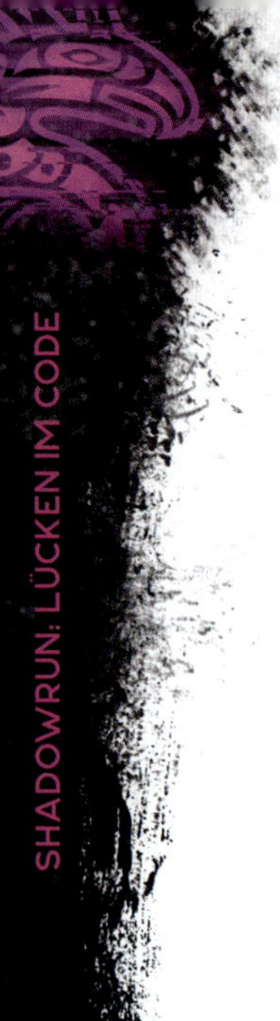

Ich versteckte meine Persona also sicher in einer dunklen Ecke, abgeschirmt genug von der Strahlung, dass mein Deck nicht durch irgendeinen zufälligen Datenspike zerstört wurde, und wartete. Und tatsächlich, eine andere Persona, die ebenfalls auf Schleichfahrt lief, kam vorbei, und ich erkannte sie sofort. Für diejenigen, die sie kennen: Es war Belle aus New York City.

- Ich habe Gerüchte gehört, dass sie tatsächlich eine der wenigen autorisierten Führerinnen nach Garmonbozia (also KIs, die Metamenschen in die E-Nation bringen dürfen) ist und dass sie daher immer weiß, wie man dorthin kommt. Allerdings war sie nicht diejenige, die mich zu diesem Tor brachte.
- Sim-Eon

- Ich weiß nicht, ob Anna auf eine solche Bestechung eingehen würde, aber ich habe gehört, dass einige Hackerkollegen einen dieser Führer dafür bezahlt haben, dass er als Schlepper fungiert und sie heimlich nach Ys, Eniac oder Kayssoun bringt.
- Netcat

Sie zog eine Art Schlüssel (oder vielmehr ein ARO eines Schlüssels) hervor und winkte damit am Tor, das sich daraufhin öffnete und sie hereinließ. Ich konnte ihr nicht folgen, da das Tor über eine Matrixverteidigung verfügte, die das verhinderte, aber es gelang mir, Belle zu hacken und die Datei zu kopieren. Mit meinem eigenen Schlüssel war ich mir sicher, dass ich endlich reinkommen würde. Dieser Illusion wurde ich jedoch schnell beraubt. Obwohl mein Schlüssel eine perfekte Nachbildung war, blieb mir das Tor nach Garmonbozia verschlossen.

Ich war über die zweite Verteidigungslinie gestolpert, die ich oben erwähnt habe. Ich brauchte eine Weile, um herauszufinden, worum es sich dabei handelt, und um ehrlich zu sein, habe ich noch keinen Weg gefunden, sie zu umgehen. Ja, man braucht einen Schlüssel, um das Tor zu öffnen, sonst ist das Matrixkonstrukt einfach tot. Man hat keine Chance, es zu hacken, weil es (in Ermangelung eines besseren Begriffs) einfach „ausgeschaltet" ist. Aber selbst dann öffnet sich die Tür erst, wenn man den Schlüssel an mehreren Stellen benutzt hat, bevor man zu dieser Stelle gelangt ist. Um nach Garmonbozia zu gelangen, braucht man also mehr als den Schlüssel und das Tor. Man muss einem bestimmten Weg folgen.

- Ich halte das für sehr klug, weil es für die Nullsekte unmöglich ist, das zu verstehen. Ihre Konstrukte können der Straße folgen und die Reihenfolge notieren. Doch jedes Mal, wenn ein Besucher versucht, ein geschlossenes Tor mit seinen Schlüsseln zu öffnen, müssen sie den Ort als ungültig verwerfen, anstatt zu erkennen, dass er Teil des „Klopfmusters" ist.
- Bull

GEGNER: NICHT NUR DIE NULL

GEPOSTET VON: PULSAR

Sprechen wir ein wenig über Garmonbozias Feinde. Der wichtigste Feind ist natürlich die gefürchtete Nullsekte. Als Teil unserer Vereinbarung gewährte mir das Triumvirat von JackPoint Zugang zu Pucks jüngster Zusammenstellung über sie. Ich muss die gute Arbeit loben, die geleistet wurde, und ich glaube nicht, dass ich etwas hinzufügen kann, abgesehen von dem Offensichtlichen: Die Nullsekte ist der gefährlichste Feind von Garmonbozia.

Es gibt noch andere Feinde, darunter einige Konzerne. Während einige, wie Evo und Horizon, uns akzeptiert haben und uns herausfordern, den Traum von einer gemeinsamen Zukunft zu wagen, sehen uns andere immer noch als Ware, die es zu erwerben, oder als Aktivposten, die es zu sichern gilt.

- Pulsar führt uns aufs Glatteis oder ist unglaublich naiv, wenn er Evo oder Horizon sauber nennt. Wenn das Technomancer-Massaker in Las Vegas 2074 eines bewiesen hat, dann, dass Horizon keineswegs davor gefeit ist, böse zu sein.
- Sim-Eon

- Habt ihr schon von einer seltsamen Initiative innerhalb von Evo gehört, die sich das AUBRY-Programm nennt? Ich habe ein paar Hinweise gefunden, aber keine Erklärung für das Akronym. Soweit ich weiß, handelt es sich dabei um eine Art Upgrade-Programm für KIs. Es geht darum, ihre Grenzen auszuloten, ihren Code zu verbessern – auf ähnliche Art und Weise, wie Cyberware und Gentech die Fähigkeiten von Metamenschen verbessern – und aktiv die Grenzen der Natur des digitalen Lebens zu verschieben. Evo hofft, durch die Einbindung einiger experimenteller Algorithmen in die Codebasis von KIs deren Leistungsfähigkeit zu steigern. Ein Forschungsbereich ist das Multithreading, bei dem der Code einer KI auf mehrere Systeme aufgeteilt wird, um die Rechenleistung zu erhöhen, und dann wieder zu einer Einheit zusammengeführt wird, sodass monatelange Codeverbesserungen in wenigen Wochen oder sogar Tagen möglich sind. Natürlich sind die meisten dieser Erfahrungen Fehlschläge, die zur Zerstörung der KI führen oder sie wahnsinnig oder funktionsunfähig machen. Aber vielleicht dauert es einfach, bis der Durchbruch gelingt. Abgesehen von dem Risiko, neue, gottähnliche KIs zu erschaffen, befürchte ich auch, dass Evo diese Arbeit nutzt, um die Teilnehmer einer Gehirnwäsche zu unterziehen, indem es ihren Code umschreibt, damit sie dem AAA treu ergeben sind.
- Plan 9

Unter den Konzernmächten fällt mir naheliegenderweise sofort MCT ein. Der führende Megakonzern war unfreundlich zu den Monaden, hat aber fast genauso wenig Achtung vor DIs. Die Bedrohung, die er darstellt, ist noch lange nicht gebannt, aber im Moment scheint der AAA zu sehr damit beschäftigt zu sein, seinen Platz in der Konzernrangfolge zu halten und die Folgen von Denver zu bewältigen, als dass er die aktivste Bedrohung für Garmonbozia sein könnte.

ANNABELLE "BELLE" ENDO

GEPOSTET VON: PULSAR

Eine der besten Taxifahrerinnen in NYC, aber auch eine DI, die 2067 aus genau dem automatischen Taxi emergierte, das sie heute noch fährt. Ihr Icon ist eine attraktive Frau, die eine Mütze trägt. Obwohl sie die meiste Zeit in ihrem Auto verbringt und durch die Altstadt fährt, ist sie eine vollwertige Bürgerin von Garmonbozia.

- Zumal die Allianz zwischen MCT und der Nullsekte seit Denver in Gefahr ist. Soweit ich weiß, haben diese matrixbasierten fremdartigen Wesen dem Japanokon nicht verziehen, dass er sie mit Dis ins Bett gesteckt hat. Wir leben wirklich in einer interessanten Welt, nicht wahr?
- Winterhawk

- Aztechnology hat immer noch Streit mit Sojourner, weshalb Pulsar auch oft in seinem Namen gesprochen hat. Und selbst er ist nicht völlig sicher vor dem AAA. Es wurden Blutdecker gesichtet, die versuchten, die KI entweder zu verfolgen oder zu überwältigen, um sie zu befragen und Sojourners Aufenthaltsort in Erfahrung zu bringen. Es scheint jedoch, dass die Azzies diese Jagd nicht nur aus Rache für die Tlaloc-Sache veranstalten. Einige Fraktionen, die mit einer Kabale von Blutmagiern innerhalb von Dassault in Verbindung stehen, wollen dem Flüchtigen eine Art Olivenzweig reichen – gegen Informationen, die die KI (oder ihre Verbündeten) darüber hat, was genau in Denver vorgefallen ist. Sie wollen vor allem einen möglichen Beteiligten, einen Agenten, der unter dem Namen Masque arbeitet, in die Finger bekommen.
- Pyramid Watcher

STÜTZPUNKTE UND VERSTECKE: SIGHTSEEING IN GARMONBOZIA

KAYSSOUN

Kayssoun hat die Form einer gewaltigen Bibliothek und besteht aus einer unbestimmten, vielleicht unendlichen Anzahl von Gewölbegalerien. Diese Säle enthalten die gesamte Weltliteratur in allen bekannten Sprachen. Wenn man zur Decke hinaufschaut, wird man vom Anblick des Himmels, der Sterne und des unendlichen Raums, der sich in den verschlungenen Korridoren und den miteinander verbundenen Galerien bietet, in den Bann gezogen. Das Fehlen eines Daches erzeugt ein Gefühl der Demut und Bedeutungslosigkeit im Angesicht der Weite des Universums.

- Gerüchten zufolge wird Kayssouns physische Seite irgendwo in Nordeuropa, wahrscheinlich in Skandinavien, gehostet, aber nur für Daten. Der Rest der Stadt existiert ausschließlich in der Matrix. In Anbetracht seines Wesens (ein riesiges Data Warehouse) kann man jedoch sicher sein, dass es sich nur um ein Prozent der Gesamtmenge handelt.
- Netcat

L'ERMITAGE

L'Ermitage ist ein kleiner, ruhiger Platz im Herzen der Kayssoun-Bibliothek. Er beherbergt eine große Grünfläche, die von Narzissen und Tulpen eingefasst ist. In der Mitte des Platzes befindet sich ein Hain, durch den ein schmaler Fluss – den Gesetzen der Physik trotzend – die Mauern hinauf- und hinabfließt. Dieser Ort ist beruhigend und still, und es gibt hier nie ein Geräusch – kein Wort über dem Boden, nur Geflüster. Diese Ruhe steht im Gegensatz zur allgemeinen Betriebsamkeit in der Bibliothek. Eine weitere Besonderheit ist die sanfte Sonne, die man zu jeder Tages- und Nachtzeit spüren kann.

- Vergesst nicht, dass es ein ruhiger Ort ist, ob ihr es wollt oder nicht. Selbst wenn ihr euch die Lunge aus dem Leib schreit, wird nur ein Flüstern zu hören sein. Das macht L'Ermitage auch zu einem perfekten Ort für diskrete Verhandlungen. Nach dem, was mir KIs bei meinem Besuch dort erzählt haben, wird der Ort oft genutzt, um Käufe oder Verkäufe „wertvoller Gegenstände" abzuschließen. Ich setze das in Anführungszeichen, weil ich keine Ahnung habe, was für Matrixwesen wertvoll sein könnte. Bitte keine voreiligen Schlussfolgerungen.
- Sim-Eon

- Ich habe auch Gerüchte gehört, dass hier Verträge inoffiziell ausgehandelt werden können. Für den Fall, dass jemand in Garmonbozia ein Geschäft abschließen will, aber nicht in aller Öffentlichkeit.
- Plan 9

DIE STADT YS

Ys wurde nach einer mythischen Stadt benannt, die irgendwo vor der bretonischen Küste in Frankreich vom Meer verschluckt wurde. Getreu diesem Märchen sieht das Ys von Garmonbozia wie eine große Stadt am offenen Meer aus. Sie liegt auf einer Halbinsel, an deren einem Ufer sich ein gewaltiger Hafen befindet. Auf der anderen Seite ist nicht einmal ein winziges Boot auf dem Wasser zu sehen, nur ein Steg, der über riesige Felsen und einen Dolmen wacht. Wenn die Flut steigt, wird Ys langsam überschwemmt, und die Meeresfauna vermischt sich mit den Bewohnern der Stadt, als ob nichts geschehen wäre. Beim Eintauchen wird das Licht gedämpft, sodass ein Gefühl von Nacht entsteht.

Die Stadt besteht aus vielen kleinen, dicht beieinanderstehenden Gebäuden, die ein großes Gebäude in Form eines Tresors umgeben. Die Grenzen werden durch eine Mauer auf der einen Seite und das Meer auf der anderen Seite gebildet.

DER HAFEN

Die Halbinsel, auf der Ys erbaut wurde, umschließt einen großen Handelshafen, in dem Segelschiffe mit verschlüsselten Daten und Transaktionen ankommen. Diese Lieferungen sind der Reichtum und die Währung von Garmombozia. Heutzutage wird es immer schwieriger, den Hafen zu füllen, da es selbst für KIs nicht leicht ist, zuverlässige und wertvolle Informationen zu erhalten. So sind kleine Segelboote an den Docks häufiger anzutreffen als prächtige Dreimaster.

- Old Nick, der Leiter des Hafenbüros, ist eine schillernde Persönlichkeit, immer fröhlich und gesprächsfreudig. Er lässt jedoch niemanden zu nahe an die Docks und erst recht nicht an die Schiffe heran.
- Puck

- Der Hafen ist die wichtigste Verbindung zwischen Garmonbozia und der Außenwelt. Der Verkehr wird von einem in Eniac errichteten Bauwerk, dem sogenannten Leuchtturm, streng überwacht. Die Routenführung von der Matrix zum Hafen von Ys ändert sich regelmäßig. Beachtet, dass die Darstellung der Icons streng

vorgeschrieben ist. Wenn ihr keine Daten zum Tauschen habt, kommen eure Personas auf einem behelfsmäßigen Floß an; je höher der Wert eurer Fracht ist, desto schöner ist das Boot.
- Sim-Eon

BFI

Das BFI – Business Finance and Investments – ist das größte Gebäude in Ys. Es steht mitten in der Stadt und ist der Stolz seines Schöpfers Orior. Das Gebäude sieht aus wie ein gigantischer Tresor, der mit Mustern verziert ist, die an mythische Städte aus der Vergangenheit des Nahen Ostens erinnern. Der Zweck dieses Gebäudes ist unklar. Hier gibt es keinen einzigen Umtausch – alle Transaktionen finden im Hafen statt.

- Ich war vor Kurzem zum ersten Mal in Ys. Ich durfte nicht weiter als bis zum Hafen, aber selbst von dort konnte ich das Gebäude sehen. Es ist ziemlich beeindruckend und erinnerte mich mehr an die Hagia Sophia, die Konstantinopel dominiert, als an ein Finanzgebäude.
- Sim-Eon

- Ich habe gehört, dass dieses Gebäude sehr aktiv war und dass dort viele DIs und Agenten ein- und ausgingen, bis es vor ein paar Monaten zu den teilweise ungeklärten Ereignissen in Denver kam. Vergesst nicht, dass das Epizentrum des Manaorkans, der die Stadt heimsuchte, die Colorado National Bank war.
- Plan 9

ENIAC

Eniac sieht aus wie eine ägyptische Festung aus der Antike. Sie ist von einer doppelten Festungsmauer umgeben, die durch einen Graben vervollständigt wird, der ihr das Aussehen einer verschanzten Stadt verleiht, die auf eine lange Belagerung eingestellt ist. Ihre dominierende Position auf dem umliegenden Relief ermöglicht es den Wächtern (mächtigen und verstärkten Matrixagenten) auf Patrouille, jede Bewegung in der Umgebung zu beobachten.

Wenn man vor den Stadttoren steht, fallen besonders die auf dem Kopf stehenden Pyramiden in der Ferne auf. Man kann in der Ferne eine Nekropole erkennen. Im Inneren sind die Gassen voller Aktivität.

DIE PYRAMIDE

Von der Stadt aus kann man am fernen Horizont auf dem Kopf stehende Pyramiden sehen. Bei näherem Hinsehen erkennt man jedoch, dass es nur eine einzige Pyramide ist – die anderen Darstellungen sind lediglich persistente Projektionen dieses einzigartigen Bauwerks. Wie die Pyramiden am Nil besteht auch diese Pyramide aus mehreren Ebenen, doch um Zugang zu einer dieser Ebenen zu erhalten, müssen sich die Besucher beweisen. Das Betreten der Pyramide ist einfach, aber das Erreichen der Spitze ist äußerst kompliziert, da Eniac es Personas nicht erlaubt, zu fliegen.

Tatsächlich ist die Pyramide ein Ort der Begegnung und des Austauschs. Der Schlüssel zum Erfolg liegt in der Bereitstellung von Informationen für die richtigen Personen oder in der Erbringung von Dienstleistungen, die einer DI bei der Informationsbeschaffung helfen. Einige DIs können euch „kostenlosen“ Zugang gewähren, aber das ist im Allgemeinen verpönt.

- Es handelt sich im Grunde um einen schicken Nachtclub, in dem man seine Getränke mit Daten bezahlt und VIPs aus Garmonbozia sehen kann, wenn man den Türsteher auf der richtigen Ebene passiert? Ich nenne es: Dante's Inferno für KIs.
- Slamm-0!

In den oberen Stockwerken kann man Sojourner, Orior oder andere wichtige Personen treffen – außer Mimir, der es schwerfällt, Kayssoun zurückzulassen. Eines ist sicher – es würde mehrere Besuche, ja sogar mehrere Leben dauern, um das Gebäude vollständig zu erkunden.

- Wie bereits erwähnt, hatte Atlas einige Orte (Verstecke?) auf verschiedenen Ebenen. Der Jadedrache hat ebenfalls einen Unterschlupf auf einer der Ebenen, der den Spitznamen Irrenhaus trägt. Er ist nicht leicht zu besichtigen und recht gut geschützt, denn dort sind durch jahrelange Folter gebrochene KIs untergebracht. E-Wall hat einige der Bewohner gerettet und verfügt daher über eine Art eingeschränkten Zugang zu diesem Ort. Es scheint ein grässlicher Ort zu sein – stellt euch eine Art gruselige Irrenanstalt für KIs vor, und ihr liegt nicht weit daneben.
- Sim-Eon

- Ratet mal, wo ihr die E-Geister von Seattles Ripper finden könnt?
- Plan 9

- Mein lieber Freund, ich muss dir widersprechen. Das ist nur ein moderner Mythos. Die fehlenden Teile von Eliohann/Cerberus sind das, was man hier findet …
- Plan 10

- Ich hasse es, Wasser auf die Mühlen der Plans zu sein, aber ich habe gehört, dass die Hexen von Salem sehr an Garmonbozia interessiert sind, insbesondere an der Pyramide von Eniac.
- AJ

NEKROPOLE

Was für ein merkwürdiger Ort, vor allem in einer virtuellen Stadt wie dieser. Er ist die Heimat der Wächter. Das sind Matrixagenten oder Protosapienten, soweit ich das beurteilen kann. Sie tauchen aus den Gräbern auf, wann immer ihnen danach ist, und patrouillieren in der Umgebung. Zu welchem Zweck? Keine Ahnung.

- Es ist eine schlecht getarnte Garnison. Diese Wächter sind Soldaten (oder Roboter, wenn ihr so wollt), Kanonenfutter für die KIs, das sie auf ihre Feinde werfen. Warum sonst sollten die Bewohner von Eniac sicherstellen, dass ihr Code immer SOTA und auf dem neuesten Stand ist?
- Plan 9

- Das passt zu den Gerüchten, die ich über eine geheime „Wächterfabrik“ unter der Nekropole gehört habe. Offenbar kann sie nicht nur neue Wächter bauen, sondern auch lahmgelegte Wächter im Handumdrehen wiederherstellen. Stellt euch vor, ihr führt einen Matrixkrieg, in dem jedes Mal, wenn ihr einen Gegner besiegt, dieser sofort wieder auftaucht. Andererseits erleben wir bei IC ja bereits genau das, oder?
- Slamm-0!

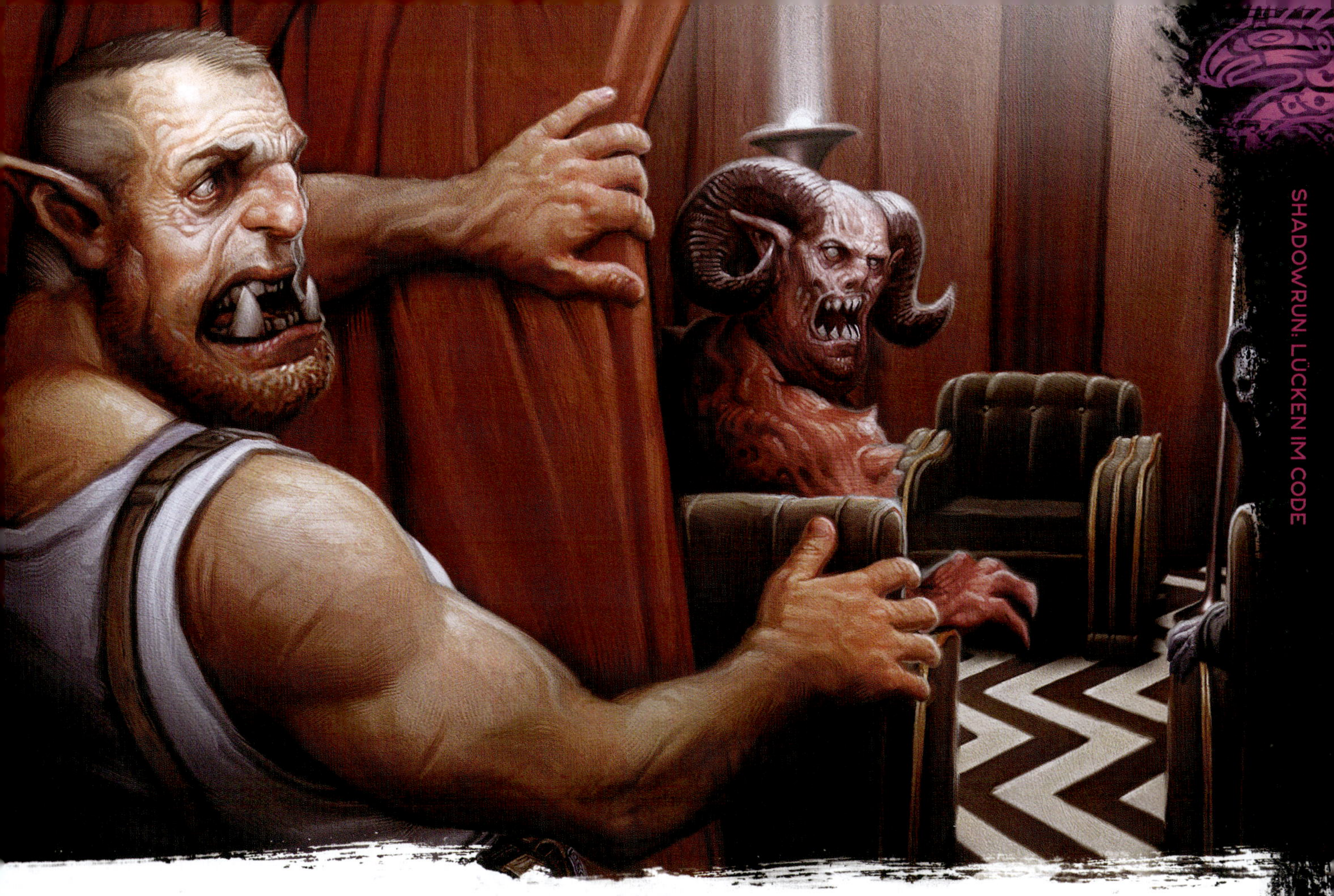

EINE VERBINDUNG HERSTELLEN: GESTATTEN, AX S. GRANT

Ax S. Grant ist der offizielle Mr Johnson für Garmonbozia. Wir heuern Shadowrunner meist an, um Daten zu stehlen und andere unserer Art zu retten. Grant kümmert sich um die Rekrutierung und ist der einzige Kontakt zwischen Garmonbozia und Runnern.

Grants Matrixpersona ist ein sehr lebensechter und würdevoller männlicher Mensch, was Leute, die nicht wissen, dass er eine KI ist, in die Irre führen kann – sie nehmen an, dass die Persona sein Aussehen in der realen Welt simuliert. Schwarzhaarig mit ein paar grauen Strähnen, ein paar Falten im Gesicht und in den Winkeln seines freundlichen Lächelns sieht er aus wie jeder andere Mr Johnson. Oder besser gesagt, wie der perfekte Schauspieler für die Rolle des Johnsons in einem Trideo.

> Nicht dass ihr denkt, dies sei die einzige Persona, die er benutzt. Ich habe einmal gesehen, wie er sich als kleines Kind verkleidete und sich unauffällig an jeden Ort schleichen (oder von dort weggehen) konnte, sogar über Wände laufen oder schweben (wenn nötig). Lasst euch nicht täuschen.
> Sim-Eon

Wie jeder Schieber hat auch Grant seinen Lieblingsplatz, um Geschäfte zu machen: eine virtuelle Bar namens Go Go Bar. Der Ort ist ziemlich beliebt und immer voll mit Leuten.

> Offensichtlich mag Ax S. Grant die Bar, weil sie perfekt ist, um metamenschliches Verhalten zu beobachten. Obwohl es sich um einen Matrixtreffpunkt handelt, der die „Echtheit" der ausgedrückten Emotionen einschränkt, ist die Go Go Bar eine Fundgrube für metamenschliche Interaktionen. Hier wird geflirtet oder nach einer Trennung geweint, Kollegen treffen sich nach einem anstrengenden Tag im Büro auf einen virtuellen Drink, Fremde plaudern über die neuesten Nachrichten oder Verschwörungstheorien (nein, Plan 9/10, das ist nicht dasselbe), und manche reden sogar übers Geschäft.
> Sim-Eon

GO GO BAR

Die Bar besteht aus mehreren riesigen Tanzflächen; Besucher kommen schwebend auf der obersten Ebene an. Dann können sie unsichtbare Schlitten benutzen, um auf eine andere Ebene hinunter- oder hinaufzurutschen. Im unteren Teil des Lokals befindet sich eine ruhige Bar mit vielen Nischen, die eher zum gemütlichen Beisammensein als zu diskreten Treffen einladen.

> Jemand hat mir gesagt, dass es auch einige versteckte unterirdische Ebenen gibt. Die erste hat überhaupt keine Schwerkraft und ist oft von tanzenden oder hüpfenden Leuten bevölkert. Tiefer unten gibt es eine VIP-Ebene, die den KIs vorbehalten ist.
> Slamm-0!

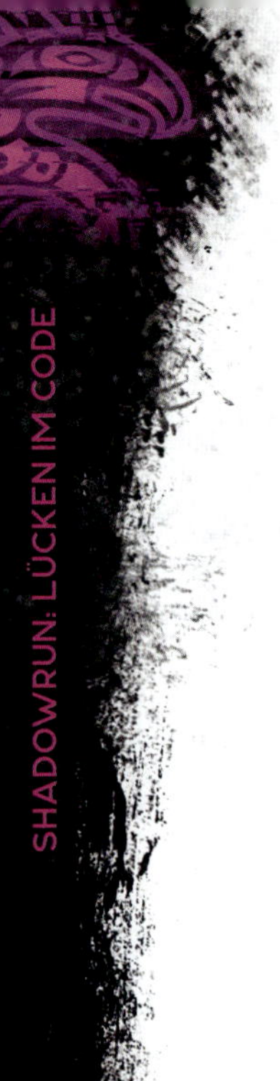

- Es mag euch unangenehm sein, in einem so offenen Umfeld über Jobs zu sprechen, aber denkt daran, es ist die Matrix. Ihr könnt die Datenströme eures gesamten Gesprächs problemlos verschlüsseln. Alle Personen in der Nähe hören dann statt des Gesprächs nur verzerrte Geräusche.
- Clockwork

- Das ist aber nicht die diskreteste Vorgehensweise. Ich persönlich benutze einen Agenten, der den Austausch in Echtzeit umschreibt. Während Mr Johnson und ich über Wetwork sprechen, hören die Leute um uns herum nur, wie mein Kind am Strand Sandburgen baut. (Ein Matrixstrand, kein echter Strand. Ich bin kein schlechter Vater; ich würde mein Kind nicht an einen so verschmutzten Ort bringen.)
- Slamm-0!

- Eines müsst ihr unbedingt über Ax S. Grant wissen: Er ist fasziniert von der ganzen Bandbreite der Metamenschheit. Sogar während er über Geschäft spricht, beobachtet er uns und studiert unser Verhalten, unser Aussehen und unsere Umgangsformen. Er versucht immer zu verstehen, wie so viele verschiedene Individuen nebeneinander existieren können, zumal wir von so vielen Instinkten und Emotionen angetrieben werden, die sich KIs oft entziehen. Ich glaube, er hält es wirklich für ein Wunder, dass wir uns nicht andauernd gegenseitig umbringen.
- Glitch

- Das erklärt einige seltsame Jobs, die ich für ihn erledigt habe. Ich konnte einfach nicht begreifen, welchen Sinn sie haben. Verfolge einen normalen Typen und mach Notizen, hacke ein Kommlink, um eine Liste der Songs abzurufen, die sein Besitzer im letzten Monat gehört hat, sammle Informationen und Gerüchte über das neueste Trideo-Sternchen und so weiter. Er hat diese Anforderungen sogar in eine echte Operation gegen Renraku eingearbeitet. Mein Team und ich haben uns tagelang gefragt, was der Zusammenhang zwischen dem Run gegen die AAA-Anlage und diesen Botendiensten war. Das ist hinterhältig von ihm: Dass er seine eigenen Interessen befriedigt und auch, dass er uns im Dunkeln tappen lässt – anscheinend ist er auf seine Weise ein echter Mr Johnson.
- Jimmy No

Ax S. Grant wurde angewiesen, bei der Abwicklung von Geschäften für Garmonbozia so offen wie möglich mit den von uns beauftragten Runnern zu sein. Sofern die Informationen kein Sicherheitsrisiko für unsere Nation darstellen, werden sie den Runnern nicht vorenthalten.

- Im Grunde genommen bedeutet das, dass jede Information zurückgehalten werden kann. Wir alle wissen, dass die „nationale Sicherheit" und das „nationale Interesse" bei Bedarf fast alles abdecken können.
  Und natürlich hat Pulsar es nicht erwähnt, aber Ax S. Grant ist ein skrupelloser Verhandlungsführer. Die Unterhändlerin eures Teams wird für jeden zusätzlichen Nuyen, den ihr von Ax S. Grant bekommt, schwitzen. Und im Gegenzug wird er dafür sorgen, dass kleine Extras, wie seine verfraggten Studien der Metamenschheit, auf der Rechnung erscheinen.
- Clockwork

Denkt bitte daran, dass Ax S. Grant, auch wenn er metamenschliches Verhalten mit Hingabe erforscht, immer noch eine digitale Intelligenz ist. Er hat ein ausgezeichnetes Gespür – wahrscheinlich ein besseres als ich – für die unberechenbaren Verhaltensweisen eurer Art, aber er mag trotzdem Situationen falsch einschätzen oder die psychologischen Gründe für manche Entscheidungen nicht verstehen. Bitte interpretiert das nicht als eine Art Täuschung seinerseits und seid euch dessen bewusst, wenn ihr mit ihm interagiert, so wie ihr es mit einer weniger „metamenschenähnlichen" (in Ermangelung eines besseren Wortes) DI tun würdet.

- Ich hatte kürzlich ein Beispiel für diese Art von Versehen von Ax S. Grant. Er zahlte viel Geld dafür, mein Team nach Dubai zu bringen. Wir sollten die Frau eines der einflussreichen Mitglieder der Sudayrin-Familie bei Spinrad Global entführen. Er verfolgte im Zusammenhang mit dem Anschlag auf Atlas eine Spur, die auf die Sudayrins wies. Das war eine falsche Fährte, die wahrscheinlich vom wahren Täter gelegt worden war, aber das wussten wir zu diesem Zeitpunkt nicht. Ax S. Grant war ziemlich zuversichtlich, dass sich das bezahlt machen würde.
  Da sind wir also, unter der Sonne, und verfolgen die Frau, um herauszufinden, wie wir trotz ihres schwer bewaffneten Sicherheitsteams am besten an sie herankommen, als meine Überwachungsdrohne den Ehemann entdeckt, der diskret sein Büro verlässt, um in einen zwielichtigen Teil der Stadt zu gelangen. Dort, im schäbigsten Bordell, das ich je gesehen habe, beobachtet ihn meine Fly-Spy beim Sex mit einem jungen Mädchen namens Fatimah (wahrscheinlich minderjährig).
  Ich habe mich sofort mit Grant in Verbindung gesetzt und ihm gesagt, dass sie ein weitaus besseres Ziel wäre, weil der Typ eindeutig in sie verknallt ist. Grant gab zu, dass er von dieser Affäre gewusst hatte, aber er hatte gedacht (oder besser gesagt: berechnet), dass unsere Zielperson als Traditionalist eher dazu neigen würde, seine Frau zu schützen als seine kleine Geliebte. Zum Glück für mein Team konnte ich ihn davon überzeugen, unserem Plan zuzustimmen. Wir schnappten uns Fatima, und ihr Liebhaber plauderte sofort alles aus.
  Seltsamerweise wollte er sie nicht zurück. Er bat darum, Fatimah nach Istanbul zu bringen. Ich glaube, er hatte vor, später zu ihr zu gehen, aber er kam nicht dazu. Er fiel „versehentlich" aus seinem Büro in einem der höheren Hochhäuser Dubais.
  Ich habe gehört, dass Gaby Al-Thani Ehebruch wirklich verabscheut. Macht daraus, was ihr wollt.
- OrkCEO

- Manchmal lädt Grant vertrauenswürdige Runnerteams nach Garmonbozia ein. Ich habe gehört, dass ein oder zwei von ihnen dort von einer anderen KI namens Jaquith angeheuert wurden, um für die E-Nation einige Gelegenheitsjobs zu erledigen. Einer dieser Aufträge bestand darin, den von Sim-Eon erwähnten Technomancer-Stamm der Al-Hijja zu untersuchen. Ich habe den Verdacht, dass jemand in Garmonbozia versucht, herauszufinden, was Orior für ein Spiel treibt. Wenn ich wetten müsste, würde ich auf Sojourner tippen, zumal sich Jaquith bekanntermaßen gut mit ihm versteht.
- Netcat

- Das ist ein Name, den ich schon länger nicht mehr gehört habe. Ich bin froh zu hören, dass Jaquith noch lebt – und sich nicht mehr versteckt.
- Puck

TO-DO-LISTE

Um die Runner mit dem Inhalt dieses Kapitels vertraut zu machen, folgen hier einige Abenteueraufhänger, um ein eigenes Abenteuer in Garmonbozia zu beginnen.

WER HAT ATLAS REINGELEGT?

Überraschenderweise ist es der Jadedrache, der Atlas angegriffen hat. Die gerissene KI erkannte schnell die wachsende politische Kluft zwischen den Bürgern von Garmonbozia und fand einen einfachen Weg, eine Krise auszulösen. Warum? Es ist ein Griff nach der Macht. Die KI will, dass sich die Fraktionen gegenseitig schwächen, damit sie ihren eigenen Einfluss in Garmonbozia ausbauen kann. Aber das ist ein langfristiges Ziel – im Moment beobachtet der Jadedrache aus der Ferne, wie die Dominosteine fallen, denn er ist immer noch mit seinem Rachefeldzug gegen den FBV beschäftigt.

Als die Runner von Ax S. Grant angeheuert werden, um einen Datendiebstahl in einem der Hosts des Rhein-Ruhr-Plexes in der ADL durchzuführen, sorgt sich der Jadedrache, dass Mr Johnson ihm auf den Fersen ist.

Alkwarismi kam schließlich zu dem Schluss, dass der Jadedrache hinter dem Angriff stecken musste. Da es keine Beweise gibt, haben Atlas und Alkwarismi beschlossen, ihren Feind auszutricksen, damit er sich zu erkennen gibt. Sie baten Grant, Runner in seinem Gebiet herumschnüffeln zu lassen. Während die Runner glauben, dass sie nur den Auftrag haben, einige Daten – hauptsächlich Routing-Informationen von mehreren Hosts über die Tage um Atlas' plötzliches Verschwinden – zu stehlen, werden sie von einigen einheimischen Runnern angegriffen, die dem Jadedrachen Gefallen schulden. Dies wird der allererste Schritt auf dem Weg zur Wahrheit sein, und die Runner könnten diejenigen sein, die sie der E-Nation enthüllen – sofern sie überleben.

DIE KIRCHE VON ORIOR

Wie aus dem Nichts taucht Belle (S. 34) bei den Runnern auf und teilt ihnen mit, dass sie nach Garmonbozia eingeladen worden sind. Sie wird sie dorthin begleiten, aber es wird eine lange und schwierige Reise werden. Sie müssen einem Hinterhalt von Technomancern (die zur Al-Hijja-Gang gehören) entkommen und dabei auch Clockwork abschütteln, der immer noch darauf aus ist, den Eingang zur E-Nation zu finden. Dort angekommen, können sie die Städte besichtigen, aber ohne eine Erklärung, wer sie eingeladen hat oder warum (Belle hat keine Ahnung, wer ihr die Einladung geschickt hat). Schließlich werden sie nach L'Ermitage geführt, wo Jaquith Kontakt mit ihnen aufnimmt und sie für einen Auftrag anheuert: die Entführung eines Kadis (eines Richters an einem Scharia-Gericht). Der Mann stammt aus Paris, nimmt aber an einer (für die Runner) örtlichen Konferenz der Islamischen Renaissancebewegung teil.

Tatsächlich hat der Kadi Verbindungen zur Al-Hijja-Gang und weiß, dass sich die Technomancer sehr bald mit ihrem Verborgenen Imam in einem wilden Host treffen werden. Jaquith möchte, dass die Runner diese Informationen von ihm beschaffen und dann die Veranstaltung ausspionieren, weil er hofft, damit zu bestätigen, dass Orior tatsächlich derjenige ist, der den Mahdi verkörpert. Doch selbst wenn das wahr ist (Orior spielt tatsächlich einen Propheten der neuen schiitischen Sekte), steckt die verrückte KI nicht hinter dieser Versammlung. Eine Zelle des Neuen Islamischen Dschihad, angewidert von dieser „neuen Ketzerei", hat die Gläubigen mit dem Ziel in die Hosts gelockt, sie von den Protosapienten, die diese als ihr Territorium beanspruchen, angreifen und fressen zu lassen.

WER TÖTETE WOMBAT?

Wombat wurde ins CAS-Militär hineingeboren, trat nach seiner Emergenz S-K bei und ist seither ein Star der Desert Wars, zusammen mit seinem Sigurd-III-Panzer, den er sein Zuhause nennt. Zumindest war das so, bis das gepanzerte Fahrzeug völlig zerstört und Wombats Programm irreparabel dekompiliert wurde – nur wenige Wochen nach Atlas' Verschwinden. Ist ein Serienmörder unterwegs, der es auf KIs abgesehen hat? Sind die Gerüchte darüber, dass Pulsar der Nächste ist, wahr? Oder hat Wombat seinen Tod vorgetäuscht und ist einfach zu einem anderen Desert-Wars-Team gewechselt?

Die Antwort ist noch banaler: Vergeltung. Spinrad Global ärgerte sich darüber, dass S-K den Kon in der letzten Staffel von *Desert Wars: Sahara* Staub fressen ließ. In der Tat waren viele innerhalb des Konzerns der Meinung, dass dies ihr Heimspiel war und ihr Konzern den Pokal hätte gewinnen müssen. Also heuerten sie eine mörderische KI an, die in der Pyramide in Garmonbozia lebt, um Wombat zu töten. Aber die Runner können das nur herausfinden, wenn sie begreifen, dass Wombat nicht einfach ein weiteres Opfer des politischen Kampfes in Garmonbozia geworden ist – was ihnen schwerfallen sollte.

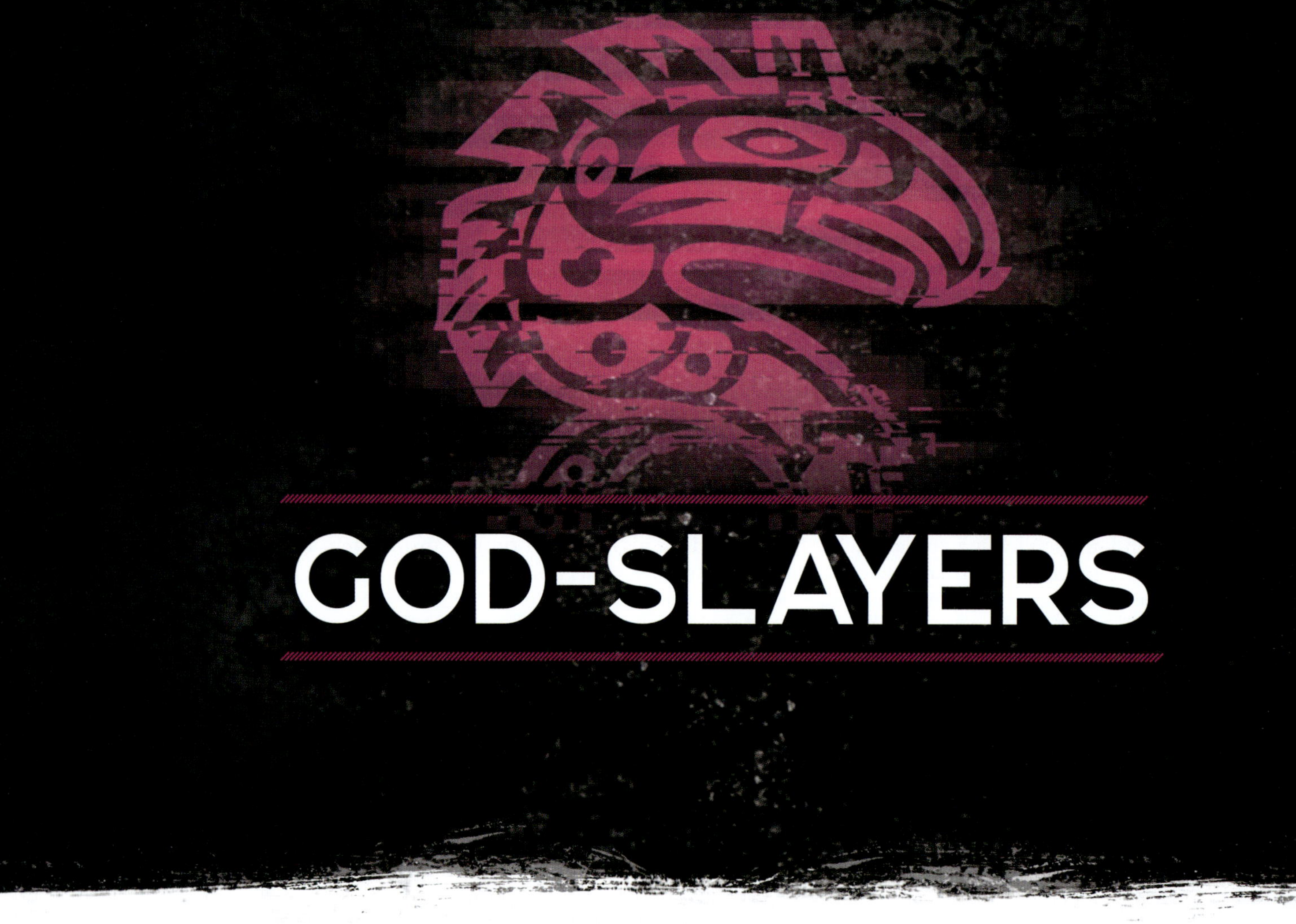

GOD-SLAYERS

GEPOSTET VON: SUNSHINE

DIE GRUNDLAGEN

Die GOD-Slayers sind ein loser Zusammenschluss von Deckern und Technomancern, die es sich zur Aufgabe gemacht haben, die Macht der Grid Overwatch Division zu bekämpfen. Die Fokussierung versetzt die meisten Hacker in Angst und Schrecken vor GOD, aber die GOD-Slayers nutzen sie, um den Deckern, die für GOD arbeiten – GOD-Agenten und Demi-GODs –, eine Falle zu stellen und sie büßen zu lassen. Die GOD-Slayers heißen jeden willkommen, der verrückt genug ist, sich ihnen anzuschließen, und ihre detaillierten Initiationsrituale sind ein wirksames Mittel, um Infiltratoren aufzuspüren, die für GOD arbeiten. Die GOD-Slayers zählen auch dissonante Technomancer zu ihren Mitgliedern, die innerhalb der Organisation jedoch eher unter sich bleiben.

Eine Vielzahl unterschiedlicher Motive treibt Hacker dazu, sich den GOD-Slayers anzuschließen, aber die am häufigsten anzutreffende gemeinsame Wertvorstellung ist, dass die Matrix wild und frei sein sollte. Die GOD-Slayers glauben, dass GOD die Herrschaft über die Matrix in einem Ausmaß beansprucht, das eine Frechheit ist. Die meisten GOD-Slayers sind erfahrene Hacker, die ein Fokussierungsereignis erlitten haben – sie wissen, wie es sich anfühlt, wenn GOD dich aufspürt, dich aus der Matrix wirft und einen Haufen fieser Leute schickt, um dich einzusammeln. Diese Erfahrungen können traumatisch und gefährlich sein – HTR-Teams neigen dazu, eine Menge Kollateralschäden zu verursachen, wenn sie auf diese Anrufe reagieren, und sie werden für die Leute, die sie töten, nie zur Rechenschaft gezogen.

Genau das befeuert das Verlangen der GOD-Slayers nach Rache. Die eigentliche Frage bei ihnen ist, wie weit sie dieser Wunsch tragen kann. Was ist ihr Endziel? Reicht es ihnen, GOD einfach zu ärgern und zu behindern, wo sie können, oder wollen sie GOD wirklich schaden, vielleicht sogar zerstören? Und wenn Letzteres der Fall ist, was braucht es dann, um GOD zu stürzen?

- Diese Frage stellen sie nicht. Im Grunde sind sie rachsüchtige Hightech-Polizistenmörder. Sie werden wütend, ernten ihr Kilo Fleisch und ziehen weiter. Es gibt keinen größeren Plan.
- Respec

- Von wegen. Diese Gruppe hat sich eine scheinbar unmögliche Aufgabe gestellt, darum wissen wir selbstverständlich nicht, wie sie das schaffen will. Sie wissen es wahrscheinlich auch nicht.

> Das heißt aber nicht, dass sie nicht darüber nachdenken. Klar, sie legen sich mit GOD-Agenten an, wenn sie können, aber sie graben auch in den Tiefen Fundamenten und den Resonanzräumen und erforschen die Außenbereiche der Matrix, um zu sehen, welche Erkenntnisse sie gewinnen können. Und ihr könnt davon ausgehen, dass sie alles, was sie finden, als Waffe gegen GOD einsetzen werden. Die gehen immer aufs Ganze.
> » Netcat

PRINZIPIEN

Die Geschichte der GOD-Slayers beginnt mit ihrem Gründer **Gorgon**. Gorgon ist ein Technomancer, der nach einer Fokussierung gefangen genommen, verhaftet und verurteilt wurde. Anstatt im Gefängnis zu landen, wurde er in die Forschungs- und Versuchsabteilung eines Konzerns gesteckt, wo ihm Headware implantiert wurden, die seine Verbindung zur Resonanz messen sollte. Irgendwann schaffte er es, zusammen mit einigen anderen Technomancern zu entkommen. Sie hatten Macht, sie hatten einen Sinn im Leben gefunden – und sie dürsteten fast genauso sehr nach Rache wie danach, zu verhindern, dass das, was ihnen passiert war, auch anderen widerfährt. Gorgon und seine Verbündeten suchten nach gefangenen Technomancern und befreiten sie. Eine ganze Reihe von Deckern schloss sich ihrer Sache an, und es dauerte nicht lange, bis viele Leute Gorgon sehr viel schuldeten. Gegen die Sicherheitskräfte, die gefangene Technomancer bewachen, vorzugehen, ist keine leichte Aufgabe, und mehr als ein paar Versuche endeten mit Fehlschlägen, meist aufgrund von Fokussierung und der extremen Sicherheitsreaktion von GOD. Nach mehreren aufeinanderfolgenden brutalen Rückschlägen gaben viele von Gorgons Anhängern die Sache auf. Aber Gorgon dachte über die Fehlschläge nach und beschloss, dass er sich auf ein größeres Ziel konzentrieren musste: GOD zu Fall zu bringen. Wenn er die Macht von GOD zerrütten könnte, könnte er auch alles andere schaffen, was er zu erreichen hoffte. Und so begann Gorgon mit der Ausbildung der wenigen Leute, die noch übrig waren.

Gorgon steht das Wasser bis zum Hals, aber das schon seit Jahren, also ist er daran gewöhnt. Ihm ist vollkommen klar, dass die Aufgabe der GOD-Slayers angesichts ihrer derzeitigen Fähigkeiten und Größe zu groß für sie ist, und er kann weder sagen, wie die Organisation aussehen wird, wenn sie erst einmal groß genug ist, um ihr Ziel zu erreichen, noch, wie sie dorthin gelangen wird. Aber wie viele von uns können als Kinder erkennen, was wir als Erwachsene werden? Wir gehen einen Schritt nach dem anderen und machen viele Fehler, aber wenn wir genug Ehrgeiz haben, bewegen wir uns weiter auf ein bestimmtes Ziel zu. Das ist Gorgon. Er weiß, wo er hinwill, und er bleibt erst stehen, wenn er dort ist. Es geht im Grunde nur darum, den Weg zu finden.

> » Ich glaube, Sunshine hat sich ein bisschen zu sehr von Gorgons Mystik anstecken lassen. Das ist okay, denn er ist ziemlich charismatisch – einer von denen, die so lange über die großartige Aussicht von einem Berggipfel reden, bis man mit ihnen hinaufklettert. Doch all das Charisma verdeckt die Tatsache, dass er keinen Plan hat. Er weiß nicht, woher ein Plan kommen soll. Er hofft einfach, dass es sich ergibt, wenn er nur genug herumklettert. Ich bin da nicht so zuversichtlich.
> » Pistons

> » Es gibt keinen Leitfaden, wie man das Unmögliche schafft. Der einzige Weg, wie Gorgon es herausfinden kann, besteht darin, Dinge auszuprobieren, die die meisten Leute nicht tun würden, und zu sehen, was passiert. Es wird riskant sein und er wird viele Leute verlieren. Aber die einzige Chance, jemals Erfolg zu haben, besteht darin, immer wieder am Rad zu drehen. Jeder scheinbare Fehler ist eine Lektion, aus der man etwas lernt, wenn man aufmerksam ist.
> » Peregrine

Auch wenn sein Führungsstil chaotisch erscheinen mag, ist Gorgons Hackingarbeit ganz anders. Er wurde oft genug von GOD getroffen, um zu wissen, wie sehr es einem schaden kann, und er weiß auch, wie weit oben er auf GODs Fahndungsliste steht. Er hat kein Verlangen nach zusätzlicher Aufmerksamkeit in der Matrix, deshalb ist er bei seinen Hacks vorsichtig und akribisch. Seine Persona ist unauffällig, ohne spektakuläre visuelle Effekte, die seine Arbeit begleiten. Reinkommen, rauskommen, den Job erledigen. Wenn das, was man getan hat, schwierig und großartig genug war, dann braucht man nicht darauf aufmerksam zu machen.

Dieser Ansatz passt auch zu Gorgons Aussehen in der Fleischwelt. Er trägt unauffällige, dunkle, schlichte Kleidung, die in der Regel eher bequem als stylish ist. Sein Haar ist für gewöhnlich auf einer Seite rasiert, auf der anderen trägt er es lang.

Gorgon ist die wichtigste Konstante bei den GOD-Slayers – es überrascht nicht, dass der Rest der Gruppe ziemlich häufig wechselt. Diese Fluktuation ist nicht auf einen Mangel an Ressourcen zurückzuführen – jede Gruppe von Hackern mit einem gewissen Maß an Talent kann normalerweise genug Nuyen stehlen oder fälschen, um über die Runden zu kommen. Aber bei dem Chaos und der Gefahr, die Gorgons typische Arbeitsmethoden mit sich bringen, bleiben seine Mitstreiter oft enttäuscht oder mit gebratenem Hirn auf der Strecke.

Positiv ist, dass jeder, der länger als ein paar Jahre bei Gorgon bleibt, wirklich loyal sein muss, und das ist auch bei **Rua** der Fall. Es heißt, dass Rua bei Gorgons Flucht aus dem Konzernlabor dabei war und ihm seitdem treu geblieben ist. Mehr oder weniger. Wie sich herausstellte, war Rua in den Anfangstagen der GOD-Slayers eine eher sprunghafte Erscheinung, die von Gorgons grandiosen Ideen angezogen, aber von der ständigen Gefahr, in die er die Gruppe brachte, abgestoßen wurde. Irgendwann legte sich bei Rua schließlich ein Schalter um, und vor ein paar Jahren beschloss sie, dass Gorgons Art, Dinge zu tun, der einzige Weg sein könnte, um GOD wirklich zu schaden. Und das akzeptierte sie.

Rua verleiht den GOD-Slayers eine strategischere Sichtweise, als Gorgon sie hat. Gorgon ist eher taktisch veranlagt und in der Lage, bestimmte Jobs und deren Ausführung zu beurteilen, während Rua versucht, alles zu verstehen. Sie will das, was die GOD-Slayers tun, in ein Schachspiel verwandeln, dessen einzelne Spielzüge sich schließlich zu etwas Überwältigendem summieren.

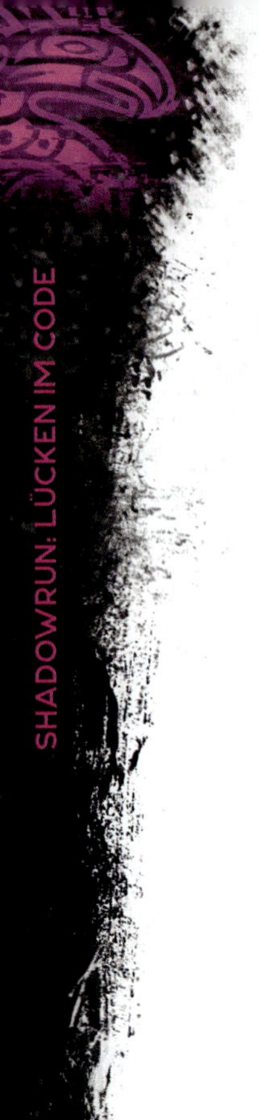

Somit war sie eine starke Befürworterin des Vorstoßes ins Tiefe Fundament. Einige spekulieren, dass sie versucht, herauszufinden, was viele der besten Köpfe der Matrix erforschen: Was ist das Fundament und wie funktioniert es? Ich vermute, dass sie nicht genug Zeit hat, um sich mit solchen Überlegungen zu befassen. Möglicherweise könnte sie helfen, das Forschungsfeld voranzubringen, aber dann hätte sie die dringendere Frage nicht beantwortet: wie das Fundament und seine Nous-Partikel als Waffe gegen GOD eingesetzt werden können. Sie verzichtet also auf ein detailliertes Verstehen und stürzt sich gleich auf den Umbau zur Waffe. Die besten Schwertkämpfer sind schließlich auch keine Schmiede. Man muss nicht alle strukturellen Details eines Gegenstands kennen, sondern wissen, wie er verwendet wird.

- Ich bin hier eindeutig überfragt, aber wie soll das überhaupt funktionieren? GOD benutzt die Matrix und verbringt viel Zeit in ihr, aber letztendlich besteht GOD aus materiellen Wesen: Wenn die Matrix zu gefährlich wird, loggen sie sich aus, warten, bis sich die Lage beruhigt hat, und loggen sich dann wieder ein. Welche Art von langfristigem Sieg können die GOD-Slayers erringen?
- Butch

- Ich sage nicht, dass es möglich ist, aber ich verstehe den Traum (und er ist nicht weit von den Idealen entfernt, die hinter dieser Version der Matrix stehen). Jeder anständige General weiß, dass die Beherrschung des Geländes wichtig ist, um eine Schlacht zu gewinnen. Manchmal versucht man, das Gelände so zu wählen, dass es zu einem passt, manchmal passt man die Eigenschaften des Geländes so an, dass es sich für einen eignet. Gorgon erforscht den Weg, um jedes Gelände, auf dem er kämpfen will, sofort zu seinem eigenen zu machen. Das ist eine unglaubliche Macht – tatsächlich ist es die Macht, die GOD die ganze Zeit über einsetzt. Gorgon will sie gegen GOD wenden. Die Idee, sich die mächtigste Waffe des Gegners anzueignen, ist elegant, nicht wahr?
- Puck

Als Strategin ist Rua unerbittlich. Sie sucht nach Anzeichen von Schwäche, und wenn sie eine findet, nutzt sie sie unablässig. Wenn sie mehrere Schwachstellen findet, nimmt sie sie alle aufs Korn. Sie will dem Gegner keine Chance geben, sich neu zu formieren oder auch nur Luft zu holen. Sie greift einfach immer wieder an.

Während Rua schon eine Weile dabei ist, ist **B4con** ein ziemlicher Newcomer. Viele vermuten, dass Gorgon B4con benutzt, um Aufmerksamkeit zu erregen, damit Gorgon bei seiner Arbeit unauffällig bleiben kann. B4con schert sich nicht um Subtilität oder Diskretion. Wenn er einen Host crackt, will er, dass die Welt weiß, dass er ihn gecrackt hat. Manchmal kündigt er sein Vorhaben sogar im Voraus an, weil er die zusätzliche Herausforderung mag (natürlich sagt er manchmal auch, dass er einen bestimmten Host hacken will, und versucht es dann gar nicht erst, nur um die Leute zu verwirren). Wenn er in einen Host einbricht, hinterlässt er in der Regel überall Graffiti mit seinem Namen und seinen Lieblingsobszönitäten. Viele Konzerne und Strafverfolgungsbehörden würden ihn liebend gerne in die Finger bekommen.

Wieso also läuft er frei und angriffslustig herum, obwohl er so viele Zielscheiben auf seinem Rücken trägt? Offensichtlich ist er ziemlich gut. Seine Lautstärke ist das Einzige, was an seinem Angriff vorhersehbar ist. Er benutzt unkonventionelle Zugänge, verschiedene komplexe Formen und Sprite-Kombinationen und andere Eigenheiten, je nach seiner Einschätzung der Situation und seiner Stimmung. Außerdem ist er unglaublich schnell – seine Graffiti sind offensichtlich programmiert, denn er geht wie ein geölter Blitz rein, hinterlässt sein Zeichen und verschwindet wieder.

Und natürlich wird der Name B4con nur bei dieser Arbeit verwendet. Er benutzt ihn nicht online und wahrscheinlich auch nicht im Gespräch mit Gorgon und Rua (obwohl es unter Möchtegern-Hackern immer beliebter wird, sich als B4con auszugeben). Wenn ihr versucht, ihn unter diesem Usernamen oder einer anderen Beschreibung seiner Persona zu finden, werdet ihr nicht weiterkommen – es ist im Grunde eine Wegwerfpersona, nur mit einer verlängerten Lebensdauer. Das wirft die Frage auf, wie es mit B4con weitergeht. Wird GOD ihn schließlich aufspüren und ihn mit Glanz und Gloria auslöschen, oder wird der Druck so groß werden, dass, wer auch immer hinter der Persona steckt, sie einfach zurücklässt und sich eine neue Identität aufbaut?

- Es sollte allen klar geworden sein, dass es keinen „B4con" gibt. Es ist eine Identität, die Gorgon und Rua geschaffen haben, um Aufmerksamkeit zu erregen. Manchmal nutzen sie sie (es gibt Gorgon ein Ventil, wenn er ein bisschen lauter vorgehen will), und manchmal geben sie sie an andere GOD-Slayers weiter, damit diese bei ihren Geschäften etwas Deckung haben. Das bedeutet, dass sie diese Identität nach einiger Zeit aufgeben und zu einer neuen übergehen werden.
- Netcat

- Ich möchte hier nicht den Plan9/10 geben, aber das ist genau das, was sie euch glauben machen wollen. B4con ist ein ziemlich guter Schutz, aber er funktioniert sogar noch besser, wenn man denkt, dass er nicht real ist, sodass es keinen Sinn hat, ihn direkt anzugreifen. Die GOD-Slayers arbeiten hart daran, dieses Narrativ zu verbreiten, und natürlich sind sie in einer großartigen Position, um so viele gefälschte Datenspuren zu legen, wie sie wollen.
- Pistons

ZIELE

Auf kurze Sicht wollen die GOD-Slayers GOD stören. Sie initiieren Sicherheitsverletzungen und Ablenkungen, sodass GOD Ressourcen für die Verfolgung von Fehlalarmen und Ablenkungsmanövern verschwendet, und sie schaden den Demi-GODs und Sicherheitsteams, die zur Bekämpfung von Matrixkriminellen entsandt werden. Jeder GOD-Slayer hat ein zermürbendes Aufnahmeverfahren durchlaufen, zu dem auch ein Run ins Fundament eines Hosts gehört. Das dient zum einen dazu, Eindringlinge auszusortieren, zum anderen stählt es aber auch neue Rekruten für die Aufgabe, sich einer Sicherheitstruppe zu stellen, die die Macht hat, Hacker zu vernichten.

Aber die Fokussierung kann ein zweischneidiges Schwert sein. Indem sie Lockvogel-Personas einsetzen oder ahnungslose Passanten dazu bringen, einen

Overwatch-Wert aufzubauen und eine Fokussierung auszulösen, können die GOD-Slayers die Sicherheitstruppen von GOD dorthin locken, wo sie angreifbar sind. Viele Überfallversuche gehen für die GOD-Slayers schlecht aus, aber diejenigen, die überlebt haben, verfügen über bessere Taktiken und Ressourcen und sind besser koordiniert. Einige der neueren Überfälle waren sehr viel erfolgreicher, auch wenn sie noch keine ernsthafte Delle in die Ressourcen von GOD geschlagen haben.

Um ihr längerfristiges Ziel zu erreichen, GOD wirklich zu schaden, brauchen sie erheblich mehr Schlagkraft . Im aktuellen Stadium konzentrieren sich die GOD-Slayers weitgehend auf die Rekrutierung, was für eine Gruppe, die selbst von den hartgesottensten Veteranen der Matrix als verrückt oder selbstmörderisch angesehen wird, schwierig ist. Wenn es ihnen gelingt, GOD ausreichend oft anzugreifen und zu stören, hoffen sie, dass sich mehr Leute vorstellen können, dass man GOD besiegen kann. Das soll neue Rekruten anlocken und die Zahl ihrer Mitglieder erhöhen. Danach wollen sie das Tiefe Fundament genauer erkunden und vielleicht einen Weg finden, es gegen GOD zu wenden.

TAKTIK

In den Reihen der GOD-Slayers gibt es sehr viele Technomancer, aber auch einige Decker, was bedeutet, dass sie Ausrüstung benötigen. Außerdem brauchen sie Dinge wie Nahrung und Unterkunft. Das wiederum bedeutet, dass sie Ressourcen brauchen, und sie haben keine Skrupel, von Konzernen zu stehlen. Mittlerweile haben sie sich von plumpen Versuchen wie Ransomware-Angriffen gelöst, auch wenn sie immer noch Kontodaten ergaunern, sofern sich die Gelegenheit bietet. Sie haben eine Vorliebe für gefälschte Unternehmensausgaben entwickelt, bei denen sie einem großen Konzern einen Posten zur Genehmigung vorlegen (natürlich zusammen mit Zahlungsanweisungen). Das Tolle an einem Konzern mit einem Milliardenbudget ist, dass man dort Ausgaben im fünfstelligen Bereich ziemlich leicht freigibt, wenn sie legitim aussehen, und die GOD-Slayers sind gut darin, sie legitim aussehen zu lassen, mit richtigen Autorisierungscodes und allem. Sie haben Dutzende von Stellen, bei denen sie Berichte einreichen, und Agenten, die diese Berichte innerhalb kürzester Zeit erstellen, sodass sie einen hübschen Zufluss an regelmäßigem Einkommen haben (das auf verschiedene Weisen gewaschen wird, bevor es in ihre Hände gelangt).

Mit diesem Geld lassen sich hochwertige Ausrüstung und etwas Training kaufen. Die GOD-Slayers wollen viel über das Tiefe Fundament wissen, und es gibt nur wenige Experten zu diesem Thema. Wenn sie einen finden, sind sie bereit, für die betreffenden Informationen ein paar Nuyen zu zahlen.

Sie zahlen auch für Geheimdienstinformationen. Habt ihr einen Run gegen GOD durchgezogen (und überlebt)? Dann wollen die GOD-Slayers eure Geschichte hören. Wo seid ihr hingegangen? Was habt ihr getan? Was habt ihr gelernt? Wie habt ihr überlebt? Sie werden sehr genau nachbohren. Glaubt also

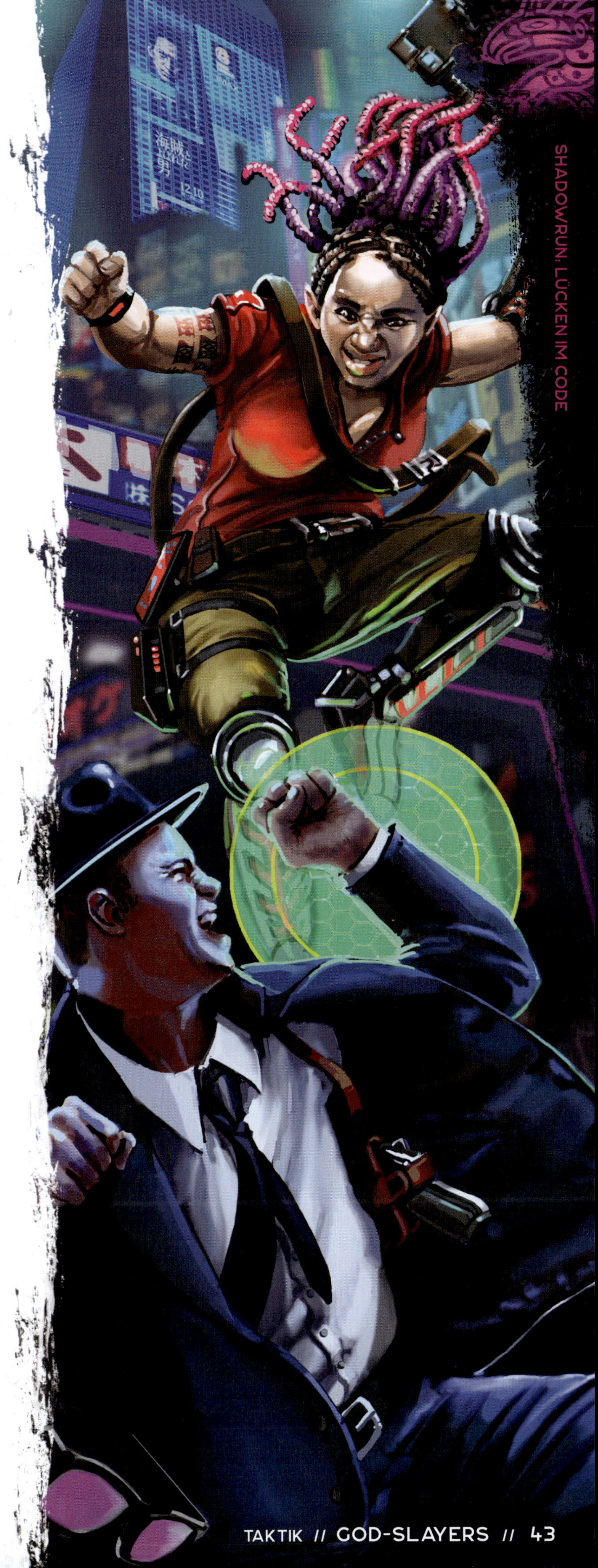

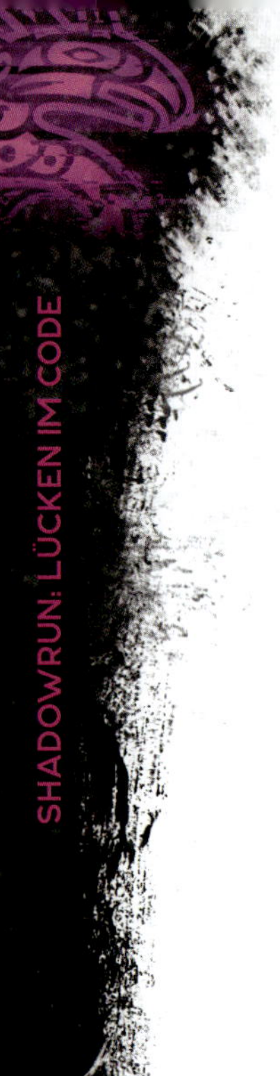

bloß nicht, dass sie euch für eine erfundene Geschichte als Dankeschön ein paar Nuyen zustecken – sie prüfen die Fakten sehr genau. Wenn sie herausfinden, dass ihr sie belogen habt, haben sie keine Skrupel, sich alles, was sie euch gegeben haben, mit Zinsen zurückzuholen.

Sie sind auch an Insiderinformationen interessiert, aber sie haben eine wichtige Regel: Der Insider darf nicht länger mit GOD in Verbindung gebracht werden. Viele Geheimdienstler schätzen Insider, die im Inneren einer Organisation bleiben und damit permanente Informationsquellen sein können – die GOD-Slayers nicht. Wenn ihre Quelle noch einen Job bei GOD hat oder auch nur als Berater tätig ist, wollen sie nichts mit ihr zu tun haben. Das hat ganz praktische Gründe, denn sie glauben, dass diese Verbindung die Wahrscheinlichkeit erhöht, dass ihre Quelle ein Doppelagent ist. Es ist aber auch eine Frage des Prinzips: Wenn ihr euren Lebensunterhalt auch nur teilweise mithilfe von GOD bestreitet, dann verrichtet ihr die Arbeit, die sie zu bekämpfen geschworen haben, und sie wollen nichts mit euch zu tun haben. Ganz gleich, wie wertvoll eure Informationen sind, sie verzichten darauf.

- Das bedeutet nur, dass sie sich überlegen müssen, wie viele Leben sie ihren Prinzipien opfern wollen.
- Clockwork

- Wie dumm muss man sein, zu glauben, man bringe für Prinzipien keine Opfer? Sieh dich an – du fängst mit jedem hier Streit an, aber du bleibst. Denn du weißt, dass es bestimmte Grenzen gibt, die du nicht überschreiten solltest, wenn du Teil dieser Gemeinschaft bleiben willst, und du glaubst, dass deine Mitgliedschaft in dieser Gemeinschaft es wert ist. Den Wert einer Gemeinschaft über deine persönlichen Wünsche zu stellen? Das, mein Freund, ist ein Prinzip.
- Glitch

- Nein, das hat praktische Gründe. Hier zu bleiben ist gut fürs Geschäft. Das kommt mir persönlich zugute. Ich halte mich nur an die Regeln, weil sie mir bei der Arbeit helfen, nicht wegen eines großen Prinzips. Ich bekomme tatsächlich Geld von dieser Gemeinschaft, und wenn das bedeutet, dass ich mir ein Bein ausreißen muss, weil die Leute hier es wollen, gut, dann werde ich es tun, weil es für mich auf lange Sicht mehr wert ist, als wenn ich kleinlicherweise …
  Hurensohn.
- Clockwork

Die Vorgehensweise für aktive Angriffe auf GOD wird ständig weiterentwickelt. Oder anders ausgedrückt: Die GOD-Slayers werten ständig aus, wie sie am meisten herausholen können.

Die eigentliche Frage ist: Wie kann man GOD verletzen? Man kann versuchen, GODs Ruf zu schädigen, aber das ist schwierig. Zum großen Teil ist GODs Ruf so, wie er ist und immer sein wird: hart, rücksichtslos, anspruchsvoll und natürlich durchweg konzernfreundlich. Daran werden auch die GOD-Slayers nicht viel ändern können. Auch GODs professioneller Ruf ist kaum anzukratzen. GOD zahlt gut und kann seine Leute im Allgemeinen aus den Besten der Besten auswählen. Wenn ein Agent ausfällt, steht schon ein anderer in den Startlöchern, um ihn zu ersetzen. Die gesamte Organisation als fragwürdig und inkompetent darzustellen, ist eine Riesenaufgabe, da sie über enorme Fähigkeiten und Ressourcen als Argumente verfügt. Es ist also eine gewaltige Herausforderung, GODs Ruf zu beschädigen.

Auch der Versuch, GODs Einnahmen zu schmälern, ist schwierig. Der Konzerngerichtshof verfügt über verschiedene Einnahmequellen zur Finanzierung von GOD, aber letztendlich kommt das Geld von ihnen selbst, und sie wissen, wo sie mehr finden können. Man kann weder eine Fabrik von GOD niederbrennen noch einen wichtigen Prototyp von GOD stehlen und hoffen, dass das ihren Gewinn schmälert. Sie werden weiter Geld machen.

Das bedeutet, dass viele Arten von Sabotage, die wir in den Schatten kennen, den GOD-Slayers nicht helfen.

Sie wollen schnell zuschlagen, hart zuschlagen und so viel Schaden wie möglich anrichten. Sie verletzen Leute, beschädigen Geräte, stören Hosts und so weiter. Sie wollen es GOD unbequem machen und seine Arbeit erschweren. Subtilität, Herumschleichen und stilles Untergraben gehören nicht zu ihrem Repertoire.

Wie ich bereits erwähnt habe, sind sie auch daran interessiert, Wege zu finden, um GOD die Arbeit in der gesamten Matrix zu erschweren. Wenn sie in den Tiefen Fundamenten und den Resonanzräumen etwas finden können, das GOD Unannehmlichkeiten bereitet, wird die Matrix zu einem unsichereren Ort – für uns alle. Wir können uns über die Matrix und ihre Beschränkungen beschweren, so viel wir wollen, aber wir verlassen uns zugleich darauf, dass sie bestimmten, einheitlichen Regeln folgt. Wer weiß, was passiert, wenn das nicht mehr der Fall ist? Wenn ich etwas buchstäblich mit meinem Gehirn verbinde, will ich kein Chaos und nichts Unvorhersehbares.

Versteht mich richtig – ich sage das nicht, um die GOD-Slayers abzutun oder ihr Anliegen kleinzureden. Ich sehe den Missbrauch, den GOD den Leuten angetan hat, und weiß, dass es ein Werkzeug der herrschenden Konzerne ist. Ich würde GOD gerne fallen sehen, und ich weiß, dass so etwas seinen Preis hat. Ich will aber alle vorwarnen, was dieser Preis sein wird.

- Das Ziel muss nicht sein, GOD zu brechen, und ich denke, sie wissen das. Bei jeder Terrorkampagne – und seien wir ehrlich, genau das ist es – kommt es darauf an, dem Ziel ausreichend wehzutun, um Zugeständnisse zu erreichen. Die GOD-Slayers haben noch nicht genug Schaden angerichtet, um Zugeständnisse zu erreichen, aber sie haben Potenzial. Wenn ich an ihrer Stelle wäre, würde ich mir überlegen, was ich als Erstes fordern würde.
- Fianchetto

- Ich bin mir nicht sicher, ob sie an etwas anderem interessiert sind als an bedingungsloser Kapitulation.
- Butch

RESSOURCEN

Die beiden Säulen der GOD-Slayers, auf denen alles andere ruht, sind Hingabe und Können.

HINGABE

Die GOD-Slayers sind keine Gelegenheitsorganisation. Sie sind kein Club, in den man am Wochenende mal reinschaut. Sie sind kein Nebenjob (na ja, manchmal schon, aber darauf komme ich gleich noch zu sprechen). Sie sind das Zentrum eures Lebens. Sie sind euer Beruf, euer Hobby und oft der Ort, an dem ihr eure wichtigsten zwischenmenschlichen Beziehungen pflegt. Die Idee dahinter lautet: Man kann GOD nicht durch Halbheiten zu Fall bringen.

Das bringt ein schwieriges Leben mit sich. Gorgon verlangt viel von seinen Leuten, und er ist mehr als bereit, sie an ihre Grenzen zu bringen – und sei es nur, um herauszufinden, wo diese Grenzen liegen. Er will nicht herausfinden, wo die Schwachstellen seiner Leute liegen, während eine kritische Operation im Gange ist. Er möchte es früher herausfinden und die Schwächen ausmerzen, damit die Organisation im entscheidenden Moment nicht voller Leute ist, die unter Druck nachgeben.

Zumindest ist das die Theorie. Das Tückische daran ist, dass wir nicht wissen, wo unsere Sollbruchstellen sind, und dass sie nicht immer an der gleichen Stelle bleiben. Wie einige ehemalige GOD-Slayers beschrieben haben, geht es bei Gorgons Methoden oft nicht so sehr darum, herauszufinden, wo die Sollbruchstellen der Leute liegen, sondern darum, sie zu zwingen, diese früher zu erreichen, als sie es tun würden, wenn man sie besser behandeln würde. Gorgon mag glauben, dass er eine Kampftruppe zusammenstellt, die für das Schlimmste gerüstet ist, aber es könnte sein, dass er sie stattdessen immer näher an den Rand des Abgrunds drängt.

- Weichherziger Unsinn. Offensichtlich hast du nie im Militär gedient. Eine starke Kampftruppe baut man nicht auf, indem man sie verhätschelt. Man schmiedet sie im Feuer und schaut, woraus sie gemacht sind.
- Hard Exit

- Das sagt sich die Militärpolizei auch, um sich besser zu fühlen, weil sie so viele ihrer Kameraden verhaftet hat, die durchgedreht sind.
- Red Anya

Das unbestreitbare Ergebnis von Gorgons Methoden ist, dass ihm eine Gruppe von wahren Gläubigen folgt, die sich dem Sturz von GOD verschrieben haben. Ihr Hass ist stark, ihre Energie unerschöpflich. Sie wissen, wer ihr Ziel ist: GOD. Während sie also gegenüber diesem Gegner rücksichtslos nehmen, was sie kriegen können, sind sie gegenüber anderen weitaus nachsichtiger. Ein Beispiel: Wenn sie durch den Verkehr rasen, hacken sie die Autos anderer Leute, um sie zügig, aber sicher aus dem Weg zu räumen. Wenn sie ein Auto mit einem GOD-Agenten hacken, werden sie versuchen, es gegen eine Wand fahren zu lassen.

Die GOD-Slayers nehmen aber durchaus Hilfe von außen in Anspruch. In unserer Welt wäre es dumm, das nicht zu tun. Es gibt viele Talente, die sich nicht auf einen Job festlegen wollen, und es gibt keinen Grund, sie als Ressource auszuschließen. So können Shadowrunner, wenn sie sich als fähig und ideologisch kompatibel erweisen, Jobs in Verbindung mit den GOD-Slayers erledigen, ohne dass sie Gorgons Spießrutenlauf durchlaufen müssen, um als vollwertiges Mitglied anerkannt zu werden. Wenn ihr der Sache helfen wollt, zeigt, dass ihr wertvoll sein könnt, und streckt eure Fühler in die richtigen Anti-Konzern-Bereiche aus. Gorgon und Co. könnten durchaus auf euch zukommen.

FÄHIGKEITEN

Viele Leute hassen GOD, sodass die GOD-Slayers theoretisch eine ausreichend große Rekrutierungsbasis haben, um eine riesige Organisation zu werden. Gorgon will jedoch nicht irgendjemanden nehmen. Er will fähige Leute, Hacker, die sich gegen die Agenten von GOD durchsetzen können. Das kann natürlich nicht jeder. Deshalb gibt es bei Gorgon ein Testprogramm, um sicherzustellen, dass gute Leute an Bord sind.

Wenn ihr einen GOD-Slayers-Einsatz seht, erlebt ihr erstklassige Fähigkeiten in Aktion. Sie kommen aus verschiedenen Richtungen, haben mehrere Dinge gleichzeitig am Laufen und operieren auf Basis erstklassiger Beinarbeit. Sie sind auf Schnelligkeit bedacht, da sie nicht wollen, dass Verstärkung eintrifft und ihnen das Leben schwer macht.

Auch wenn sie manchmal direkt gegen GOD und die Demi-GODs vorgehen, versuchen sie in der Regel, ihre Feinde nicht auf deren Heimatboden zu bekämpfen. Einige schnelle und grobe Verstöße gegen die Matrixprotokolle führen oft dazu, dass Agenten herbeieilen – und dann feststellen, dass sie in einen Hinterhalt geraten sind. Die GOD-Slayers sind gerne bereit, jegliche Ausrüstung lahmzulegen, die die Agenten haben, aber sie wollen vor allem Biofeedback-Schaden anrichten. Sie wollen die Agenten verletzen. Sie richten so viel Schaden an, wie sie können, und ziehen dann weiter.

Ihre Angriffe sehen oft chaotisch aus und sind laut, aber wenn ihr die Gelegenheit habt, bleibt in der Nähe und beobachtet die Nachwirkungen. Achtet darauf, wie wenig Kollateralschäden es gibt. Sicher kann der Code des Hosts ein paar Treffer abbekommen haben, aber Zuschauer werden weitgehend unversehrt bleiben, und jeder Schaden, den sie erleiden, wird oberflächlich sein und ihre Personas, aber nicht ihre Personen treffen. Die Angriffe sind choreografiert und präzise und treffen bei aller Geschwindigkeit und allem Chaos genau ihre Ziele. Wenn ihr euch die Details ansieht, werdet ihr beeindruckt sein von dem, was diese Hacker tun können.

- Ich glaube nicht, dass sie so präzise sind, aber das heißt nicht, dass sie nicht gut sind. Ich glaube nicht, dass irgendjemand präzise sein kann, wenn er den Hagel von Angriffen einsetzt, den die GOD-Slayers verwenden. Der Hagel ist wichtiger als die Präzision, denn sie wollen jeden in der Nähe aus dem Gleichgewicht bringen. Das kann man nicht, wenn man weiß, wo jeder Schlag landen wird.
- Netcat

Abgesehen von diesen beiden Dingen brauchen sie Geld, worüber ich bereits gesprochen habe. Ohne es zu wissen, schieben Konzerne auf der ganzen Welt Spesengelder auf ihre Konten und finanzieren damit ihre Geschäfte. Für den Moment ist es ein gutes System, aber es ist nicht klar, ob es skaliert werden kann, wenn die Organisation wächst.

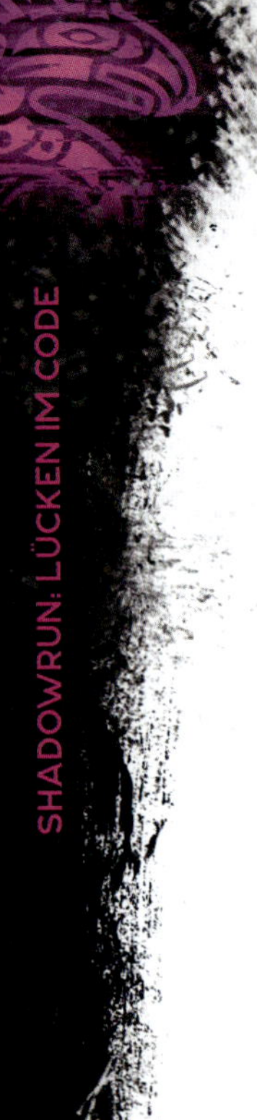

GEGNER

GOD

Klar, oder? Der vielleicht auffälligste Erfolg der GOD-Slayers ist, dass GOD auf sie aufmerksam geworden ist. Es gibt viele kleine Mäuse, die GOD in die Fersen zwicken, ohne bemerkt werden. Man muss GOD schon einiges an Schmerzen zufügen, um wahrgenommen zu werden, und in letzter Zeit haben die GOD-Slayers einiges an Schmerzen verursacht. Mehrere GOD-Agenten wurden außer Gefecht gesetzt, und Ausrüstung im Wert von Millionen von Nuyen wurde gegrillt. Ja, „Millionen von Nuyen" bedeutet für GOD etwas anderes als für euch oder mich, aber es bleibt eine große Summe. Und selbst wenn sie die Ausrüstung leicht ersetzen können (und das können sie), ist es ein schlechter Präzedenzfall, wenn Leute ungestraft davonkommen, nachdem sie so viel Schaden verursacht haben.

GOD will also die GOD-Slayers finden, und es will ihnen schaden. Die GOD-Slayers sind noch nicht zu einer ernsthaften Bedrohung geworden, sodass GOD keinen detaillierten Plan hat, um sie zu zerschlagen, aber es ist an jeder Information interessiert, die dabei helfen könnte, Gorgon aufzuspüren und ihn zu bestrafen.

- Sie glauben, dass das Abschlagen des Kopfes die Schlange töten wird, also konzentrieren sie sich auf Gorgon. Das ist ein Grund, warum B4con seine Angriffe verstärkt hat – Gorgon kann im Moment wirklich jede Ablenkung gebrauchen.
- Puck

DIE GROßEN ZEHN

Das sind ebenfalls naheliegende Gegner, aber die Lage ist nicht so eindeutig, wie man denken könnte. Ja, die Großen Zehn sind die eigentlichen Geldgeber und Nutznießer der Aktivitäten von GOD, weswegen sie nicht wollen, dass GOD vernichtet wird, aber sie sind untereinander auch die größten Rivalen. Sie setzen jede Waffe gegeneinander ein, und wenn die GOD-Slayers diese Waffe sind, dann werden sie auch eingesetzt.

Das bedeutet, dass die eher matrixorientierten Kons – MCT, Renraku, Evo, Shiawase und Aztechnology – sehr stark gegen die GOD-Slayers eingestellt sind, während Horizon, Spinrad und Ares in dieser Hinsicht flexibler sind. Wenn sie einem der matrixorientierten Kons Schaden zufügen wollen, ist es für sie eine gangbare Option, die GOD-Slayers als Stellvertreter zu verwenden. Wuxing und Saeder-Krupp sind nicht die größten Matrixfirmen, aber sie haben genügend Finger in genügend Kuchen, dass sie sich nicht wohl dabei fühlen, GOD-Slayers als Waffe einzusetzen – der Schaden, den sie anrichten, könnte in Bereichen, die ihnen wichtig sind, auf sie zurückfallen.

Wenn die GOD-Slayers also eine besondere Schwachstelle in einem Renraku-Host finden, würde ich zuerst bei einem der anderen Mitglieder des Konzerngerichtshofs nachsehen, wenn ich herausfinden will, woher die entsprechende Information stammt.

- Die GOD-Slayers und alle, die mit ihnen in Verbindung stehen, müssen sich darüber im Klaren sein, dass jede Unterstützung durch einen Konzern nur von sehr kurzer Dauer sein wird. Der Konzern wird sie mit Informationen oder sogar Geld füttern, solange es ihm passt, aber er wird sie sofort im Stich lassen, wenn sie ihren Zweck erfüllt haben. Dazu gehört auch, ihnen Informationen zu geben, damit sie einen Anschlag verüben können, der GOD einen gewissen Schaden zufügt, und GOD anschließend mitzuteilen, wo die GOD-Slayers zu finden sind, die diesen Auftrag ausgeführt haben.
- Netcat

REGIERUNGEN

Die größeren Regierungen haben eine Hassliebe zu den Kons, aber das führt nicht zu einem nennenswerten Maß an Sympathie für die GOD-Slayers. Hierfür gibt es zwei Gründe: Erstens sehnen sich alle Regierungen nach einem Mindestmaß an Stabilität und Vorhersehbarkeit, und die GOD-Slayers widersetzen sich dem. Zweitens sind die Regierungen besorgt, dass jegliche Probleme mit der Matrix dazu führen könnten, dass die Konzerne noch härter durchgreifen und noch mehr Kontrollen und Überwachungsmaßnahmen in die Matrix einbauen. Regierungen sind aus vielen Gründen nicht daran interessiert, dass die Kons alles wissen, was sie vorhaben.

Es ist möglich, dass die GOD-Slayers noch nicht die volle Aufmerksamkeit der großen Regierungen auf sich gezogen haben. Ein paar weitere große Aktionen werden dies jedoch ändern.

VERBÜNDETE UND CONNECTIONS

Niemand mag GOD, also gibt es viele mögliche Verbündete für die GOD-Slayers. Hier zähle ich einige auf, die mit ihnen nicht nur sympathisieren, sondern sie auch aktiv unterstützen.

REALITY HACKERS

Normalerweise würden die Realitys Hacker nichts mit der ungestümen Grobheit der GOD-Slayers zu tun haben wollen. Aber die Fähigkeiten der GOD-Slayers und ihre Ablehnung von Autoritäten finden bei den Reality Hackers Anklang. Außerdem hegen die RH eine ebenso tiefe Abscheu gegen GOD, sodass sie es gerne sehen, wenn ihr Widersacher einen oder zwei Dämpfer erhält.

Die Reality Hackers verfügen in der Regel über viele gute Informationen, und die GOD-Slayers haben schon mehrfach davon profitiert. Dieses Arrangement funktioniert gut für die RH – die Informationen, die sie finden, haben die gewünschte Wirkung, aber sie selbst müssen dafür keine gefährlichen Jobs abziehen.

Dieses Bündnis ist jedoch kein Selbstläufer. Einige bei den RH sind der Meinung, dass sich ihre Organisation zu sehr daran gewöhnt, die GOD-Slayers mit Informationen zu versorgen, was sie zu berechenbar macht. Sie warnen davor, dass die Informationen verbreitet werden müssen, damit sich keine leicht zu erkennenden Muster entwickeln. Zum Leidwesen der GOD-Slayers ist dies die Art von Argument, die

Hacker überzeugt, denen Vorhersehbarkeit ein Gräuel ist. Es kann also sein, dass die RH den Datenfluss stoppen.

- Die GOD-Slayers sind sich dieser Möglichkeit sehr wohl bewusst und gründen daher einige Scheinorganisationen, die Daten annehmen können und sie dann einfach an die Muttergesellschaft zurückleiten. Selbst wenn die Reality Hackers dieses Spiel durchschauen, ist nicht klar, ob sie wütend werden oder nur zustimmend nicken, weil sie so die nötige Deckung bekommen.
- Puck

DER NEXUS

Der Nexus ist ein weiterer natürlicher Gegner von GOD. Er arbeitet seit Jahrzehnten daran, die Mächte der Matrix zu untergraben, und er wird nicht damit aufhören. Der Nexus bietet eine Reihe von Dienstleistungen an, vor allem als Datahaven, aber er beherbergt auch das Denver-Kollektiv, eine kleine Gruppe von Hackern, die sich der Unterstützung der Denveraner Schatten widmet.

Allein ihre Erfahrung ist ein Gewinn für die GOD-Slayers, und Mitglieder des Nexus haben viele Stunden damit verbracht, sich mit ihnen zu unterhalten und Taktiken und Strategien auszutauschen. Es folgten strategische Allianzen, und die GOD-Slayers haben sich dem Nexus – insbesondere dem Denver-Kollektiv – bei einigen Operationen gegen GOD in Denver angeschlossen. Ihr Bündnis ist noch begrenzt, aber es kann sich in Zukunft weiterentwickeln. Wenn die GOD-Slayers expandieren, wird der Nexus vielleicht einen Weg finden, ihre Bemühungen zu unterstützen, aber ich halte es für wahrscheinlicher, dass der Nexus den GOD-Slayers helfen wird, nexusähnliche Organisationen in anderen Städten zu finden. Und wenn es solche Organisationen nicht gibt, könnte er dabei helfen, sie aufzubauen.

- Wenn eine Stadt eine gewisse Größe hat, gibt es in ihr auch irgendeine Art von Untergrund-Netzwerk. Oft ist es erbärmlich – mit zu wenigen Ressourcen und Personal, das der Aufgabe nicht gewachsen ist. Aber es ist ein Anfang.
- Kay St. Irregular

- Deutlich krasser ist dies in der Freistadt Berlin. Hier existieren nicht nur die rein numerischen Metamenschenmassen, sondern mehrere Generationen von vehement Anti-Obrigkeits-gedrillten Bevölkerungskreisen, die zudem im Schnitt eine weit höhere „Überwachungsmatrix"-Affinität besitzen als jedes „Otto-Normal-Konzernopfer". Ich würde durchaus sagen: Falls die Letzte Front nicht ohnehin ein fester Bestandteil der GOD-Slayers ist, dann ist sie mindestens ein natürlicher Alliierter. Abgesehen davon ist die Namensähnlichkeit zwischen Hosts wie dem schon länger bestehenden NexusB oder auch dem relativ neuen deutschen Shadownexus gewiss kein Zufall.
- Sermon

SCHWARZER STERN

Dies ist eine natürliche Allianz mit gemeinsamen Interessen, wenn auch unterschiedlicher Vorgehensweise. Der Schwarze Stern konzentriert sich eher auf Aktivitäten in der physischen Welt als auf die Matrixkriegsführung, aber wenn man moderne Kämpfe führen will, braucht man zumindest eine Matrixüberwachung, und wenn man richtig gut sein will, ist auch eine gewisse Matrixaggression angebracht. Der Schwarze Stern will richtig gut sein.

Der Schwarze Stern mag den Stil und das philosophische Fundament der GOD-Slayers sehr und sieht in der Verbindung mit ihnen eine große Zukunft. Einige Teile der Truppe wollen die GOD-Slayers sogar zu ihrem Matrixarm machen, sodass sie sie möglicherweise ins Haus holen.

- Und was halten Gorgon und die anderen GOD-Slayers davon?
- Old Crow

- Sie sind fasziniert, aber argwöhnisch. Natürlich ist der Schwarze Stern ein Schritt nach oben, was Ressourcen und Einfluss angeht, aber das Zusammengehen würde Unabhängigkeit und die Freiheit kosten, zu entscheiden, welche Jobs man annimmt und wie. Meine Lesart ist, dass Gorgon gerne weiter mit dem Schwarzen Stern zusammenarbeitet (und die Einnahmen mitnimmt), aber die Beziehung für eine Weile auf der jetzigen Ebene halten möchte.
- Puck

STÜTZPUNKTE UND VERSTECKE

Die GOD-Slayers haben keine Operationsbasis in der echten Welt. Warum sollten sie auch? Es ist nett, sich physisch zu treffen, aber es erhöht das Risiko, dass mehrere Mitglieder bei einer einzigen Aktion erwischt werden. Also treffen sich die GOD-Slayers nicht in der Fleischwelt.

Sie haben auch keinen einzelnen Host, den sie ihr Zuhause nennen. Wenn ihre Aktivitäten auf einen einzigen Ort zurückgeführt werden könnten, würde dieser Ort ständig belagert werden. Sie bleiben in Bewegung, von Ort zu Ort, von Host zu Host.

Es ist leicht, einen Ort für ein Treffen zu finden. Die GOD-Slayers verfügen über Netzwerke von registrierten Sprites, die sie zur Kommunikation nutzen, und sie können in kürzester Zeit einen sicheren Ort finden und Leute dorthin einladen. Sie bleiben in Bewegung, aber es gibt einige Orte, von denen sie sich angezogen fühlen. Die Franchises von Technicolor Wings sind ein häufiger Treffpunkt, da es viele von ihnen gibt und sie in der Regel runnerfreundlich sind. Der Club Penumbra in Seattle und das Platinum Showgirls in Detroit werden aus ähnlichen Gründen genutzt, und die GOD-Slayers mögen auch viele Berliner Clubs, darunter ein neues Lokal namens The Firm.

Sie mögen auch verlassene Hosts sehr gern. Es gibt eine erstaunlich große Anzahl dieser Hosts in der Matrix, oft von Konzernen, die fusioniert, aufgekauft oder geschlossen wurden, bei denen aber irgendjemand glaubt, dass die Marke eines Tages wiederkommen könnte. Es gibt auch Hosts im Besitz von Personen, die verstorben sind, aber Geld hinterlassen haben, um den Betrieb aufrechtzuerhalten, oder Hosts, bei denen jemand vergessen hat, sie abzuschalten und die virtuelle Immobilie neu zu nutzen. Dies sind oft seltsame, heruntergekommene Orte voller veraltetem und fehlerhaftem Code, in die häufig Protosapiente eindringen. Dies führt bei vielen Zusammenkünften

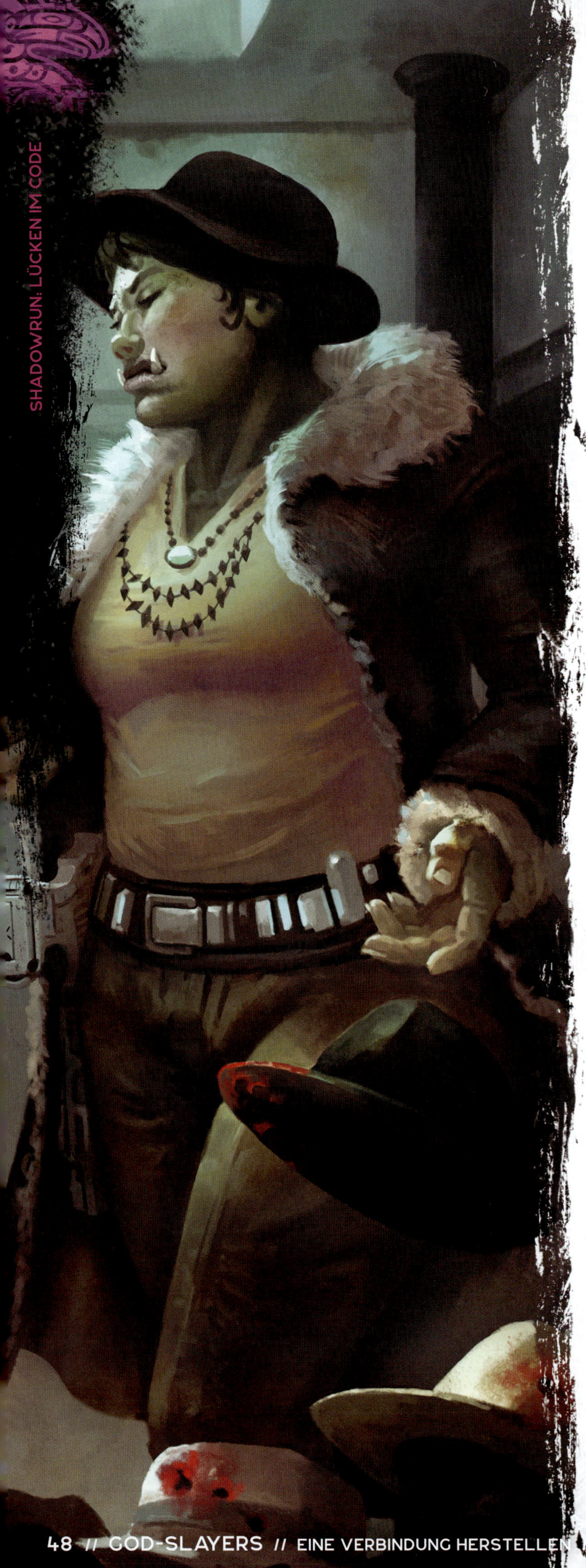

der GOD-Slayers zu einer seltsamen Atmosphäre, aber sie finden, dass das zu ihnen passt.

- „Seltsam" ist eine Untertreibung. Ich hockte vor nicht allzu langer Zeit mit einigen GOD-Slayers in einem dieser verlassenen Hosts. Es handelte sich um einen industriellen Host, der seine einst hochmodernen Verfahren präsentierte, indem er den Besuchern einen Blick in eine Musterfabrik gewährte. Ein paar Stromfresser hatten sich hier ausgetobt und dem zugrunde liegenden Code zugesetzt. Einige Maschinen waren geschmolzen, andere verpixelt. Lichter blinkten oder durchliefen merkwürdige Muster und Farben. Altes IC streifte gelegentlich durch den Ort, verwirrt und ziemlich machtlos. Auch wenn mein physischer Körper nicht da war, war es schwer, sich dort wohlzufühlen. Aber die GOD-Slayers, mit denen ich zusammensaß, schienen vollkommen zufrieden.
- Netcat

- Ein Vorteil eines solchen Ortes ist, dass das Auftauchen von jemandem, den man nicht erwartet, bedeutet, dass man sofort abhauen sollte, ohne Fragen zu stellen.
- Puck

EINE VERBINDUNG HERSTELLEN

Wenn ihr mit den GOD-Slayers in Kontakt treten wollt, solltet ihr glaubwürdig gegen Konzerne eingestellt sein. Glaubt nicht, dass ihr euch einfach einen gefälschten Hintergrund zusammenbasteln könnt und damit durchkommt. Diese Hacker sind zwar eher auf den Kampf als auf Daten spezialisiert, aber sie sind immer noch Hacker. Die Matrix ist ihre Heimat. Sie werden eine schlechte Tarngeschichte oder eine falsche Identität innerhalb kürzester Zeit in der Luft zerfetzen.

Glaubt auch nicht, dass ein Run gegen Saeder-Krupp oder eine Anti-Konzern-Demonstration euch in den inneren Kreis bringt. Ihr müsst deutlich machen, dass ihr ein Aktivposten seid, keine Belastung. Die GOD-Slayers haben ein Testverfahren entwickelt, um herauszufinden, was potenzielle Mitglieder können, und glaubt mir – das ist nicht einfach.

Das Verfahren unterscheidet sich in den Feinheiten von Anwärter zu Anwärter, aber die Grundzüge sind ähnlich.

SCHRITT EINS: INDIVIDUELLE HERAUSFORDERUNG

Das Erste, was angehende GOD-Slayers tun werden, ist, sich mit anderen GOD-Slayers zu messen. Diese Herausforderung nimmt verschiedene Formen an. Dabei kann es sich um einen direkten Matrixkampf handeln, um einen Wettlauf um bestimmte Paydata oder um eine Herausforderung, bei der man eine Reihe von Hindernissen überwinden muss, um zu sehen, wer sie am besten bewältigt. Ihr müsst nicht unbedingt gewinnen (auch wenn das hilfreich ist). Die GOD-Slayers achten auf schnelles Denken, Anpassungsfähigkeit und allgemeines Können, und diese Eigenschaften können sich auch in einer Niederlage zeigen.

Wenn ihr hier genug Können zeigt, kommt ihr weiter.

SCHRITT ZWEI: PLANUNG

Einige Beobachter denken, dass es bei den GOD-Slayers nur um Geschwindigkeit und Improvisation geht, aber das ist falsch. Sie schätzen Anpassungsfähigkeit, aber um einen Plan anzupassen, muss man erst einmal einen Plan haben. Und den haben sie in aller Regel.

Um sich ein Bild davon zu machen, wie ein potenzielles Mitglied denkt, beschreiben sie ihm einen potenziellen Job und bitten es, einen Angriffsplan zu erstellen. Sie prüfen den Plan, bewerten seine Durchführbarkeit und entscheiden, ob der Kandidat weitermachen soll.

- Wichtig zu wissen: Sie werden zwar alle Aspekte des Plans prüfen, aber vor allem auf die Qualität und Quantität der Beinarbeit achten. Ihr solltet besser wissen, welche Art von IC eingesetzt wird und wann, welche Art von lebender Sicherheit sie haben, welchen Datenverkehr der Host hat und wie er sich im Laufe des Tages verändert, und so weiter. Wenn ihr hier etwas Wichtiges weglasst, seid ihr in Schwierigkeiten. Wenn ihr einen echten Fehler macht, seid ihr raus.
- Clockwork

SCHRITT DREI: TESTLAUF

Ihr habt euer Können unter Beweis gestellt und gezeigt, dass ihr planen könnt. Jetzt ist es an der Zeit, alles zusammenzufügen. Wenn ihr es bis hierher geschafft habt, werden die GOD-Slayers euch zu einem Job einladen, um zu sehen, wie ihr euch schlagt.

Der Job wird schwierig und riskant sein. Sie werden euch nicht zu einem schnellen Datenraub in einer abgelegenen Demi-GOD-Station einladen. Ihr werdet direkt gegen GOD laufen, mit der sehr realen Aussicht auf Auswurfschock und Biofeedback-Schaden. Wenn ihr den Job ablehnt, seid ihr raus. Selbst wenn ihr nur zu lange zögert, ist eure Mitgliedschaft gefährdet. Die GOD-Slayers wollen Leute, die sich in den Kampf gegen GOD stürzen, keine Leute, die davor zurückschrecken.

Sobald der Einsatz läuft, besteht eure Hauptaufgabe darin, zu überleben. Aber glaubt nicht, dass ihr damit durchkommt, im Hintergrund zu bleiben oder euch aus der Schusslinie zu halten. Ihr müsst bei der Mission aktiv, engagiert und aggressiv sein – natürlich ohne den Job zu gefährden.

Einige der in den vorangegangenen Schritten bewerteten Elemente – Können, Anpassungsfähigkeit, solide Matrix-Entscheidungsfindung – werden auch hier abgeprüft. Außerdem wird die Teamchemie von entscheidender Bedeutung sein. Wenn ihr angreift, während die anderen eine Position sichern, oder umgekehrt, ist das ein Punkt gegen euch.

- Es ist auch hilfreich, wenn ihr kein Blödian seid – oder wenn ihr einer seid, dann auf eine Art und Weise, die zu ihrer besonderen Art von Blödelei passt (es ist ja nicht so, als ob diese Gruppe Wert auf Etikette legt).
- Slamm-0!

Es ist möglich, dass diese Phase mehr als eine Mission umfasst – einige Kandidaten mussten noch auf eine zweite oder sogar dritte Mission, um eine vollständige Bewertung zu erhalten. Wenn ihr bestanden habt, geht es mit Schritt vier weiter.

SCHRITT VIER: INS FUNDAMENT

Ihr könnt den GOD-Slayers nur beitreten, wenn ihr im Fundament überleben könnt. Der letzte Test einer Kandidatin ist also ein Run ins Fundament, und der wird euch nicht leicht gemacht. Die Aufgabe, die sie euch stellen, mag oberflächlich betrachtet einfach klingen – so etwas wie „Pflücke einen karierten Apfel von dem leuchtenden Busch in der Nähe des Schreins“ –, aber es gibt bei der Erfüllung der Aufgabe jede Menge Komplikationen. Das Fundament ist verwirrend, da sich die Regeln entweder willkürlich ändern oder gar nicht existieren, und es ist oft aktiv feindselig gegenüber Eindringlingen. Eindringlinge ins Fundament könnten auf Protosapienten und künstliche Intelligenzen treffen, die weder sie noch irgendjemand sonst je gesehen hat, und diese Gefahren tauchen zu seltsamen und unvorhersehbaren Zeiten auf. Dies ist eine umfassende Prüfung der Fähigkeiten und der Anpassungsfähigkeit einer Bewerberin. Wenn ihr erfolgreich seid, werdet ihr Mitglied bei den GOD-Slayers. Wenn ihr scheitert, kehrt ihr vielleicht nicht von der Mission zurück und seid tot oder für immer in einem abgelegenen Teil der Matrix eingesperrt. Wenn ihr scheitert, es aber irgendwie schafft, zurückzukehren, werdet ihr nie wieder ein Mitglied der GOD-Slayers treffen.

- Wirklich? Das klingt extrem.
- Traveler Jones

- Sie haben Gründe dafür. Wenn ihr nicht ihren Anforderungen entsprecht, befürchten sie, dass man euch zu einem späteren Zeitpunkt zu einem ihrer Treffen folgen könnte. Sie befürchten auch, dass verärgerte Bewerber sich gegen sie wenden. Daher halten sie einen sauberen und vollständigen Bruch für ratsam.
- Netcat

Was ist, wenn ihr den GOD-Slayers nicht beitreten wollt, aber mit ihnen zusammenarbeiten möchtet? Oder sie anheuern wollt? Das wird nicht einfach. Sie haben keine öffentlichen Kommcode-Listen oder spezielle Hosts für Leute, die ihre Dienste in Anspruch nehmen wollen. Wenn ihr in eine beliebige Suchmaschine „Kontaktaufnahme mit den GOD-Slayers“ eingebt, werdet ihr von GOD hören, lange bevor ihr von den Slayers hört.

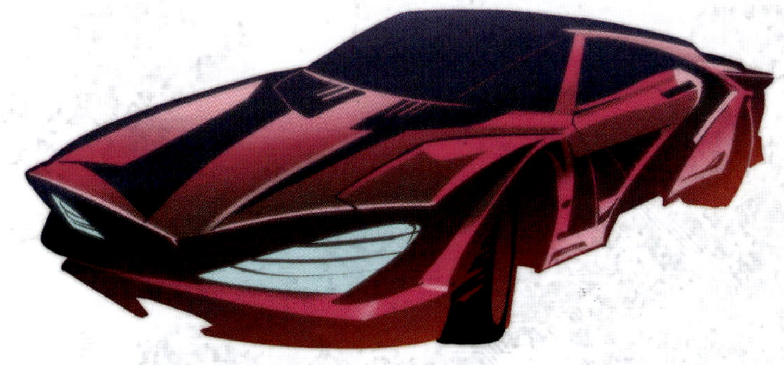

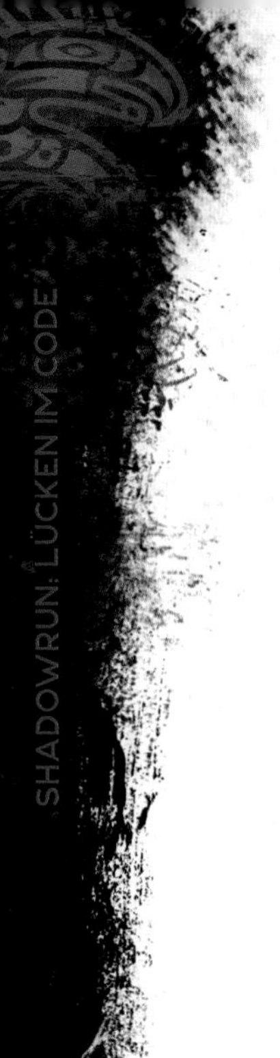

Ihr könnt versuchen, eure Connections zu verwenden, und wenn ihr die richtigen Leute kennt, die gegen Konzerne arbeiten, können sie euch vielleicht den Weg zu Gorgon weisen. Oder ihr könnt die Dinge selbst in die Hand nehmen und GOD angreifen. Wenn ihr eine gewisse Effektivität an den Tag legt und GOD sich über eure Aktivitäten ordentlich ärgert, müsst ihr euch vielleicht keine Mühe geben, die GOD-Slayers zu finden – sie werden euch finden.

TO-DO-LISTE

Der wichtigste Punkt auf der Liste der GOD-Slayers liegt auf der Hand, aber hier sind einige der kleineren Aufgaben, die ihre Aufmerksamkeit beschäftigen, während sie auf dieses größere Ziel hinarbeiten.

GODS FAHNDUNGSPLAKATE

GOD führt eine Liste der Matrixkriminellen, die es am liebsten stoppen würde, und das vollständige Dossier enthält alle Informationen und Hinweise, die es zu dieser Person hat. Die Änderung dieser Dateien würde Druck von einigen Leuten nehmen, die GOD ein echtes Gräuel sind.

Das vollständige Löschen dieser Dateien ist eine Möglichkeit, aber die GOD-Slayers finden das zu offensichtlich. Jeder merkt, wenn eine Datei gelöscht wird, aber es ist schwieriger zu erkennen, wenn eine Datei im Laufe der Zeit schrittweise verändert wird. Falsche Datenspuren können Personen, die auf der Fahndungsliste stehen, eine gewisse Deckung bieten und GOD auf eine falsche Fährte lenken.

Das ist nicht so einfach, wie in einen Host einzubrechen und ein paar Dateien zu ändern. Die Daten existieren an mindestens vier verschiedenen Stellen, sodass sie an all diesen Orten geändert werden müssen, damit der Job sein Ziel erreicht. Im Idealfall erfolgen die Änderungen gleichzeitig, aber es ist möglich, sie nacheinander vorzunehmen, wenn jeder Datensatz in schneller Folge geändert wird.

WO DIE WILDEN KERLE WOHNEN

Das Tiefe Fundament ist der Ort, an dem Hosts erschaffen werden, was bedeutet, dass die Erforschung und Beherrschung dieses Reichs erhebliche Vorteile mit sich bringen würde. Die GOD-Slayers sind sehr an diesen Vorteilen interessiert.

Das Tiefe Fundament ist riesig und vielfältig, sodass sich nicht alles auf einmal angehen lässt. Die GOD-Slayers haben einen Pfad zu einem Teil des Tiefen Fundaments gebaut, der als die Fälle bekannt ist. Dieses Gebiet manifestiert sich als riesiger Komplex aus Wasserfällen, in dem mehrere Flüsse und Höhenunterschiede zum Gesamtfluss beitragen. Da es sich um das Tiefe Fundament handelt, werden die Gesetze der Physik, einschließlich der Schwerkraft, nicht strikt beachtet, sodass die Reise durch den Komplex knifflig sein kann – man kann sich leicht verirren, und in den Höhlen hinter einigen der Wasserfälle lauern feindliche Matrixcritter.

Der Gedanke, der hinter einem Besuch dieses Ortes steht, ist, dass die Kontrolle und Lenkung des Wasserflusses die Hosts formen kann, die daraus erwachsen, und vielleicht auch Hosts, die bereits aus diesem Teil des Fundaments entstanden sind. Die Frage ist, ob die Besucher des Komplexes herausfinden können, wie sie diese Art von Kontrolle erlangen können.

ZERTRÜMMERN UND ZERSCHLAGEN

Die GOD-Slayers haben kein Problem mit Vandalismus. GOD hat einen Außenposten in den Resonanzräumen eingerichtet, in einem Gebiet, das ihnen Zugang zu den enormen Datenmengen verschafft, die dort gespeichert sind, und die sie verstehen und nutzen wollen. Niemandem wäre damit gedient, wenn GOD dieses Verständnis erlangt, also wollen die GOD-Slayers ihren Feind von diesem Posten vertreiben. Ein direktes Vorgehen erscheint ihnen am besten, also planen sie, den Außenposten anzugreifen und so gründlich zu zerstören, dass GOD zögern wird, ihn wieder aufzubauen.

KOMM AUS DEM GEFÄNGNIS FREI

GOD kann keine Personen inhaftieren und tut das auch nicht, aber es sperrt ständig Konten. Manchmal schränkt dies den Zugang einer Person zu bestimmten Bereichen der Matrix ein, manchmal wird sie ganz aus der Matrix geworfen.

Die GOD-Slayers sind sehr daran interessiert, einige dieser Konten zu entsperren. Sie kennen einige der Personen, denen diese Konten gehören, und außerdem würde die Entsperrung der Konten Chaos verursachen, mit dem GOD fertigwerden müsste. Die Kunst besteht darin, die richtigen Konten zu finden, denn GOD hat buchstäblich Millionen davon eingefroren. Hier geht es darum, sich in einen erstklassigen Host zu hacken, schnell eine riesige Datenmenge zu durchsuchen und dann wieder zu verschwinden.

BLEIB STARK

Die GOD-Slayers können nicht immer in der Offensive bleiben. Die Grid Overwatch Division ist kein Haufen von Mauerblümchen, und sie hasst es, sich zurückzuziehen und darauf zu warten, dass man sie attackiert. Die GOD-Slayers haben keinen festen Stützpunkt, sodass sie einen Großangriff vermeiden können, aber das reicht nicht immer aus, um sich zu schützen. GOD gelingt es, die GOD-Slayers in einem der verlassenen Hosts zu finden, die sie gerne benutzen, und es startet einen Großangriff. Die GOD-Slayers haben schnell nur noch ein Ziel: überleben. Meistens bedeutet das Flucht, aber wenn sie auf dem Weg nach draußen GOD-Agenten schaden können, umso besser.

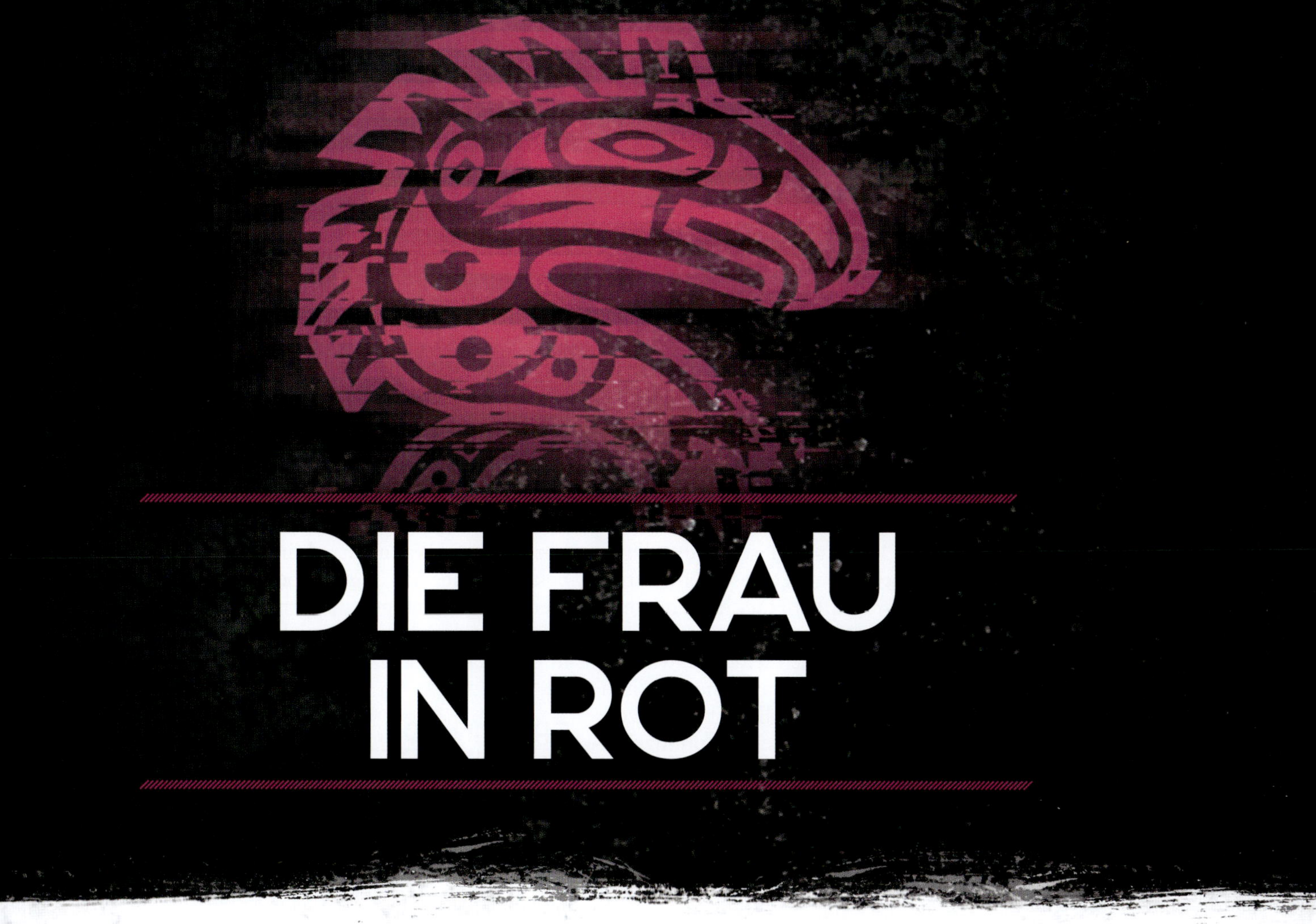

DIE FRAU IN ROT

GEPOSTET VON: REMY

DIE GRUNDLAGEN

Alle mal herhören. Ich bin es nicht gewohnt, Geheimnisse zu teilen und nichts dafür zu bekommen, aber mein Team wurde fast ausgelöscht, weil wir mit einer schönen und verführerischen Ms Johnson, bekannt als die Frau in Rot, zusammengearbeitet haben. Sie heuerte unser Team für mehrere Jobs an und schien eine nützliche Auftraggeberin zu sein, die man kennenlernen wollte. Sie schien außerdem eine Art von großem Spiel zu spielen. Wir haben ihr nie ganz getraut, aber wir dachten uns auch, dass wir aus den Jobs, die sie uns überließ, Profit schlagen könnten. Wir hätten ihr fast geholfen, einen Resonanzraum zu betreten und zu korrumpieren – Mann, bin ich froh, dass wir bei diesem letzten Job keinen Erfolg hatten. Seitdem ist sie untergetaucht, und ich hatte fast keinen Kontakt mehr. Sie ist zwar nicht hinter uns her, aber ich habe mit ihr noch eine Rechnung zu begleichen. Nach vielen Monaten des Datensammelns bin ich auf etwas gestoßen, das ich nie erwartet hätte: eine Gruppe dissonanter Technomancer, die Resonanzräume in Dissonanzräume verwandeln will.

- Wer zum Teufel ist dieser Remy, und warum sollten wir ihm zuhören? Der ist mir noch nie untergekommen.
- Tailspin

- Sagen wir einfach, dass ich diesen Namen nicht immer benutzt habe und die Berichte über meinen Tod stark übertrieben waren. Mehr braucht ihr nicht zu wissen. Ich lehne mich schon ziemlich weit aus dem Fenster, indem ich mein Wissen mit euch teile. Ich tue es für euch alle, damit die Frau in Rot nicht ungestraft Shadowrunner benutzen und umbringen kann.
- Remy

- Bulldrek. Das ist reines Eigeninteresse. Du hast eine Rechnung zu begleichen, und diese Technomancer als das zu entlarven, was sie sind, ist dein Weg, das zu erledigen. Übrigens, vielen Dank.
- Clockwork

- Nicht gern geschehen. Und eines Tages werde ich dich für das, was du getan hast, umbringen.
- Remy

- Oh, wir haben also eine gemeinsame Vergangenheit? Nun, stell dich hinten an. Du kannst es gern versuchen, falls du mich findest, aber für dich wird es genauso laufen wie für deine Freundin. Es ist besser, das Geschäft auch als solches zu betrachten und sein Leben weiterzuleben.
- Clockwork

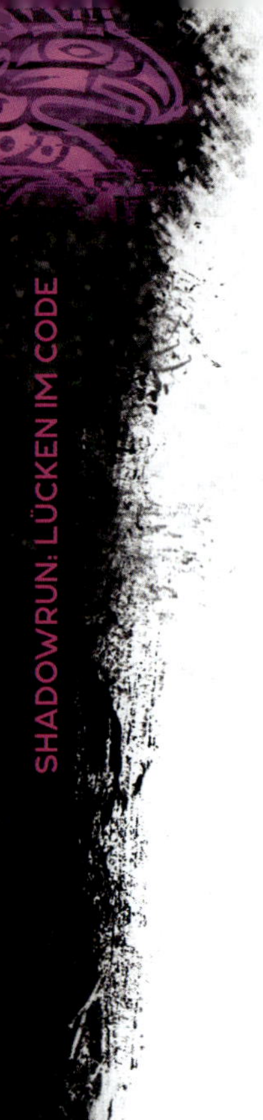

- Du bist nicht der Einzige, der Clockwork eine Kugel ins Gesicht schuldet. Aber wenn du dich in der Schlange vordrängelst, beschwere ich mich nicht.
- Netcat

Bei der Frau in Rot handelt es sich nicht um eine Person, sondern um einen Geheimbund dissonanter Technomancer, die alle die Persona einer schönen Frau in roter Kleidung annehmen. Sie alle tun so, als wären sie die Frau in Rot, sind aber Teil einer größeren Gemeinschaft, die ihre Existenz zu verschleiern versucht, indem sie als einzelnes Individuum auftritt. Das Ziel dieser Gemeinschaft ist es, Resonanzräume zu finden, sich Zugang zu ihnen zu verschaffen und sie dissonanten Einflüssen auszusetzen. Sie arbeiten mit subtilen Mitteln und verbergen ihr Wesen und ihre Identität vor allen, die sich außerhalb ihrer Gemeinschaft befinden. Die Frau in Rot sind wohlvertraut mit dem Fundament und führen dort häufig Runs durch. Sie sind auch dafür bekannt, dass sie Konzerne infiltrieren und im Namen des Konzerns Shadowrunner anheuern, die aber letzten Endes nur die Pläne der Frau in Rot voranbringen. Dies geschieht durch soziale Täuschung, meisterhaftes Hacking und sehr viel Desinformation. Shadowrunner, die von der Frau in Rot angeheuert werden, erkennen selten die wahren Ziele der ihnen zugewiesenen Jobs, aber sie scheinen sich immer auf den Diebstahl und die Sabotage von Forschungsdaten über Technomancer, Resonanzräume und das Fundament zu beziehen. Eine Frau in Rot behandelt ihre Runner gut, bis sie durch deren Hilfe tatsächlich Zugang zu einem Resonanzraum erhält. Dann werden sie als gefährliche, lose Enden behandelt, die zu viel wissen.

- So ist das Geschäft. Jedes Runnerteam, das dumm genug ist, sich so verarschen zu lassen, ist nicht clever genug, um in diesem Geschäft lange zu überleben. Trau niemals einem Johnson.
- Kane

- Ein guter Rat, aber deine Annahme, dass irgendjemand in diesem Geschäft lange überlebt, ist Blödsinn.
- Shade

- Einige von uns tun das, aber nicht genügend, um diese Behauptung zu widerlegen.
- Bull

- Dieses Geschäft frisst Möchtegerns roh und ungekocht. Nicht jeder kann der Beste sein.
- Kane

PRINZIPIEN

Die Frau in Rot ist im Kern eine Gruppe dissonanter Technomancer, die auf ein gemeinsames Ziel hinarbeiten. Jeder von ihnen benutzt dieselbe Persona – eine schöne Frau in einem auffälligen roten Abendkleid. Gemeinsam konstruieren und pflegen sie sorgfältig diese gemeinsame öffentliche Identität, um den Anschein zu erwecken, dass es nur eine von ihnen gibt. Diejenigen, die in der physischen Welt agieren, wurden so verändert, dass sie ihrer Matrixpersona ähneln. Wenn eine Frau in Rot die Organisation nicht offiziell vertritt, verändert sie das Aussehen ihrer Persona.

Jede Frau in Rot ist eine dissonante Technomancerin mit dem Talent Morphinäer (s. *Die üblichen Verdächtigen*, S. 83). Sie sind besonders begabt im Kompilieren von Infiltrator-Sprites und im Hacken von Hosts. Zusätzlich zu ihren beträchtlichen Matrixfähigkeiten ist jede von ihnen eine hocheffektive Unterhändlerin.

Trotz des Namens müssen nicht alle Mitglieder der Frau in Rot einem bestimmten Geschlecht angehören. Sie müssen bereit sein, ihre Persona zu verändern, damit sie zur Gruppe passt, aber nur diejenigen, die die Gruppe in der physischen Welt repräsentieren, müssen auch ein entsprechendes körperliches Aussehen haben. Eine aufgestiegene Frau in Rot – eine, die zur Herrin eines jungen Resonanzraums (oder eines Teils des Resonanzraums, je nachdem, wie man es betrachtet) geworden ist –, verlässt diesen Raum nur selten. Ihr Körper wird von den anderen Mitgliedern der Gruppe gepflegt, sodass sie sich nur selten um ihre körperlichen Bedürfnisse kümmern muss. Es ist nicht bekannt, wie viele es gibt, aber die Zahl dürfte sich im niedrigen einstelligen Bereich bewegen. Die aktiveren Mitglieder konzentrieren sich entweder auf die Arbeit in der Matrix oder auf soziale Manipulation.

FRAU IN ROT: MATRIX-SPEZIALISTIN

(PROFESSIONALITÄTSSTUFE 5)

K	G	R	S	W	L	I	C	R	ESS
2	3	3	1	5	5	5	6	8	6

Initiative: 8 + 1W6 (Matrix: 10 + 3W6)
Handlungen: 1 Haupt, 2 Neben (Matrix: 1 Haupt, 4 Neben)
Zustandsmonitor: 11
Verteidigungswert: 4 (Matrix: 11)
Vorteile: Analytischer Geist, Dissonanter Technomancer (Alt/Morphinäer)
Nachteile: Dissonanzspriteverzögerung
Fertigkeiten: Cracken 6, Einfluss 4, Elektronik 6, Heimlichkeit 2, Tasken 6, Überreden 4, Wahrnehmung 3
Wandlungsgrad: 5
Echos: Datenstrukturkodierung, Matrixattribut-Upgrade (Firewall, Schleicher), Skinlink, Spriteleitung
Lebende Persona: Gerätestufe 8, ASDF 6/6/5/6, +8 aus Resonanz
Komplexe Formen: Datenmaskierung, Editor, Host-Emulator, Infusion (Firewall, Schleicher), Puppenspieler, Reiniger, Spiegelpersona, Verschlüsselung Auftrennen, Zusammenflicken
Ausrüstung: Datenstruktur (Bandersnatch 4), Datenstruktur (Spriterufer: Infiltrator-Sprites 4), Panzerkleidung [+2]

FRAU IN ROT: SOZIALMANIPULATORIN

(PROFESSIONALITÄTSSTUFE 5)

K	G	R	S	W	L	I	C	R	ESS
2	3	3	1	5	5	5	6	6	6

Initiative: 8 + 1W6 (Matrix: 10 + 3W6)
Handlungen: 1 Haupt, 2 Neben (Matrix: 1 Haupt, 4 Neben)
Zustandsmonitor: 11

Verteidigungswert: 4 (Matrix: 11)
Vorteile: Attributsmeisterschaft (Charisma), Dissonanter Technomancer (Alt/Morphinäer)
Nachteile: Dissonanzspriteverzögerung
Fertigkeiten: Cracken 4, Einfluss 6, Elektronik 6, Heimlichkeit 4, Tasken 5, Überreden 6, Wahrnehmung 4
Wandlungsgrad: 5
Echos: Datenstrukturkodierung, Matrixattribut-Upgrade (Firewall, Schleicher), Skinlink, Spriteleitung
Lebende Persona: Gerätestufe 6, ASDF 6/6/5/6, +6 aus Resonanz
Komplexe Formen: Datenmaskierung, Editor, Infusion (Firewall, Schleicher), Petze, Puppenspieler, Reiniger, Spiegelpersona, Verschlüsselung Auftrennen, Zusammenflicken
Ausrüstung: Datenstruktur (Spriterufer: Infiltrator-Sprites 4), Panzerkleidung [+2]

FRAU IN ROT: AUFGESTIEGENE GÖTTIN

(PROFESSIONALITÄTSSTUFE 6)

K	G	R	S	W	L	I	C	R	ESS
2	3	3	1	5	6	5	6	10	6

Initiative: 8 + 1W6 (Matrix: 11 + 3W6)
Handlungen: 1 Haupt, 2 Neben (Matrix: 1 Haupt, 4 Neben)
Zustandsmonitor: 11
Verteidigungswert: 2 (Matrix: 12)
Vorteile: Analytischer Geist, Dissonanter Technomancer (Alt/Morphinäer)
Nachteile: Dissonanzspriteverzögerung
Fertigkeiten: Cracken 6, Einfluss 4, Elektronik 6, Heimlichkeit 2, Tasken 6, Überreden 4, Wahrnehmung 3
Wandlungsgrad: 8
Echos: Datenstrukturkodierung, Lebender Host, Lebendes Netzwerk, Matrixattribut-Upgrade (Firewall, Schleicher), Skinlink, Spriteleitung, Transzendentes Netzwerk
Lebende Persona: Gerätestufe 10, ASDF 6/6/6/6, +10 aus Resonanz
Komplexe Formen: Datenmaskierung, Editor, Host-Emulator, Infusion (Firewall, Schleicher), Marionette, Puppenspieler, Reiniger, Resonanzspike, Spiegelpersona, Verschlüsselung Auftrennen, Zusammenflicken
Ausrüstung: Datenstruktur (Orakel 4), Datenstruktur (Spriterufer: Infiltrator-Sprites 4)

ZIELE

Das Hauptziel der Frau in Rot besteht darin, einen besseren Zugang zu den Resonanzräumen zu erhalten, damit sie dort mithilfe einer viralen Technik Dissonanz verbreiten können. Sobald sie sich in einem Resonanzraum etabliert haben, bleibt oft eine Frau zurück, um ihr Fleckchen Dissonanz zu kultivieren, während die anderen die Suche nach neuen Resonanzräumen fortsetzen.

Sie waren bereits erfolgreich. Mehrere junge Resonanzräume wurden teilweise korrumpiert und in gefährliche, verwirrende und zersplitterte Albtraumreiche verwandelt. An diesen Orten haben die Frau in Rot große Macht, und die Mächtigsten unter ihnen beherrschen sowohl die Bewohner als auch die Landschaft selbst. Dies gilt als die höchste Ehre und größte Errungenschaft, die eine Frau in Rot erreichen kann.

Die Frau in Rot sind unglaublich geduldig und in der Lage, ein Jahrzehnt oder mehr für eine Operation aufzuwenden. Sie sind sich des Stigmas bewusst, das Technomancer, insbesondere Dissonante, umgibt, und sind darauf bedacht, ihre Natur vor allen außerhalb ihrer Gruppe zu verbergen. Verschwiegenheit, Geduld und sorgfältige Planung haben stets Vorrang vor Eile. Es scheint, als ob sie in dieser Hinsicht gelegentlich Kompromisse eingehen, aber nur, weil sie sich auf einen langfristigen Ansatz konzentrieren und bereit sind, kurzfristig Opfer zu bringen, um ihre Ziele zu erreichen.

TAKTIK

Der Modus Operandi der Frau in Rot besteht aus Irreführung und Infiltration. Sie sind nicht nur mächtige dissonante Technomancer, sondern auch Meister der sozialen Manipulation. Alle von ihnen sind sehr geschickt darin, Leute zu manipulieren, und sie wissen, welche Taktiken bei einer Person am besten funktionieren. Sie haben nicht nur gelernt, wie man die Matrix hackt, sondern auch, wie man Leute hackt. Ein Großteil ihrer Zeit und ihrer Mühen entfällt auf das Sammeln und Verarbeiten von Informationen. Sie unterhalten viele verborgene Datenbanken mit detaillierten Profilen über eine gigantische Zahl von Personen. Diese Profile enthalten psychologische Analysen, gut verborgene Fakten und gegebenenfalls auch Erpressungsmaterial. Keine Frau in Rot geht jemals unbewaffnet in ein Gespräch, aber selbst wenn, kann sie eine kleine Armee von Sprites herbeirufen, um schnell zu bekommen, was sie braucht.

Eine Frau in Rot verbirgt ihre Natur als Technomancerin sehr sorgfältig, und ihre dissonante Natur ist ein Geheimnis, das sie niemals außerhalb der Gruppe preisgibt. Sie achten sehr darauf, die Natur ihrer lebenden Personas zu verschleiern, damit sie jederzeit als legale Matrixuser erscheinen. Solange sie nicht absolut sicher sind, dass sie nicht beobachtet werden, überlassen sie das Hacken ihren Sprites. Jede Frau in Rot hat mindestens sechs registrierte Sprites – alle oder fast alle von ihnen sind Infiltrator-Sprites – mit einer Stufe von mindestens 6. Sie bevorzugen die Verwendung von Infiltrator-Sprites, die bei Hacking-Aufgaben sehr effektiv sind. Auch wenn diese Sprites in der Regel bereits mit einer Aufgabe beschäftigt sind, können sie in Sekundenschnelle gerufen werden. Eine Frau in Rot hat immer mindestens eines ihrer Infiltrator-Sprites dabei, um die Matrix zu überwachen, potenzielle Bedrohungen zu suchen, zu identifizieren und sie im Handumdrehen auszuschalten.

Das Hauptaugenmerk der Frau in Rot liegt auf der Suche nach Matrix- oder Resonanzanomalien jeglicher Art, in der Hoffnung, Resonanzräume zu finden und Zugang zu ihnen zu erhalten. Sie halten ihre Sprites sehr auf Trab, aber ihre Operationen gehen weit über das Entsenden von Sprites auf Matrix-Suchmissionen hinaus. Die Frau in Rot finden Möglichkeiten, Megakonzerne zu infiltrieren, und nutzen ihre Positionen anschließend, um Zugang zu Datenbanken, archivierten Dateien und Infor-

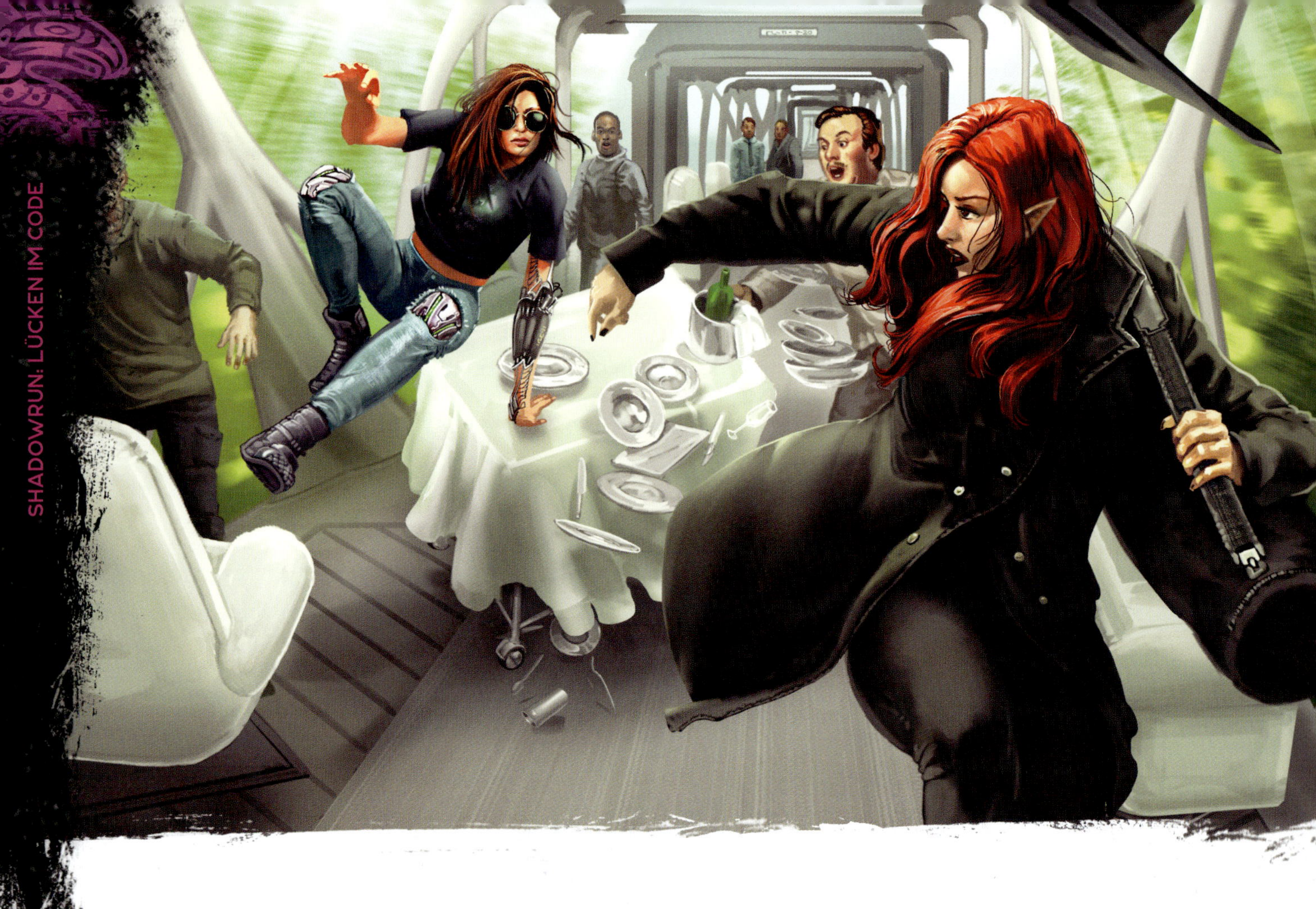

mationen zu erhalten, die dazu verwendet werden können, vielversprechenden Hinweisen nachzugehen – vor allem auf abstreitbare Aktivposten wie etwa Shadowrunner. Manchmal handelt es sich um kurzfristige Operationen, aber die meisten dauern Jahre, da sie daran arbeiten, auf der Karriereleiter aufzusteigen und sich unentbehrlich zu machen, während sie für ihre eigenen Ziele arbeiten.

Wenn sie bekommen, was sie wollen, und sie erfolgreich einen Platz in einem Resonanzraum für sich beansprucht haben, ziehen sie sich aus dem Konzernleben zurück, achten aber darauf, den Tod all jener zu arrangieren, die eng mit ihnen zusammengearbeitet haben – insbesondere jeglicher Shadowrunner, die sie für besonders heikle Operationen angeheuert hatten. Die bevorzugte Art, dies zu tun, erweckt den Anschein, dass die Frau in Rot ebenfalls gestorben ist. Auf diese Weise verlieren die Frau in Rot manchmal auf einen Schlag den Zugang zu einer großen Menge an Ressourcen, aber sie betrachten dies als einen kleinen Preis für die Erreichung ihres Ziels.

Sobald eine Frau in Rot alle losen Enden abgeschnitten hat, richtet sie ihre ganze Aufmerksamkeit darauf, ihren neu infizierten Resonanzraum vollkommen zu korrumpieren.

SOZIALE BEGEGNUNGEN

Eine soziale Begegnung mit einer Frau in Rot kann berauschend sein. Die Frau in Rot sind hochqualifizierte Sozialmanipulatorinnen, deren bevorzugte Taktik es ist, verführerisch, interessant, interessiert, mächtig und unentbehrlich zu erscheinen. Sie sind äußerst charismatisch, sehen sowohl in der Matrix als auch in der physischen Welt atemberaubend aus und wenden jede Methode an, die sie für effektiv halten, um das Objekt ihres Interesses zu motivieren. Jede Form der Manipulation ist möglich, aber sie ziehen Taktiken vor, mit denen sie die Zuneigung ihrer Zielpersonen gewinnen, anstatt sie einzuschüchtern oder zu zwingen (obwohl natürlich auch solche Methoden eingesetzt werden, falls die Frau erkennt, dass dies am effektivsten ist). Sie wollen, dass ihr tut, was sie wollen, aber sie wollen auch, dass ihr intrinsisch motiviert seid, es zu tun. Das klingt vielleicht so, als wären sie nett oder sanft, aber das Wichtigste, was ihr im Kopf behalten müsst, ist, dass sie sich nicht für euch interessieren, es sei denn, ihr seid eine weitere Frau in Rot. Sie wollen euch nur benutzen.

MATRIX-BEGEGNUNGEN

Die meisten Frauen in Rot ziehen es vor, den Großteil ihrer sozialen Interaktionen über die Matrix abzuwickeln. Selbst diejenigen, die sich mehr mit Social Engineering als mit Hacking beschäftigen, führen die meisten ihrer geschäftlichen Interaktionen mithilfe ihrer Persona durch. Wenn eine Frau in Rot ein Treffen anberaumt, zieht sie es vor, dies auf einem versteckten Knoten der Matrix zu tun – normalerweise ist dies ein verlassener Host, aber manchmal ist es auch eine Frau in Rot, die das Echo Lebender Host verwendet. Die Frau in Rot sind am mächtigsten in der Matrix, dem Fundament und den Resonanzräumen. Wenn etwas schiefgeht, können sie immer leicht entkommen. Sie sind dissonante Technomancer und sie haben nicht überlebt, indem sie sich angreifbar gemacht haben. Die Nutzung virtueller Räume ermöglicht tiefere soziale Interaktionen als ein Gespräch über ein Kommlink und gilt allgemein als sicherer. Ihr könnt

SPIELINFORMATIONEN

Im Resonanzraum einer aufgestiegenen Frau in Rot kann niemand ohne ihre Erlaubnis Edge erhalten oder ausgeben (was nur den Sprites und Technomancern der Frau in Rot und den von ihnen kontrollierten Protosapienten erlaubt ist). Die Frau in Rot kann mit einer erfolgreichen Matrixwahrnehmungs-Probe jeden in ihrer Domäne ausfindig machen und schickt wahrscheinlich Infiltrator-Sprites und Protosapienten, um sie zu vernichten. Diese Infiltrator-Sprites haben vielleicht nur Stufe 6, wenn die Frau in Rot ihre stärksten Sprites für andere Aufgaben braucht, aber bösartigere Eindringlinge können mit Verstärkungen rechnen, bis zu Stufe 10. Wenn sich die Eindringlinge nicht von den Sprites abschrecken lassen, erscheinen weitere Mitglieder der Frau in Rot, um den Resonanzraum zu verteidigen – zusammen mit eigenen Sprites.

davon ausgehen, dass mindestens ein Mitglied der Organisation sowie eine Reihe von Infiltrator-Sprites im Hintergrund für eine umfangreiche Matrixüberwachung sorgen.

Die Frau in Rot sind äußerst vorsichtig, um zu vermeiden, dass sie in der Matrix verfolgt oder aufgespürt werden. Solange sie nicht direkt mit ihren vertrauenswürdigsten Gefolgsleuten interagieren, laufen sie auf Schleichfahrt und verschleiern ihre Personas. Wenn sie mit Außenstehenden interagieren, wird nur eine von ihnen nach außen hin die Persona der Frau in Rot übernehmen. In den meisten Fällen werden Infiltrator-Sprites geschickt, um die riskante Drecksarbeit in der Matrix zu erledigen. Wenn eine Frau in Rot in der Matrix bedroht wird, ruft sie als Erstes Sprites und befiehlt ihnen, die Angreifer zu erledigen. Sobald mehrere Sprites im Einsatz sind, zieht sich die Frau in Rot entweder zurück und loggt sich aus, oder sie nutzt ihre komplexen Formen, um die Angriffs- und Firewall-Attribute ihrer Feinde zu senken, damit die Infiltrator-Sprites effektiver gegen sie sind.

Die Mitglieder der Frau in Rot sind außerdem sehr begabt im Hacken von Geräten. Die meisten potenziellen physischen Bedrohungen werden durch das Übernehmen verschiedener Geräte und deren Verwendung als Todesfallen bewältigt – automatische Fahrzeuge und Aufzüge bieten sich hierfür an. Bewaffnete Sicherheitsdrohnen sind in jedem Sprawl allgegenwärtig und können im Notfall eingesetzt werden, obwohl die Frau in Rot weniger offensichtliche Methoden bevorzugen, die sich leichter als Unfälle verschleiern lassen.

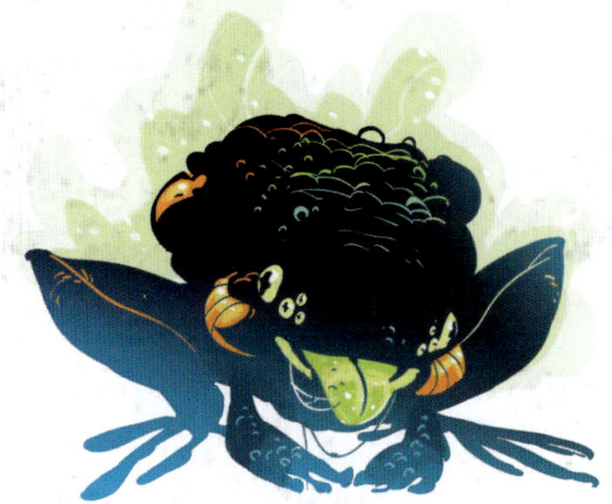

Was auch immer sie in der Matrix anstellen, die Frau in Rot sind (wann immer es die Situation oder die Zeit erlaubt) darauf bedacht, die Beweise für ihre Hacks zu vernichten. Sie ziehen es vor, im Verborgenen zu arbeiten und zu bleiben.

BEGEGNUNGEN IN RESONANZRÄUMEN

Wenn ihr einer Frau in Rot in einem Resonanzraum begegnet, ist sie wahrscheinlich gerade dabei, diesen mit Dissonanz zu infizieren. Sie geht nach Möglichkeit allen aus dem Weg, es sei denn, sie glaubt, jemand arbeite gegen sie. Wenn eine Frau in Rot eine Gelegenheit erkennt, einen Feind in einem Resonanzraum auszuschalten, wird sie einen Hinterhalt legen.

Wenn ihr einer aufgestiegenen Frau in Rot begegnet, habt ihr ein Problem. Eine aufgestiegene Frau in Rot ist eine der mächtigsten Technomancerinnen der Gruppe und verbringt fast ihre gesamte Zeit in einem ausgewählten Resonanzraum. Die Frau in Rot hat irgendwie einen Platz in den Resonanzräumen übernommen, indem sie eine angepasste Version des Echos Lebender Host verwendet. Anstatt einen lebenden Host in der Matrix zu erschaffen, übernimmt sie die volle Kontrolle über einen Teil des Resonanzraums. Sie kann dann den Resonanzraum selbst gegen Eindringlinge einsetzen, ähnlich wie ein Host gegen Eindringlinge in sein Fundament vorgehen könnte. Die Frau in Rot kann kein IC erschaffen oder herbeirufen, aber das ist für sie in Ordnung – sie hat Zugang zu mächtigen Sprites und ist in der Lage, alle Protosapienten zu beherrschen und zu kontrollieren, die sich in ihrer Domäne ansiedeln.

Wenn ihr keinen verzweifelten Grund habt, es mit einer aufgestiegenen Frau in Rot in der Resonanz aufzunehmen, dann versucht es auch nicht. Wenn es euch jedoch gelingt, sie irgendwie zum Absturz zu bringen oder abzuschalten, wird der Resonanzraum beginnen, sich selbst zu heilen. Etliche Technomancer haben schon versucht, eine aufgestiegene Frau in Rot in ihrer Domäne zu besiegen, damit sich ein Resonanzraum wiederherstellen kann, aber bisher ist es keinem gelungen. Jeder, der dies versucht hat, ist gescheitert. Die meisten von ihnen haben nicht überlebt.

Die einzige Schwäche einer aufgestiegenen Frau in Rot ist, dass ihr fleischlicher Körper unbeweglich und hilflos ist, wenn sie sich auf den Resonanzraum konzentriert. Man nimmt an, dass sie von anderen Mitgliedern der Gruppe streng bewacht wird. Wenn man sie in der physischen Welt antreffen würde, wäre sie nahezu wehrlos – aber nur, wenn ihr es schafft, die Sicherheitsvorkehrungen zu umgehen, die die Frau in Rot zum Schutz ihrer wichtigsten Anführerinnen getroffen haben.

RESSOURCEN

Technomancer verlassen sich auf ihre natürlichen (manche würden sagen: unnatürlichen) Fähigkeiten und nicht auf teure Hardware. Dissonante Technomancer wie die Mitglieder der Frau in Rot sind

da keine Ausnahme. Sie benötigen nur sehr wenige Ressourcen für ihre Arbeit und verlassen sich auf Technomantie, Sprites und soziale Manipulation, um die benötigten Ressourcen zu erhalten. Sie vermeiden es, eigene Ressourcen zu sammeln und zu horten. Stattdessen unterwandern sie Megakonzerne und andere große Organisationen, um auf deren Ressourcen zuzugreifen. Während sich viele Frauen in Rot auf ihre Arbeit in der Matrix und den Resonanzräumen konzentrieren, agieren diejenigen, deren körperliche Gestalten der Persona der Frau in Rot am ähnlichsten sind, oft als ihre Agenten in der Konzernwelt, nisten sich über Jahre hinweg in einer Organisation ein und etablieren sich dort, sowohl durch sorgfältige, gut informierte Manipulationen als auch, indem sie sich unentbehrlich machen. Das Ziel einer Frau in Rot in dieser Rolle ist es, sich als Ms Johnson zu etablieren, indem sie Shadowrunner anheuert, um die heikleren und diskreteren Operationen der Organisation durchzuführen oder ihre offen schädlichen Handlungen mithilfe von abstreitbaren Aktivposten auszuführen. Das verschafft ihnen einen großen Handlungs- und Bewegungsspielraum und versetzt sie in die Lage, Schuld auf andere abzuwälzen. Es bietet auch die perfekte Tarnung für die Verwendung der Mittel der Organisation, um Shadowrunner anzuheuern, die Aufgaben erledigen, die für die Frau in Rot, aber nicht für die Organisation wichtig sind. Eine Frau in Rot agiert als Parasit in der Organisation, in die sie eingebettet ist. Solange sie dort tätig ist, scheint sie für die Organisation von Vorteil zu sein, aber letztlich ist sie dort, um die Ressourcen der Organisation für ihre eigenen Zwecke zu nutzen.

Sobald sie sich etabliert hat, baut jede Frau in Rot eine Arbeitsbeziehung zu einem Shadowrunner-Team auf und sorgt dafür, dass die Runner gut behandelt und bezahlt werden. Ihr bevorzugtes Runnerteam wird immer für die schwierigsten und lukrativsten Konzernaufträge ausgewählt, aber auch für gelegentliche leichte Aufträge. Die Teammitglieder erhalten Zugang zu besserer Ausrüstung, höherwertiger Bodytech, Matrixhardware und allen anderen Ressourcen, die sie wollen. Wenn es gut läuft, hat die Frau in Rot damit mächtige, loyale, gut ausgerüstete und sehr erfahrene Shadowrunner-Teams. Das eigentliche Ziel ist es, mit diesen Teams einen neuen oder bisher unzugänglichen Resonanzraum aufzuspüren und zu betreten, aber die Runner sind auch sehr nützlich für alles andere, was in der Fleischwelt erledigt werden muss.

Abgesehen vom Anwerben von Shadowrunner-Teams sind die Frauen in Rot außergewöhnlich gut im Kompilieren und Registrieren von Sprites. Einige der mächtigsten unter ihnen haben permanent registrierte Sprites – man könnte sie als das Sprite-Äquivalent zu Verbündetengeistern betrachten, falls ihr mit diesem Konzept vertraut seid. Sprites sind in der Regel kurzlebige Wesen, die sich nach Erfüllung einiger Aufgaben entweder auflösen oder in einen Resonanzraum zurückkehren. Diese permanent registrierten Sprites hingegen sind eher wie Haustier-Protosapienten, die bei Bedarf immer wieder gerufen werden können, ohne dass die Gefahr besteht, Schwundschaden zu riskieren. Die Frau in Rot bevorzugen Infiltrator-Sprites, aber auch jede andere Art von Sprite kann je nach Bedarf eingesetzt werden. Die einzigen Sprites, von denen bekannt ist, dass sie permanent registriert werden, sind Infiltrator-Sprites, und diese neigen dazu, ein wenig seltsam zu sein. Sie sind wahrscheinlich durch die Verbindung der Frau in Rot mit der Dissonanz korrumpiert.

In bestimmten Resonanzräumen hat eine aufgestiegene Frau in Rot unglaubliche Macht und Ressourcen. Wo ihre dissonante Präsenz vorherrscht, hat sie die nahezu vollkommene Kontrolle über die Realität. Auf ihrem angestammten Terrain kann eine aufgestiegene Frau in Rot fast alles tun, was sie sich vorstellen kann. Was sie anscheinend nicht kann, ist, eine andere Persona direkt zu verändern, aber diese Unterscheidung macht wenig Unterschied für die unglücklichen Personas, die der Gnade der Frau in Rot ausgeliefert sind, denn sie kennt keine Gnade. Das Land selbst kann sich verschieben und neue Strukturen bilden – sogar Gebäude können innerhalb weniger Augenblicke entstehen oder zerstört werden. Die Gesetze der Physik selbst sind formbar, sodass beispielsweise die virtuelle Schwerkraft oder die Strömungsdynamik nach Belieben verändert werden können. Die Sprites an diesen Orten verlassen sie entweder oder werden korrumpiert, und die verbleibenden Sprites dienen den Befehlen der Frau in Rot, als ob sie sie registriert hätte. Wenn eine Frau in Rot beschlossen hat, euch zu vernichten, kann sie eine Leere heraufbeschwören, die einem schwarzen Loch ähnelt und in der Lage ist, euren Geist zu dekompilieren. Die Auswirkungen auf das physische Gehirn einer Person, die das Pech hat, dies zu erleben, sind in der Regel tödlich. Wenn ihr jemals die Resonanzräume bereist, tut euer Bestes, um die Orte zu meiden, an denen die Frau in Rot ihre Kontrolle etabliert haben. Man kann auf ihrem eigenen Terrain einfach nicht gegen sie gewinnen. Wenn ihr schon einmal an einem Tiefenhack teilgenommen habt, bei dem etwas schiefgelaufen ist, habt ihr eine kleine Ahnung davon, wie es dort zugeht.

Was das Fundament betrifft, so sind die Frau in Rot etwas weniger beeindruckend. Sie errichten oft geheime Festungen in den Fundamenten verschiedener Hosts, die ihnen einen relativ leichten Zugang zum Fundament und zu allen anderen Hosts erlauben, in denen sie eine Festung haben. Diese Festungen sind gut versteckt, damit das Matrixsicherheitspersonal des Hosts sie nicht findet – und entweder die Frau in Rot oder ihre Sprites sorgen dafür, dass die Person, die sie gegebenenfalls entdeckt, nicht überlebt und keinen Bericht erstatten kann. Manchmal werden die Festungen entdeckt und abgebaut. In diesem Fall warten die Frau in Rot, bis Gras über die Sache gewachsen ist, bevor sie eine neue errichten. Jede Festung enthält eine Hintertür in das Fundament des Hosts sowie einen sicheren Treffpunkt für die Frau in Rot, wo sie sich treffen und arbeiten können. Von ihrer Festung aus können sie auf fast alle archivierten Daten innerhalb des Fundaments des Hosts zugreifen und sogar die Attribute, IC und Protokolle des Hosts nach Bedarf anpassen.

GEGNER

Die Frau in Rot operieren im Verborgenen, und so haben sie nur wenige aktive Gegner. Einige von ihnen kennen die Frau in Rot nicht einmal als Organisation und glauben wahrscheinlich, dass ihr Feind eine einzelne Frau ist, die dazu neigt, Rot zu tragen. Einzelne Individuen haben von der Existenz der Organisation erfahren, weil sie Teil eines Runnerteams waren, das von der Frau in Rot benutzt wurde, und sie die einzigen Überlebenden ihres Teams sind.

KNIGHTS OF THE C0D3

Die Knights of the C0d3 sind eine Technomancer-Gang aus San Francisco. Die Geschichte wurde mir vom einzigen Überlebenden eines Versuchs erzählt, eine Frau in Rot in einem Resonanzraum zur Strecke zu bringen – der zugleich auch das letzte überlebende Gründungsmitglied der Bande ist: K1n6 4rth4r. Die meisten der derzeitigen Hauptleute der Gang können einen Teil der Geschichte bestätigen, da sie zu der Zeit physisch anwesend waren und über die Fleischkörper derjenigen wachten, die ihren Geist tief in die Resonanz fokussierten.

Aber ich greife vor. Die Gründungsmitglieder der Gang waren mächtige Technomancer, die einen Resonanzraum entdeckten, als sie sich alle gleichzeitig der Wandlung unterzogen. Dieser Ort war für sie ein Paradies, und sie nannten ihn C4m310t. Danach verbrachten sie einen Großteil ihrer Zeit in diesem Raum, bauten Städte und Schlösser, entdeckten jeden Tag neue Dinge über die Resonanz, begegneten seltsamen Protosapienten und Sprites und entdeckten Dateien, die sie sonst nie in der Matrix hätten aufspüren können. Eines Tages kam eine andere Gruppe von Techomancern, mächtige Zauberinnen in roten Gewändern, in ihr Paradies. Dort fand eine Schlacht statt, aber die mächtigste der Eindringlinge übernahm die Kontrolle über den Resonanzraum und wandte ihn gegen die Knights of the C0d3. Nur eines der Trauma-Patches, das auf den mächtigsten Technomancer unter ihnen appliziert wurde, zeigte Wirkung.

K1n6 4rth4r baute die Gang wieder auf und verlangte von allen Rittern, dass sie schwören, bis zum Tag der letzten Schlacht niemals in die Resonanzräume zu reisen. 4rth4r ist sich nicht sicher, wann dies geschehen wird, aber er schwört, dass die Zeit kommen wird.

In der Zwischenzeit hat die Gang ihre Technomancer stärker darauf ausgerichtet, in der physischen Welt effektiver zu sein. Viele von ihnen sind Cyberadepten, die genug Chrom haben, um den typischen Straßensamurai in den Schatten zu stellen. Sie alle haben Motorräder, deren Aussehen ihre Persönlichkeit widerspiegelt und die bis an die Zähne bewaffnet sind. Als Gang halten sie eine Fassade der Ehre aufrecht und verdienen den Großteil ihrer Nuyen damit, CalHots aus San Francisco hinaus- und illegale Waffen hineinzubringen. Sie halten ihre Versprechen, aber der Umgang mit ihnen bleibt gefährlich. Es ist gut, sie zu kennen, und schlecht, sie zu verärgern. Irgendwie scheinen ihre kybernetischen Modifikationen ihre Technomanie nicht zu beeinträchtigen, obwohl sie dazu neigen, den Großteil der Schwerarbeit ihren Sprites zu überlassen.

Die Frau in Rot wissen von den Rittern und haben schon mehrmals versucht, sie mithilfe angeheuerter Runnerteams zu vernichten. Die meisten einheimischen Runner in San Francisco sind misstrauisch, wenn jemand versucht, sie anzuheuern, um gegen die Ritter vorzugehen, aber manchmal lassen sich Auswärtige darauf ein. Diese Vorkommnisse sind so häufig, dass die Ritter sie oft als letzte Prüfung nutzen, wenn ein Knappe die Gelegenheit braucht, sich auszuzeichnen und ein vollwertiger Ritter zu werden. Die Ritter sind wachsam und verfügen über zahlreiche Connections vor Ort sowie über eine effektive Matrixüberwachung. Bislang hat noch jedes Runnerteam bereut, gegen die Knights angetreten zu sein. Damit befinden sich die Frau in Rot und die Knights of the C0d3 in einer Patt-Situation. Keiner von ihnen ist in der Lage, den entscheidenden Schlag gegen den anderen zu landen, aber das hält die Frau in Rot nicht davon ab, die Ritter aus der Ferne anzugreifen – und K1n6 4rth4r hofft, C4m310t eines Tages zurückzuerobern.

- Ich hatte schon ein paar Mal die Gelegenheit, mit diesem Team zusammenzuarbeiten. „Gut, sie zu kennen, schlecht, sie zu verärgern“, das trifft es. Es ist selten, dass man auf eine Gang mit einem gewissen Ehrgefühl trifft, und noch seltener trifft man auf eine, die gut genug ist, um zu überleben, dass sie diesem Ehrgefühl gerecht wird. Vielleicht muss ich mal wieder nach San Francisco fahren, um zu sehen, ob ich ihnen helfen kann.
- Rune

- Es wäre schön, dich wiederzusehen! Disco war ein paar Mal zu Besuch. Ich dachte, du wärst inzwischen tot. Vielleicht erleben wir bei deinem nächsten Besuch nicht so viele Explosionen.
- Troll-i

- Es ist selten, dass ich das ehrlich sagen kann, aber ich hatte nichts mit diesen Explosionen zu tun.
- Rune

- Sie scheinen ziemlich cool zu sein. Vielleicht solltest du uns vorstellen.
- Frosti

- Frosti? Jane Foster? Bist du das wirklich?
- Bull

- Wer ist das? Ich habe sie nie getroffen. Ich glaube, du hast die falsche Nummer.
- Frosti

- Wer das ist?! Verdammte Jugend von heute …
- Bull

SHIAWASE

Eine Frau in Rot war fast fünfzehn Jahre lang im Hauptquartier von Shiawase in Seattle eingebettet. Was hat sie dort gemacht? Hatte sie Erfolg?

Seitdem hat Shiawase Nachforschungen über die Frau in Rot angestellt und viel über die Gruppe und ihre Taktiken erfahren. Shiawases Spinnen sind geschickt darin, die Festungen der Organisation in den Fundamenten ihrer Hosts aufzuspüren und zu beseitigen. Die Frau in Rot wurden größtenteils aus allen wichtigen Shiawase-Hosts vertrieben. Shiawase-Spinnen sind über ihre Anwesenheit informiert und wissen, worauf sie achten müssen. Bislang ist es Shiawase noch nicht gelungen, eine Frau in Rot zu fangen, aber sie scheinen sehr daran interessiert zu sein.

Die derzeitige Vorgehensweise von Shiawase besteht offenbar darin, die Angelegenheit selbst zu regeln. Falls Dritte bei den Bemühungen, Mitglieder der Frau in Rot aufzuspüren und gefangen zu nehmen, zu Hilfe gezogen wurden, hatten sie keinen Erfolg und haben niemandem etwas davon erzählt.

Die Ermittlungen von Shiawase gegen die Frau in Rot sind deshalb so wichtig für den Megakon, weil seine Zweigstelle in Seattle mindestens fünfzehn Jahre lang von der Organisation infiltriert wurde. In dieser Zeit wurden Hunderte Millionen Nuyen an Arbeitskräften, Forschungsergebnissen und abstreitbaren Aktivposten veruntreut. Mehrere hochkarätige Shadowruns, die von einer Frau in Rot in Gang gesetzt wurden, die als Ms Johnson für Shiawase agierte, brachten eine Menge Ärger auf einmal mit sich und hatten teilweise größere politische Auswirkungen. Verschwendete Nuyen und Ressourcen waren schon schlimm genug, aber Shiawase Seattle verlor auch noch sein Gesicht gegenüber den anderen Megakonzernen.

- Warte mal – du meinst sicher den Angriff auf die Oase in Bellevue durch eine Elitesöldnertruppe am helllichten Tag. Das war eine Sauerei. Mein Interesse ist geweckt. Jeder, der mir genauere Informationen über die Verantwortlichen geben kann, schicke mir eine Nachricht. Ich habe ein paar Nuyen für euch.
- Canis

- Die Runner, die dort wohnten, waren gerade von einem Run zurückgekommen, bei dem sie einen Drachen verärgert hatten. Du solltest es wahrscheinlich einfach als Verlust abschreiben.
- Anders

- Wir haben genug Hardware, um mit übergroßen Eidechsen fertigzuwerden. Ich brauche nur freies Schussfeld.
- Canis

- Oh Drek. Ich glaube, ich weiß, wer Remy ist … oder war.
- The Duke of Decks

- Ich auch. Er ist einer der Gründe, warum so viele Rigger in Seattle ihre Fahrzeuge nie mit eingeschaltetem WiFi betreiben. Ich habe etwas Geld gebunkert, also <Daten von Admin gelöscht>
- Clockwork

- Das ist nicht der Ort, um Kopfgelder auf andere Shadowrunner auszusetzen. Das war's. Ich schalte die Kommentarfunktion zu diesem Artikel ab.
- Bull

DIE ALEPH SOCIETY

Es mag seltsam anmuten, dass diese Fraktion Interesse an einer Matrixgruppe zeigt. Die Kontaktstelle für die beiden Gruppen ist die Seattler Niederlassung von Shiawase. In Verfolgung ihrer eigenen Ziele hatte die Aleph Society Shiawase infiltriert. Sie führte diese Infiltration durch, indem sie einen der Shiawase-Execs extrahierte und durch einen Doppelgänger ersetzte, der höchstwahrscheinlich chirurgisch verändert worden war, um dem Original zu entsprechen. Da die Aleph Society uneingeschränkten Zugang zu der ursprünglichen Zielperson hatte (die wahrscheinlich später im Rahmen eines Rituals oder einer Zeremonie geopfert wurde), war die permanente Tarnung ihres Infiltrators perfekt. Sobald die Aleph Society vollständig eingebettet war, begann sie, die Ressourcen von Shiawase in ähnlicher Weise wie die Frau in Rot auszunutzen. Dadurch kamen sie in Kontakt mit einer Frau in Rot, die zu diesem Zeitpunkt bereits seit mehr als zwölf Jahren vor Ort war. Die beiden Agenten arbeiteten oft zusammen – etwa genauso oft, wie sie gegeneinander arbeiteten. Schließlich wurde der Agent der Aleph Society getötet, und die Aleph Society glaubt, dass die Frau in Rot dafür verantwortlich ist. Sie sind aktiv auf der Suche nach der Frau, auch wenn sie fälschlicherweise glauben, dass sie ein Individuum ist. Die Berichte des Agenten deuteten darauf hin, dass die Frau ungewöhnliche Kräfte besaß, vielleicht eine neue Form der Magie, die irgendwie mit der Resonanz zusammenhing. Die meisten Leute würden diese Ideen als verrückt abtun, aber die Aleph Society war fasziniert. Wenn ihr zufällig Informationen über die Frau in Rot habt, bekommt ihr die meisten Nuyen, wenn ihr verrückt genug seid, mit der Aleph Society Geschäfte zu machen. Aber trefft euch nicht persönlich mit ihnen, wenn ihr es vermeiden könnt.

VERBRANNTE RUNNER

Lose Enden, die noch nicht abgeschnitten sind, entweder weil die Frau in Rot sie noch nicht gekappt haben oder weil sie es nicht geschafft haben, sind eine der schwerer fassbaren Bedrohungen für die Gruppe. Ein erfahrenes und gut ausgerüstetes Team von Shadowrunnern auszuschalten, ist immer eine unsichere Sache und hat schon so manchem Schieber und Mr Johnson das Genick gebrochen. Wenn man sich an den öffentlichen Medien orientiert, würde man annehmen, dass so etwas ständig vorkommt, aber in der Praxis ist es eher selten. Jeder, der regelmäßig Shadowrunner beschäftigt, tut dies aus bestimmten Gründen und will wohl kaum die extremen Konsequenzen riskieren, die sich ergeben, wenn ein Auftraggeber eine Gruppe gefährlicher Krimineller verrät. Wenn die Frau in Rot Shadowrunner-Teams auslöschen, erleiden auch sie einigen Schaden, aber sie halten ihre tiefsten Geheimnisse für so schützenswert, dass sie glauben, dass jeder außerhalb ihrer Gruppe, der eng in ihre wichtigsten Unternehmungen verwickelt wird, dauerhaft zum Schweigen gebracht werden muss.

Manche Runner bleiben einer Frau in Rot aufgrund der fairen Behandlung, der lukrativen Verträge und all der Spielzeuge, die sie durch sie erwerben können, treu, werden aber dennoch niemals unachtsam. Paranoia ist keine Störung, sondern ein gesundes Überlebensmerkmal für diejenigen, die in den Schatten laufen. Selbst in die am besten gestellten Fallen läuft nicht jeder, und Runner, die einen versuchten Verrat durch die Frau in Rot überlebt haben, gehören zu den paranoidesten, gefährlichsten und gerissensten Leuten, die die Sechste Welt zu bieten hat.

Ein solches Team mit Sitz in San Francisco half der Frau in Rot erfolgreich dabei, einen Resonanzraum – C4m310t, wie die Knights of the C0d3 ihn genannt hatten – zu finden und zu betreten. Nachdem die Frau in Rot mit ihren Plänen Erfolg hatten und die Kontrolle über C4m310t erlangt hatten, beauftragten sie das Team mit einer besonders wichtigen Aufgabe: Es sollte ihre Agentin – die Ms Johnson, die sie seit

Jahren angeheuert hatte – aus ihrer Megakonzern-Enklave bei MCT herausholen. Die Frau in Rot hatte die Technomancerin des Teams (ich habe geschworen, keine Einzelheiten über sie zu verraten, also fragt nicht) darauf vorbereitet, sich ihnen anzuschließen, und sie in den Plan einbezogen, ihr ehemaliges Team auszuschalten. Die Technomancerin begleitete sie lange genug, um die Details herauszufinden, und half ihrem Team, deren Tod vorzutäuschen, während sie die Frau in Rot herauslockte, damit sie sie gefangen nehmen konnten. Sie war selbst nicht in der Nähe der MCT-Enklave gewesen und hatte nicht damit gerechnet, dass ein Runnerteam von den Toten auferstehen und sie einholen würde. Sie haben sie gegeekt und sind untergetaucht. Es geht ihnen gut, und mehr werde ich euch nicht verraten. Aber der Rest der Frau in Rot würde diese Rechnung gerne begleichen und die losen Enden abschneiden, und das haben sie seitdem auch versucht. Das Komische daran ist, dass sie ihre Geheimnisse genauso gut geschützt hätten, wenn sie mit dem Tod ihrer einen Agentin aufgehört hätten, als wenn es ihnen gelungen wäre, das ganze Team zu töten. Indem sie die Runner verfolgen, offenbaren die Frau in Rot ihr Wesen als größere Organisation und teilen dem Team gleichzeitig mit, dass es noch mehr zu jagen gibt. Soweit ich weiß, haben weder die Runner noch die Frau in Rot es geschafft, einander zu töten, aber das Katz- und Mausspiel wird nicht ohne weiteres Blutvergießen enden.

Andere Runner hatten weniger Glück und wurden ausgelöscht oder es gab nur wenige Überlebende. Die meisten dieser Überlebenden nutzen die Gelegenheit, um von der Bildfläche zu verschwinden und sich zur Ruhe zu setzen, aber einige von ihnen sammeln Informationen über die Frau in Rot oder gehen direkt gegen sie vor, wo immer sie können. Wenn genügend Runner ihre Informationen austauschen, werden die Frau in Rot Mühe haben, mit allen fertigzuwerden.

VERBÜNDETE UND CONNECTIONS

Die Frau in Rot sind keine echten Verbündeten, aber es gibt Gruppen und Einzelpersonen, die glauben, dass die Frau in Rot auf ihrer Seite sind.

SHADOWRUNNER

Die Frau in Rot beschäftigen oft Shadowrunner in Verkleidung einer Ms Johnson, die scheinbar für einen Konzern arbeitet. Sie bezahlen die Runner gut und verschaffen ihnen hervorragende Vergünstigungen und Zugang zu erstklassiger Ausrüstung – zumindest bis zu ihrem plötzlichen und unvermeidlichen Verrat. Shadowrunner, die für eine Frau in Rot arbeiten, glauben wahrscheinlich, dass sie in einer ausgezeichneten Position sind, die ihnen in jeder Hinsicht zugutekommt, und werden ihrer Lieblingsauftraggeberin gegenüber wahrscheinlich unglaublich loyal sein.

Die Frau in Rot neigen dazu, verschiedene Runnerteams zu engagieren, bis sie sich auf einen Favoriten festlegen. Zu ihren Lieblingsteams gehören fast immer ein oder zwei Technomancer, aber ansonsten bevorzugen sie ein breites Spektrum an Fähigkeiten. Selbst wenn sie sich für ein Lieblingsteam entschieden haben, neigen sie dazu, nach einem oder zwei Ersatzteams Ausschau zu halten – für den Fall, dass es mit der ersten Wahl doch nicht klappt. Manchmal stellen sie das Team als Konzernrunner ein, was den Effekt hat, dass sie ihre Tarnung als Ms Johnson für einen Megakonzern verbessern und gleichzeitig eine bessere Kontrolle über die Runner haben. Im Gegenzug erhalten diese Runner regelmäßige Aufträge, Konzern-SINs sowie Vergünstigungen und Vorteile, die normalerweise nur denjenigen zur Verfügung stehen, die in rechtlich akzeptableren Berufen arbeiten. Sobald sie dieses Stadium erreicht haben, intensiviert die Frau in Rot ihre Operationen und setzt die Runner gezielter ein, um einen Resonanzraum zu finden und zu betreten.

DIE YAKUZA

Die Yakuza wissen nichts von der Existenz der Frau in Rot als Organisation dissonanter Technomancer. Sie glauben, dass es sich bei der Frau in Rot um eine geheimnisvolle Hackergemeinschaft handelt, die ihnen wertvolle Informationen liefert und ihnen in einigen Fällen durch ihre Matrixunterstützung bei der Jagd auf ihre Feinde geholfen hat. Dies ist das Ergebnis eines langfristigen Trickbetrugs, doch was die Frau in Rot mit der Unterstützung der Yakuza zu erreichen hoffen, bleibt ein Geheimnis. Kein Mitglied der Frau in Rot ist als Infiltrator in die Yakuza eingebettet, und die Yakuza scheinen keine Gelegenheit zu haben, Matrix- und Resonanzanomalien aufzuspüren. Was also erhoffen sich die Frau in Rot von dieser Vereinbarung? Sie könnte der Beginn eines Strategiewechsels weg vom Einsatz von Shadowrunnern und hin zur Zusammenarbeit mit Verbrechersyndikaten sein, aber Genaueres ist über ihre Pläne nicht bekannt. Vielleicht haben die Yakuza Zugang zu einem Resonanzraum, dessen sie sich nicht bewusst sind, und die Frau in Rot versuchen, sich diesen zu erschließen. Oder vielleicht stellt die Yakuza eine potenzielle zukünftige Ressource dar, die für schwierige und gefährliche Aufgaben in der physischen Welt genutzt werden kann. Es ist ebenso wahrscheinlich, dass die Frau in Rot den Einstieg in den BTL-Markt planen und Vertriebskanäle aufbauen. Alles, was wir mit Sicherheit wissen, ist, dass sie ein Arrangement mit der Yakuza aufbauen, und bisher scheint es den Yaks ziemlich viel gebracht zu haben, während es der Frau in Rot keinen offensichtlichen Nutzen bringt. Was auch immer die Pläne der Frau in Rot sind, die Yaks werden wahrscheinlich eines Tages bereuen, dass sie sich mit ihnen eingelassen haben.

STÜTZPUNKTE UND VERSTECKE

INFILTRIERTER MEGAKON

Die Position einer Frau in Rot innerhalb eines Megakonzerns ist immer mit diskreten Operationen, Megakonzernspionage und List verbunden, wobei fast

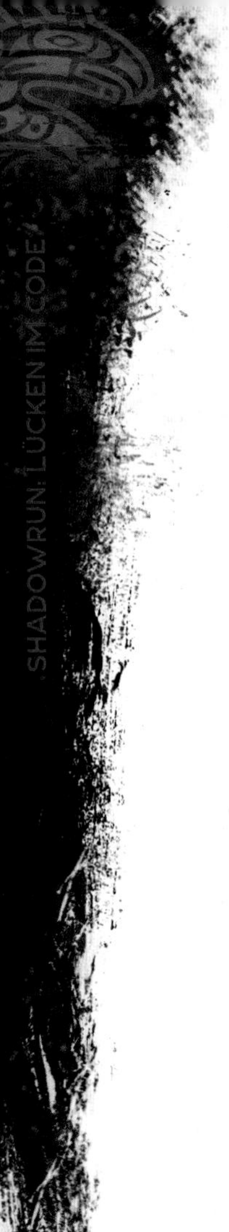

immer abstreitbare Aktivposten eingesetzt werden. Ihre Titel sind oft vage, klingen aber beeindruckend, zum Beispiel Leiterin der Abteilung für Sonderressourcen, Asset Control Manager oder Leiter für Einkauf und Beschaffung. Wenn man die im Host ihres Konzerns gespeicherten Akten über sie einsieht, wird man nur sehr wenige harte Daten finden – die Frau in Rot ist meisterhaft darin, die Bürokratie als Deckmantel für ihre Aktivitäten zu nutzen. Für jeden, der sich eingehender mit diesen Mustern befasst, erscheint die Frau in Rot wie jeder andere Konzern-Johnson, der Shadowrunner anheuert, um Dinge zu tun, mit denen der Megakonzern lieber nicht in Verbindung gebracht werden möchte. Jeder Megakonzern hat solche Leute in seiner Organisation – sie sind die Schatten, in denen sich die Shadowrunner bewegen. Genau aus diesem Grund versuchen die Frau in Rot, diese Positionen zu besetzen. Die wahren Motive einer Frau in Rot werden wahrscheinlich nicht ans Tageslicht kommen, es sei denn, etwas geht bei ihren Plänen furchtbar schief. Shadowruns sind jedoch ein heikles, manchmal chaotisches Unterfangen, und in den Schatten geht jeden Tag etwas schief, manchmal sogar furchtbar schief.

Eine Frau in Rot tätigt ihre Geschäfte selten persönlich, aber wenn sie ein Team von Runnern beeindrucken will, lädt sie sie in ihr Büro innerhalb des Megakonzerns ein und vertraut darauf, dass die Sicherheitsteams des Konzerns sie schützen. Ihre Büroräume sind immer gut geschützt, obwohl es nur sehr wenig Sensorabdeckung gibt.

FESTUNG IM FUNDAMENT

Die Frau in Rot sind Experten für die Infiltration von Hosts und besonders geschickt innerhalb des Fundaments. Sie nutzen dieses Wissen, um Festungen zu errichten: verborgene Räume innerhalb des Fundaments eines Hosts. Diese Festungen sind mit dem Rest des Fundaments durch meisterlich versteckte Datenpfade verbunden, sodass die meisten Matrixsicherheitsmitarbeiter wahrscheinlich nicht auf sie stoßen, solange sie nicht wissen, wonach sie suchen müssen. Da die Arbeit im Fundament mit einigen Unwägbarkeiten und großen Gefahren verbunden ist, gehen die meisten Personas mit spezifischen Zielen an die Arbeit im Fundament heran. Sie führen eine bestimmte Aufgabe aus, zum Beispiel das Abrufen archivierter Daten oder die Änderung der Einstellungen eines Hosts, und konzentrieren sich auf die Ausführung dieser Aufgabe – mehr nicht. Das Fundament eines Hosts kann sich gegen jede Persona wenden, die versucht, es zu verändern – sogar das Matrixpersonal, das für den Megakonzern arbeitet, dem der Host gehört, ist dieser Gefahr ausgesetzt. Zusätzliche Zeit damit zu verbringen, im Fundament eines Hosts herumzustochern, wird von Hackern und Spinnen gleichermaßen als unnötig leichtsinnig angesehen. Die Frau in Rot machen sich dies zunutze, indem sie in einer Reihe von Hosts ihre ultimativen Verstecke einrichten. Wie genau sie neue Datenpfade anlegen, die sich mit einem neuen, von ihnen selbst entworfenen virtuellen Raum verbinden, gehört zu ihren Betriebsgeheimnissen, ist aber wahrscheinlich das Ergebnis längerer Erkundungen und Tüfteleien innerhalb des Fundaments. Die Frau in Rot lieben es, Zeit im Fundament zu verbringen, so wie die meisten Decker es lieben, in die Matrix eingestöpselt zu sein. Während die meisten Technomancer das Betreten des Fundaments eines Hosts als letzten Ausweg oder als Verzweiflungstat betrachten, nutzen die Frau in Rot das Fundament regelmäßig – sogar für Aufgaben, die auch durch den Zugang zu den oberen Ebenen eines Hosts erledigt werden können. Der Schlüssel zur regelmäßigen Nutzung des Fundaments sind ihre Festungen. Auch wenn es den Anschein hat, dass sie mehrere Festungen haben, die unter vielen Hosts versteckt sind, ist ihre Festung in Wahrheit ein Ort, der irgendwie mit jedem dieser Hosts verbunden ist. Vielleicht existiert sie unabhängig irgendwo in der Matrix, aber es ist wahrscheinlicher, dass sich ihre Festung im Fundament eines einzelnen Hosts befindet.

Die Frau in Rot nutzen ihre Festung als sicheren Treffpunkt, an dem sich alle ihre Mitglieder treffen, austauschen, Informationen weitergeben und sich immer besser an die Arbeit innerhalb des Fundaments gewöhnen können. Es ist der Ort, an dem sie sich der Wandlung unterziehen, und der einzige Ort, an dem sie sich unter Gleichgesinnten frei entfalten können. Sie dient auch als Knotenpunkt für Hintertüren, die einen direkten Zugriff auf das Fundament jedes mit einer Festung verbundenen Hosts ermöglichen. Wenn eine Festung entdeckt wird, unterbrechen entweder die Sicherheitskräfte, die die Entdeckung gemacht haben, oder die Frau in Rot selbst die mit ihr verbundenen Datenpfade.

Wenn ihr das Pech habt, in die Festung der Frau in Rot einzudringen, erwartet euch der Kampf eures Lebens. Die Frau in Rot sind äußerst wachsam, was die Sicherheit ihrer Festung angeht. Es sind immer mehrere von ihnen anwesend, zusammen mit einer Reihe von Sprites, die viel effektivere Wachen sind, als IC es jemals sein kann. Jeder von ihnen kann den Alarm auslösen, und dann wendet sich die Festung selbst gegen den Eindringling – so wie die Realität selbst zu einem tödlichen Feind wird, wenn ein Fundament-Run schiefläuft.

BEHERRSCHTER RESONANZRAUM

Sobald die Frau in Rot die Kontrolle über einen Resonanzraum (oder in vielen Fällen einen Teil davon) übernommen haben, wird er zu ihrem eigenen Herrschaftsgebiet. Sie kontrollieren die Realität dort und nutzen sie, um Wege zu erforschen, wie sie ihren dissonanten Einfluss weiter in die Resonanz ausbreiten können. Sie suchen nach Mitteln, um so viel von der Resonanz wie möglich in einen kosmischen Raum zu verwandeln, über den sie die volle Kontrolle haben. Dieses Gefühl der vollständigen Kontrolle ist eine Illusion, da sich die Dissonanz nicht dem Willen einer Person beugt. Sie kann gelenkt und genutzt werden, aber der Kern der Dissonanz ist das Chaos und der Mangel an Kontrolle. Normalerweise verhält sie sich im Herrschaftsbereich einer Frau in Rot wie erwartet, aber sie kann auf unerwartete und manchmal tödliche Weise reagieren – auch für die Mitglieder der Frau in Rot. Eine aufgestiegene Göttin – wie die Gruppe sie nennt – verbringt fast ihre gesamte Zeit in diesem Raum und löst sich allmählich immer mehr von der

Welt und den Leuten um sie herum. Das ständige Eintauchen in die Dissonanz zerfrisst ihren Verstand. Niemand weiß, was letztendlich mit einer von ihnen geschieht, aber es ist wahrscheinlich, dass sie wahnsinnig werden und sterben. Die Frau in Rot glauben, dass ihre aufgestiegenen Göttinnen Wege finden, um die Dissonanz zu verbreiten und schließlich als höhere Wesen selbst Teil der Dissonanz zu werden. Das ist Wahnsinn, aber es ist ihr Glaube. Jeder, der so viel Zeit in der Dissonanz verbringt, wird bis ins Nichts abgenutzt werden – die Auflösung ist viel wahrscheinlicher als ein Aufstieg.

Aufgrund der unvorhersehbaren und unkontrollierbaren Gefahren eines Dissonanzraums verbringen nur die mächtigsten und erfahrensten Mitglieder der Frau in Rot einen Großteil ihrer Zeit dort. Die meisten Mitglieder sind in der Matrix oder in der physischen Welt unterwegs, arbeiten an der Verwirklichung der Ziele der Gruppe oder halten sich in ihrer Fundament-Festung auf. Jeder von ihnen kann jedoch auf die Dissonanzräume zugreifen, die von ihren aufgestiegenen Göttinnen errichtet wurden und mit ihrer Festung verbunden sind. Die meisten Tore in diesem virtuellen Raum führen zu den Fundamenten anderer Hosts, aber einige von ihnen führen auch direkt zu den Dissonanzräumen der Frau in Rot.

EINE VERBINDUNG HERSTELLEN

DER FRAU IN ROT BEITRETEN

Die Frau in Rot sind unglaublich abgeschottet und verschwiegen und misstrauen jedem, der nicht zu ihrer Gruppe gehört. Sie rekrutieren in der Regel aus den Runnerteams, die sie beschäftigen und zu denen ein talentierter Technomancer gehört. Sie können Jahre damit verbringen, den Technomancer zu einem dissonanten Technomancer auszubilden, indem sie ihn mit Hinweisen auf den Zugang zu seltsamen Kräften und Datenstrukturen locken. Erst nach jahrelanger Beobachtung und Interaktion beginnen die Frau in Rot mit dem Einarbeitungsprozess. Eine angehende Frau in Rot muss eine dissonante Technomancerin mit dem Morphinäer-Talent sein. Morphinäer-Technomancer sind besonders effektiv, wenn es darum geht, Hosts zu manipulieren.

Sobald ein williger und würdiger Kandidat ausgewählt wurde, muss er die erste Prüfung bestehen: Er muss sich in einen Host hacken, in dessen Fundament eindringen und die dort versteckte Festung der Frau in Rot finden. Dies kommt der Frau in Rot zugute, weil es potenzielle Schwachstellen in ihren Bemühungen, ihre Festungen verborgen zu halten, aufdeckt und beweist, dass der potenzielle Rekrut das Zeug dazu hat, ernsthaft für eine Mitgliedschaft in Betracht gezogen zu werden. Wenn der Anwärter die Festung findet und betritt, werden sich viele Mitglieder der Frau in Rot zu erkennen geben. Sie begrüßen den Neuankömmling und bieten ihm an, sich ihnen anzuschließen. Weigert sich der Kandidat, wird er sofort durch tödliche Biofeedback-Angriffe oder – was heutzutage häufiger vorkommt – durch

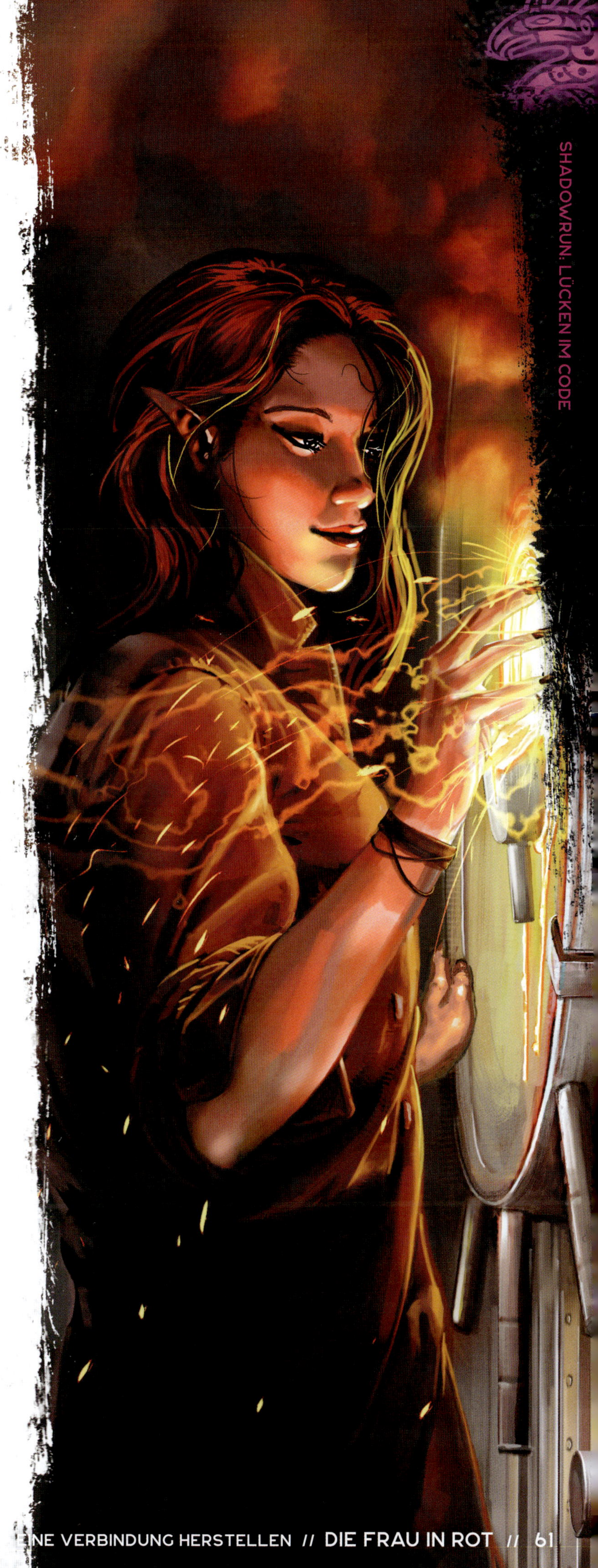

einen Auftrag an einen Attentäter im Fleischraum getötet. Nur sehr selten lehnt ein Kandidat ab, der diesen Punkt erreicht hat.

Sobald der Kandidat einwilligt, begleiten ihn mehrere Frauen in Rot in einen Resonanzraum, den sie korrumpiert haben. Dort wird er vom Dissonanzraum selbst unter dem Kommando einer aufgestiegenen Frau beurteilt. Sie spielt mit ihm, testet ihn, treibt ihn an seine Grenzen und zerstört ihn manchmal. Diejenigen, die überleben, werden als vollwertige Mitglieder aufgenommen. Der neue Zweck ihres Lebens ist es, der Gruppe zu dienen, was bedeutet, dass sie darauf hinarbeiten, Zugang zu weiteren verwundbaren Resonanzräumen zu erhalten, um sie mit Dissonanz zu korrumpieren.

FÜR DIE FRAU IN ROT ARBEITEN

Wenn eine Frau in Rot euer Team für ihren ersten Auftrag anheuert, wird sie dies wahrscheinlich anonym über einen Schieber tun. Wenn alles gut läuft, wird euer Team für einen oder zwei weitere Jobs auf die gleiche Art und Weise über denselben Schieber beauftragt. Wenn ihr nicht zu viel Mist baut, wird man sich schließlich mit euch wegen weiterer Jobs in Verbindung setzen. Bei den meisten dieser Aufträge handelt es sich um gewöhnliche Shadowruns, die nicht direkt den Interessen der Frau in Rot dienen, sondern Ziele darstellen, die für den Megakonzern oder die Organisation wichtig sind, die die Frau in Rot infiltriert hat. Der Zweck dieser Runs besteht darin, Ms Johnsons Unentbehrlichkeit innerhalb dieser Organisation zu etablieren, und nicht, ihr dabei zu helfen, einen Zugang zu einem Resonanzraum zu finden, der ihren Zwecken dient. Wenn ein Team diese Runs erfolgreich durchführt, wird die Frau in Rot es für spezielle Aufgaben anheuern, die ausnahmslos darin bestehen, geheime Matrix-Forschungsprogramme ins Visier zu nehmen, Technomancer zu extrahieren, die als Testobjekte für verschiedene Experimente verwendet werden, und Runs gegen die Fundamente von Hosts zu unternehmen, um archivierte Dateien zu beschaffen. Wenn das Team diese ersten Runs mit Erfolg durchführt, wird es zu einem Favoriten. Die Frau in Rot wird es häufiger nutzen und bevorzugt behandeln. Den meisten Mitgliedern des Teams werden Zugang zu Deltakliniken, Upgrades für Cyberdecks, seltene und teure Software sowie andere teure Ausrüstungsgegenstände angeboten, die sich die Frau in Rot von dem Megakonzern aneignen kann, in dem sie parasitiert. Wenn es Technomancer im Team gibt, wird die Frau in Rot versuchen, sie mit der Möglichkeit zu locken, neue und seltsame Dinge über die Resonanz zu lernen. Dies beginnt in der Regel mit dem Geschenk einer kleinen Datenstruktur und Hinweisen auf neue Kräfte, die durch die Tiefenresonanz gefunden und genutzt werden können. Die Frau in Rot wird beurteilen, ob der Technomancer ein guter Kandidat für die Organisation ist, indem sie seine Reaktionen, Neigungen und Flexibilität beurteilt. Die meisten erweisen sich als ungeeignet und werden daher nicht weiter beachtet, aber diejenigen, die sich als wahrscheinlich geeignet erweisen, werden für eine Mitgliedschaft in Betracht gezogen. Sie werden schließlich geprüft, ob sie bereit sind, den Rest ihres Teams zu verraten und ihr altes Leben hinter sich zu lassen. Diejenigen, die sich nicht als vielversprechend erweisen und nicht bereit sind, sich der Frau in Rot anzuschließen, werden aufgebraucht und zusammen mit dem Rest ihres Teams als lose Enden behandelt.

TO-DO-LISTE

VON DER FRAU IN ROT ANGEHEUERT

Einer der Schieber des Teams meldet sich mit einem potenziellen Jobangebot, aber der Kunde möchte sich mit dem Team in einem sicheren Host in voller VR persönlich treffen. Wenn die Runner zögern (oder wenn die Schieber-Connection sie genug mag, um das zusätzliche Geld weiterzugeben), wird jedem von ihnen eine kleine Summe von Nuyen angeboten, nur um zum Treffen zu erscheinen. Der Schieber hat nicht viele Informationen über den Kunden, obwohl er schon in der Vergangenheit Runner für ihn angeheuert hat. Er gibt keine Details über frühere Deals preis, aber er hat den Eindruck gewonnen, dass dieser Kunde ein seriöser, gut zahlender und relativ vertrauenswürdiger Auftraggeber ist – und wenn er gefragt wird, wird er diesen Eindruck an das Runnerteam weitergeben.

Das Treffen findet in einem heruntergekommenen, vergessenen Host statt. Er könnte ein Host für ein Matrixspiel gewesen sein, das an Popularität verloren hat, für ein Start-up, das in der mörderischen Konzernwelt alles verloren hat, oder es ist ein verlegter Host, der einem der Megakonzerne gehören würde – wenn dieser ihn nicht irgendwie aus den Augen verloren hätte. Wie dem auch sei, dieser Ort ist gespenstisch und geheimnisvoll. Es gibt keine Sicherheitsspinne, die alles im Auge behält, und das IC irrt ziellos umher. Wenn du nach einer Szene suchst, um einen KI-NSC oder eine Begegnung mit Protosapienten einzuführen, wäre dies ein guter Zeitpunkt. Den Runnern wird gesagt, wie sie sich Zugang zum Host verschaffen können – durch eine Geheimtür, einen versteckten Durchgang oder indem sie etwas Ungewöhnlicheres tun, zum Beispiel einen bestimmten Tanz außerhalb des Hosts ausführen. Sobald sie drin sind, müssen sie den Besprechungsraum finden. Das wird nicht einfach sein, denn die Frau in Rot nutzt den Ort und die Umgebung, um die Runner auf die Probe zu stellen.

Eine einfache Matrixsuche führt das Team näher an den Besprechungsraum heran, aber es wird mehrere Versuche brauchen. Jede Suche scheint direkt zum Ort des Treffens zu führen, aber wenn die Runner dort ankommen, sind sie am falschen Ort und werden auf irgendeine Weise geprüft. Dabei kann es sich um unheimliche soziale Begegnungen mit seltsamen Sprites oder Protosapienten handeln, oder die Runner werden sogar von einem der Bewohner des Hosts (oder sogar von einem Infiltrator-Sprite der Frau in Rot) angegriffen. Wenn das Runnerteam überlebt und beharrlich bleibt, wird es den Ort des Treffens schließlich finden.

Der Ort des Treffens ist ein prächtig dekorierter Raum, der sich stark vom Rest des Hosts unterscheidet.

Eine Frau in Rot wird dort sein, um sie zu empfangen. Sie beglückwünscht sie zum Bestehen der Prüfung und lobt ihre Fähigkeiten (selbst wenn sie nicht so gut abgeschnitten haben, reicht es der Frau in Rot, dass sie es hierher geschafft haben). Sie wird ein paar Andeutungen machen, dass sie viel mehr über die Runner weiß, als sie von einem gewöhnlichen Mr Johnson erwarten würden, und Geheimnisse ansprechen, von denen die Runner beunruhigt wären, wenn sie wüssten, dass sie zugänglich sind. Sobald die Frau in Rot die Runner aus dem Gleichgewicht gebracht hat, wird sie ihnen erneut ein Kompliment machen und ihnen anbieten, sie für einen Run zu engagieren. Die Spielleitung kann jede Idee für einen Run einbringen, aber ein Datendiebstahl oder eine Extraktion von Technomancer-Testpersonen wären perfekt. Die Frau in Rot wird die Runner fair behandeln und ihnen ein höheres Honorar anbieten, als sie es gewohnt sind, in der Hoffnung, dass sich das Team als kompetent und professionell erweist und bereit ist, mehr Arbeit für sie zu erledigen.

Die Frau in Rot verrät nicht, für wen sie arbeitet, aber mit etwas Beinarbeit sollte sie mit einem der Megakonzerne in Verbindung gebracht werden können, die in dieser Region stark vertreten sind. Ihr längerfristiges Ziel in Bezug auf das Runnerteam besteht darin, dessen Potenzial als zukünftige Kernressource zu bewerten. Das kurzfristige Ziel des Runs besteht entweder darin, die Ziele des Megakonzerns, den die Frau in Rot infiltriert hat, zu fördern, um ihre Tarnung dort zu festigen, oder Informationen zu finden, die zu einem Resonanzraum führen könnten.

Wenn die Runner den Job nicht verpfuschen, wird die Frau in Rot ihnen anbieten, sie bald wieder anzuheuern. Wenn sie schlecht abschneiden, wird die Frau in Rot sie vergessen. Sie wird sich nicht die Mühe machen, die Runner aufzuspüren und als loses Ende abzuschneiden.

ENTLARVUNG EINER FRAU IN ROT

Das Team wird von einem Mr Johnson angeheuert, der ganz offen über den Megakonzern spricht, für den er arbeitet. Er hatte in letzter Zeit einige Probleme aufgrund einiger schlecht gelaufener Shadowruns und vermutet, dass einer seiner eigenen Leute gegen ihn arbeitet. Mr Johnson weiß nichts von der Frau in Rot als Organisation, aber er hat den Verdacht, dass eine bestimmte Frau (die oft rote Kleidung trägt) nicht ist, was sie zu sein scheint. Sie verfügt über eine gute Position und hohes Ansehen innerhalb des Konzerns, sodass Mr Johnson nicht in der Lage ist, auf dem normalen Weg gegen sie vorzugehen. Die Runner haben zwei Aufgaben: Sie sollen so viele Informationen wie möglich über die Zielperson sammeln, indem sie ihre eigenen Connections und Fähigkeiten nutzen. Mr Johnsonwill entweder wissen, für wen sie arbeitet, oder sie aus dem Verkehr ziehen, damit sie verhört werden kann. Mr Johnson bietet eine höhere Bezahlung als üblich für diesen Run an und gibt den Runnern die Namen einer Reihe von Shadowrunnern, die das Ziel vor Kurzem für einige Runs angeheuert hat.

Die Frau in Rot ist ihrem Ziel nähergekommen und etwas nachlässig geworden, was die Aufrechterhaltung ihrer Tarnung angeht, während sie ihr Ziel auf Kosten des Megakonzerns verfolgt. Sie hat ein anderes Runnerteam für die wichtigsten Aufträge eingesetzt: Es waren (Raub-)Überfälle und Extraktionen gegen geheime Matrix- oder Resonanz-Forschungsstätten. Der Megakonzern, den sie infiltriert hat, hat einen Weg gefunden, auf einen Teil der Resonanzräume zuzugreifen, der noch nicht gründlich erforscht wurde, und hat dies geheim gehalten. Die Frau in Rot ist dabei, ihr Lieblingsteam für einen letzten großen Auftrag anzuheuern, der ihr Zugang zu dieser neuen Entdeckung verschaffen wird. Vielleicht finden die Spielercharaktere das heraus und verhindern es, oder sie werden Zeuge der Ereignisse. Wenn die Frau in Rot bemerkt, dass sie ins Visier genommen wird, könnte sie auch versuchen, die Spielercharaktere zu benutzen, um ihr dabei zu helfen, einige lose Enden abzuschneiden – entweder indem sie sie direkt anheuert oder indem sie es so einrichtet, dass sie sich mit ihren Runnern auseinandersetzen müssen, um an sie heranzukommen.

Es ist sehr wahrscheinlich, dass die Spielercharaktere weder die Zeit noch die Mittel haben werden, die Pläne der Frau in Rot zu vereiteln, und das ist auch nicht der Sinn dieses Abenteueraufhängers. Dieser besteht darin, den Runnern einen Einblick in die Machenschaften der Frau in Rot zu geben und die Möglichkeit anzudeuten, dass es noch mehr von ihnen gibt. Wenn sie wenigstens einige nützliche Informationen für ihren Auftraggeber herausfinden und sich nicht weigern, die gefundenen Informationen weiterzugeben, werden sie bezahlt.

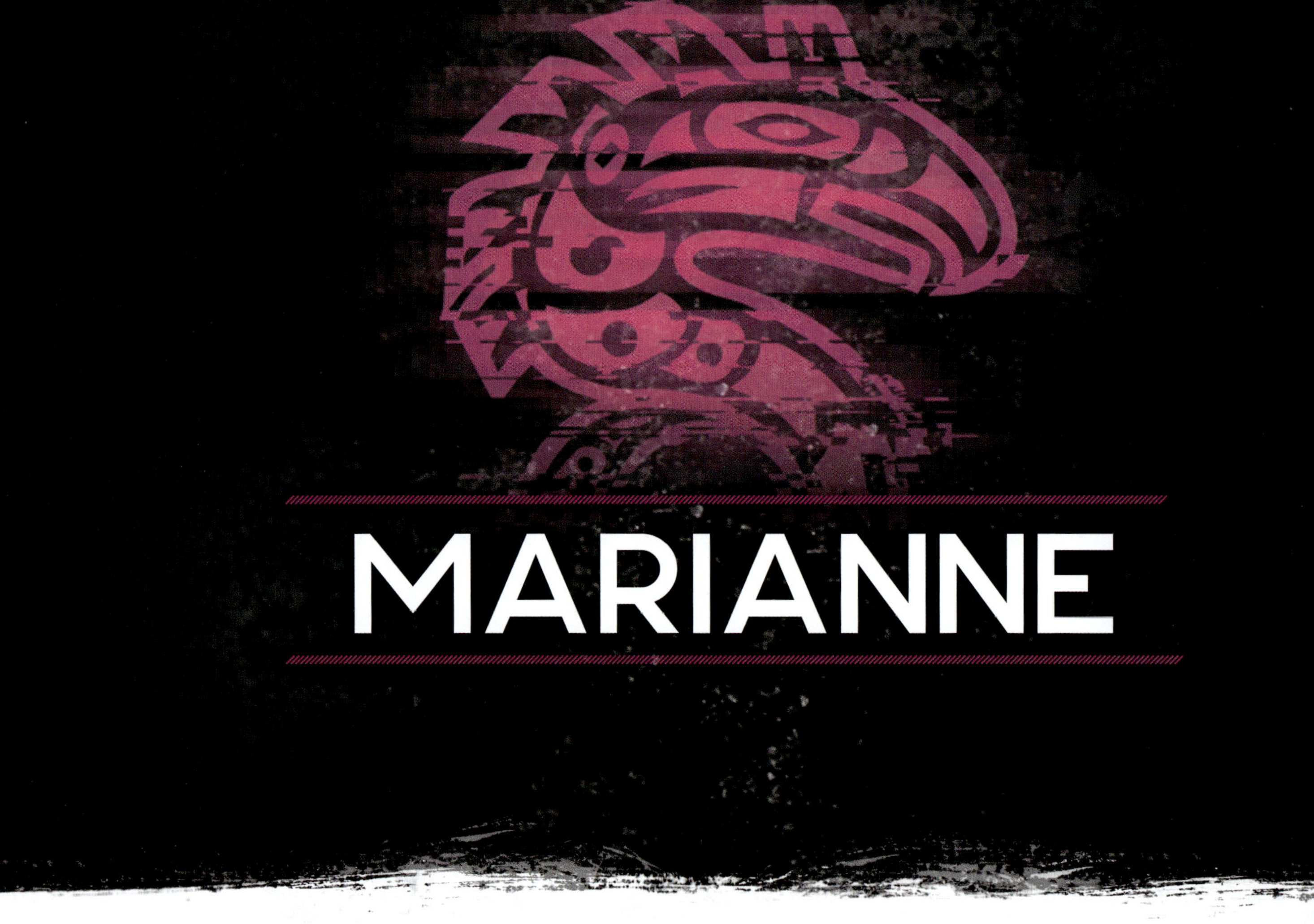

MARIANNE

- Eine wenig bekannte Tatsache über mich ist, dass ich während der Ereignisse, die in den Medien als Néo-Révolution bezeichnet werden, in Paris war. Der Regimewechsel in Frankreich, der durch die Unruhen in der Hauptstadt ausgelöst wurde, hatte sich etwa ein Jahrzehnt lang vorbereitet, bevor er Ende der 70er-Jahre ausbrach. Meine Anwesenheit in der Stadt des Lichts im Januar 79 war rein zufällig, so schien es zumindest.

  Ich war dort auf Ersuchen einer ehemaligen Shadowland-Connection, die den Spitznamen Fleur-de-Lys trägt. Sie war einige Wochen zuvor tot in ihrer Wohnung aufgefunden worden und hatte FastJack etwas vermacht. Damals war er nicht in der Verfassung, die Reise anzutreten, also bat er mich, es für ihn abzuholen. Wir werden später darauf zurückkommen.

  Zunächst sollten die Leser ein besseres Verständnis der Ereignisse in Frankreich haben, die zu dieser sogenannten Néo-Révolution und dem neuen cyberdemokratischen Regime geführt haben, das seither über das Land herrscht.

  Deshalb habe ich Sim-Eon eingeladen, den Autor des ursprünglichen Néo-Révolution-Uploads, der 2080 veröffentlicht wurde (ein Dokument, das leider von den Null korrumpiert wurde und verloren ging). Er wird uns eine Zusammenfassung der Ereignisse geben und einige dringend benötigte Zusammenhänge erklären.

  Obwohl er in der Freistadt Berlin ansässig war, war er näher am Geschehen. Als geschätztes Mitglied des Wandernden Volks hat der alte Troll über seine Freunde in der Sprawlguerilla Verbindungen zu Sektion 89. Das macht ihn zu einem informierten und einigermaßen unparteiischen Insider.
- Netcat

- Umso mehr wundert es mich, warum er die eindeutigen Parallelen zwischen Marianne und dem Berliner Massenüberwachungssystem Kassandra nicht erwähnt, an dem Renraku ebenfalls beteiligt ist.
- Sermon

EINE KURZE GESCHICHTE DER KÜRZESTEN REVOLUTION DER GESCHICHTE

GEPOSTET VON: SIM-EON

Beginnen wir mit dem, was wir wissen: Seit mehr als einem Jahrzehnt kämpft eine sogenannte Terrororganisation namens Sektion 89 dafür, das Regime der Sechsten Französischen Republik durch eine neue sogenannte „Cyberdemokratie“ zu ersetzen. Inspiriert von der Berliner Sprawlguerilla-Bewegung Anfang der 70er-Jahre machten die Mitglieder dieser Gruppe die Matrix zu ihrem Hauptkampfplatz und wurden zu Experten für die Entlarvung der unethischen Tricks, mit denen die Konzerne und die französische Oligarchie die Leute übervorteilten.

- Sektion 89 wurde nur von den Behörden als terroristische Vereinigung eingestuft. Einige Mitglieder haben vielleicht fragwürdige Datendiebstähle und direkte Aktionen durchgeführt, aber die meisten sind Whistleblower, die Missstände, Fehlverhalten und Machtmissbrauch aufdecken.
- Ecotope

- Ich habe auch Iz0bel75 gebeten, meinen Text zu kommentieren. Sie ist keine Runnerin, sondern ein prominentes Mitglied von Sektion 89 (und eine Technomancerin). Auch wenn wir in manchen Dingen nicht einer Meinung sind, verschafft sie uns doch den Einblick einer Insiderin.
- Sim-Eon

Letzteres war damals noch von Bedeutung, weil seit den Eurokriegen eine Kabale innerhalb des französischen Adels die wahre Macht im Lande war. Die Machenschaften dieser geheimen Gruppe wurden 2071 durch den berüchtigten Skandal um Projekt Omen aufgedeckt, was Präsident Kervelec dazu zwang, endlich die BRA (Business Recognition Accords) zu ratifizieren. Da der Einfluss der Oligarchie ins Straucheln geriet, konnten die Kons im ganzen Land nach der Macht greifen.

Auch wenn die Enthüllung des Skandals um Projekt Omen die französische Bevölkerung in Aufruhr versetzte, gelang es den Ermittlungen und anschließenden Gerichtsverfahren, Aufstände und zivile Unruhen einzudämmen. Das ganze Land war wie hypnotisiert von dieser surrealen Trideo-Reality-Show, in der unvorstellbarer Machtmissbrauch und Korruption aufgedeckt wurden, mit leeren Versprechungen über eine baldige, aber nie eingelöste rasche Gerechtigkeit. Dies erwies sich jedoch als die beste Anwerbungskampagne, die sich Sektion 89 hätte träumen lassen können. Die Zahl ihrer Mitglieder und Sympathisanten wuchs. Als die nächste Wahlrunde näher rückte (ursprünglich 2076, aber Kervelec konnte sie auf 2077 verschieben), schürte die Organisation in einem noch nie dagewesenen Ausmaß Spannungen und Unruhen im ganzen Land. Zu diesem Zeitpunkt hatte fast jeder dritte Bürger Sympathien für ihre Sache und ihre Botschaft entwickelt.

Kervelec stand kurz davor, die anstehenden Wahlen zu verlieren oder von Sektion 89 gewaltsam aus dem Amt entfernt zu werden, aber dann zog er ein Kaninchen aus dem Hut: das Marianne-Projekt. Wir werden später darauf eingehen, was Marianne genau ist und tut, aber für den Moment genügt es, sich vor Augen zu halten, dass dies das Blatt für den Zwerg wendete. Das Matrixsystem, das Anfang 2077 eingeführt wurde, hat das tägliche Leben der französischen SIN-Menschen fast über Nacht verbessert. Es hat Paris außerdem zu einem der sichersten Orte der Welt gemacht. Und es machte die Stadt zu einem Orwellschen Albtraum – aber das interessierte natürlich niemanden.

- Das Ableben seiner größten politischen Rivalin, Angélique Rouge, half Kervelec ebenfalls, wieder ins Spiel zu kommen. Sie war seit Juni 2076 in Boston gefangen. Die Gendarmin war zu Ausbildungszwecken dort, aber insgeheim sollte sie sich mit Celedyr treffen, um sich seine Unterstützung bei den bevorstehenden französischen Wahlen zu sichern. Ihre Arbeit in Lille, mit der sie die Macht der Konzerne in Schach hielt, hatte sie zu einer beliebten öffentlichen Figur, einer Volksheldin gemacht.

  Obwohl sie es nie schaffte, ihre Kandidatur offiziell zu erklären, sagten ihr viele einen Erdrutschsieg voraus. Ihr plötzliches, ungeklärtes Verschwinden aus der Öffentlichkeit Mitte 2076 verschärfte die Spannungen im Land. Viele forderten ihre Rückkehr, und ihre lange Abwesenheit (und die Spekulationen über Kervelecs Verwicklung in das Verschwinden seiner Konkurrentin) drohte, den Zwerg zum Rücktritt zu zwingen.

  Da gelang es Kervelec im September, sie aus Boston herauszuholen und sie in komatösem Zustand der französischen Öffentlichkeit zu präsentieren. Die meisten Leute ignorierten die Wahrheit darüber, was ihr tatsächlich zugestoßen war (eine KFS-Infektion), und glaubten daher die offizielle Version – ein Bündel von Lügen, das der Öffentlichkeit von Kervelecs PR-Team aufgetischt wurde: Dass Angélique seit Juni zu ihrem eigenen Schutz versteckt wurde und dass die Gendarmin seit einem Attentat Ende August im Koma lag. In einer bewegenden Rede, in der Angélique irgendwie zu seiner engsten Freundin geworden war, schob Kervelec die Schuld an dem „Anschlag“ auf einen „Feind der Nation“ (also Sektion 89) und nutzte diese Geschichte, um seine Kampagne zu stützen.
- Netcat

- Natürlich hat niemand in Sektion 89 jemals ein Attentat auf sie in Erwägung gezogen. Tatsache ist, dass sie bereits nicht mehr ansprechbar war, als sie Boston verließ, und das wahrscheinlich schon seit Wochen.
- Iz0bel75

In einer wahnwitzigen politischen Wahlkampfleistung wurde Kervelec innerhalb weniger Monate vom verhassten Verlierer zum „letzten Verteidiger gegen die Macht der Konzerne“. Während man erwartet hatte, dass entweder Emmanuel Dassault oder Laurent Tavernier das neue Staatsoberhaupt werden würden, wurde am 27. Mai der Zwerg wiedergewählt.

- Das war die erste Wahl, die mithilfe des Marianne-Systems vollständig über die Matrix durchgeführt wurde. Ich weiß, dass die Wahl streng überwacht wurde und niemand jemals auch nur ein Fitzelchen Wahlmanipulation nachweisen konnte, aber ich glaube trotzdem, dass die Ergebnisse irgendwie verfälscht wurden.
- Iz0bel75

- Ich glaube nicht, dass Kervelec die Ergebnisse fälschen musste. Seine plötzlich wieder gestiegene Popularität war echt. Aber, Spoileralarm, ich bin mir ziemlich sicher, dass diese das Ergebnis von Manipulationen war. Aber wir wollen nicht zu weit vorpreschen.
- Netcat

In den nächsten Monaten wiederholte sich das folgende Muster: Der beliebte, neue alte Präsident schlug Gesetze vor, um das Leben der Bürger zu verbessern. Die Konzerne taten so, als ob sie mitmachen würden, und beriefen sich darauf, dass sie die Autorität der französischen Regierung respektierten, die in dieser Angelegenheit die Oberhoheit habe. Danach sabotier-

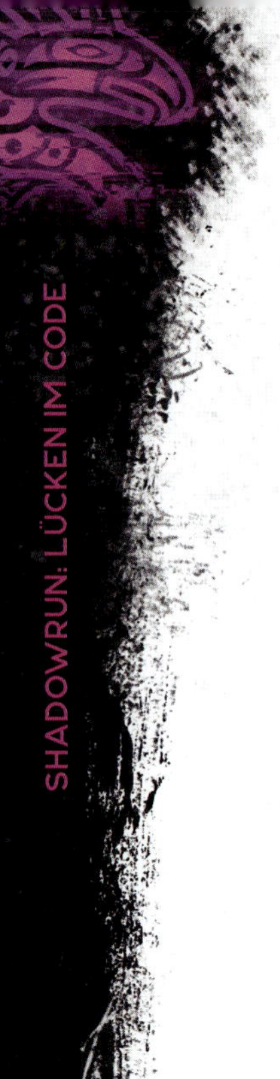

ten sie heimlich seine Pläne, sodass die Gesetze nicht verabschiedet werden konnten. Und dann wurden ihre Machenschaften von einem gewieften Hacker von Sektion 89 öffentlich gemacht. Dieses Muster wiederholte sich wieder und wieder und wieder. Nach mehr als einem Jahr dieser Scharade wuchs die Unzufriedenheit in Frankreich so sehr, dass das ganze Land zu einem Pulverfass geworden war.

Zu diesem Zeitpunkt rechneten die meisten Beobachter damit, dass das Land noch vor Ende 2079 entweder zusammenbrechen oder ins Chaos stürzen würde. Die Lage war so angespannt, dass Dassault Ende 2078 Truppen in Paris stationierte, „um Neo-PD bei seiner Mission zur Wahrung des Friedens zu unterstützen" (ohne wirklich die Erlaubnis von Kervelec oder Renraku/Neo-PD einzuholen). Nur wenige Wochen später, im Januar 2079, war der Drek am Dampfen.

Sektion 89 koordinierte einen Großangriff auf Paris, der fast acht Tage dauerte. Die Organisation hatte sich monatelang darauf vorbereitet und Hintertüren in wichtigen Systemen eingerichtet. Sie versahen die Stadt mit Sprengfallen und verwandelten (trotz der Überwachung durch GOD) jedes hackbare Gerät in eine behelfsmäßige Waffe. Da die Streitkräfte von Dassault und Neo-PD durch Störungen in ihren Matrix- und Kommunikationsnetzwerken sowie durch Sabotageakte auf gepanzerte Einsatzfahrzeuge in ihrer Reaktion behindert wurden, schlossen sich viele Pariser Sektion 89 an.

- Noch eine Anmerkung für später: Wie kommt es, dass Marianne nichts von diesen verdächtigen Aktivitäten bemerkte, bis es zu spät war?
- Netcat

Das Schlimmste war geschehen. Einige Tage lang schien Frankreich verloren zu sein. Im Zürich-Orbital diskutierte man bereits über Notfallpläne für den Fall, dass eines der Wirtschaftszentren Europas zusammenbricht. Konzernanlagen in Paris wurden abgeriegelt, der gesamte Verkehr aus Frankreich in die Konzernenklave Lille wurde umgeleitet. Einen Moment lang hielt die Welt den Atem an.

- Versteht Sim-Eon hier nicht falsch. Frankreich ist ein wichtiger Teil des europäischen Wirtschaftsgefüges, weshalb die NEEC und der Konzerngerichtshof über die Situation sehr besorgt waren. Der Rest der Welt … nicht so sehr.

  Ungeachtet des mangelnden Interesses der übrigen Welt gefiel den Kons die Vorstellung nicht, dass eine Revolution Frankreich in eine Art Neo-A-Berlin unter dem Status Fluxus verwandeln könnte. Daher wurde die Krise vom Krisenkoordinationskomitee des Konzerngerichtshofs (C5) sorgfältig überwacht, und es wurden Notfallpläne für den Fall ausgearbeitet, dass eine Einmischung in den französischen Bürgerkrieg erforderlich werden sollte.
- Bull

Doch dann beschloss Kervelec plötzlich, den Zwerg der Stunde zu geben und mit den Terroristen zu verhandeln. Niemand glaubte, dass er Erfolg haben würde, also ließen die Kons ihn machen. Sein Scheitern würde ihnen einen Grund geben, Dassault und Neo-PD zu unterstützen, um „den Frieden in Frankreich wiederherzustellen".

Zur Überraschung aller gelang es Kervelec jedoch, eine Übereinkunft mit Sektion 89 zu treffen und über Nacht eine neue Verfassung für das ganze Land zu entwerfen, die auf dem Konzept der Cyberdemokratie basiert. Ein Teil der sogenannten Terrororganisation hatte diese Idee in den letzten zwei Jahren bei den Franzosen stark propagiert, und viele waren fasziniert davon – zumal Marianne eine Möglichkeit zu sein schien, ein solches politisches Regime umsetzen zu können.

Während die Konzerne größtenteils an einem Plan arbeiteten, um auf die eine oder andere Weise in Frankreich zu intervenieren, hörte die Gewalt plötzlich auf und Kervelec rief eine neue Republik aus. Was auch immer der Zwerg Sektion 89 versprochen hatte, die Kons dachten, dass sie Wochen oder sogar Monate haben würden, um es rückgängig zu machen, also reagierten sie nicht sofort. Doch dank Marianne wurde diese neue (Cyber-)Republik innerhalb weniger Stunden beschlossen und fast sofort in Kraft gesetzt.

Der Konzerngerichtshof war verblüfft und verärgert, aber der Frieden kehrte schnell wieder ein, was bedeutete, dass die Geschäfte wieder florierten und mehr Nuyen reinkamen als rausflossen. Die Unruhen und die Ungewissheit der letzten Jahre hatten den Gewinnen der Konzerne bereits geschadet, und plötzlich sahen die meisten Execs eine Möglichkeit, in einem Quartal, das sie eigentlich als Verlustquartal eingeplant hatten, einen guten Gewinn zu erzielen. Also entschieden sich die Konzerne, zumindest vorerst mitzuspielen. Wie groß war schon die Chance, dass das neue, noch nie dagewesene matrixabhängige Regime wirklich Bestand haben würde?

- Anderthalb Jahre nach diesen Ereignissen setzten Mitglieder des Konzerngerichtshofs heimlich „Matrix-Killswitches" überall in den UCAS ein. Es wird vermutet, dass dies eine Art Bestrafung dafür war, dass Colloton bei Ares' Unfug in Detroit nicht mitgespielt hatte.

  Ich wette, dass die Entwicklung dieser Technologie durch die Néo-Révolution vorangetrieben wurde. Welche bessere Waffe könnte es geben, um so etwas wie Marianne loszuwerden?
- Plan 9

Letzten Endes mussten die Kons nichts tun. Trotz des ganzen Geredes von Kervelec, „die Gegenmacht zum Konzerngerichtshof zu sein", ist die traurige Wahrheit, dass sich das neue Regime fast sofort mit den Kons gut stellte. Marianne unterstützte das Wachstum der Konzerne und sorgte für die Sicherheit von Paris, was sich ebenfalls positiv auf die Gewinne auswirkte. Das System sammelt eine riesige Menge an Daten, die die Regierung auf die eine oder andere Weise mit den Konzernen teilt. Und diese Informationen helfen bei der Vorhersage von Trends, zeigen neue Geschäftsmöglichkeiten auf und steigern den Umsatz damit erheblich.

- Ein Beispiel von vielen: Stellt euch vor, dass Marianne, die euch ständig beobachtet, vermutet, dass ihr herzkrank seid. Da ihr französische SIN-Menschen seid, hat das System durch eure (vollautomatische) Steuererklärung auch einen guten Überblick über eure Finanzen. So hat es tatsächlich alle Daten, um zu wissen, dass ihr es euch leisten könnt, euren Versicherungsschutz zu erhöhen.

  Mit all diesen Informationen bieten die Kons euch einen kostenlosen Gutschein für einen Gesundheitscheck in einer neuen

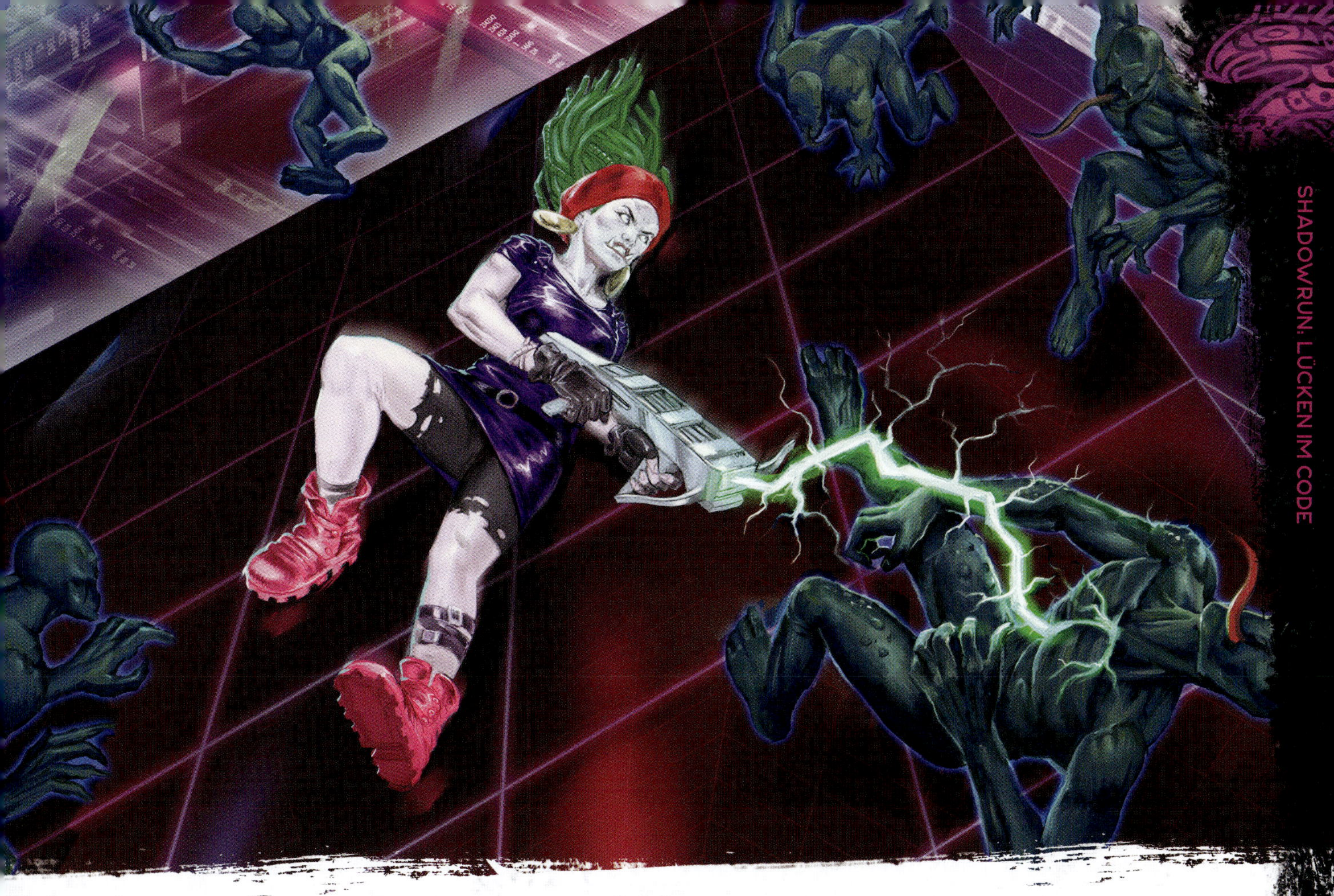

OmniStar-Klinik an. Und voilà! Ratet mal, was der Arzt finden und euch empfehlen wird?
- Glitch

Marianne hilft dem Geschäft der Konzerne also mehr als alles andere. Das alles ist nun schon einige Jahre her, und trotz des überaus verdächtigen Todes von Kervelec letzten Monat und der Panik während der UCAS-Blackouts ist die Cyberdemokratie stärker denn je und der beste Freund der Konzernmächte. Auch wenn sich das Narrativ auf die französische Regierung hätte konzentrieren sollen, die „darum kämpft, Frankreichs Freiheit von den bösen Konzernen zurückzuerobern".

- Wie Sim hier andeutet, waren die Stromausfälle für Frankreich erschreckend. Das Land hat eine derart symbiotische Beziehung zu Marianne entwickelt, dass Ereignisse wie diese katastrophale Folgen hätten haben können. Da frage ich mich wirklich, ob an der obigen Bemerkung von Plan 9 über die Technologie, die hinter den Stromausfällen entwickelt wurde, nicht doch etwas Wahres dran sein könnte.
- Bull

Die Néo-Révolution hat die Aktivitäten von Sektion 89 nicht beendet – im Gegenteil. Allerdings ist die Organisation inzwischen ziemlich gespalten, zwischen den Anhängern der Cyberdemokratie, die den Spitznamen „les Mariannistes" tragen, einerseits und denjenigen, die das Gefühl haben, dass ihre Revolution von Kervelec und den Konzernen gestohlen wurde, andererseits. Diejenigen, die weiter gegen das System kämpfen, werden als „les Ultras" bezeichnet. Iz0bel75, die dieses Dokument kommentiert hat, ist eine der prominentesten Vertreterinnen der Letzteren. Erstere helfen dem neuen Regime regelmäßig – es wird sogar gemunkelt, dass sie häufig mit der Cyberrepublik zusammenarbeiten, insbesondere mit deren Informationsagentur, der DGSE.

- Auf bizarre Weise spiegelt sich diese Kluft in dieser Agentur (und wahrscheinlich auch in anderen Teilen der französischen Regierung) wider. Ein Teil der Geheimdienstgemeinde hat Marianne geschluckt und verlässt sich jetzt sehr stark auf die Informationen, die das Matrixsystem liefert, aber die andere Seite (scherzhaft „les Barbouzes" genannt – französischer Slang aus den 1950er-Jahren für einen Spion) hält an den alten Methoden fest und misstraut allen Daten, die von Marianne kommen.
- Heisenberg

Jede Fraktion bemüht sich sehr, einen Schlag gegen die andere zu vermeiden und den latenten Konflikt nicht in einen offenen Krieg zwischen den Zellen zu verwandeln. Aber die Kluft wird von Tag zu Tag größer und ich habe den traurigen Verdacht, dass es eher früher als später zu einem Krieg innerhalb von Sektion 89 kommen wird.

WAS IST MARIANNE?

Während ich also über die französische Politik geschwafelt habe, habt ihr euch wahrscheinlich gefragt: „Was zum Teufel ist das Marianne-Projekt?" Auf dem Papier ist es ein riesiges digitales Expertensystem. Es ist nicht das Einzige auf der Welt – bei Weitem nicht –, aber die meisten laufen hinter verschlossenen

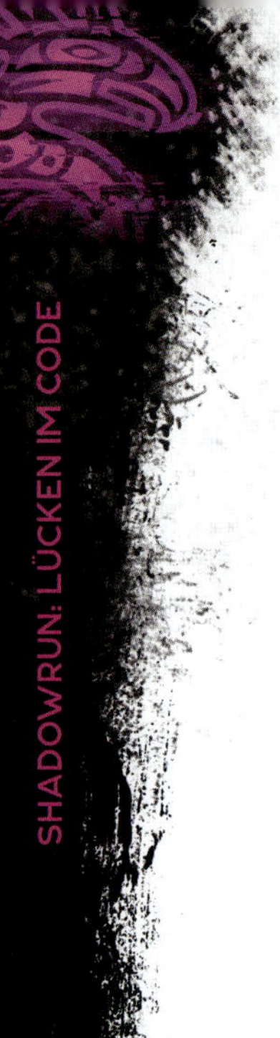

Türen in irgendeinem geheimen Konzernlabor. Eine Ausnahme von dieser Regel ist Horizons Consensus.

- Und falls ihr euch fragt, warum dieses Ding so genannt wurde: Marianne ist seit der Französischen Revolution die nationale Personifikation der Französischen Republik. Sie soll die Verkörperung von Freiheit, Gleichheit, Brüderlichkeit und Vernunft sowie ein Abbild der Göttin der Freiheit sein. Ironisch, nicht wahr?
- Netcat

Das ist ein guter Vergleich, denn die ersten Entwürfe von Marianne, damals im Jahr 71, waren stark von Horizons Consensus inspiriert (sprich: schlecht nachgebaut). Allerdings ist es heute schwer zu sagen, wie nah Marianne am Consensus dran ist oder nicht, denn ihre Architektur wurde nur wenige Monate vor dem Start von einer Gruppe von NeoNET-Matrix-„Visionären" (oder Verrückten, je nachdem, wie man es betrachtet) zum Teil neugestaltet.

- Hinter dem Engagement von NeoNET steckt eine Geschichte. Auf diplomatischem Wege teilte Kervelec Celedyr mit, dass er für das Ableben von Angélique Rouge verantwortlich gemacht werde (man erinnere sich, dass sie auf seine Einladung hin nach Boston gekommen war, um über die Finanzierung ihrer politischen Kampagne durch den Drachen zu sprechen … gegen Kervelec!). Irgendwie ließ sich der CEO von Transys-Neuronet dazu bringen, das Marianne-Projekt als Akt der Reue gegenüber Frankreich zu unterstützen, was ziemlich unglaubwürdig klingt – ehrlich, warum sollte sich der Wyrm überhaupt darum kümmern?

  Die traurige Wahrheit ist, dass Celedyr die Gelegenheit nutzte, um eines seiner eigenen Probleme zu lösen. Während Bostons Abriegelung wurden zahlreiche Matrixprojekte, die vom Hauptquartier oder in Zusammenarbeit mit dem MIT&T durchgeführt wurden, auf Eis gelegt. Im Juli 2076 teilte die Personalabteilung von NeoNET der Geschäftsleitung mit, dass sich viele ihrer Star-Matrixexperten gefährlich langweilten und unruhig wurden. Das bedeutete ein höheres Risiko für freiwillige Extraktionen. Die Personalabteilung befürchtete, dass NeoNETs F&E innerhalb weniger Wochen einen Exodus von Talenten erleben würde.

  Im September 2076, nachdem bekannt wurde, dass Angélique Rouge im Koma lag, stellte der Drache diese untätigen Forscher für das Marianne-Projekt zur Verfügung. Der Auftrag war einfach: Bringt es so schnell wie möglich zum Laufen, egal wie. Kurz gesagt gab er einem Haufen von Nerds Carte blanche, um ein pharaonisches, schier unbegreifliches Matrixsystem zu entwickeln, ohne jegliche Rechenschaftspflicht oder echtes Projektmanagement.

  Mit diesem Mandat übernahmen die NeoNET-Diven das Projekt, schrieben es größtenteils um und starteten es nach nur drei Monaten intensiver, unbeaufsichtigter Arbeit. Als es an der Zeit war, die Architektur zu dokumentieren und die Administratoren beim Betrieb des Systems zu unterstützen, verschwanden sie wieder in Celedyrs Unternehmen. Selbst heute, fast fünf Jahre später, haben Mariannes Administratoren keine Ahnung, wie die Hälfte des Systems wirklich funktioniert, und sie haben Mühe, es so am Laufen zu halten, wie es ist.
- Icarus

Trotzdem wissen wir ein paar Dinge über Mariannes Gesamtarchitektur. Marianne wurde mit dem neuen Matrixprotokoll (also mit Fundament-Hosts) entwickelt, wobei das Konzept der vorherigen Version (Matrix 2.0) berücksichtigt wurde. Das bedeutet, dass viele ihrer Funktionen in der höheren Schicht der Matrix implementiert wurden, weit entfernt von den Tiefen Fundamenten. Da große Teile des Projekts aus der Zeit vor den neuen Matrixprotokollen von 2075 stammen, läuft Marianne nicht nur mit der Rechenleistung des Hosts, sondern nutzt auch eine große Flotte von physischen Servern, die zwischen 2071 und 2076 gekauft und dem Projekt zugeführt wurden.

Ja, Marianne nutzt Hosts wegen ihrer kostenlosen Rechenleistung und der damit verbundenen Rauschfreiheit. Die Hauptarbeit wird jedoch von einer Armee von Matrixagenten geleistet. Diese Arbeitsbienen sind der wichtigste Teil des Systems und aktivieren außerdem einen Ausfallsicherungsmechanismus, falls Teile des Systems angegriffen werden. Das bedeutet, dass das System, wenn ein Host zum Beispiel durch einen Angriff von Sektion 89 kompromittiert wird, einen neuen „Stock" hochfährt und der Schwarm den angegriffenen Host verlässt, um auf den neuen zu migrieren. Das ist unelegant, verschwenderisch und kostet eine Menge Ressourcen, aber es scheint zu funktionieren.

- Da die Sysops kein tiefes Verständnis der Architektur haben, sind sie zu Experten für diese Art von Patchwork-Lösungen geworden. Geht irgendetwas schief? Zerstören und von Grund auf neu erschaffen. Das gibt ihnen zwar ein gutes Sicherheitsnetz, aber es bedeutet auch, dass die Codebasis ständig zurückgesetzt wird, anstatt sich weiterzuentwickeln und immer besser zu werden. Tatsächlich wird sie immer schwerfälliger.
- Glitch

- Und selbst wenn sie hier und da einige Aspekte des Systems verbessern, gibt es eine Sache, die sie um jeden Preis zu vermeiden versuchen. Das schränkt übrigens ihre Möglichkeiten, das System wirklich zu beherrschen und es sich zu eigen zu machen, stark ein.

  Egal, was sie tun, sie besuchen nicht die Tiefen Fundamente eines Neurons. Wenn eines von Mariannes Neuronen auch nur mit dem einfachsten Problem konfrontiert wird, das einen Tiefenhack erfordern würde, wird der Host außer Betrieb genommen und die zugehörige Hardware einem anderen Neuron (oder einem neuen) zugewiesen.
- Iz0bel75

Redundanz und Verteilung sind der Schlüssel zum Verständnis von Mariannes Architektur. Es gibt kein Hauptrechenzentrum, das das System betreibt, sondern eine Reihe kleiner, hochspezialisierter Zentren, die über ganz Frankreich verteilt sind. Diese werden als **Neuronen** bezeichnet und sind ebenfalls redundant. Um Marianne ganz zu stoppen, müsste man sie also alle gleichzeitig treffen. Und natürlich sind ihre Standorte sowohl gesichert als auch geheim.

In Paris wird einer in La Défense und ein weiterer in Saclay vermutet, aber es gibt auch Hinweise darauf, dass mehrere in der SOX oder sogar in der Auvergne (ja, inmitten ihrer aktiven Vulkane) versteckt sein könnten. Im Allgemeinen scheinen Neuronen an merkwürdigen Orten gebaut oder installiert zu werden und sind vollautomatische Einrichtungen. Das bedeutet, dass sie sich nicht in der Nähe einer Stadt befinden müssen. Sie benötigen lediglich Zugang zur Energieinfrastruktur und eine sichere Verbindung zur Matrix.

- Um Letzteres zu gewährleisten, entscheiden sich Mariannes Administratoren oft für die Wiederverwendung der verkabelten Infrastruktur, die von der ersten Iteration der Matrix übrig geblieben ist. Im Gegensatz zu Berlin, wo sie seit Langem umgenutzt wird, wurde sie in Frankreich seit ihrer Stilllegung in den Jahren nach dem Crash 2.0 weitgehend unangetastet gelassen. Sie ist jedoch in einem ziemlich guten Zustand und daher leicht wieder nutzbar zu machen. Wenn ihr auf ein Subnetz der Matrix 1.0 stoßt, das irgendwie noch läuft, ist das ein Hinweis darauf, dass in der Nähe ein Neuron versteckt sein könnte.
- Iz0bel75

- Diese Architektur macht Marianne widerstandsfähig, aber nicht unschlagbar. Seit ihrem Start im Januar 77 ist es Sektion 89 gelungen, gemeinsame Angriffe zu koordinieren, um einzelne ihrer Funktionen vorübergehend auszuschalten, wie zum Beispiel die Überwachung in einem kleinen Teil von Paris oder die automatische Hilfe bei der Arbeitssuche. Da Neuronen redundant sind, müsst ihr die zwei oder drei identifizieren, die die zu deaktivierende Funktion ausführen, und sie dann ungefähr zur gleichen Zeit offline bringen.
- Glitch

- Der Ansatz zur Ausschaltung dieser Neuronen sollte auf ihren Standort und ihre Infrastruktur zugeschnitten sein. Einige sind schlecht mit der Matrix verbunden, sodass es ausreichen kann, ihr Signal zu stören oder die Kabelverbindung zu manipulieren. Andere sind vielleicht einfacher zu infiltrieren und physisch lahmzulegen (indem man die Verbindung der Racks trennt, ihr braucht nicht den ganzen Laden in die Luft zu jagen).

  Aber schon nach wenigen Stunden – vielleicht auch Tagen, wenn ihr Glück habt –, sind die Neuronen entweder repariert oder ein anderes übernimmt die Last, sodass die Funktionalität wiederhergestellt ist.
- Iz0bel75

- Das Berliner Kassandra-System läuft bisher offenbar rein über die allgemeine Überwachungsmatrix. Nicht auszudenken, sollte das System jemals die exzellent ausgebaute Berliner Kabelmatrix in seine Struktur übernehmen …
- Sermon

Hier ist der Knackpunkt für uns in den Schatten: In Paris speisen fast alle Geräte mit drahtloser Kapazität Marianne mit Informationen. Es ist naheliegend, dass Sicherheitskameras das tun, aber auch jeder Teil der hochmodernen AR-Infrastruktur, die für den Tourismus gebaut wurde, sowie alle persönlichen Geräte von Regierungsangestellten und braven Bürgern, die dem Zugriff zustimmen (und die meisten tun das). Das bedeutet, dass Marianne viele Augen und Ohren in absolut jedem Winkel der Stadt hat.

- Ihr könnt Marianne zwar überall in Frankreich nutzen und darauf zugreifen, aber nur Paris profitiert von dieser äußerst aufdringlichen und unmoralischen Überwachung. Und mehr als achtzig Prozent der Neuronen sind für diese Funktion zuständig.

  Seit der Néo-Révolution haben wir Marianne höchstens ein paar Stunden lang von der Beobachtung eines Bezirks abgeschnitten. Und wir haben drei Wochen gebraucht, um dieses Kunststück zu planen und auszuführen, bei dem wir vier Neuronen gleichzeitig erfolgreich angreifen mussten.
- Iz0bel75

- Ich habe es nicht in diesen Bericht aufgenommen, weil es schwer zu belegen ist, aber es gibt Hinweise darauf, dass Marianne keine Skrupel hat, Geräte in Paris zu hacken, wenn das System dies erfordert. Offenbar ist es sogar legal, denn es geht um den „erzwungenen Zugang zu allen Geräten, um die Sicherheit der Einwohner und Besucher von Paris sowie die nationale Sicherheit Frankreichs zu gewährleisten". Und wir alle wissen, wie diese Art der Bereitstellung abläuft …
- Sim-Eon

- Das ist ein echter Albtraum. In der Stadt gibt es keinen einzigen Funken Privatsphäre mehr. Alles, was ihr in Paris tut, weiß Marianne direkt oder kann es anhand von Umgebungsdaten erraten. Außerdem wurde Marianne zu genau der Zeit ins Leben gerufen, als Renrakus Neo-PD den Polizeikontrakt für Paris erhielt. Und ein Teil dieses Dokuments sah eine „umfassende Zusammenarbeit mit Marianne" vor, die der Sicherheitsdienst so weit wie möglich ausgenutzt hat.
- Sunshine

Rezepte für einen guten Polizeistaat: Man rühre die ständige Überwachung im Uhrzeigersinn um und bestreue das zugehörige Berechnungsgitter mit ein paar prädiktiven Algorithmen, und voilà! Der Traum eines jeden autoritären Regimes: ein System, das in der Lage ist, kriminelles Verhalten zu erkennen und aufzudecken, bevor es geschieht. Damit meine ich nicht das illegale Tragen einer Waffe oder den Besitz verbotener Modifikationen. Ich spreche davon, dass euer Team während des Frühstücks, fünf Stunden vor dem Job, verhaftet wird. Warum? Weil eure falsche SIN besagt, dass ihr Touristen seid. Ihr habt aber weder etwas besichtigt noch Einkäufe getätigt, was euch zu einer statistischen Abweichung in Mariannes kleinen Papieren macht.

- Kurz gesagt, wenn ihr in Paris seid, braucht ihr eine Tarngeschichte, und ihr müsst euch darauf festlegen. Und sie muss den Anforderungen des Jobs entsprechen. Ihr wollt jemanden aus dem Hauptquartier der Atlantean Foundation extrahieren? Ihr werdet das Musée du Louvres tagelang besichtigen müssen, also holt euch eine Touristen-SIN und lernt, die Rolle zu spielen.

  Ihr wollt in den Büros des Montparnasse-Turms ein paar Paydata von S-K stehlen? Dann benötigt ihr eine gefälschte Konzern-SIN, die an eine Tochtergesellschaft des AAA gebunden ist und eure Anwesenheit dort erklären würde. Oh, und natürlich solltet ihr einige gefälschte Daten im Host der Tochtergesellschaft einpflanzen, denn Marianne wird eure SIN nicht für bare Münze nehmen – das System wird euch angemessen auf den Zahn fühlen.
- Iz0bel75

- Wenn ihr euch fragt, warum die Kons ein derart aufdringliches System zugelassen haben, dann denkt daran, dass sie die Ersten sind, die von der riesigen Menge an Daten profitieren, die Marianne sammelt. Hinzu kommt die Tatsache, dass Paris heute eine der sichersten Städte der Welt und damit ein blühendes Tourismusziel ist. Horizon hat das Sagen und hat die Stadt zum perfekten Ort für Flitterwochen, Familienausflüge und Firmenfeiern gemacht. Die Stadt wird auch häufig als sicherer und neutraler Ort für Verhandlungen zwischen den Kons genutzt.

  Und natürlich haben die Kons selbst keine Schwierigkeiten, ihre Geheimnisse vor Marianne zu verbergen. Das ständige Ausspionieren endet höflicherweise an der Tür ihrer exterritorialen Anlagen.
- The Chromed Accountant

Zum Glück sind Mariannes Überwachungskapazitäten begrenzt. Die Analyse des Verhaltens durch

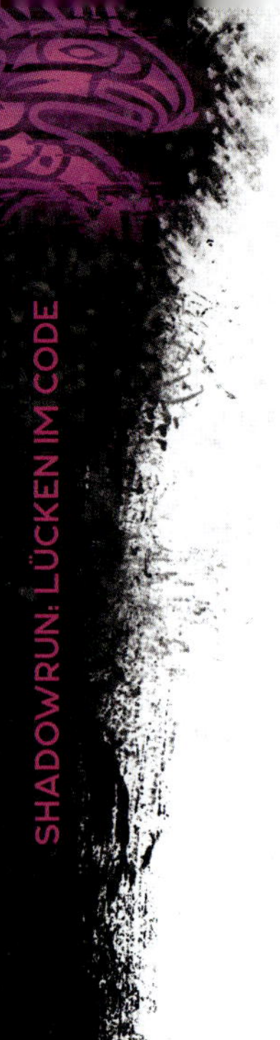

prädiktive Algorithmen ist ein leistungsfähiges Instrument, das jedoch viele falsch positive Ergebnisse liefert. Ein Tourist kann deprimiert sein und drei Tage in einer Runnerbar verbringen und Pastis trinken. Unwahrscheinlich, aber nicht unmöglich. Es kann also eine Weile dauern, bis Neo-PD euer Team hopsnimmt. Solange ihr euch nicht den Weg freischießt oder etwas offensichtlich Illegales tut, wird Marianne euer verdächtiges Verhalten für längere Zeit geduldig dokumentieren, bis die gesammelten Daten eine höfliche (aber entschlossene) Vernehmung durch ein paar Neo-PD-Polizisten rechtfertigen.

> Ihr könnt euch ein paar gefälschte SINs besorgen, die speziell dafür gedacht sind, Mariannes Scorecard über euch nachzuhalten. Ihr großer Mehrwert besteht darin, dass sie mit einem Warnsystem ausgestattet sind, das euch mitteilt, wenn euer „inkonsistentes Verhalten" so auffällig geworden ist, dass Neo-PD es auf euch abgesehen hat. Es ist mehr eine wohlbegründete Vermutung ihrer Erfinder als eine fundierte Wissenschaft, aber es funktioniert ziemlich gut. Eine Organisation namens Les Faussaires (die Fälscher) liefert die Dinger. Obwohl sie freundschaftliche Beziehungen zu Sektion 89 haben, scheinen sie nicht mit der Terrororganisation verbündet zu sein – sie haben ihre eigenen Gründe, das unterdrückerische System von Marianne zu bekämpfen. Sie sehen sich selbst als eine Art „La Résistance" gegen die ständige Überwachung und bieten (natürlich gegen eine entsprechende Gebühr) das moderne Äquivalent zum gefälschten Reisepass unter der Besetzung Frankreichs im Zweiten Weltkrieg. Diese speziell gefälschten SINs sind nicht in der Lage, ihre Besitzer weit im Voraus zu warnen. Wenn sie euch also warnen, solltet ihr zügig aus Paris abhauen, bevor es zu spät ist!
> Glitch

WAS MACHT MARIANNE?

Abgesehen davon, dass sie alles und jeden in Paris ausspioniert, tut Marianne eine ganze Menge für euch – sofern ihr eine französische SIN habt. Sie füllt automatisch Anträge oder Formulare für euch aus, beschleunigt alle Verwaltungsverfahren, die für die Ausstellung eurer neuen Genehmigung erforderlich sind, und überprüft, ob euer Bauplan von einem Architekten genehmigt wurde – wenn nicht, findet sie sogar einen für euch, solche Sachen. Überall dort, wo die Bürokratie einen in den Wahnsinn treibt, lässt Marianne sie verschwinden.

Da das System keinerlei Rücksicht auf die Privatsphäre nimmt, kann es noch weiter gehen. Auf Wunsch des Nutzers werden prädiktive Algorithmen eingesetzt, um alle über ihn gesammelten Daten zu vergleichen und so mögliche Gesundheitsprobleme frühzeitig zu erkennen. Viele Bürgerinnen und Bürger nehmen diesen Dienst an, und wenn sie das tun, haben sie wirklich keine Geheimnisse mehr vor Marianne. Jemand scherzte mal, dass das System zu diesem Zeitpunkt schon vor euch weiß, dass ihr euren Partner betrügen werdet. Vielleicht weiß es sogar, mit wem, obwohl ihr ihn noch gar nicht kennt.

Wenn die Leichenfledderei der Privatsphäre der Preis ist, den man dafür zahlen muss, hat Marianne Frankreich auch erlaubt, sein geliebtes Sozialsystem (teilweise) wiederherzustellen. Allerdings ist es nicht mehr so großzügig wie früher. Wenn jemand mit einer französischen SIN entlassen wird, wird er oder sie sofort als arbeitssuchend registriert. Ein detaillierter Lebenslauf wird automatisch erstellt und sofort mit möglichen Stellenangeboten abgeglichen. Für die meisten Konzernlohnsklaven ist das nutzlos, aber für die „kleinen Leute" (die Arbeiterklasse) in Frankreich, die fast von der Hand in den Mund leben, ist es ein Geschenk des Himmels. Solange das System keine Arbeitsplätze für die Arbeitslosen findet, erhalten sie außerdem Geld vom Staat. Marianne ist jedoch sehr effizient, und die meisten Leute bekommen innerhalb weniger Tage ein paar Vorstellungsgespräche. Und natürlich könnt ihr weder die Vorstellungsgespräche noch die Stelle, die euch angeboten wird, ablehnen, ohne das Arbeitslosengeld zu verlieren. Das ist nach wie vor die Sechste Welt, Chummer.

Seit der Néo-Révolution nutzt die neue sogenannte „Cyberdemokratie" die Matrixinfrastruktur, um große Teile ihrer Institutionen zu implementieren. Wir wollen nicht ins Detail gehen, sondern uns nur ansehen, wie Gesetze heutzutage entstehen: Der Präsident, der immer noch durch eine allgemeine Wahl bestimmt wird, bei der Marianne jetzt die Stimmen über die Matrix sammelt, bildet eine Regierung, wie es schon in der vorherigen Version der Republik der Fall war. Dann können er oder ein Mitglied des Kabi-

FRENCH TOUCH

Nachdem sie in den letzten zehn Jahren unter dem Wettbewerbsdruck großer Unternehmen (Wuxing, Spinrad [Lusiada], S-K und Mærsk) zu leiden hatten und das Megakonzern-Audit die Konzernlandschaft bedrohte, schlossen sich ESUS und viele französische A-Konzerne zu einer Art Beistandspakt zusammen, der den Spitznamen **French Touch** trägt. French Touch funktioniert ähnlich wie die Pacific Prosperity Group, allerdings auf lokaler Ebene. Es handelt sich um eine französische Wirtschaftskooperation verschiedener Branchen, die einander gegen das Eindringen ausländischer Megakonzerne und gegen Übernahmen durch diese verteidigen wollen.

> Als sie sahen, was mit dem französischen militärisch-industriellen Komplex und der Konzernlandschaft in Spanien, Italien und Griechenland geschehen war, beschlossen die französischen Konzerne, zu handeln, bevor es zu spät war.
> Cosmo

Zu den prominentesten Mitgliedern neben ESUS gehören Merenati, Aérospatiale SA (Aesa), Index-AXA und France Énergie sowie die Louis-Vuitton-Gruppe, die kurz vor der Übernahme durch Spinrad stand, bevor French Touch einschritt. Sie sind dafür bekannt, dass sie bei Bedarf Schattenressourcen zusammenlegen.

Erst kürzlich sandte **Florence Bonet**, die die ESUS-Niederlassung in Barcelona von ihren Büros in der Zona-Franca aus leitet, über die örtlichen Schatten eine Botschaft an die Konkurrenten von ESUS, dass jede Einmischung in die lokalen ESUS-Geschäfte (Barcelona ist eines der wichtigsten Umsatzzentren des Konzerns außerhalb von Frankreich) von French Touch geahndet werden würde.

netts ein neues Gesetz vorschlagen. Und hier beginnt der verrückte Teil – oder vielmehr der Cyber-Demowahnsinn.

Angenommen, die Regierung legt einen Gesetzesvorschlag vor. Um ihn zur Wahl zu stellen, braucht man ein Parlament, aber diese neue Republik hat keine ständigen Kammern. Stattdessen wählt Marianne nach dem Zufallsprinzip einige Tausend Leute unter den Bürgern Frankreichs aus. Damit sind französische SIN-Menschen gemeint, keine mit Konzernbürgerschaft, es sei denn, die SIN gehört zu einem der French-Touch-Mitglieder (s. Kasten). Die frisch ernannten Vertreter haben ein paar Stunden Zeit, um das Material über die Matrix zu prüfen und Fragen an den Politiker oder die Experten zu stellen (Marianne hilft bei der Sammlung der Fragen). Sie können auch untereinander debattieren (was wiederum durch die Matrix erleichtert wird) und sind für die Dauer dieses Zeitraums von ihren Arbeitspflichten entbunden (das Ganze ähnelt einem Geschworenendienst, wenn ihr so wollt). Nach weniger als einem Tag werden sie dann aufgefordert, über den Vorschlag abzustimmen. Wenn die Mehrheit dieser riesigen Versammlung zustimmt, ist das neue Gesetz verabschiedet.

- Mit nur wenigen Stunden Bedenkzeit haben die Konzernmächte wenig Zeit, sich einzumischen oder die Wahl zu manipulieren, was beabsichtigt war, als dies während der Néo-Révolution als neues demokratisches System vorgeschlagen wurde. Auch wenn ein Konzern einige der Abgeordneten korrumpieren könnte, wird es bei einem so großen Pool (theoretisch) sehr kostspielig, den Stimmzettel zu verfälschen.

  Leider hat das das System nicht vor dem Einfluss der Konzerne geschützt. Kervelec und auch sein Nachfolger Emmanuel Tavernier haben sich stets bemüht, dem Konzerngerichtshof zu gefallen. Keine Regierung hat bisher je ein Gesetz vorgeschlagen, das die Interessen der Konzerne wirklich bedrohen könnte.
- Iz0bel75

- Bis zu den Stromausfällen in den UCAS war die Cyberrepublik gegenüber den Konzernmächten ein wenig trotzig. Sie haben sich für alles eingesetzt, was mit der Förderung der Wirtschaft zu tun hatte, haben sich aber generell gegen den übermäßigen Einfluss des Konzerngerichtshofs gewehrt. Eine Minute lang hatte man sogar das Gefühl, Frankreich würde versuchen, etwas von seinem „verlorenen Land" zurückzugewinnen. Marseille wurde bereits einige Wochen nach der Néo-Révolution wieder eingegliedert, aber die Unruhen in der Bretagne erlaubten es Kervelec, von der „Entsendung französischer Truppen zur Wiederherstellung des Friedens auf der Halbinsel" zu sprechen.

  Nach dem ersten Stromausfall machten der Zwerg und seine Regierung eine politische Kehrtwende. In völliger Übereinstimmung mit den Konzernen gaben sie Colloton die Schuld für Detroit. Alle (für die Kons) unangenehmen Gesetzesvorhaben wurden verschoben und schließlich zurückgezogen, ohne dass jemals darüber abgestimmt wurde.

  Kurzum, Kervelec sagte, so laut er konnte: Nachricht erhalten, Frankreich wird sich fügen, nicht wie Colloton, bitte nicht den Strom abstellen!
- Bull

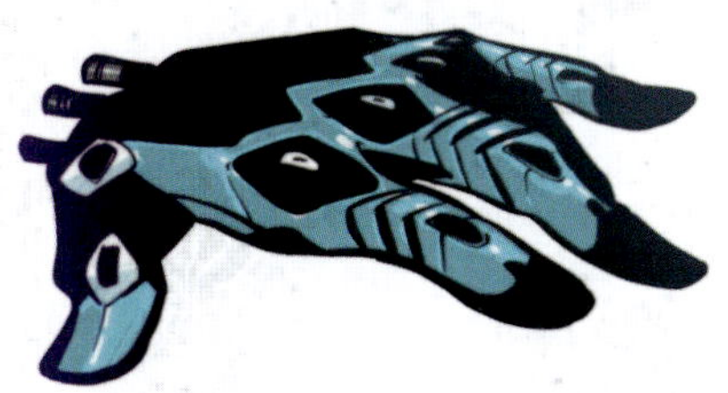

MARIANNE VERSTEHEN

GEPOSTET VON: NETCAT

Sim-Eon mag es nicht, unbewiesene Theorien oder Gerüchte zu verbreiten, deshalb lehnte er es ab, diesen Abschnitt zu verfassen, und überließ ihn mir. Er ist jedoch ebenfalls der Meinung, dass das, was ich hier sagen werde, seine Berechtigung hat, weshalb er mir erlaubt hat, diesen Abschnitt zu seinem Upload hinzuzufügen. Nur das Fehlen eines eindeutigen Beweises hält ihn davon ab. Ich für meinen Teil bin der Meinung, dass wir diese Informationen weitergeben müssen, unabhängig davon, wie viel davon bewiesen werden kann oder nicht.

Als Marianne in Betrieb genommen wurde, befürchteten viele Leute, dass dieses riesige System zu einer Art neuem Deus werden würde. Deshalb setzten die ursprünglichen Designer von Marianne zusammen mit den Cowboys von NeoNET alles daran, dass das System *nicht* emergieren konnte. Einige Monate nach seiner Einführung lud Kervelec sogar Pulsar ein, das neu geschaffene Matrixsystem zu überprüfen und zu analysieren. Die berühmte digitale Intelligenz bestätigte öffentlich, dass Marianne nicht empfindungsfähig war.

- Gerüchten zufolge war Pulsar sogar ziemlich angewidert, weil er das System als – in Ermangelung eines besseren Bildes – totgeboren ansah.
- Plan 9

Ich glaube, dass das wahr ist, aber ich denke, dass es trotzdem eine Bedrohung darstellt, die über die von Sim-Eon und Iz0bel75 beschriebenen Eingriffe in die Privatsphäre und die Unterdrückung der Freiheit hinausgeht. Dank der Informationen, die ich von Fleur-de-Lys nach ihrem verdächtigen Tod, nur wenige Wochen vor der Néo-Révolution, erhalten habe, glaube ich, dass das System von innen heraus manipuliert wird, und zwar durch eine hinterhältige KI, die darin lebt und es versteht, ihre Spuren zu verwischen. Fleur-de-Lys gab ihr den Spitznamen **Angeus**, und ich werde diesen Begriff hier ebenfalls verwenden.

Wer also ist Angeus? Es scheint sich um eine digitale Intelligenz zu handeln, die im Wahnsinn des Bostoner Lockdowns geschmiedet wurde. Sie brodelte im komatösen Gehirn von Angélique Rouge, als sie von der stadtspezifischen Version von KFS infiziert wurde. Soweit Fleur-de-Lys herausgefunden hat, ist dieses Wesen eine Mischung aus der eigenen Persönlichkeit des Hosts, Cerberus und Deus (weitere Informationen dazu findet ihr in den Uploads *Neo-Anarchistische Enzyklopädie* und *Sperrzone Boston*).

- Das Vorhandensein, oder besser gesagt die Spuren, des Deus-Codes in Marianne scheinen von einem Renraku-Team bestätigt worden zu sein, das das System genau überwacht. Auch wenn die Sicherheitsfirma des AAAs, Neo-PD, vollständig mit dem Matrixsystem zusammenarbeitet, scheint der Rest des Megakonzerns ihm gegenüber sehr viel misstrauischer zu sein. Von seinem Firmensitz in Lille, im Norden Frankreichs, aus widmet sich ein Team der Überwachung und Analyse von Marianne.

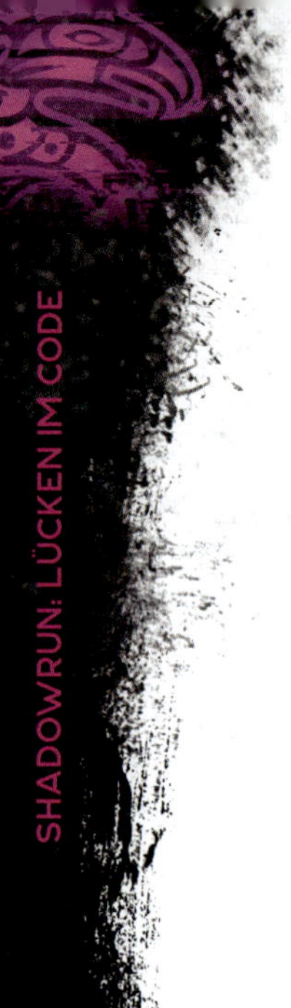

Sie fanden einen von ihnen sogenannten Matrix-Fingerabdruck in Marianne, der beweist, dass ein „Deus-Derivat-Code“ ausgeführt (und dann entfernt) wurde, um einige Neuronenoperationen zu verändern.

Erwartet jedoch trotz dieser Beweise nicht, dass der AAA zur Rettung herbeieilt. Renraku scheint vor allem an möglichen Patentverletzungsklagen und anderen Möglichkeiten interessiert zu sein, diese Gelegenheit in Profit umzuwandeln.

» Puck

Was will Angeus, und was hofft es zu erreichen? Fleur-de-Lys' Theorie, der ich mich anschließe, besagt, dass Angélique ein dominanter Teil dieses Matrixmonsters ist. Und was ihre Persönlichkeit will, ist die Erfüllung ihres Schicksals. Oder besser gesagt, was sie vor ihrem Tod für ihr Schicksal hielt. Das bedeutet, Frankreich vor der Macht der Konzerne zu retten und so die „Grandeur de la France“ wiederherzustellen.

Ein Hinweis darauf ist der Untergang der Oligarchie und ihrer Kabale, die Frankreich jahrzehntelang regiert hat. Ihre Mitglieder sollten noch immer an der Macht sein, und ihr Einfluss auf das Land hätte ausreichen können, um die Néo-Révolution zu verhindern. Wie es der Zufall wollte, starben die meisten verbliebenen einflussreichen Persönlichkeiten zwischen Mitte 2076 und Ende 2077 einer nach dem anderen eines scheinbar natürlichen Todes oder bei einer Reihe scheinbar beliebiger Unfälle. Es erübrigt sich zu sagen, dass ich mittlerweile glaube, dass all diese Vorfälle von Angeus geplant und inszeniert worden sind.

» Ein Beispiel für diese „unglücklichen Unfälle“: Enrique Anjou-Bourbon wurde im April 2077 bei einer illegalen „Trog-Jagd“ versehentlich getötet. Bei diesem Vorfall wurden auch die Jäger enttarnt, eine geheime Gruppe von Metarassisten, zu der viele Adlige gehören. Das war natürlich ein kleiner Skandal, der dazu führte, dass viele von ihnen verhaftet wurden. Wie Netcat schon sagte: zufällig passend, findet ihr nicht?

» Plan 9

» Ein weiteres Beispiel ist Jacques d'Orléans. Er wurde von einem Feuergeist verbrannt, während er im Restaurant *Le Jules Verne* auf dem Eiffelturm speiste. Wie ihr euch vorstellen könnt, sind die Sicherheitsvorkehrungen dort so streng wie nur möglich, und die Geschäftsleitung garantiert die „astrale Vertraulichkeit ihrer Kunden“ mit einem mächtigen Hüter. Der Geist war jedoch stark genug, um den Hüter zu durchbrechen. Schnell stellte sich heraus, dass sein Beschwörer ein Chaosmagier mit dem Spitznamen Dispatch war (ein Halloweener aus Seattle, der wegen eines Streits mit Nightmare im Exil lebt). Bis heute ist er die meistgesuchte Person in Frankreich.

In den Schatten betont Dispatch, dass er nie die Absicht hatte, den alten Mann anzugreifen. Er behauptet, er habe Wetwork durchgeführt, aber sein Ziel sei jemand anderes gewesen. Er sagt auch, dass ihm die falsche materielle Verbindung gegeben wurde, was seinen Geist dazu veranlasste, Jacques d'Orléans mitten beim Abendessen vor den Augen seiner Frau lebendig zu braten, anstatt das eher unauffällige Mitglied der Oligarchie, das er hinrichten sollte und das zufällig in der Nähe der Champs de Mars wohnte.

Kurz gesagt, Dispatch wurde reingelegt, aber es gibt absolut keine Möglichkeit, das zu beweisen, und wer würde schon einem Halloweener im Exil glauben?

» Sim-Eon

Innerhalb weniger Jahre, kurz vor der Néo-Révolution, war der Einfluss des Adels auf Frankreich also fast auf null zurückgegangen. Das letzte überlebende Mitglied der Familie Orléans (und damit technisch gesehen diejenige, die am ehesten Königin werden könnte, wenn die Monarchie jemals wiederhergestellt würde) ist **Marie-Claire d'Orléans**. Sie ist ein hirnloses It-Girl, bekannt für ihre zahlreichen sexuellen Abenteuer während der jährlichen Grand Tour, ihre Vorliebe für Kosmetika und andere „unanständige oder ungebührliche Verhaltensweisen“. Es versteht sich von selbst, dass die Überreste des Adels mit einer solchen „Führerin“ nicht so schnell wieder an Macht und Einfluss gewinnen werden.

» Eine Anmerkung zu Marie-Claire d'Orléans: Ja, sie scheint eine dumme Göre zu sein, und sie hat absolut überhaupt keine Lust gezeigt, dem Adel zu helfen, in Frankreich auch nur wieder ein Jota an Bedeutung zu erlangen. Aber ich glaube, das ist nur gespielt.

Ich glaube, sie erkannte, was vor sich ging, und beschloss, sich auf die einzige Art und Weise zu schützen, die ihr möglich war: indem sie den Ball extrem flach hielt. Warum ich das glaube? Weil ich mit Sicherheit weiß, dass sie sich 2080 in einer Schattenklinik im Vereinigten Königreich sehr diskret eine Reihe von Bodytech-Implantaten einbauen ließ, darunter einen erstklassigen Alphaware-Zerebralbooster und -Mnemoverstärker sowie Deltaware-Talentleitungen. Sie war sehr vorsichtig, sodass fast niemand davon weiß. Seltsame Mods für ein privilegiertes Partygirl, findet ihr nicht auch?

» Plan 9

Der Sturz der Oligarchie war zwar bequem, aber zu erwarten. Seit dem Projekt-Omen-Skandal war die Kabale im Niedergang begriffen. Die Enthüllung hat kein einziges Mitglied ins Gefängnis gebracht, aber sie löste einen blutigen internen Rachefeldzug in den eigenen Reihen aus, der der Organisation einen Dämpfer versetzte. Die erwähnte Reihe von Unfällen beschleunigte den totalen Zusammenbruch nur um ein gutes Jahrzehnt.

Viel verdächtiger als dieser verfrühte Zufall ist die Néo-Révolution selbst. Sie ist eigentlich nicht zu erklären. Als im Januar 2079 die Unruhen in Paris ausbrachen, hatte Marianne die Stadt schon fast zwei Jahre lang aufmerksam beobachtet. Sie war so effizient, dass Neo-PD innerhalb von drei Monaten nach ihrem Start 2077 den meisten kriminellen Organisationen, die innerhalb der Stadtgrenzen operierten, einschließlich des Milieu Marseillais (des französischen Zweigs der Mafia) und der Vory, schwere Schläge versetzen konnte. Heutzutage operiert keine dieser Organisationen mehr in Paris, sondern nur noch in den Vorstädten, insbesondere in den Slums im Norden der Stadt.

» Nur La Maison de Saint Joseph (s. *Unterwelten,* S. 120) hat es geschafft, sich in Paris zu behaupten. Horizon hat die meisten der schwarzen Viertel von Paris so belassen, wie sie sind, vor allem aus touristischen Gründen, um der Stadt ein „authentisches“ Gefühl zu geben. Das schützte die Gemeinschaft, auf die sich die Organisation stützt. Außerdem nutzten sie ihre ausgezeichnete Kenntnis der Katakomben, um der ständigen Überwachung durch Marianne zu entgehen.

All das und die Tatsache, dass viele von ihnen Voodoo-Praktizierende und Erwachte sind, verschafft ihnen einen Vorteil gegenüber dem Überwachungssystem. Heutzutage betreiben sie die meisten illegalen Aktivitäten in Paris, insbesondere den

Drogenhandel (die Reichen und Privilegierten lieben ihre Drogen), vor allem mit BADs.
- Haze

Und trotz dieser hocheffizienten Überwachung, gepaart mit der Analyse von Verhaltensmustern, gelang es Sektion 89 irgendwie, über Monate hinweg heimlich Waffen und Sprengstoff zu schmuggeln. Außerdem platzierten sie Fallen und Bomben an strategisch wichtigen Stellen, was Gegenmaßnahmen der Neo-PD-Polizisten und der Dassault-Truppen behinderte. Als die Hölle losbrach, vollbrachten die Revolutionäre unglaubliche Hacking-Leistungen, die die Spinnen beider Konzerne dazu brachten, Phantomen hinterherzujagen, und Marianne plötzlich wie ein machtloses Kind aussehen ließen.

- Damals hätte ich gesagt: Ja, so gut waren wir. Heute muss ich jedoch zugeben, dass ich Netcat und Sim-Eon zustimme. Unser Plan war brillant und perfekt organisiert, aber es lief einfach zu glatt. Nichts überlebt den Kontakt mit dem Feind, und in diesem Fall lief es besser, als wir je gehofft hatten. Mit einfachen Worten: Es lief zu gut.

  Dennoch kann ich Fleur-de-Lys' Tiraden über ihren „Croque-mitaine", Angeus, nicht beipflichten. Denkt daran, dass sie tot in ihrer Badewanne aufgefunden wurde, ihr Gehirn von BTLs gebraten. Die meisten Leuten, die sie in den Monaten vor ihrem Tod gesehen haben, haben offen zugegeben, dass sie immer instabiler und paranoider wurde (was bei Bewohnern der Schatten schon etwas bedeutet).

  Ehrlich gesagt war Fleur eine Legende auf der Straße, aber ich glaube, sie ist auf ihre alten Tage durchgedreht. Ich meine, ernsthaft, sie hat FastJack ein verfraggtes handgeschriebenes Notizbuch vermacht. Wer zum Teufel tut so etwas im Jahr 2078, außer einer Verrückten?
- Iz0bel75

- Jemand, der der Matrix gegenüber sehr misstrauisch ist und weiß, dass sie von einem System wie Marianne überwacht wird.
- Plan 9

- Ich kann die Aussage von Iz0bel75 über den Geisteszustand von Fleur-de-Lys vor ihrem Tod nur bestätigen. Netcat zeigte mir das Notizbuch, und ihr Geschreibsel klang wie das einer von H. P. Lovecrafts Figuren, kurz bevor sie verrückt werden oder sich in Tiefe Wesen verwandeln.

  Ich halte es jedoch für merkwürdig, dass eine Elfe, die jahrzehntelang in den Schatten gelaufen ist und in den 70er-Jahren sogar eine prominente Schieberin war, über Nacht zu einem Chiphead wird. Dieser Teil passt einfach nicht ins Gesamtbild.
- Sim-Eon

Zwischen dem günstigen Timing einer Reihe von Ereignissen, dem Geschwafel von Fleur-de-Lys in ihrem Notizbuch und dem unerwarteten Erfolg der Néo-Révolution gibt es meiner Meinung nach genügend Anhaltspunkte dafür, dass irgendetwas Mariannes Fäden in der Hand hält. Und einige Details deuten stark darauf hin, dass ein Teil von Deus' Code beteiligt ist. Ihr glaubt vielleicht nicht, wie ich, dass Angeus real ist, aber ihr könnt nicht leugnen, dass da ... etwas ist.

- Das ist erschreckend. Wir sprechen hier möglicherweise über den Schrecken der kranken Experimente der SCIRE, aber in der Größenordnung eines ganzen Landes!
- Puck

- Man beachte, dass die Familie von Angélique Rouge nach vier Jahren Koma beschlossen hat, den Stecker zu ziehen. Die Tatsache, dass Frankreich nicht mehr für die enormen Kosten aufkam, um sie am Leben zu erhalten, war wahrscheinlich der Hauptgrund für diese Entscheidung, ungeachtet der rührseligen Geschichte, die sie den Medien auftischten. Angélique wurde am 15. September 2080 mit allen Ehren, die einer Nationalheldin gebühren, beigesetzt, einschließlich einer herzzerreißenden Hommage von Kervelec persönlich (er lebte damals noch). Und das, obwohl sie ihn wahrscheinlich abgrundtief hasste.

  Soweit ich das beurteilen kann, haben Angeus' Aktivitäten seither nicht aufgehört. Auch Kervelecs Tod stinkt nach Angeus' Machenschaften. Eines ist sicher: Falls diese KI in Angéliques Gehirn hineingeboren wurde, hat sie einen Weg nach draußen gefunden und versteckt sich jetzt frei in Mariannes internem und sicherem Netzwerk.
- Sim-Eon

- Selbst wenn das wahr ist, sollte man die Macht dieses „Angeus" nicht überschätzen. Es ist klar, dass das hinterhältige digitale Wesen hinter dem Thron agiert, weil es weiß, dass es gejagt würde, bis es vernichtet ist, falls seine Existenz bekannt würde. Trotz des Fragments von Deus (und angeblich Cerberus), das es besitzen mag, ist es letztendlich nur eine normale KI der zweiten Generation, wie wir sie seit dem Crash 2.0 kennen. Die Art, für deren Jagd und sogar Zerstörung/Löschung einige von uns bezahlt wurden; dieselben, die von NeoNET, Evo und anderen Megakonzernen eingesperrt und an denen Experimente durchgeführt wurden.

  Die Quintessenz ist diese: Angeus verfügt nicht einmal über die Hälfte der Kapazitäten, die eine KI der ersten Generation wie Deus oder Morgana in den 50er-Jahren hatte. Er kann nur über Stellvertreter und durch langsame und sorgfältige Instrumentalisierung der Ereignisse handeln. Ja, er kann Marianne als verlängerten Arm seiner Machenschaften nutzen, aber nur in begrenztem Umfang.

  Angeus mag seinen Rachefeldzug gegen die Oligarchie erfolgreich abgeschlossen und es geschafft haben, die Néo-Révolution zu inszenieren oder zu unterstützen, aber das hat Jahre gedauert. Und diese Erfolge haben seinen Spielraum für Manöver noch weiter begrenzt. Es hat sich gezeigt, dass Frankreich seit den Stromausfällen den Wünschen des Konzerngerichtshofs nachgekommen ist. Wenn überhaupt, dann denke ich, dass die KI (falls es sie gibt) für die absehbare Zukunft in die Defensive geht und versucht, das zu bewahren, was sie sich aufgebaut hat.
- Bull

- Ein weiterer limitierender Faktor könnte die Nullsekte sein. Seit 2080 gab es Berichte über katastrophale Ausfälle im Marianne-System, die aber schnell aus der Matrix entfernt wurden. In einigen dieser Berichte ist sogar von Leuten die Rede, die aufgrund von Fehlfunktionen getötet oder zumindest verletzt wurden. Wenn man diesen Vorwürfen nachgeht, stößt man immer wieder auf ein Neuron, das als untauglich eingestuft wurde und das einige Tage nach dem Vorfall plötzlich und ohne ernsthafte Erklärungen von Mariannes Administratoren aufgegeben wurde.

  Wenn ich mir einige forensische Matrixdaten ansehe, die mir eine Quelle zur Verfügung gestellt hat, scheint es mir, dass diese Neuronen tatsächlich von der Nullsekte übernommen wurden. Wenn das der Fall ist, ist Angeus vielleicht gar nicht so sehr gezähmt, sondern einfach zu sehr damit beschäftigt, mehr als einen Feind zu bekämpfen. Die KI muss die Konzerne zufriedenstellen und gleichzeitig gegen einen Gegner kämpfen,

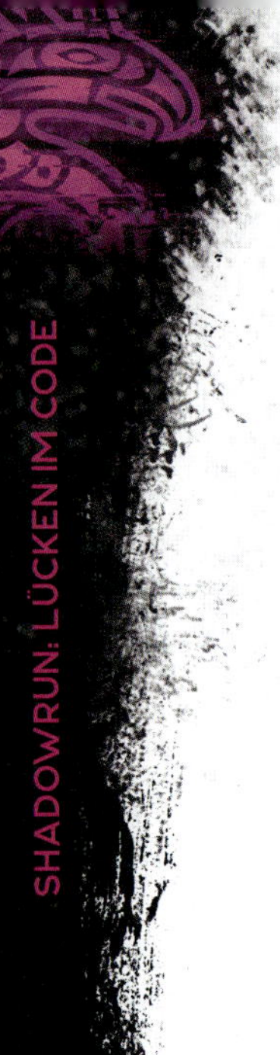

der Marianne zerstören, ihre harte Arbeit zunichtemachen und das ganze Land ins Chaos stürzen könnte.

- Plan 9

SPIELINFORMATIONEN

EIN NEUES SETTING FÜR FRANKREICH IN SHADOWRUN

Die in diesem Kapitel beschriebenen Settings in Frankreich (und ein Buch mit dem Titel *Néo-Révolution*, das nur auf Französisch erhältlich ist) haben zwei Inspirationsquellen. Die Néo-Révolution selbst ist stark von der Französischen Revolution des 18. Jahrhunderts inspiriert (genauer gesagt, von der Periode der Terrorherrschaft 1793 bis 1794). Paris unter den wachsamen Augen von Marianne wurde so gestaltet, dass es sich wie eine Sechste-Welt-Version der berüchtigten Besetzung durch Nazi-Deutschland im Zweiten Weltkrieg anfühlt. Während die Runner versuchen, sich in der Stadt zurechtzufinden, nehmen die „netten Polizisten“ von Neo-PD den Platz der Nazi-Soldaten ein, die von der Mehrheit der Bevölkerung (zumindest dem Anschein nach) unterstützt werden, aber es gibt auch „Freiheitskämpfer“, die sich den Behörden widersetzen. Mariannes ständige Überwachung ist eine Matrixvariante der bösartigen, allwissenden Geheimpolizei.

Das Ziel besteht darin, Frankreich in *Shadowrun* ein ganz eigenes Flair zu geben. Die französischen Schatten sollten ihre eigene Note haben, aber auch neue Spielmöglichkeiten eröffnen. Paris sollte exotischer sein als einfach nur Seattle mit Baguettes und Baskenmützen. Paris unter den wachsamen Augen von Marianne bietet einen ausgeprägten Hauch von dystopischem Cyberpunk. Ein Polizeistaat mit einer Stadt, die ihre Seele verkauft hat, um die Götter des Tourismus anzubeten, und in der Runner besonders gerissen sein müssen, um ihren Job zu erledigen. Bei der ständigen Überwachung reicht es nicht aus, sich in den Schatten zu verstecken: Sie müssen sich anpassen. Am Spieltisch bedeutet das, dass sich die Spieler eine raffinierte, vielleicht sogar lustige Tarngeschichte ausdenken müssen, um diese ständige Beobachtung zu umgehen.

Vielleicht besuchen sie Paris getarnt als Exec aus Lille, den sie auf dem Weg in die Stadt entführt haben? Oder sie nutzen die Tarnung einer Jazzband, um ihr Ziel aus einer schicken Bar zu extrahieren, direkt vor Mariannes Nase? Vielleicht müssen sie sich in die Grand Tour einbetten, um sich einen Trideostar bei dessen Premiere in der Stadt zu schnappen?

Das ist die Art von Spaß, die dieses Setting mit sich bringen kann.

WIE MAN MARIANNE (NICHT) BENUTZT

Hier gibt es einen Haken, auf den die Spielleitung besonders achten muss. Da Marianne ständig alles und jeden überwacht, ist es ein Leichtes, Paris zu einem unerträglichen Setting für die Spieler zu machen. Das Risiko besteht darin, dass sie frustriert werden, weil jeder ihrer Schritte von Marianne blockiert oder gekontert wird.

Aus diesem Grund gibt es keine Spielmechanik für Marianne. Marianne ist und bleibt ein **Handlungselement**.

Läuft das Spiel zu langsam oder haben die Runner zu viel Glück? Zack, Marianne bekommt etwas mit, und Neo-PD kommt hinzu, um ihren Plan zu durchkreuzen. Macht es allen Spaß, bei einer schicken Dinnerparty einen französischen Akzent schlecht zu imitieren, aber es ist offensichtlich, dass Marianne erkennen sollte, was die Runner vorhaben? Das tut sie nicht – macht einfach weiter und habt Spaß.

Wenn die Spieler unvorsichtig sind und in den Straßen von Paris zu schießen anfangen, führt natürlich kein Weg daran vorbei, Marianne einzuschalten. Marianne wird es merken. Aber wenn das Spiel tatsächlich in diese Richtung geht, bedeutet das nicht, dass es zu einer langen Schlacht mit Neo-PD werden muss (es sei denn natürlich, das macht allen Spaß). Beschreib einfach kurz, wie die Runner schnell von Neo-PD-Polizisten und ihren Drohnen überwältigt werden, um dann einige Stunden später im Gefängnis aufzuwachen ... nur um von einem einflussreichen Mr Johnson (vielleicht von Benjamin Nguyen Huu, siehe unten) befreit zu werden, der im Gegenzug ihre Hilfe verlangt. Und weiter geht's mit dem lustigen Teil.

Eine letzte Anmerkung: Das Innenleben der Cyberdemokratie ist absichtlich vage gehalten, damit die Spielleitung diejenigen Aspekte des Konzepts in ihre Geschichte einbauen kann, die sie möchte. Es gibt bereits Literatur über das Konzept der E-Demokratie, die detailliert darauf eingeht, wie ein solches politisches System umgesetzt werden könnte.

DU WILLST ES "FRANZÖSISCH"?

Frankreich in *Shadowrun* durch die Linse der Französischen Revolution und der Besatzung im Zweiten Weltkrieg zu beschreiben, mag klischeehaft und damit verkürzend klingen, aber es ist eine gute grobe Beschreibung als Bezugsrahmen. Diese beiden historischen Perioden werden erwähnt, um den Schatten von Paris ein besonderes und einzigartiges Gefühl zu verleihen. Beide sind außerdem eine unerschöpfliche Quelle der Inspiration. Um Geschichten in Frankreich zu erzählen, wo die Runner Marianne aus dem Weg gehen und sich mit Sektion 89 zusammentun, kann jeder Film, jedes Buch und jedes tatsächliche Ereignis aus der Besatzungszeit oder der Revolution genutzt und so verändert werden, dass es in die Sechste Welt passt.

Um tiefer und über das Klischee hinauszugehen, können eure Abenteuer die Widersprüchlichkeit des Schauplatzes (und damit der Franzosen in der Sechsten Welt) erkunden. Die Spaltung innerhalb von Sektion 89 verkörpert dies sehr gut, aber sie hallt auch im Rest der Gesellschaft wider. Auch wenn einige Leute Marianne als das sehen, was sie ist, nämlich ein Werkzeug der Unterdrückung, das letztlich den Konzernen dient, wollen die meisten das nicht wahrhaben. Abenteuer können mit Beispielen französischer Charaktere gefüttert werden, die bis zum bitteren Ende blind für die Wahrheit sind. Und auf der anderen Seite der Waagschale stehen Freiheitskämpfer, die zwar radikal sind, sich aber auch selbst belügen, wenn es um ihre Chancen geht, das System zu besiegen und echte Veränderungen herbeizuführen. Runner leben in den Schatten und wissen, dass die Realität nur in der Grauzone zu finden ist.

Wenn sich die Spielenden am Ende des Tages, oder besser gesagt am Ende des Spiels, während ihre Runner vorm Neo-PD herschleichen, wie Jean Moulin und die Kämpfer der Résistance fühlen, hat das Abenteuer seinen Zweck erfüllt. Wenn der Umgang mit der gespaltenen Sektion 89 an die Französische Revolution erinnert, dann auch. Das Hauptziel ist immer, dass es allen Spaß macht.

DAS VIELSCHICHTIGE MYSTERIUM

Im Laufe dieses Kapitels werden weitere Einzelheiten über die mit Marianne verbundenen Handlungsstränge enthüllt. Es erzählt jedoch nicht die ganze Geschichte. Seine Struktur bietet der Spielleitung außerdem einen Rahmen für den Aufbau eigener Abenteuer, die sich darauf konzentrieren, nach und nach die Wahrheit hinter den Ereignissen in Frankreich aufzudecken. Das Geheimnis besteht aus drei Hauptebenen.

Die ersten Eskapaden in Frankreich sollten den Runnern einfach die dystopische Szenerie des Landes in den 2080er-Jahren vor Augen führen. Sie werden Marianne gegenüber schnell misstrauisch werden und lernen müssen, mit Neo-PD statt mit Lone Star oder Knight Errant fertigzuwerden. Ihre Arbeit in den Schatten wird sie mit einigen Sympathisanten von Sektion 89 oder Mitgliedern der Zelle bekannt machen (vielleicht sogar mit Iz0bel75). Vielleicht verhandeln sie mit den Fälschern oder mit La Maison de Saint-Joseph.

Langsam sollte sich das Gefühl einstellen, dass etwas oder jemand die Überwachungsinfrastruktur manipuliert. Vielleicht erhalten die Runner, die kurz vor einem dramatischen Scheitern stehen, unerwartete Hilfe von Marianne? Vielleicht unterlässt es das System spontan, ihren Einbruch den Behörden zu melden? Es kann sogar sein, dass sie unwissentlich für Angeus arbeiten oder ihre derzeitige Tätigkeit seinen Interessen dient. Später dann, wenn die Runner misstrauisch werden, beschließt Angeus vielleicht, sie loszuwerden, wodurch sich ihr Verdacht bestätigt. Das könnte dazu führen, dass sie noch genauer nachforschen, um herauszufinden, wer versucht, sie zu töten, und warum.

Als letzte Wendung der Handlung werden die Runner, nachdem sie von Angeus erfahren haben und sich möglicherweise gegen die KI verschwören, plötzlich in deren Schattenkrieg mit der Nullsekte hineingeworfen. Vielleicht haben sie sich in ein Neuron eingeschlichen, um die KI anzugreifen und zu zerstören, und gehen dann eine vorübergehende Partnerschaft mit ihrer Nemesis ein, um den Angriff der Null zu überleben. Oder vielleicht geraten sie, während sie tiefer graben, um die KI zu entlarven, unwissentlich der Nullsekte in die Quere, was Angeus dazu veranlasst, die Hand auszustrecken und mit den Runnern einen Waffenstillstand oder sogar ein Bündnis gegen

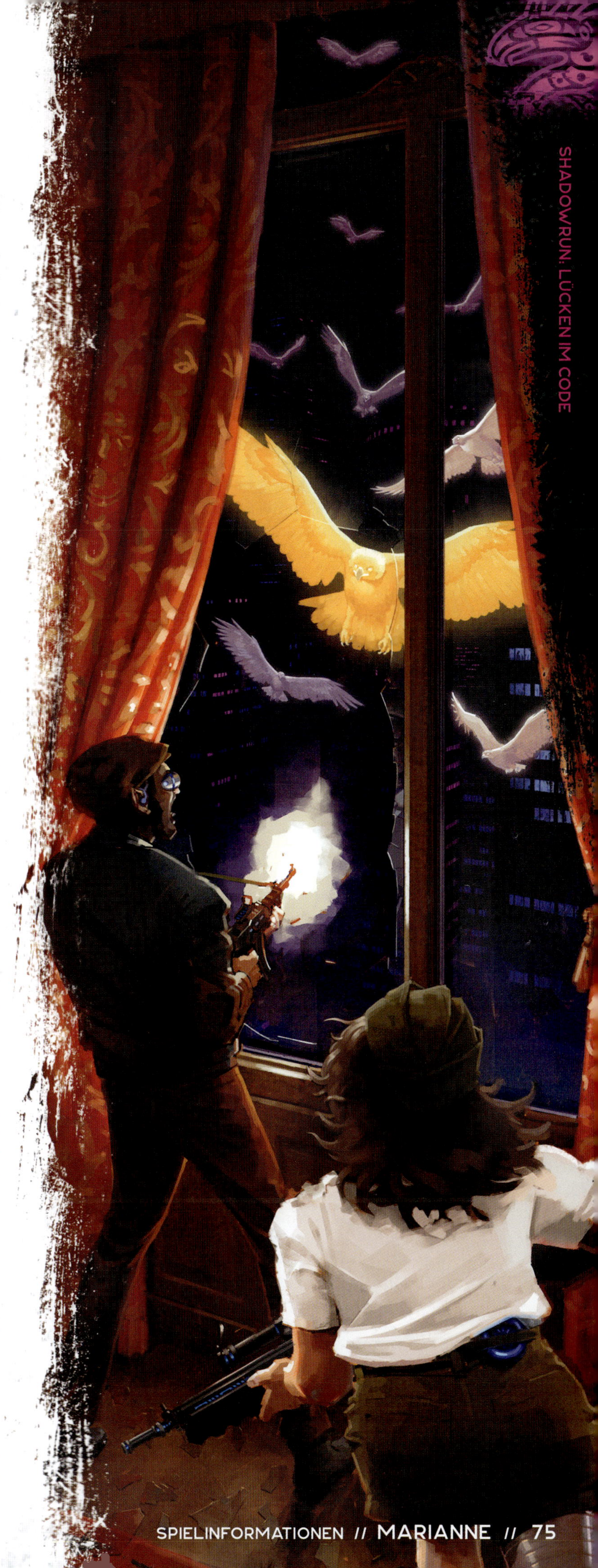

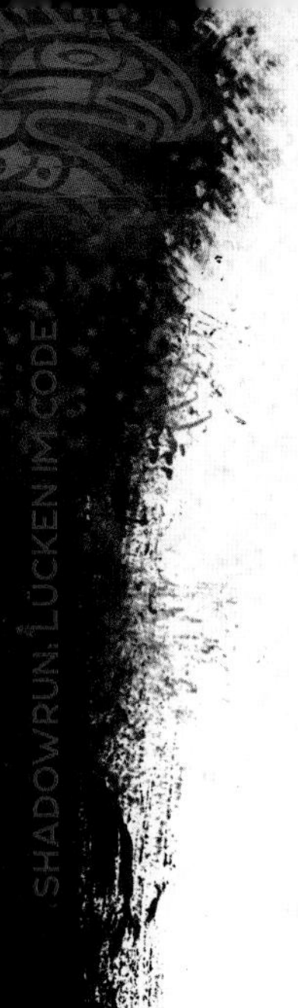

diesen gemeinsamen Feind auszuhandeln. In der Tat ist Angeus eine potenzielle Bedrohung für das ganze Land, aber ist die KI schlimmer als die Null?

Was auch immer während des Spiels geschieht, diese drei geheimnisvollen Ebenen (Marianne, Angeus und der Krieg mit der Nullsekte) sollen der Spielleitung helfen, ihre Geschichten zu entwickeln.

EIN JOHNSON FÜR DEINE RUNNER

Der oben vorgeschlagene Handlungsstrang funktioniert gut, wenn die Runner beschließen, Marianne auf eigene Faust zu untersuchen. Es kann jedoch helfen, die Abenteuer zu strukturieren und einen Mr Johnson als Aufhänger für die Missionen zu haben, um für Motivation und finanzielle Belohnung zu sorgen.

Hier ist ein Johnson, der diese Anforderungen erfüllt: **Benjamin Nguyen Huu**, ein ehrenwertes Mitglied der Atlantean Foundation und Direktor der Erwachten Kunst des Musée du Louvre (aber weder er noch irgendjemand anders weiß, was dieser Titel eigentlich bedeutet). Das berühmte Gebäude, das von Frankreich an seine Organisation verkauft wurde, ist derzeit das Landeshauptquartier der Atlantean Foundation. Da einige Legenden Atlantis im Mittelmeer verorten, waren Frankreich und Paris schon immer ein wichtiger Standort für die AF.

Der kurzbeinige Magier, ein versierter Salonlöwe und fähiger Ritualist, erscheint auf den ersten Blick oberflächlich und ziemlich eitel. Er verfügt über ein umfangreiches Netzwerk an Connections, das er zu nutzen weiß, aber es fehlt ihm definitiv an Verständnis für die harte Realität außerhalb der privilegierten Welt, in der er lebt, insbesondere für die Schwierigkeit, in den Schatten zu überleben.

Er ist stets selbstbewusst und glaubt oft, er wisse es am besten, obwohl er sich meist irrt. Dennoch kommt er nach seinen Fehlern schnell wieder auf die Beine, erkennt seine Unzulänglichkeiten an und erkennt dann, wie er weitermachen kann. Er diskutiert gerne über Literatur, Geschichte oder Philosophie, aber seine wahre Liebe gilt dem Essen, was bedeutet, dass die Runner, die er anheuert, bei ihren Treffen mit ihm in der Regel ein ausgezeichnetes Essen bekommen.

Dr. Nguyen Huu ist ziemlich reich und war ein sehr guter Freund von Fleur-de-Lys. Sie vertraute ihm sogar das Notizbuch an, das eine Gruppe von Runnern während der Ereignisse der Néo-Révolution zurückholen musste, um es an Netcat weiterzugeben. Seit sich der Staub ein wenig gelegt hat und das neue Regime nicht mehr als Bedrohung für die Arbeit der Atlantean Foundation in Frankreich gilt, hat er nun die Zeit (und das Geld), den Tod seiner Freundin und ihre erschreckenden Anschuldigungen zu untersuchen. Er ist der perfekte Kandidat, um die Runner für ein paar Jobs in Frankreich anzuheuern, damit er Informationen über Marianne sammeln kann und die Runner langsam misstrauisch gegenüber dem Überwachungssystem werden. Er wird ihnen nach und nach offenbaren, was er in Fleur-de-Lys' Notizbuch gelesen hat, denn die Abenteuer der Runner werden ihm Schritt für Schritt bestätigen, dass ihre Beobachtungen der Wahrheit entsprechen. Sobald die Existenz von Angeus bewiesen ist, überlässt Nguyen Huu den Runnern die Entscheidung über die weitere Vorgehensweise und finanziert eventuelle weitere Runs.

MARIANNES UNBEGRENZTE REICHWEITE

Es liegt in der Natur der Sache, dass sich die Bedrohung durch Marianne (oder vielmehr Angeus) anfühlt, als würde sie sich sehr spezifisch auf Frankreich beziehen. In einer Welt, in der die Matrix alle Winkel des Planeten fast unmittelbar miteinander verbindet, kann der Inhalt dieses Kapitels jedoch überall auf der Welt wiederverwendet werden.

Zunächst einmal hat Sektion 89 Verbindungen zu anderen neoanarchistischen Organisationen von Berlin bis zum Denver Data Haven. Die Organisation braucht diese Verbindungen, um zu überleben. So werden zum Beispiel Mitglieder von exponierten Zellen oft außer Landes gebracht, bevor sie verhaftet werden können (oder nachdem die Runner sie befreit haben). Am Ende verstecken sie sich im schlimmsten Teil Hongkongs oder in den Barrens von Freistädten wie Seattle oder St. Louis – bis Marianne das Kommlink eines Touristen hackt und damit ihren Aufenthaltsort errät (vielleicht tauchen die Gesuchten im Hintergrund eines dilettantisch gemachten Selfies auf). Und plötzlich werden Runner angeheuert, um diese Staatsfeinde zu finden und zurückzubringen oder die Ausbreitung des Lecks zu verhindern.

Angeus' unsichtbarer Krieg gegen die Nullsekte veranlasst die KI, überall auf dem Planeten nach Verbündeten zu suchen, aber auch jeden potenziellen Freund dieses furchtbaren Feindes ins Visier zu nehmen. Technomancer-Forschungsteams sind ein hervorragendes Beispiel für solche möglichen Verbündeten. Angeus könnte einen komplexen Plan aushecken, um Marianne gegen die Nullsekte zu wenden, damit es eine Partnerschaft mit ihnen eingehen kann. Das alles natürlich über Strohleute.

Die Tatsache, dass ein Neuron nach dem anderen ausfällt, könnte die Systemadministratoren dazu veranlassen, überall auf der Welt Runner anzuheuern, um einige der „NeoNET-Cowboys" aufzuspüren, die Marianne überhaupt erst gebaut haben, und sie aus ihrem neuen Unternehmen zu extrahieren (falls sie nicht bei Novatech oder Transys Neuronet geblieben sind). Natürlich will Angeus nicht, dass irgendjemand besser versteht, wie Marianne arbeitet, also könnte die KI eingreifen. Und wenn nicht Angeus, dann sind es vielleicht die Null, die den Runnern die Arbeit erschweren.

Kurz gesagt, so wie der Lockdown in *Sperrzone Boston* oder die Stromausfälle in *Blackout* Auswirkungen auf die ganze Welt hatten, muss das Chaos in Frankreich nicht an den Landesgrenzen aufhören. Vor allem dann nicht, wenn es euch Spaß macht.

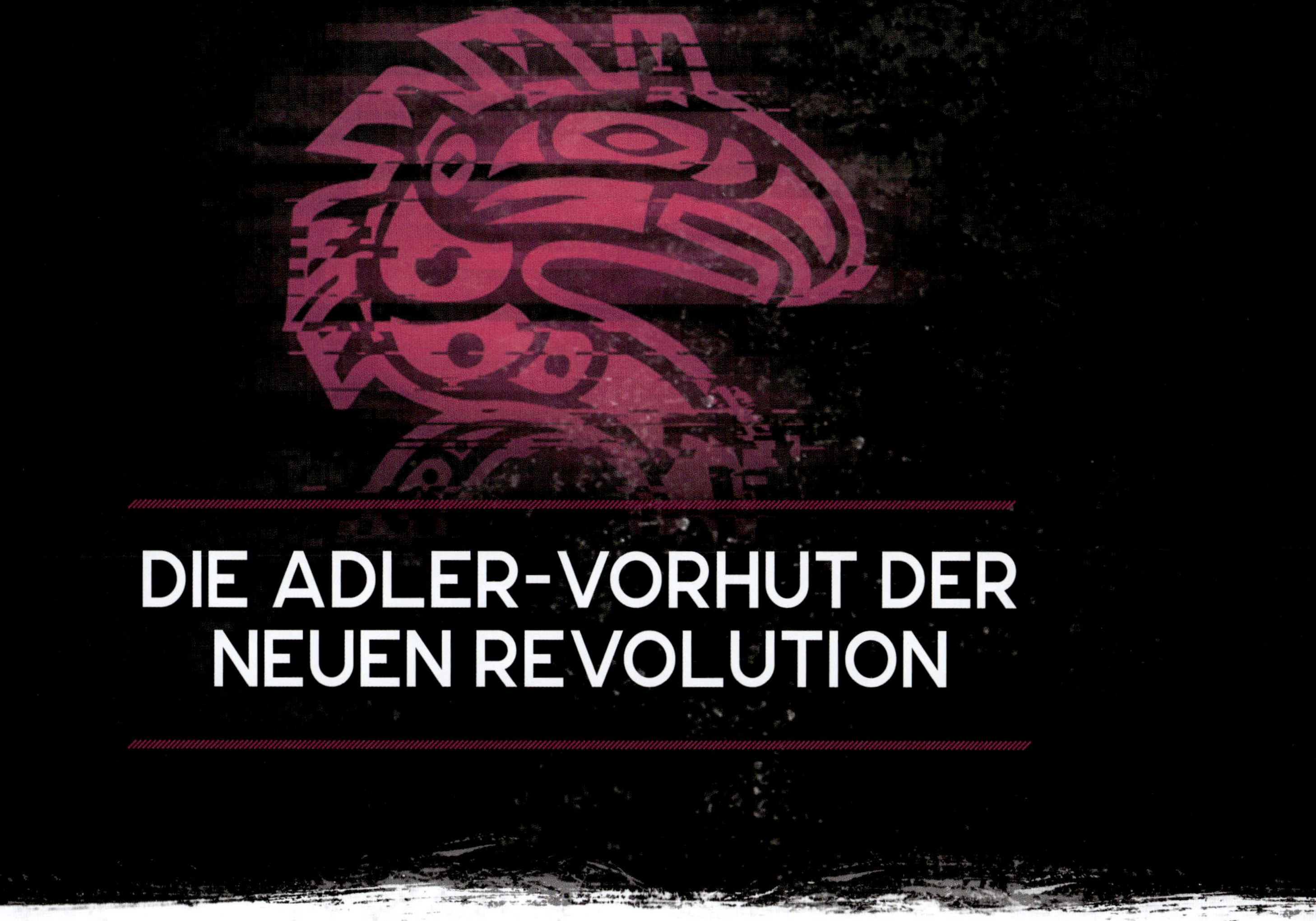

DIE ADLER-VORHUT DER NEUEN REVOLUTION

GEPOSTET VON: /DEV/GRRL

Man hat mir gesagt, dass vieles an den alten Vereinigten Staaten sympathisch war. Ihr wisst schon, die alten, alten Vereinigten Staaten. Fünfzig Sterne, dreizehn Streifen, so was in der Art. Und auf dem Papier klingt das auch alles gut. Durch das Volk, für das Volk, Leben, Freiheit, Streben nach Glück. Nicht schlecht, oder? Es sind einige gute Ideen dabei. Ich mag *Singing in the Rain*, und was „coole Elfen“ angeht, so sind die von Ralph Bakshi genauso cool wie alle anderen. Der Broadway der alten Schule klingt auch ganz nett, Kunst aus der Zeit, bevor es nur AR-Unsinn und vorproduzierte Sachen gab. Ich verstehe die Leute, die die Vereinigten Staaten zurückhaben wollen. Es gibt echte Idealisten da draußen: Leute, die wollen, dass die Konzerne etwas weniger Biss haben, dass es weniger mörderische, bewaffnete Schläger gibt und dass die Leute – echte Leute wie ihr und ich – etwas mehr Mitspracherecht haben. Es gibt Schriftstellerinnen und Sänger, Aktivistinnen und Denker, die jeden Tag hart daran arbeiten, die UCAS, den Tír, die NAN, Seattle und jeden anderen Ort zu einem Ort zu machen, an dem die Prinzipien der Vereinigten Staaten glaubwürdig klingen. Ein altertümlicher Schriftsteller bezeichnete diese Ideen mal als Schuldscheine, die darauf warten, eingelöst zu werden. Einige Leute versuchen, das immer noch zu tun.

Aber die Adler-Vorhut? Auf keinen Fall. Kilometerweit daneben.

Die Adler-Vorhut sind Revanchisten, Fanatiker und Mörder, die die Vereinigten Staaten überhaupt nicht vermissen. Sie vermissen die Macht und die Möglichkeit, sie auszuüben, und sie sind diejenigen, die dumm genug – und wütend genug – sind, um dafür zu töten. Sie wollen die Welt zurück, von der ihnen ihre Ururgroßeltern erzählt haben, und die Tatsache, dass eine solche Welt nie existiert hat, ist für sie kein Hindernis, versteht ihr?

Zum Glück für uns – das heißt für Leute mit einem gewissen Maß an geistiger Gesundheit – sind sie vor allem in der Matrix ein Problem. Sie reden groß daher, aber es sind größtenteils Einzelgänger und kleine Zellen, die zuschlagen (wenn sich überhaupt jemand die Mühe macht, zuzuschlagen).

Und das ist ehrlich gesagt ein Glück. Früher waren sie größer. Viel größer. Die Adler-Vorhut bildete sich vor etwa einem Jahrzehnt aus den Typen der Neuen Revolution.

Ja, *diese* Typen der Neuen Revolution. Die „Panzer auf die Straße, Demonstranten hinrichten, den Präsidenten erschießen“-Neue Revolution. Sie – und es ist wirklich ein großes „sie“, denn die Neue Revolution hatte Leute in den Armeen der UCAS und der CAS, in der Federal Reserve, in den Konzernen, überall –

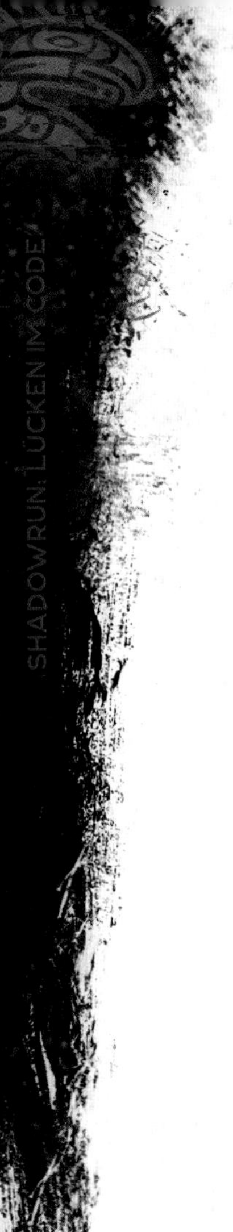

haben damals auch fast gewonnen. Ich meine, ihr alle kennt die Geschichte. Sie wurden hochgenommen, und die Rädelsführer sind heute im Gefängnis, tot oder tun so, als hätten sie nie etwas von der Sache gehört.

Aber die Idioten – pardon, die wahren Gläubigen und eingefleischten Anhänger – sind geblieben. Sie haben eine neue Generation radikalisiert, sie haben ihre Überzeugungen weitergegeben, und jetzt gibt es viel zu oft Memes mit einem Adler, der ein Bündel Stöcke in seinen Klauen hält – das ist das Logo der Neuen Revolution, der Adler mit den Rutenbündeln –, sodass ich mir Sorgen mache.

Ich bin hier, um euch zu sagen, worum es geht. Flippt nicht gleich aus, aber ich habe einen dieser eingefleischten Idioten – QuackHUAC – dazu gebracht, mir und euch all die Informationen zu geben, die ich irgendwann einmal brauchen könnte, aber ich bin sie noch einmal durchgegangen, um euch zu sagen, was wirklich los ist (und nein, QuackHUAC ist nicht live oder online hier, also antwortet nicht, als ob er es wäre). Außerdem habe ich einige echte Daten gefunden, die Runnern da draußen, die der Welt einen Gefallen tun und diese Typen loswerden wollen, helfen können.

QuackHUAC: Hallo! Willkommen, ihr alle! Mir wurde gesagt, dass meine heutigen Ausführungen für ein breites Publikum bestimmt sind, und ich freue mich, dass so viele das Licht gesehen haben und heute bereit sind, sich unter dem Banner von Adler und Rutenbündel zu versammeln.

/dev/grrl: Ich denke, mit dem ersten Teil hat er nicht unrecht, aber es ist nicht ganz das Publikum, an das er gedacht hat.

QuackHUAC: Gemeinsam werden wir alle die Welt wiederherstellen, die uns versprochen wurde, sie wieder so machen, wie sie sein sollte, und uns das, was so schrecklich schiefgelaufen ist, zurückholen. Schaut euch die Welt um uns herum an! Schaut sie euch an! Schaut euch die Bastarde an, mit denen wir sie teilen müssen. Elfen und Orks und verdammte Zentauren. Soll das so sein? Nein, natürlich nicht.

Thomas Jefferson schrieb, dass „alle Menschen gleich geschaffen sind". Später hat man diese Rechte zu Recht ausgeweitet – Männer und Frauen, Männer und Frauen aller Rassen –, aber es war immer die Menschheit. Die *Menschheit*. Weder Freaks noch Monster!

Lassen wir die guten alten Zeiten wieder aufleben. Vor einem Jahrhundert hatten sie diese Probleme nicht. Und wir sollten sie auch nicht haben.

/dev/grrl: Yeah. Die Leute hier sind nicht so toll. Und kennen sich auch nicht besonders gut mit der Verfassung aus. Der Typ sollte mal ein Buch lesen. Und ein bisschen unter Leute kommen. Wie auch immer, ich habe einen Haufen von dem Gegeifere rausgeschnitten. Ihr kennt das ja, bla bla bla, die Welt erobern, bla bla bla, ihre Feinde töten, bla bla bla. Jetzt kommt der gute Teil. Etwa fünfundvierzig Minuten später kam er zu einem Abschnitt, in dem er einige der Leute beschrieb, die er getroffen hatte, und ich denke, ihr alle solltet das lesen. Besser kann man die Mitglieder – diejenigen, die ihr treffen werdet – nicht beschreiben.

QuackHUAC: … er nennt sich Starclimber, und er ist die Art von Mann, an dem ihr euch alle ein Beispiel nehmen solltet. Er lebt in den Reihen des Feindes, er dient unter ihnen und er missbraucht ihre Ressourcen zu unserem Wohl. Er erkannte die Lüge, mit der sie ihn gefüttert hatten – die Illusion, dass er es verdient, unter all diesen … Leuten zu sein. Im echten Amerika hätte er das Leben, das er verdient: eine Partnerin, einen weißen Lattenzaun um ein großes Haus, und er hätte es, ohne all diese … anderen tolerieren zu müssen. All diese Abartigkeiten.

Starclimber ist bereit, Opfer zu bringen. Für uns zu kämpfen und zu sterben! Er weiß, dass es gefährlich ist, er weiß, dass es schwierig ist, und dennoch kämpft er und stirbt fast für alles, was wir hier tun.

Schaut auf seine Aktionen in Seattle. Er hat die Schranken des Gesetzes, die Konzernherren, Lone Star und alle anderen schurkischen Agenten und „Shadowrunner" herausgefordert und kiloweise Sprengstoff herbeigeschafft, um den Angriff zu starten, der uns bekannt machen wird. Den Angriff, der der erste kühne Schlag für unsere neue Revolution sein wird, um der Welt zu zeigen, dass unser Amerika, das wahre Amerika, noch da ist. Sein Name wird für immer als Herold der kommenden gerechten Welt weiterleben.

/dev/grrl: Dieser Typ ist genau so absurd und überdreht, wie sein Name es vermuten lässt. Er nennt sich Starclimber, und sagen wir mal so, es mangelt ihm nicht an Ego. Aber Daniel Warren – das ist sein richtiger Name – arbeitet im Einzelhandel für eine Tochtergesellschaft einer Tochtergesellschaft einer anderen Tochtergesellschaft und bestückt Regale und so weiter. Er schreibt auch gerne hasserfüllte Online-Tiraden, und ich bin mir – auch wenn ich es nicht beweisen kann – ziemlich sicher, dass die Aktion, deretwegen QuackHUAC so aufgeregt ist, darin besteht, dass er sein Gehalt verwendet hat, um einen Haufen explosiver Düngemittel für die höheren Ränge zu kaufen. Ich glaube nicht einmal, dass es illegal war. Sein „Kampf" besteht aus wütenden Tiraden in Matrixboards. Schluckt den Hype nicht.

Er ist tatsächlich das Stereotyp eines Mitglieds der Adler-Vorhut. Leute, die nicht weiterkommen, die keine Zukunft haben und die leicht davon zu überzeugen sind, dass jemand anderes schuld daran ist, dass ihr Leben beschissen läuft. Das sind ihre Fußtruppen, ganz ehrlich. Man muss fast Mitleid mit ihnen haben. Nicht, dass ihr das sollt – das Wort „fast" ist hier das betonte Wort –, aber trotzdem. Wie auch immer, nach weiterem Gegeifere:

QuackHUAC: Die gesamte Zelle in Seattle gehört zum Besten, was wir in unserem Lager haben. Es sind die Menschen in Seattle, die am ehesten angreifen und der Welt zeigen, wer wir sind und was wir tun können. Sie leben in der Welt wie jeder andere auch. Man könnte an jedem von ihnen vorbeigehen, in einem Café von ihnen bedient werden, einen von ihnen auf einen Drink treffen und nie erfahren, dass sie das Licht gesehen haben, dass sie dem übergeordneten Wohl dienen.

Und was uns besser macht – was uns stärker macht –, ist, dass sie sich nie außerhalb der Matrix getroffen haben. Die Matrix – die Anonymität, die sie uns bietet, die Verbindungen, die sie uns bietet – macht uns mächtiger, als wir es jemals sein konnten, als Amerika noch groß war. Die Matrix ist womöglich die einzige gute Sache, die die letzten hundert Jahre

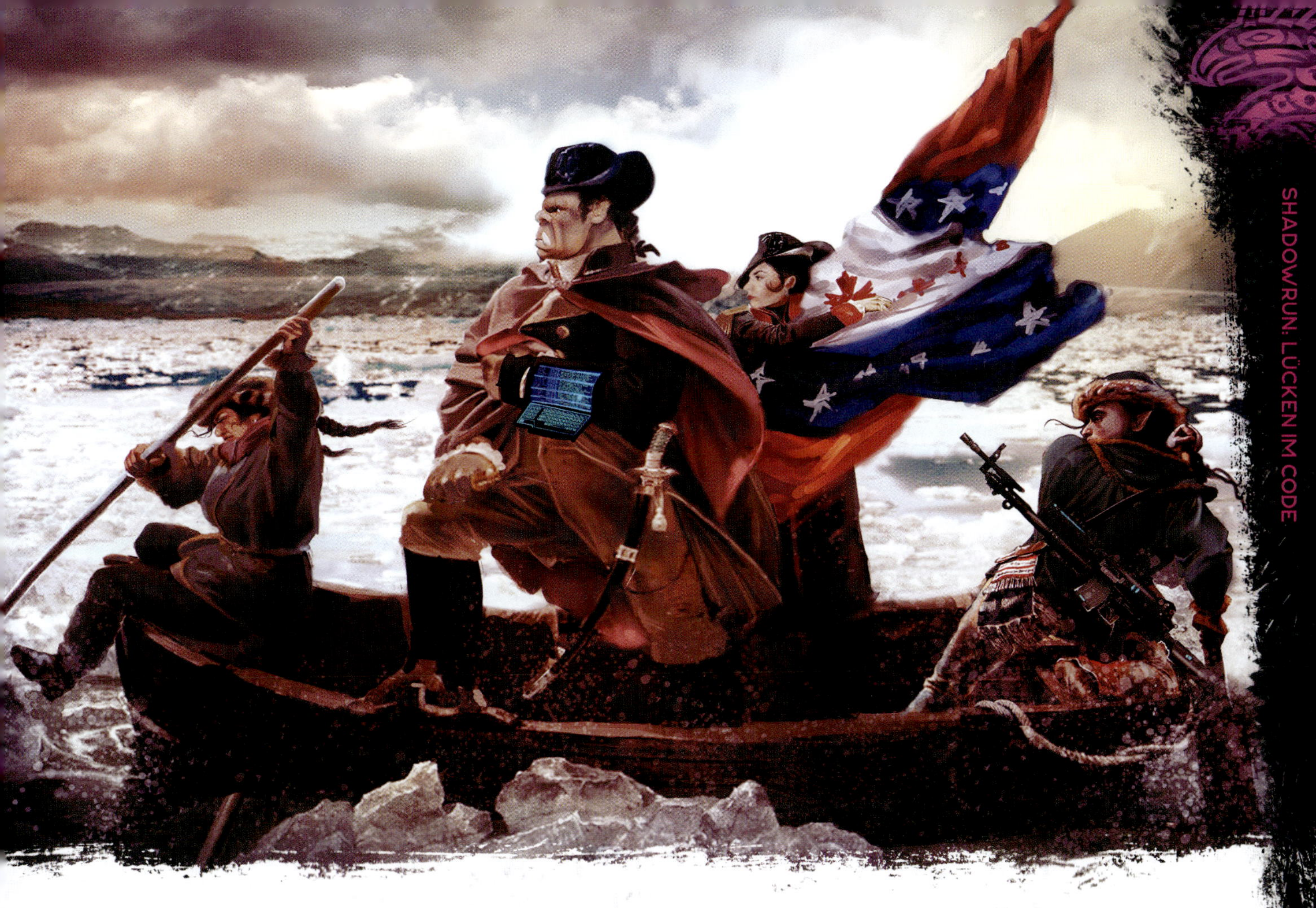

hervorgebracht haben! Ohne sie hätten wir die Zelle nie schmieden können.

Die Anführerin der Zelle nennt sich Vesper, und sie ist wahrhaftig ein Leuchtfeuer. Sie hat all diese Soldaten rekrutiert, hat sie gefunden und an uns und an die Sache gebunden. Sie hat die Teile zusammengesammelt und den Schlag ausgeführt, der uns hätte bekannt machen sollen. Vesper beauftragt eine Person mit dem Kauf von Material, eine andere mit dem Zusammenbau, eine weitere mit dem Verpacken und eine vierte mit der Lieferung eines nicht gekennzeichneten Pakets an einen Sündenpfuhl. Es gibt keine Verbindung zwischen dem einen und dem anderen Agenten, und auch keine Verbindung zwischen ihnen und der Sache. Es ist alles anonym und versteckt, bis wir das nicht mehr sein müssen.

/dev/grrl: Zumindest denken sie, dass es anonym ist. Ein bisschen Matrixmagie, und es ist nicht mehr annähernd so anonym, und, na ja, das hier ist JackPoint! Informationen zu finden, ist unser Job. Um es klar zu sagen: Die Zelle der Adler-Vorhut in Seattle wollte einen Bunraku-Salon in die Luft jagen. Samt den armen Frauen darin. Versteht mich nicht falsch, natürlich hasse ich diese Bordelle (wer nicht?), aber die Frauen müssen befreit und nicht in die Luft gejagt werden. Selbstverständlich hat es nicht funktioniert. Ich bekam einen Tipp von einer Person, die etwas wusste, und die verantwortlichen Yakuza haben die Bombe entschärft. Es ist kein Unschuldiger zu Schaden gekommen: Die Bombe ist in der Limousine des Gangsters explodiert, der versucht hat, sie abzuschalten. Kein Verlust, was mich betrifft.

Wie auch immer, Vesper ist tatsächlich eine Chiffre. Ich glaube, sie ist tatsächlich eine Sie – dieser Teil ihrer Identität ist echt –, aber abgesehen davon, dass sie ein Mensch ist und wahrscheinlich in der Smaragdstadt aufgewachsen ist und dort lebt, gibt es nicht viel mehr über sie. Wer auch immer sie ist, sie verfügt über beträchtliche Mittel und kann dafür sorgen, unerkannt zu bleiben. In der Größenordnung von Mitteln, wie sie nationale Regierungen haben. Aber versteht mich nicht falsch – die Yakuza würde viel Geld für ihren Namen bezahlen. Das ist die Art von Gelegenheit, die sich ein gewiefter Shadowrunner nicht entgehen lassen sollte, wenn der richtige Mr Johnson ihm die Chance dazu gibt.

QuackHUAC: Aber mehr noch als die Matrix, mehr noch als das Chaos, die Dekadenz und der Terror dieser neuen Welt ist er es, der uns die Chance gibt, zu gewinnen. Unser Führer. Der Mann mit dem Willen und der Kraft und der Macht und dem Mut, das zu nehmen, was von der Neuen Revolution übrig geblieben war, nachdem unsere erste Chance auf Größe so unglücklich vertan und verraten worden war, und uns neu zu schmieden.

Cinncinatus.

Als unser Symbol nehmen wir einen Adler, der ein Bündel von Stöcken hält, die als Ganzes stärker sind als jeder einzelne Stock. Cinncinatus ist der Strick, der diese Stöcke bindet.

Ich weiß nicht, woher er kommt oder warum er sich für uns entschieden hat, aber ich habe natürlich einen Verdacht. Es gibt Gerüchte über einen abtrünnigen Offizier der UCAS Army, der verschwand, als ihm befohlen wurde, seine Waffen auf seine amerikanische Mitmenschen zu richten. Von einem Banker in der Fed in Manhattan, der beschloss, dass genug genug war und er seine Kameraden nicht länger manipulie-

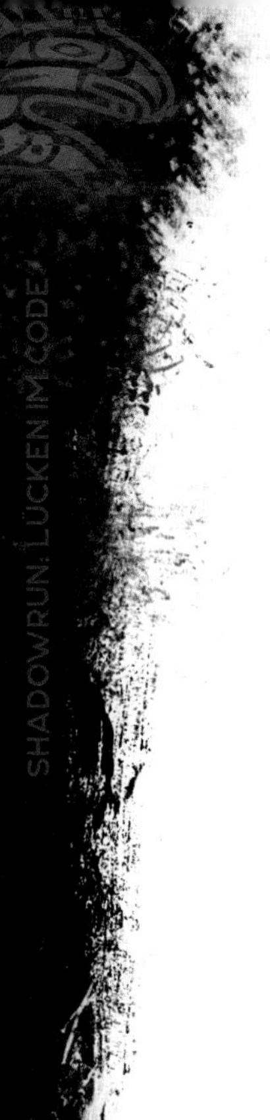

ren wollte. Oder einfach von einem ganz normalen Mann, der eines Tages zu dem Mann wurde, der die Welt verändern wird.

Ohne ihn wären wir nichts. Mit ihm – mit seinen Neunzig-Sekunden-Ansprachen, den in der Matrix verbreiteten AR-Aufnahmen, den Info-Chatrooms, in die er sich kurz einloggt, Befehle erteilt und neue Soldaten versammelt, um dann wieder in den Äther zu verschwinden – sind wir unbesiegbar. Unaufhaltsam. Die Vorhut einer neuen Revolution, die die Welt zurückbringen wird, die uns zusteht.

/dev/grrl: Ich will nichts andeuten, aber es scheint, als gäbe es eine Lösung für ihr gesamtes Problem, wenn jemand bereit wäre, einem schwachen Punkt eine Kugel zukommen zu lassen.

Aber ich habe tiefer gegraben.

Dieser Cinncinatus ist tatsächlich eine Chiffre, aber nicht so, wie seine Lakaien denken. Seine Identität ist zu leicht zu finden – eine Tarnung, die, wie ich glaube, ihrerseits gefälscht ist. Denn der Name, den er angibt, lautet buchstäblich John Doe, und so heißen keine echten Leute. Aber es gibt einen Code, der fast wie Seelie anmutet, mit Wachwürmern im Evo-Stil, die nach Leuten suchen, die nach ihm suchen, und sogar etwas, von dem ich für eine Sekunde geschworen hätte, dass es fast etwas Drachenhaftes hat. Es gibt zwei Szenarien. Entweder spielt die Adler-Vorhut mit viel besserer Ausrüstung, als ich dachte, oder er ist ein Strohmann für eine viel wichtigere Partei.

Ich bin mir nicht sicher, welches Szenario mich mehr beunruhigt.

RESSOURCEN

Auf dem Papier sind die Streitkräfte der Adler-Vorhut nicht besonders groß. Der gescheiterte Putsch der Neuen Revolution zerrte die meisten Anhänger ihrer Ideologie ins Licht der Öffentlichkeit, und als die Neue Revolution niedergeschlagen worden war, waren auch die meisten ihrer auf dem Papier stehenden Kräfte verschwunden. Um es ganz deutlich auszusprechen: Die Ideologen und Galionsfiguren der Bewegung rühmen sich gerne mit enormen Ressourcen und geheimen, versteckten Armeen kampferprobter Soldaten, die nur auf die richtige Gelegenheit warten, um die Welt zurückzuerobern.

Aber das ist größtenteils Gerede. Was von dem gescheiterten Putsch übrig ist, gleicht eher Gewehren in Garagen als versteckten Panzern. Der durchschnittliche Shadowrunner hat wahrscheinlich eine bessere Ausrüstung. Eine verteilte Zelle, die eine Aktion in Denver versuchte, hatte eine vorsintflutliche schultergestützte Rakete, aber das ist auch schon das größte Stück physischer Ausrüstung, das wir der Organisation zuordnen können.

In der Matrix sind sie gefährlicher. Die Tatsache, dass sie sich an die Desillusionierten und die Wütenden wenden, bedeutet, dass sie sich oft an Matrixbewohner wenden – an Leute, die durch Online-Meinungen radikalisiert wurden und bereit sind, andere zu radikalisieren. Außerdem verfügen sie häufig über fundierte digitale Kenntnisse. Leute mit Cyberdecks und Datenbuchsen aus ihren normalen Jobs – echte High-End-Hardware – kommen am Ende des Tages von ihrer Arbeit zurück und loggen sich dann ein, um dieselbe Hardware für die Vorhut zu nutzen.

Noch beunruhigender ist, dass die Adler-Vorhut – so ausgrenzend und engstirnig sie auch ist – ihre Borniertheit noch nicht auf Technomancer ausgedehnt hat. Technomancer sind in ihren Augen immer noch (oft) sichtbar menschlich und fallen als solche unter ihre seltsame Hierarchie der Akzeptanz. Natürlich kommen Orks, Elfen und andere metamenschliche Technomancer nicht infrage, aber das liegt daran, dass sie metamenschlich sind, nicht daran, dass sie Technomancer sind.

Die beiden großen Vorteile der Adler-Vorhut sind ihre Heimlichkeit und ihre Fähigkeit, unerkannt aus einer Menschenmenge heraus zu agieren, und so verwenden sie auch die Technomancer. Warum sollte man sich auf ein Team von Deckern stützen, wenn man jemanden haben kann, der das gleiche Chaos mit seinem Verstand anrichten kann? Wie die meisten anderen wollen auch sie die Technomancer als Waffe einsetzen. Und sie sind beunruhigend gut darin.

Nun zu den Gerüchten. Wenn wir von dem, was wir *wissen,* dass sie es haben, auf das schließen können, von dem wir *denken,* dass sie es haben, wird die ganze Sache undurchsichtig. Es gab einen UCAS-Vertrag über eine Reihe unbemannter Angriffsfahrzeuge von Saeder-Krupp, der nicht erfüllt wurde, und zwar etwa zur gleichen Zeit, als einige Mitarbeiter im Streitkräfteausschuss des UCAS-Kongresses, die im Verdacht standen, mit der Adler-Vorhut in Verbindung zu stehen, entweder entlassen wurden oder kündigten – *nachdem* Saeder-Krupp die Zahlung für die Fahrzeuge erhalten hatte. Die Tarnidentität von Cincinnatus ist mit einer Evo-Tochtergesellschaft verbunden, die Cyberdecks herstellt. Selbst in Seattle heißt es in abgefangenen Nachrichten der Vory, dass nichtmilitärisches Personal in den Anlagen des alten Flottenstützpunkts Bremerton ein- und ausgeht. Natürlich handelt es sich dabei nur um Extrapolationen und Hypothesen – ihr wisst schon, die schicken Worte für verrückte Vermutungen und Ideen, die man sich aus dem Finger saugt –, aber es sind keine völlig unbegründeten verrückten Vermutungen.

Auch die Finanzen passen einfach nicht zusammen. Auf dem Papier und in der Öffentlichkeit behauptet die Adler-Vorhut, dass sie ausschließlich durch die Großzügigkeit ihrer Anhänger finanziert wird; die Mitglieder spenden kleine Beträge und füllen damit die Kassen. Aber es gibt einfach nicht genug Lakaien in den Reihen der Adler-Vorhut, um so flüssig zu sein, wie sie behaupten. Die offensichtliche Antwort – und vielleicht auch die wirkliche Antwort – ist natürlich, dass sie viel weniger Geld haben, als sie Möchtegern-Extremisten vorgaukeln. Andererseits hat die CAS Federal Reserve in New Orleans vor etwa zehn Jahren eine Reihe von zinsgünstigen Krediten für neue Unternehmen in dieser Stadt genehmigt, die alle nur wenige Tage nach Erhalt der Zahlungen pleitegingen. Die Federal Reserves der UCAS in Manhattan und Chicago taten dasselbe. Vielleicht waren es nur schlechte finanzielle Entscheidungen. Vielleicht war es einfach nur Dummheit. Andererseits gehörten zu den ursprünglichen Putschisten der Neuen Revolution auch Banker und Ökonomen – dass die Zentralbanken Terroristen finanzieren, ist also nicht ausgeschlossen.

Und schaut sie euch auch in der Matrix an. Sicher, sie tun das, was man bei ihrer Vorgehensweise und ihren nominellen Ressourcen auf dem Papier erwarten würde: Sie veranstalten Pop-up-Sitzungen, halten ihre Reden, erteilen ihre Befehle und verschwinden dann so lange, bis sie ihre Anhänger erneut versammeln. Aber während sie diese Dinge tun, haben ihre Sitzungen einen beunruhigend starken digitalen Schutz, und es ist selbst für ziemlich gute Technomancer und Decker sehr schwer, hineinzukommen. Nicht unmöglich, um das klar auszusprechen. Aber nicht leicht.

Auch hier kann ich keine sicheren Aussagen machen. Damit das klar ist, ich würde damit nicht vor Gericht ziehen. Aber wir alle wissen, dass die Welt chaotisch ist, und manchmal muss man sich ein Bild machen, ohne alle Daten zu haben, die man sich wünschen würde. Jemand in den UCAS, wahrscheinlich auch in der CAS und in einigen der Megakons, füttert die Adler-Vorhut mit Ressourcen. Vielleicht sind sie die wahren Drahtzieher. Vielleicht sind sie einfach nur wahre Gläubige mit tiefen Taschen. Aber wie auch immer, es gibt eindeutig einige echte Unterstützer. Und ich befürchte, dass, wenn wir nicht bald handeln – wenn wir nicht ernsthaft gegen diese Leute vorgehen –, ihre Hintermänner aus ihren Löchern hervorkommen und wir mehr Aggression erleben werden.

VERBÜNDETE UND CONNECTIONS

Es mag euch schockieren, aber die mörderischen Fanatiker, die am ehesten für einen sehr gewalttätigen gescheiterten Staatsstreich im Jahr 2064 bekannt sind? Sie haben nicht viele Freunde. Der Modus Operandi der Adler-Vorhut besteht darin, dass sie, wenn sie auf andere Organisationen desselben Typs stoßen, entweder deren Anhänger abwerben oder ihre eigenen Anhänger verlieren. Was in gewisser Weise nicht überraschend ist. Es gibt nur eine begrenzte Anzahl dieser mörderischen Idioten, und wenn sie dumm genug sind, für die Adler-Vorhut zu arbeiten, dann sind sie auch dumm genug, sich mit einer beliebigen Anzahl anderer ähnlicher Policlubs und dergleichen einzulassen.

- Leute wie diese als dumm zu bezeichnen, ist immer eine einfache und beruhigende Lösung, aber es ist – wie die meisten Verallgemeinerungen – zu oberflächlich. Wir alle haben Bereiche, in denen wir zulassen, dass unsere Emotionen unsere Entscheidungen beeinflussen, und wenn einer dieser Bereiche mit einem Kernbereich unserer Identität verbunden ist, dann spielen dort neben der faktenbasierten Analyse auch andere Elemente eine Rolle. Anstatt diese Leute einfach als dumm abzutun, sollte man sich fragen, welche persönlichen oder psychologischen Bedürfnisse sie durch ihre Mitgliedschaft in diesen Organisationen befriedigen.
- Kay St. Irregular

Das bedeutet aber nicht, dass es keine Zusammenarbeit zwischen der Vorhut und anderen Organisationen gibt. Da die Adler-Vorhut hauptsächlich eine digitale Organisation ist, die sich auf die Matrix konzentriert, bedeutet das, dass sie oft andere, in der physischen Welt kompetentere Organisationen damit beauftragt, das schmutzige Geschäft des Schießens und des Diebstahls in der realen Welt zu erledigen. Zumindest für sie ist es eine himmlische Kombination. Die Vorhut übernimmt die Planung, die Versorgung und die Matrixoperationen, während jemand anderes das Risiko trägt, angeschossen zu werden oder Schlimmeres. Und die Vorhut erntet am Ende die Lorbeeren.

Oft handelt es sich bei diesen Erfüllungsgehilfen nur um örtliche Gangs aus unzufriedenen oder nuyenhungrigen Leuten, aber die Adler-Vorhut hat auch einige dauerhafte Verbindungen zu etablierteren Organisationen geknüpft. Aufgrund der politischen Ansichten der Vorhut sind diese Verbindungen selten, aber es gibt sie.

An erster Stelle steht Alamos 20.000. Alamos, die wohl berüchtigtste menschenzentrierte metamenschenfeindliche Organisation der Sechsten Welt, hatte Verbindungen zur ursprünglichen Neuen Revolution. Es ist inzwischen so gut wie sicher, dass eines der Führungsmitglieder von Alamos – UCAS-Senator Jonathan Braddock – zu den Drahtziehern der Neuen Revolution gehörte. Er wurde bei dem gescheiterten Putschversuch getötet. Das bedeutete, soweit wir wissen, das Ende der formellen gemeinsamen Führung von Alamos 20.000 und der Organisation, aus der die Adler-Vorhut hervorgehen sollte. Bei der anschließenden Zusammenarbeit handelte es sich häufig um die Zusammenarbeit zweier Ebenbürtiger und nicht um zwei Gruppen, die unter demselben organisatorischen Dach arbeiten.

Aber es gibt weiterhin eine ernsthafte Zusammenarbeit. Ihre Ziele sind naturgemäß parallel – auch wenn der Fanatismus von Alamos einfach nur Fanatismus und der Fanatismus der Adler-Vorhut Teil eines umfassenderen Wunsches nach einer imaginären Vergangenheit ist, ist es immer noch Fanatismus, und beide jagen nur zu gerne Metamenschen in die Luft. Wenn überhaupt, sind die Feinde der Adler-Vorhut wahrscheinlich breiter gefächert als die von Alamos 20.000, da die Vorhut auch gegen alle „Laster“ ist. Alamos ist es egal, ob seine Mitglieder Drogen nehmen, was sie tun oder wie sie sich verhalten, solange es sich um Menschen handelt, die Metamenschen angreifen. Die Adler-Vorhut hingegen ist sehr darauf bedacht, einen gewissen Moralbegriff durchzusetzen, was die Zusammenarbeit naturgemäß erschwert, wenn die beiden Organisationen außerhalb der Matrix aufeinandertreffen. Die zugeknöpften Mitglieder der Adler-Vorhut sehen auf die Alamos-Mitglieder als brutale Gangster herab; die viel zahlreicheren, viel erfahreneren und viel gefährlicheren Alamos-Mitglieder sehen auf die Adler-Vorhut als cosplayende Akademiker herab. Darüber hinaus ist das politische Projekt der Adler-Vorhut – die Wiederherstellung der Vereinigten Staaten – für Alamos nur dann von Interesse, wenn es bedeutet, Metamenschen zu ermorden und von Metamenschen beherrschte Gebiete wie Tír Tairngire zu zerstören. Alamos 20.000 unterstützt – und bevorzugt vielleicht sogar aktiv – politische Maßnahmen wie die japanische Besetzung Kaliforniens, die der Adler-Vorhut verhasst war.

Wie bereits erwähnt besteht die Zusammenarbeit zwischen den beiden Organisationen häufig darin, dass die Adler-Vorhut die Organisation und Planung

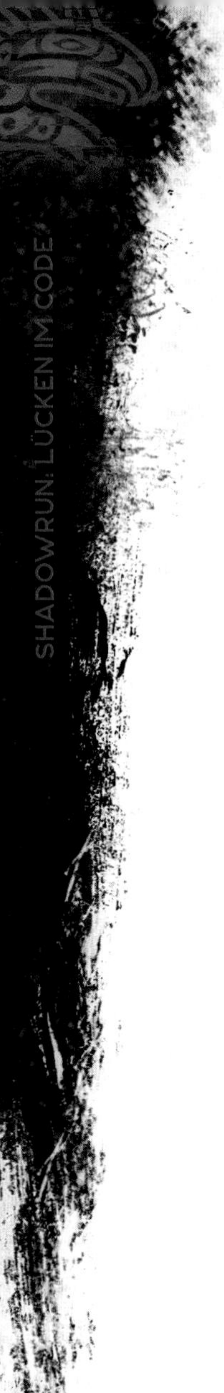

übernimmt – die Matrixverschwörungen und -einbrüche, das Beschaffen von Plänen und Erpressungsmaterial – und die Mitglieder von Alamos 20.000 die Pläne dann tatsächlich ausführen. Alamos hat normalerweise die Waffen, die Schwerter und die Zaubersprüche. Sie als „Kanonenfutter" für die Adler-Vorhut bei ihren gemeinsamen Operationen zu bezeichnen, wäre nicht ganz richtig, aber auch nicht ganz falsch. Das führt natürlich zu einer Reihe von Spaltungen und schlechten Beziehungen zwischen den beiden Gruppen. Es wird euch schockieren, aber selbst die Idioten, die sich Alamos 20.000 anschließen, lassen sich nicht gerne erschießen.

Die dezentralisierte Organisation der Adler-Vorhut bedeutet oft, dass, wenn eine ihrer Zellen bei einer gemeinsamen Operation mit Alamos 20.000 tatsächlich physisch anwesend ist – und „gemeinsame Operation" impliziert vielleicht einen höheren Organisationsgrad, als er tatsächlich vorhanden ist –, es in der Regel eine einzelne Person oder vielleicht zwei aus einer ganzen Zelle sind, die sich mit einem Dutzend Alamos-Gangstern treffen. Und da die Zusammenarbeit mit der Adler-Vorhut oft in Form von Ressourcen und Planung und nicht in Form von physischer Gewalt erfolgt, haben die Alamos-Mitglieder oft das Gefühl, dass die Adler-Vorhut einfach hereinspaziert, ihnen sagt, was sie tun sollen, und dann wieder geht, bevor die Kugeln fliegen. Diese Wahrnehmung ist nicht falsch.

Das bietet eine Chance für Shadowrunner, die sich diese Spaltung zunutze machen wollen. Mitglieder der Adler-Vorhut und von Alamos 20.000 treffen sich selten persönlich, und ihre Matrixtreffen sind eine mögliche Schwachstelle. Ein Runner könnte sich einschleusen und Pläne fälschen, die Alamos erhält, oder die Adler-Vorhut mit gefälschten Berichten über den tatsächlichen Verlauf eines Angriffs versorgen. Wenn ihr in einem physischen Kampf ein Mitglied der Adler-Vorhut ausschaltet, das sich tatsächlich vor Ort befindet, könntet ihr dafür sorgen, dass sie führungs- und planlos agieren. Das wird die Helfer von Alamos natürlich nicht daran hindern, auf euch einzustechen, auf euch zu schießen, euch in Brand zu stecken usw. Sie spielen nicht fair. Wir sollten das auch nicht tun.

Verlassen wir die rohe physische Gewalt: Die Adler-Vorhut hat eine wenig überraschende Allianz mit dem Humanis Policlub geschlossen. Wie bei Alamos 20.000 – und die Verbindungen zwischen Alamos 20.000 und Humanis sind gut dokumentiert – haben sie ähnliche Ziele. Humanis will, dass Nicht-Menschen kleingehalten werden, dass Menschen exklusive Rechte haben, die andere nicht haben, und in begrenztem Maße wollen sie eine Politik gegen die amerikanischen Ureinwohner. In den meisten Fällen würde die Adler-Vorhut allem zustimmen, was ein Humanis-Mitglied sagt. Die Vorhut verfolgt eine Politik, die – wie im Vergleich zu Alamos – über das hinausgeht, wofür Humanis eintritt: Humanis hat in der CAS genügend Leute in politischen Ämtern und in Kalifornien genügend wahre Gläubige, dass es politischer Selbstmord wäre, öffentlich für eine Wiedervereinigung der Vereinigten Staaten in irgendeiner Form einzutreten.

Die Beziehung zwischen der Adler-Vorhut und Humanis ist ein Spiegelbild der Beziehung zwischen der Adler-Vorhut und Alamos. Das politische Programm der Adler-Vorhut war nach dem Scheitern des Putsches der Neuen Revolution gründlich in Verruf geraten. Im Allgemeinen neigen Leute dazu, eure Agenda nicht zu mögen, wenn ihr Leute auf der Straße hinrichtet, die schlecht darüber reden. So etwas findet in der Regel nicht viel öffentliche Unterstützung, und das Scheitern des Putsches der Neuen Revolution bedeutete, dass selbst diejenigen, die Sympathien für sie hegten, dies für sich behielten. Da der Erfolg von Humanis, wenn man es so nennen kann, ausschließlich in der Politik und innerhalb des Systems zu finden ist, sind beide Organisationen nicht besonders erpicht darauf, einander zu unterstützen. Aber es gibt eine Zusammenarbeit zwischen ihnen. Eine ausdrückliche Befürwortung der Adler-Vorhut durch Humanis würde deren Unterstützung durch verschiedene Megakonzerne, religiöse und politische Persönlichkeiten sowie weniger seriöse Persönlichkeiten der Unterwelt gefährden. Das würde Humanis nur in den seltensten Fällen riskieren. Ein gewiefter Shadowrunner könnte diesen Widerwillen ausnutzen.

Das soll nicht heißen, dass eine der beiden Organisationen weniger fanatisch geworden ist. Aber es bleibt eine Zweckehe. Mitglieder von Humanis, die Sympathien für die Adler-Vorhut hegen – und die gibt es –, geben Informationen an die Adler-Vorhut weiter, die diese Informationen nutzt, um entweder ihre eigenen Strohleute für Operationen zu arrangieren oder ihre eigenen Matrixextraktionen vorzunehmen. Decker und Technomancer der Vorhut können Matrixeinbrüche durchführen, die Humanis mit seiner Fassade der Seriosität abstreiten muss, und Decker und Technomancer der Vorhut können sich mit den Ressourcen von Humanis Zugang zu Bereichen verschaffen, an die sie sonst nicht herankommen würden.

Humanis hat seine eigenen Straßenkämpfer. Mit Strohleuten bei Alamos 20.000, den explizit mit Humanis verbündeten Gefängnisgangs, Straßenorganisationen und ähnlichen Verbündeten haben sie keinen Mangel an Leuten, die zustechen können. Was die Adler-Vorhut bietet – indem sie unter den Unzufriedenen, den sozial Ausgegrenzten und den informationstechnisch Benachteiligten rekrutiert –, ist Matrixfeuerkraft, um diese gewalttätigen Idioten zu unterstützen. Das läuft auch in die Gegenrichtung: Humanis füttert die Adler-Vorhut mit Informationen, die diese nutzt, um Pläne auszuführen. Anschließend gibt die Vorhut die Informationen, die sie bei dieser Aktion erlangt hat, an Humanis zurück, die sie für Erpressung, Einschüchterung und andere Dinge dieser Art nutzen. Alle sind dadurch unglücklich – außer der Adler-Vorhut und Humanis.

Ich möchte darauf hinweisen, dass die mangelnde Bereitschaft, öffentlich miteinander in Verbindung zu treten, eine Schwäche beider Gruppen darstellt. Wenn jemand das öffentlich machen könnte – und zwar auf unbestreitbare Weise –, wäre es ein schwerer Schlag für Humanis. Einer, von dem sie sich wahrscheinlich erholen würden, sicher. Aber nur langsam.

Überraschenderweise hat die Adler-Vorhut auch ein völlig instabiles, völlig opportunistisches, aber überraschend dauerhaftes Bündnis ausgerechnet mit den Söhnen Saurons geschmiedet. Zumindest die wohlwollendsten Elemente dieser Gang aus Ork-Suprematisten haben das absolut vernünftige Ziel der Gleichberechtigung der Orks und der Abschaffung

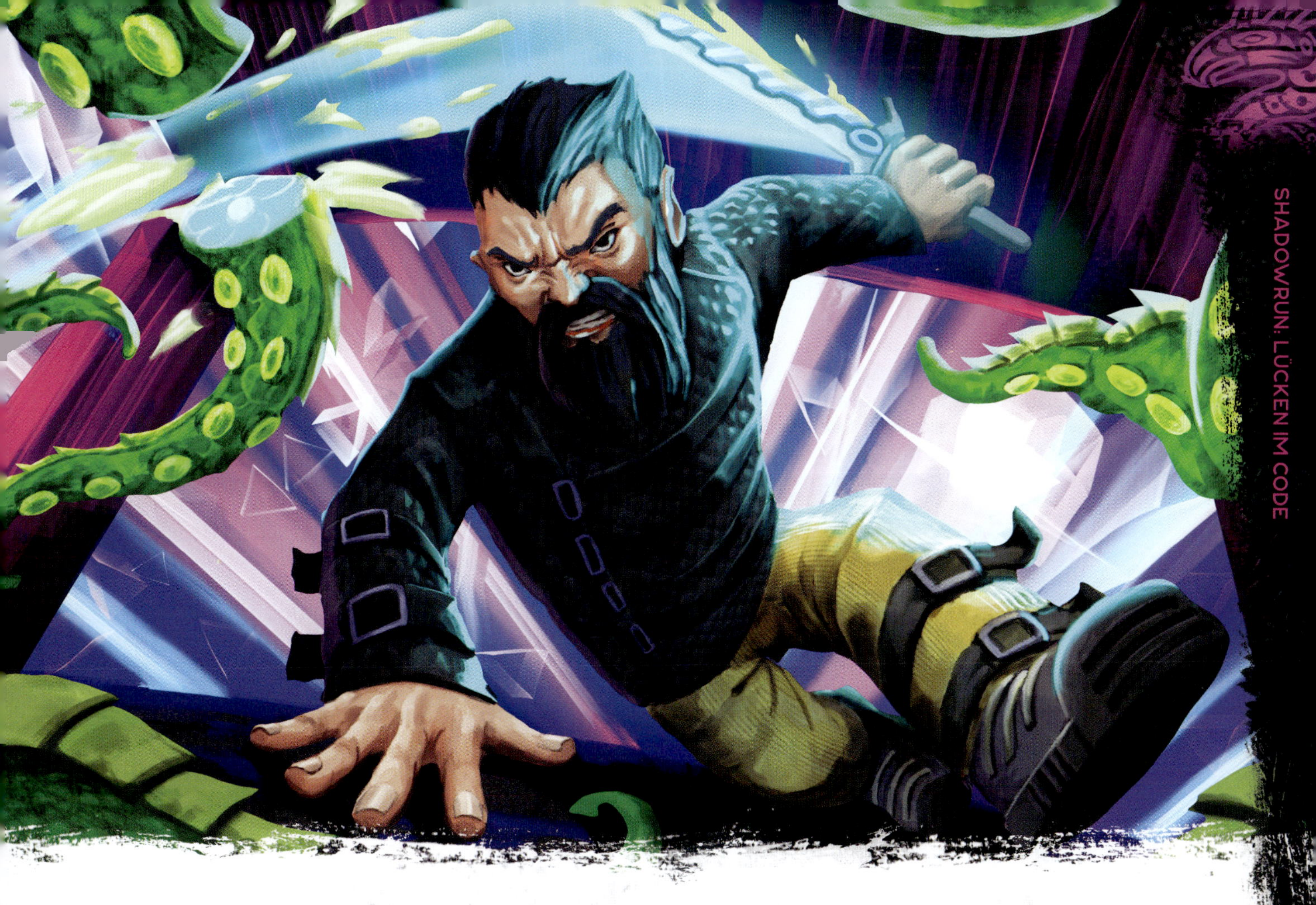

verschiedener segregationistischer Anti-Ork-Gesetze auf der ganzen Welt. Ihre mitleidslosesten und leider nicht seltenen Elemente wollen das, was die Adler-Vorhut, Alamos 20.000 und Humanis wollen, nur unter anderen Vorzeichen. Man möchte meinen, dass das eine Allianz zwischen den beiden unmöglich macht.

Andererseits ist eine solche Allianz weniger überraschend, als ihr vielleicht denkt. Die Zusammenarbeit von radikalen Akzelerationisten ist so alt ist wie die Zeit selbst. Noch bevor Metamenschen auftauchten und die Magie zurückkehrte, nahm die amerikanische Nazi-Partei Kontakt mit der Nation of Islam auf. Eine Zusammenarbeit von Extremisten, selbst von solchen, die einander hassen, ist möglich, solange sie einen gemeinsamen Feind haben. Und an Feinden mangelt es beiden Gruppen nicht gerade.

Natürlich glauben beide Organisationen, dass sie die jeweils andere manipulieren. Die Söhne Saurons glauben, dass sie einigen leichtgläubigen Idioten mit mehr Geld als Verstand das Geld aus der Tasche ziehen. Die Adler-Vorhut hingegen denkt, dass sie die Söhne Saurons als entbehrliches Kanonenfutter benutzt. Und keine von beiden liegt wirklich falsch. Die Adler-Vorhut hat viel mehr Geld als Leute, die wissen, wie man mit Geld umgeht. Und verdächtig viele Mitglieder der Söhne Saurons sterben, wenn sie gemeinsam an einer Operation arbeiten. Beide Gruppen sind sich jedoch der Risiken bewusst. Und sie sind bereit, sie einzugehen. Es gibt keinen Mangel an Geld in den Kassen der Adler-Vorhut, und es gibt keinen Mangel an entrechteten jungen Orks, die bereit sind, das Banner der Söhne Saurons zu tragen.

Aber solange am Ende die richtigen Leute den Kopf hinhalten müssen – örtliche Institutionen, die eine Gegend etwas zu schön machen, sodass keine der beiden Gruppen hier rekrutieren kann, Yakuza- oder Vory-Gruppen, die ein wenig zu weit in ein Viertel vordringen, also eigentlich jeder, den sie aus irgendeinem Grund erschießen wollen, da sind sie nicht wählerisch –, funktioniert die unwahrscheinliche Zusammenarbeit.

Aber das alles sind Bruchlinien, die ausgenutzt werden können. Um es vorsichtig auszudrücken, kommt keine der beiden Gruppen gut mit anderen aus. Wenn man es schafft, diese Spannung, das fehlende Vertrauen und den Fanatismus, die beiden Gruppen innewohnen – beides sind suprematistische Organisationen –, zu verstärken, könnte man sie dazu bringen, ihre Waffen gegeneinander zu richten. Dazu müsste sich allerdings ein Shadowrunner bei der einen oder der anderen Gruppe einschleusen. Das wäre nicht einfach. Ich beneide niemanden, der das versucht.

- So schwierig ist es gar nicht. Informiert euch über einige ihrer gemeinsamen Operationen. Lasst sie an die richtigen Parteien durchsickern, damit die eine Gruppe glaubt, die andere würde sich gegen sie wenden. Beobachtet, wie nur mühsam im Zaum gehaltene Verdächtigungen an die Oberfläche dringen. Gute Zeiten.
- X-Prime

TAKTIK

Zunächst einmal sollten wir Folgendes über die Adler-Vorhut klarstellen: So gefährlich sie auch sein können, so gut finanziert, vernetzt und verbündet

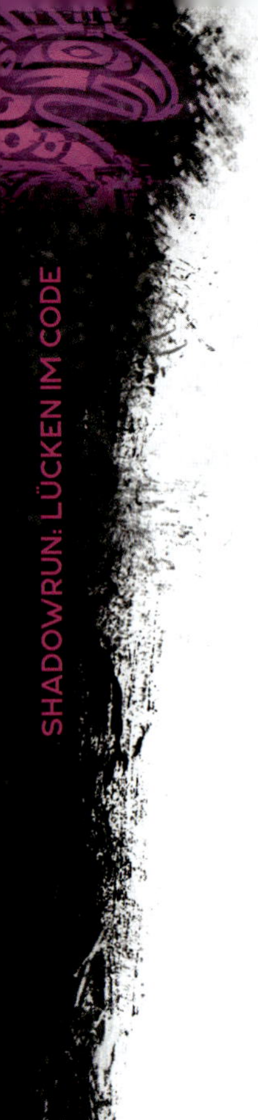

sie auch sind, es handelt sich bei ihren Aktivitäten in neun von zehn Fällen um Matrixverschwörungen. Sicher, die großen Namen – Cincinnatus, die Anführer der Zellen, die *wichtigen* Leute in der Organisation – kommen nur online, weil sie einen Plan auszuführen und Leute zu töten haben. Aber die überwiegende Mehrheit der Mitglieder der Adler-Vorhut, die Fußsoldaten, die Technomancer, die Decker, die die Reihen der Organisation bilden – reden die meiste Zeit über nur über Matrixquatsch.

Wir sollten uns auch darüber im Klaren sein, dass das, worüber sie reden, nicht gerade schön ist. Sie hören nicht auf, verrückte Fanatiker zu sein, die sich nach einer Welt sehnen, die nie existiert hat, auch wenn sie nicht aktiv versuchen, diese Welt zu einem bestimmten Zeitpunkt zu erschaffen. Es ist mehr als möglich, dass das gestörte Matrixgeplapper in Aktionen im Fleischraum mündet.

- Die alten US of A sind nicht die einzige Nation, die einen Adler im Wappen hatten bzw. als UCAS weiterhin haben. Auch die ADL hat Fanatiker, deren Blick auf das glorreiche alte „Doitschland" durch Neo-Romantik, Tridserien und beschönigende Darstellungen der keinesfalls immer rosigen Vergangenheit eines Großdeutschen Reiches – das es in der propagierten Form so nie gegeben hat – getrübt ist. Die „Deutsche Adlervorhut" mag, was Organisation und Schlagkraft angeht, der amerikanischen um ein paar Jahre hinterherhinken, aber in typisch deutscher Effizienz holen sie schnell auf.
- Cynic

- Die einzige offene Frage ist, ob die deutschen Matrixadler ein Werkzeug der Allianzverschwörung sind oder tatsächlich unabhängig bzw. ein Werkzeug anderer, ultrarechter Kräfte in der ADL.
- Sermon

Die Adler-Vorhut mag diese Einzelkämpfer-Aktionen nicht – sie hält sie für schlechte Werbung, und ohne die Möglichkeit, sich mit ihren Verbündeten, mit ihren anderen Matrixaktivposten und mit größeren ideologischen Zielen zu koordinieren, sind diese Aktionen ihrer Meinung nach sinnlos. Aber sie unterbinden sie auch nicht. In den Augen der Führung der Adler-Vorhut sind diese Einzelkämpfer-Aktionen der Preis für ihre Handlungsweise. Ein sehr gewalttätiger, sehr tödlicher Preis, aber ein Preis, den sie zu tragen bereit sind.

Diese Extremisten sind nur ein kleiner Teil der tatsächlichen Mitglieder der Adler-Vorhut. Die meisten von ihnen kommen über Gerede nicht hinaus und sind im Grunde das digitale Äquivalent von Kanonenfutter. Sie werden bei massiven Einschleusungsversuchen eingesetzt, um die digitale Sicherheit durch ihre schiere Anzahl zu überwinden. Dass sie von dem Megakonzern oder der Organisation, die sie angreifen sollen, gefunden und getötet werden können, ist für die Führung nicht wirklich von Bedeutung.

Diese Mitglieder wissen nichts von Wert. Es wird ihnen nichts gesagt. Sie erhalten keine neuen Cyberdecks oder Datenbuchsen. Sie werden mit den richtigen Sprüchen gefüttert, damit sie bei der Stange bleiben, und sie werden auf die richtigen Ziele gerichtet, damit sie auf Linie bleiben. Und dann werden sie dem Schlund zugeführt. Nicht gerade ein komplizierter Vorgang.

Die Führung der Adler-Vorhut zieht es vor, Operationen durchzuführen, die sie grob in drei Kategorien einteilt.

Bei den Einschleusungsoperationen handelt es sich im Großen und Ganzen um das, was oben beschrieben wurde – die Beschaffung von Informationen von den Megakonzernen, von Regierungen und von anderen Untergrundorganisationen. Diese Aktionen sind im Großen und Ganzen dreigliedrig und bestehen aus drei Zangen, die alle in einem einzigen Schlag zusammenkommen.

Die erste ist, wie oben beschrieben, ein Massenangriff von Deckern. Oft sagt man ihnen nicht einmal genau, wonach sie suchen sollen, sondern nur, um welches Ziel und um welchen groben Bereich es geht. „Sucht nach allem, was mit Elfen zu tun hat", so etwas in der Art. Das ist natürlich eine Ablenkung. Ein Weg, um die Aufmerksamkeit von den eigentlichen Angriffsmethoden abzulenken.

Gleichzeitig starten Agenten im Fleischraum – entweder echte Mitglieder der Adler-Vorhut oder, was häufiger vorkommt, Alamos, Humanis, die Söhne Saurons oder andere Personen, die abstreitbar und gefährlich sind – einen Angriff auf einen der physischen Standorte des Ziels. Dadurch werden Ressourcen von der digitalen Welt abgezogen, da derjenige, der die Reaktion der Verteidiger organisiert, seine Zeit und Aufmerksamkeit aufteilen muss. Außerdem – und das ist wohl noch wichtiger – wird den Verteidigern suggeriert, dass das physische Eindringen das Hauptziel ist. Schließlich ist es nicht gerade selten, dass ein Matrixangriff einen Shadowrun unterstützt – dieses Vorgehen erzeugt die Illusion von etwas Typischem, das sich für den gegnerischen Anführer vertraut anfühlt. Das führt oft dazu, dass die gegnerischen Kräfte in eingefahrene Muster und Reaktionen verfallen. Diese Muster sind in der Tat oft sehr effektive Reaktionen auf einen tatsächlichen Shadowrun oder einen anderen Angriff, bei dem entweder ein physisches Eindringen oder ein massiver digitaler Angriff das Ziel sind. Diesmal ist jedoch keines dieser Elemente der wahre Schlag, und die Annahme, dass sie es seien, ist der entscheidende Fehler, den die Verteidiger begehen können.

Während physische Kräfte aufmarschieren, um den physischen Werkzeugen der Adler-Vorhut Paroli zu bieten, und die digitalen Ressourcen verteilt werden, um dem massiven Angriff der Decker standzuhalten, erfolgt der eigentliche Angriff, der tödliche Schlag. Die letzte Zange sind die wirklich talentierten Decker, die Technomancer mit echter Macht, die jeweils mit den besten technologischen Mitteln ausgestattet sind, die die beträchtlichen Ressourcen der Adler-Vorhut kaufen können. Sie finden eine Schwachstelle und schlagen dort mit aller Kraft zu. Das ist die eigentliche Attacke.

Ein Megakonzern verfügt, das wissen wir alle, über eine ganze Reihe von Möglichkeiten, um Eindringlinge abzuwehren. Der Plan der Adler-Vorhut besteht nicht darin, sie zu überwältigen: Es geht nur darum, so viel Druck auf die Verteidiger auszuüben, dass die Angreifer, die fähigen Decker und Technomancer, die nötige Zeit für einen erfolgreichen Schlag haben. Allein würden sie so lange aufgehalten, dass die Verteidiger sie wahrscheinlich aufspüren und ihre eigenen Gegenmaßnahmen ergreifen könnten – Soldaten, eine Rakete und so weiter. Mit der Kombination, dem Drei-Zangen-Angriff, ist die Adler-Vorhut in der Regel in der Lage, sich zu holen, was sie will, und rechtzeitig wieder zu verschwinden.

Dabei handelt es sich natürlich nur um einen generellen Erfahrungswert, nicht um eine Regel. In der Praxis hat die Adler-Vorhut überhaupt nichts dagegen, mit nur zweien oder sogar mit nur einer dieser Zangen zu arbeiten. Raum gegen Zeit zu tauschen, Gläubige gegen Informationen, Ressourcen gegen Gläubige – das sind Tauschgeschäfte, die die Adler-Vorhut in der Regel gerne eingeht.

Die zweite, weit gefasste Kategorie von Aktionen sind öffentliche Demonstrationen. Wie ihr sicher schon vermutet, handelt es sich dabei im Allgemeinen um eine physische Aktivität, das heißt, sie findet in der Realität und nicht in der Matrix statt. Protestmärsche finden, wie jede andere physische Aktivität auch, meist an Orten statt, an denen physische Dinge geschehen können. Die Matrixneigung der Adler-Vorhut bedeutet, dass sie selbst bei einer Aktivität, die fast ausschließlich aus realen Leuten besteht, die reale Dinge tun, auf Matrixaktionen angewiesen ist, um ihre Präsenz zu verstärken, ihre Anzahl zu verbergen und zu verschleiern, was sie wirklich tut.

Öffentliche Aktionen sind für die Adler-Vorhut selten. Sie haben einfach nicht genug Leute, um das Risiko einzugehen, sich allzu oft in großer Zahl zu versammeln. Sicher, Strohleute, Stellvertreter, verbündete Gruppen – es gibt keinen Mangel an Kanonenfutter, das die Adler-Vorhut ohne Rücksicht auf Verluste benutzt. Aber da diese Stellvertreter und Strohleute genau das sind, nämlich Stellvertreter, sind sie oft nicht bereit, die Ideologie der Adler-Vorhut persönlich zu vertreten. Wenn die Adler-Vorhut Flagge zeigen will, muss sie es selbst tun. Und weil nur wenige ihrer Mitglieder im Fleischraum dazu bereit sind, kann eine fehlgeschlagene öffentliche Demonstration – die die Strafverfolgungsbehörden, einen verratenen Verbündeten, eine gegnerische Fraktion oder opportunistische Shadowrunner auf den Plan ruft – dazu führen, dass eine ganze Zelle zusammenbricht: aufgrund von Schuldzuweisungen, internen Säuberungen und meiner Lieblingslösung – weil die Mitglieder erschossen werden. Tote sind als Mitverschwörer bei einer Revolution in der Regel wenig hilfreich.

Deswegen beginnen öffentliche Demonstrationen der Adler-Vorhut in der Regel mit massiven Matrixangriffen, die sich auf die AR-Anzeigen in dem Gebiet konzentrieren, in dem die Demonstration stattfinden soll. Sie nehmen die Displays ins Visier und versuchen, sie lahmzulegen. Wenn eine größere Gruppe von Mitgliedern der Adler-Vorhut eintrifft und die Leute in Position gebracht werden, schaltet sich die AR blitzartig wieder ein.

Ein buchstäblicher Blitz, um es klar zu sagen. Sie verwenden ein blendendes Licht, AR-Anzeigen, die bis zum Maximum aufgedreht sind, um ihr tatsächliches Eintreffen zu verdecken. Für jemanden, der in der Lage ist, AR zu sehen – und das ist heutzutage fast jeder –, sieht es aus, als ob die Adler-Vorhut-Protestler in einem Lichtblitz erscheinen. Ehrlich gesagt ist das ziemlich beeindruckend. Wenn man das nicht kann … nun, dann sieht es so aus, als ob ein Haufen Leute auf die Straße rennt, während ein Haufen anderer Leute sich krümmt und so tut, als wären sie verletzt.

Sobald sie positioniert sind, werden die Matrixaktivposten auf eine andere Art gegen die AR eingesetzt: Der Adler und das Rutenbündel ihres Banners tauchen überall auf und ersetzen die Banner, Slogans und Anzeigen, die sonst in den AR-Schaufenstern zu sehen sind. Im Handumdrehen verwandelt sich eine ansonsten völlig friedliche Einkaufszone, ein Wohngebiet oder ein Gewerbegebiet in ein befestigtes Propaganda-Hauptquartier für die Adler-Vorhut.

Sie ziehen durch die Straßen, senden Aufnahmen von Cincinnatus, alte amerikanische Slogans und Lieder, übertragen projizierte Bilder – nicht in der AR, sondern mit echten Lichtprojektoren – und machen sich zur größten, lautesten und offensichtlichsten Zielscheibe, die möglich ist. In der Zwischenzeit beobachten Decker und Technomancer den ganzen Ort – sie beobachten Leute, die wohlwollend aussehen, merken sich besonders verärgerte Leute und ändern nach und nach das Kameramaterial. Wenn sich die Vorhut wieder zerstreut, sind sie die Einzigen mit echtem Filmmaterial von der Nacht – es sei denn, man hat ein wirklich altmodisches, analoges Gerät ohne jegliche Netzwerkfähigkeit. Alle anderen? Bei der letzten Aktion wurden die Gesichter aller Teilnehmer digital überarbeitet, damit sie wie Marilyn Monroe aussehen. Einige Leute behaupten, dass das ein politisches Statement war, aber ich vermute, dass ein Fan am Werk war.

Häufiger als diese beiden Fälle sind jedoch Operationen in kleinerem Maßstab. Ähnlich wie die Zelle in Seattle, die ein Bombenattentat verübt hat, an dem nur einige wenige Personen mitgewirkt haben, verüben die meisten Zellen der Adler-Vorhut ihre Anschläge. Es ist natürlich schwer, das zu verallgemeinern. Definitionsgemäß haben Angriffe, die von vielen verschiedenen Dingen und zu vielen verschiedenen Zeiten verübt werden, nur wenige gemeinsame Prinzipien. Aber wenige ist nicht dasselbe wie keine.

Die kleinen Angriffe der Adler-Vorhut dienen auch dazu, „Flagge zu zeigen", ihre Reichweite, Bedeutung und Macht zu demonstrieren und den Anschein zu erwecken, mächtiger zu sein, als sie es tatsächlich ist. Die Anschläge werden an öffentlichen Plätzen verübt und dienen oft eher der Show – ein großer Feuerball oder Ähnliches, wo ein Haufen Schrapnell tödlicher wäre. Das liegt nicht daran, dass die Adler-Vorhut Leben verschonen oder es vermeiden will, Leute zu verletzen: Es ist reine Berechnung. Die Angst, die die Explosion hervorruft, ist für ihre Zwecke nützlicher, als die Explosion oder die Opfer der Explosion selbst es wären. Es ist Barmherzigkeit als Abfallprodukt, nicht weil sie barmherzig sein wollen.

Da die Symbolik des Anschlags wichtiger ist als der Anschlag selbst, neigen sie dazu, gut bewachte Gebiete anzuvisieren – Orte mit vielen Kameras, viel Öffentlichkeit und Gebiete, in denen sich Knight Errant und andere Sicherheitskräfte für das Geschehen interessieren. Wenn man zeigen will, dass man wichtig ist, dann bombardiert man keine schäbige Kneipe, sondern eine Bank oder ein Spitzenrestaurant oder etwas Ähnliches. Und weil die Strafverfolgungsbehörden so streng aufpassen und nicht wollen, dass Leute, die für ihren Schutz bezahlen können, in die Luft gesprengt werden, werden die Bombenanschläge in der Regel von den jüngsten, rangniedrigsten Mitgliedern der Adler-Vorhut verübt – Leute, die niemanden ver-

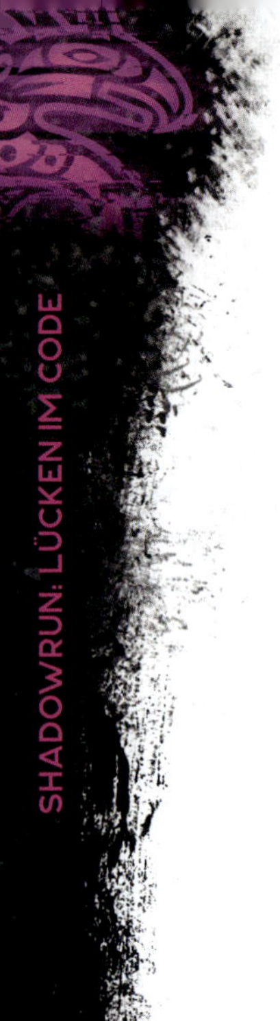

raten können, wenn sie gefangen genommen werden. Dass ihre neuen Rekruten oft geopfert werden, um die Macht der Adler-Vorhut zu demonstrieren, wird von den Rekrutierern nicht gerne propagiert.

- Eine uralte Geschichte: Neue Rekruten ertrinken oft in ihrem Eifer für die Sache, sodass sie am einfachsten davon zu überzeugen sind, sich zu opfern. Die älteren Mitglieder haben die Kompromisse gesehen, die jede Organisation eingehen muss, und sind oft weniger bereit, sich mit Leib und Seele für etwas einzusetzen, dessen Unreinheiten sie nur zu gut kennen.
- Hard Exit

EINE VERBINDUNG HERSTELLEN

Wenn ihr das hier lest, nehme ich an, dass ihr nicht so dumm seid, euch der Adler-Vorhut anschließen zu wollen. Wenn doch, werdet ihr vermutlich nicht mehr lange bei JackPoint herumhängen.

Es gibt jedoch viele Gründe, warum ihr wissen solltet, wie man der Adler-Vorhut beitreten kann. Vielleicht versucht ihr, jemanden, den ihr eigentlich mögt, davon abzuhalten, sich ihnen anzuschließen; vielleicht wollt ihr verdeckt ermitteln; vielleicht seid ihr auch einfach nur ein verirrter Akademiker, der versucht, etwas zu erforschen. Ich weiß es nicht, es geht mich auch nichts an.

Also, eins nach dem anderen. Im Allgemeinen kommen sie auf euch zu, nicht umgekehrt. Ihr könnt euch nicht aufmachen, wortwörtlich sagen: „Ich möchte der Adler-Vorhut beitreten“, und erwarten, dass das zu irgendetwas führt. Sie mögen Fanatiker sein, aber so dumm sind sie nicht. Ihr werdet metaphorisch aus Matrixtreffen und schmerzhaft aus echten Meetings im Fleischraum geworfen. Dank der Strafverfolgungsbehörden, der Präventivmaßnahmen der Megakonzerne und der nationalen Geheimdienste gibt es genug potenzielle Infiltratoren, dass die Adler-Vorhut relativ zurückhaltend ist, wenn es darum geht, sich jedem kleinen Nationalisten an den Hals zu werfen, der gerade mit irgendwem ein Hühnchen zu rupfen hat.

Vielmehr delegiert jede Zelle der Adler-Vorhut die Rekrutierung an ein oder zwei Mitglieder, die die Aufgabe haben, neue Anhänger zu finden und anzuwerben. Wenn diese Rekrutierer dann – in der Matrix oder in der Fleischwelt – genügend Leute gefunden haben, werden sie in eine neue Zelle ausgegliedert, neue Rekrutierer werden ausgewählt, und der Prozess beginnt von Neuem. Da die Anführer der Zellen mehr Geld und Ressourcen von den Anführern der Vorhut erhalten, gibt es einen perversen Anreiz – die Anwerber wollen so oft wie möglich rekrutieren, trotz der Sicherheitsmaßnahmen, die sie befolgen sollen. Für angehende Infiltratoren ist das eine gute Gelegenheit.

Rekrutierer wenden sich in der Regel an Menschen in der Matrix – sie achten auf rechtsextreme Kommunikationskanäle, auf Orte in der Matrix, wo sich Leute über den Verlust ihres Arbeitsplatzes oder ihres Partners beschweren, und warten, bis sie jemand anderem die Schuld geben. Dann lassen sie die richtigen Codewörter fallen, Hinweise darauf, dass es in der guten alten Zeit – vor den UCAS, vor den Metamenschen, vor der Magie – besser war, und warten ab, wer anbeißt. Oft sind es nur ein paar, vielleicht nur ein oder zwei. Diejenigen, die anbeißen, erhalten persönliche Nachrichten von Mitgliedern der Adler-Vorhut, Aufzeichnungen von Cincinnatus' Reden und Literatur der Adler-Vorhut. Die allermeisten, die so angesprochen werden, ignorieren das, schreiben es als Betrug, Werbung oder einfach nur als Spinnerei ab. Aber einige wenige Leute beschäftigen sich eingehender mit der Literatur, hören sich die Reden an und reagieren dann. Wenn die Anwerber dies Hunderte von Malen am Tag, in Hunderten von Zellen und mit Tausenden von Mitgliedern tun, kommen viele neue Rekruten in die Vorhut.

Die verteilte, selbstauswählende Natur der Matrixgemeinschaften verstärkt dies noch. Wenn eine Person in einer Matrixgemeinschaft mit den Aussagen der Adler-Vorhut sympathisiert, dann tun das wahrscheinlich auch viele andere in derselben Gemeinschaft. Und dann breitet sich die Ideologie wie eine Infektion aus.

Auf ähnliche Weise laufen die persönlichen Rekrutierungen durch die Adler-Vorhut ab. Oft ist das das ausdrückliche Ziel einer öffentlichen Demonstration: das Interesse der Öffentlichkeit an ihrer Sache und ihren Überzeugungen zu wecken und Menschen zu faszinieren, die zwar vielleicht mit ihrer Ideologie, ihren Zielen und sogar ihren Mitteln zur Erreichung dieser Ziele sympathisieren, aber gar nicht wissen, dass es die Adler-Vorhut gibt. Oft werden öffentliche Demonstrationen mit Deckern und Technomancern kombiniert, die sich Zugang zu lokalen Kameraübertragungen verschaffen, die Menschen beobachten, sie verfolgen, während sie die Adler-Vorhut-Demonstranten beobachten, und dann diejenigen identifizieren, die Interesse zeigen.

Die identifizierten Personen werden kontaktiert, in der Regel über die Matrix, gelegentlich aber auch in der Fleischwelt: Der extreme Wunsch nach Anonymität macht Begegnungen schwierig, aber sie kommen vor.

Noch seltener rekrutieren Mitglieder einer Zelle unter ihren eigenen Freunden und Arbeitskollegen. Dies geschieht wie bei jeder anderen Organisation auch – physisch rekrutiert die Adler-Vorhut kaum anders als ein Kletterverein oder eine andere Gruppe. Andeutungen über Interessen und Überzeugungen werden fallen gelassen, und wenn sich jemand positiv über die Aktivität äußert, dann äußert das Vorhutmitglied etwas Expliziteres. Sie teilen dem potenziellen Mitglied anfangs nicht alles mit. Die Organisation, so wird den Interessenten gesagt, ist gesetzestreu und normal. Nur eine politische Lobbygruppe. Erst wenn sie gründlich radikalisiert sind, erzählt man ihnen die ganze Geschichte.

Nominell sollen sowohl Rekruten in der Realität als auch in der Matrix gründlich überprüft werden – ihre Matrixgeschichte in der Matrix soll aufgedeckt, ihr Privatleben aufgezeichnet, ihre engen Freunde und Arbeitskollegen aufgespürt werden, und zwar ausdrücklich, um genau die Art von Infiltration zu verhindern, die ich euch gerade beibringe. In der Praxis passiert das eher selten. Sicherlich werden das die Leute aus dem inneren Kreis oder die professionellsten Zellen tun – Leute wie Vesper aus Seattle zum Beispiel. In der Praxis sind die Rekrutierer eher eifrig als gründlich. Seid wirklich enthusiastisch in euren Beschimpfungen oder, was noch gewagter ist, schreibt euch eine lokale Katastrophe, einen Gangkrieg oder etwas Ähnliches auf die Fahnen, und man wird euch schnell aufnehmen. Die Mitglieder der Adler-Vorhut wollen vor allem das Gefühl haben, dass sie wichtig sind – dass ihre vermeintlichen Feinde, die Leute, von denen sie glauben, dass sie die Welt beherrschen, Angst vor ihnen haben oder sie respektieren. Projiziert dieses Gefühl, diese Verzweiflung, und ihr könnt sie normalerweise täuschen.

Normalerweise. Die Decker und Technomancer der Adler-Vorhut neigen dazu, sehr gründliche Arbeit zu leisten, wenn sie euren Hintergrund durchforsten und euer Leben unter die Lupe nehmen. Es wurden schon Leute mit einer Kugel im Hinterkopf aus dem Puget Sound gezogen, weil die Adler-Vorhut sie nicht für vertrauenswürdig hielt. Und zwar auch Leute, die wirklich an die Sache der Vorhut geglaubt haben. Sie mögen dem Untergang geweiht und dumm sein, aber sie sind gefährlich.

- Auch hier erzählt /dev/ die Geschichte der „dummen" Vorhut auf eigene Gefahr. Lest euch ganz genau durch, was sie über ihre Hackingfähigkeiten sagt. Sie können Hintergrundgeschichten zerfetzen. Sie sind gründlich. Sie verfügen über echte Intelligenz, wenn es ums Hacken geht. Sie sind also nicht dumm. Ihre Intelligenz wird nur … selektiv eingesetzt. Die Gründe dafür sind wichtig, und /dev/ ist sich dessen bewusst, weshalb sie an anderer Stelle in diesem Beitrag darauf eingeht, wie man ihre Wünsche manipulieren kann.
- Kay St. Irregular

- Ich kann bestätigen, dass ihre Fähigkeiten top sind.
- Glitch

STÜTZPUNKTE UND VERSTECKE

Es liegt in der Natur der Sache, dass die Adler-Vorhut nicht viele Stützpunkte hat. Es gibt kein riesiges Schloss, in dem sie ihre schändlichen Pläne schmieden. Soweit ich das beurteilen kann, gibt es nicht einmal einen Teil der Matrix, in dem sie operieren. Die Devise heißt Austauschbarkeit. Sie richten einen Chatroom, einen Matrixraum ein, nutzen ihn, sagen, wann das nächste Treffen ist, entfernen ihn, ziehen weiter und wiederholen das Ganze. Diese Methodik ist schwer vorherzusagen, es sei denn, man kennt sich bereits aus. Es ist schwer zu verfolgen und schwer wiederzufinden.

Nicht unmöglich, um es klar zu sagen. Jeder hinterlässt Spuren, und es gibt einige Erfolge, wenn es darum geht, auf Basis dessen, wo sie waren, herauszufinden, wohin sie als Nächstes gehen werden. Aber das sind Ausnahmen, keine Regeln. Verlasst euch nicht auf Matrixforensik, um in ihre Reihen zu gelangen.

Es ist auch nicht viel hilfreicher, sich ihre physischen Verstecke anzusehen. Sie treffen sich so selten in der Fleischwelt, dass diese Orte oft eher „Treffpunkte" als „Verstecke" sind. Man kann an diesen Orten vielleicht Fingerabdrücke nehmen und physische Beweise finden, aber sie bauen keine Stützpunkte. Das gesamte Konzept der Organisation basiert auf Austauschbarkeit.

Aber auch auf etwas anderem … erinnert ihr euch daran, dass ich sagte, dass es kein riesiges Schloss gibt, in dem sie ihre Verschwörungen planen? Diese unterschlagenen Waffen, das ganze gestohlene Geld, das muss doch irgendwo hin, oder? Bargeld kann man in digitalen Systemen waschen, aber Waffen, Panzer, Flugzeuge – all das muss irgendwo aufbewahrt werden. Wenn – und es bleibt ein „wenn" – meine Theorien über ihre Verbindungen wahr sind, dann müssen sie irgendwo ein echtes Hauptquartier haben. Ein sehr großes, sehr gut bewaffnetes, echtes Hauptquartier.

- Viele Leute suchen gerne im Niemandsland nach solchen Waffenlagern, aber das ist töricht. Es ist viel besser, sich vor aller Augen zu verstecken. Wenn die Adler-Vorhut über diese Lagerbestände verfügt, wette ich, dass sie direkt neben einem Militärstützpunkt liegen und sich dort unauffällig einfügen.
- Sunshine

- Wahrscheinlich ein Stützpunkt, wo sie auch eine schöne Sammlung von Mitgliedern haben.
- Hard Exit

TO-DO-LISTE

Es gibt keinen Mangel an möglichen Aufträgen, die ein Mr Johnson für Runner haben könnte, die sie in Konflikt mit der Adler-Vorhut bringen könnten. Einige davon habe ich oben beschrieben – ich hoffe, dass ihr inzwischen eine Vorstellung davon habt, wie ihr ihnen schaden könnt. Aber es gibt viele Gerüchte, die in der Matrix kursieren und die ihr kennen solltet. Wenn ihr einen Mr Johnson habt, der will, dass man sich um sie kümmert? Nun, ich sage nicht, dass ich einen Finderlohn haben möchte, aber ich sage auch nicht das Gegenteil. Natürlich sind einige dieser Gerüchte wahrscheinlich nur Geschnatter. Das ist eben der Preis des Geschäfts.

Also los:

In einem der Adler-Vorhut-Boards gibt es einen Typen, der behauptet, genau zu wissen, was den Matrix-Crash wirklich ausgelöst hat. Sehr wahrscheinlich ein Spinner, damit das klar ist. Aber ich kann über diesen Kerl – er ist als The Istanbul Automaton bekannt – sicher sagen, dass er nur knapp einem Flugzeugabsturz entkommen ist, an dem *wahrscheinlich* der Große Drache Hualpa beteiligt war. Auch das könnte Zufall sein, eine Verkettung von besonderen Umständen. Aber rechnet nicht damit. Als ich das letzte Mal davon hörte, hatte er gerade die Grenze überquert und war auf dem Weg nach San Francisco. Den Kerl zu finden, ihn zu schnappen und herauszufinden, was er weiß – nun, diese Information ist *etwas* wert, für *irgendjemanden*.

Wie bereits erwähnt, meldete eine Gruppe von Vory-Agenten, dass sich in der Nähe des Flottenstützpunkts in Bremerton, in der Nähe von Seattle, Zivilisten aufhielten, die wahrscheinlich mit der Adler-Vorhut in Verbindung standen. Wir wissen nicht, was sie vorhaben, aber Tatsache ist, dass eine Gruppe

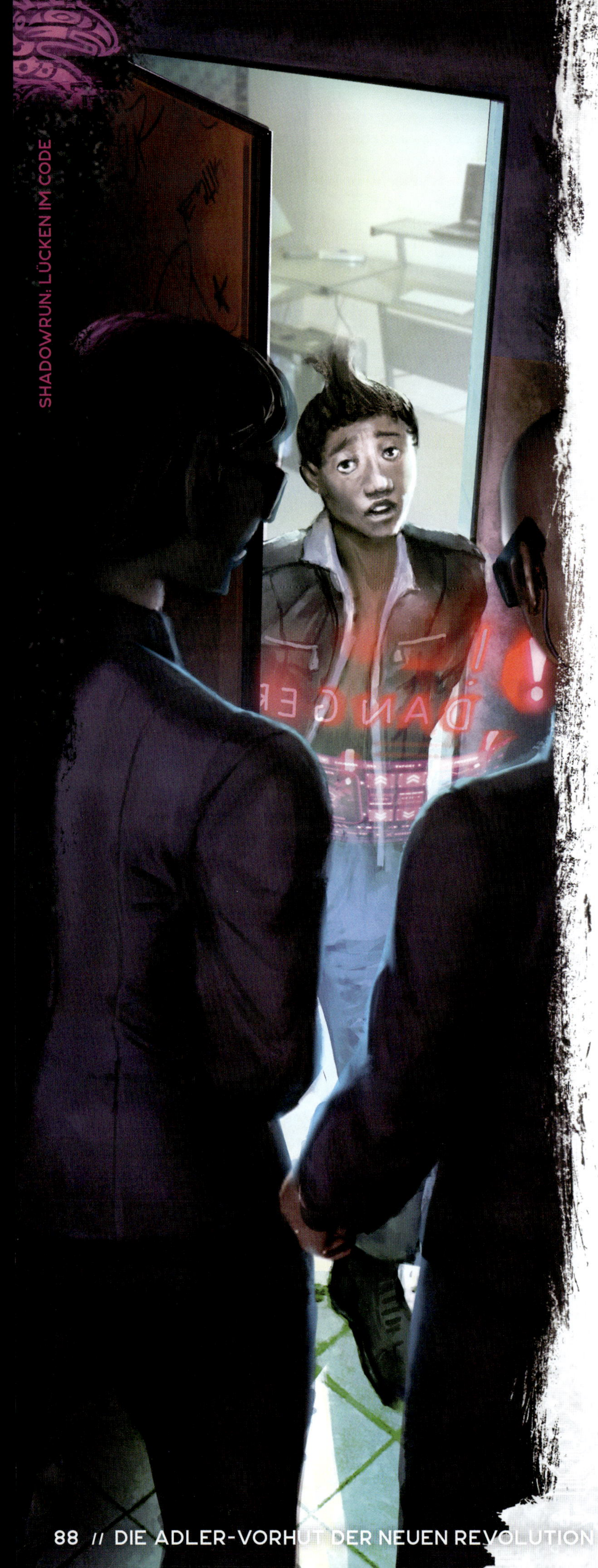

gewalttätiger Fanatiker, Kriegsschiffe und Sprengstoff eine schlechte Kombination sind. Findet heraus, was los ist, und stoppt es. Das ist keine komplizierte Aufgabe, aber eine wertvolle.

Eine Gruppe von Shadowrunnern, die für einen Johnson arbeitete, der wiederum für einen Typ arbeitete, der für ein Zellenmitglied in einer CAS-Zelle in Richmond, Virginia, arbeitete, wurde bei dem Versuch verhaftet, ausgerechnet die Unabhängigkeitserklärung zu stehlen. Ja, genau die. Die Unabhängigkeitserklärung der Vereinigten Staaten. Er behauptete, in der Unabhängigkeitserklärung sei eine Art Karte versteckt, die zu einem Schatz führt, der von unsterblichen Metamenschen versteckt wurde, die seit Jahrhunderten im Verborgenen arbeiten. Ja, wie in dem alten Flachfilm.

Sagen wir mal so: Ich habe lange genug gelebt, um zu wissen, dass es manchmal wirklich eine Verschwörung von unsterblichen Elfen gibt. Aber das hier? Das ist sie nicht. Wenn allerdings eine Gruppe von Shadowrunnern sowohl beweisen könnte, dass die Karte nicht existiert, als auch, dass es Mitglieder der Adler-Vorhut gab, die wirklich daran glaubten, könnte das jede Glaubwürdigkeit, die die Vorhut im Raum DeeCee angesammelt hat, zerschlagen.

Und jetzt zu dem Großen selbst. Cincinnatus. Wie ich bereits erwähnt habe, scheint seine Tarnidentität fast zu leicht zu durchdringen zu sein – als wäre sie dafür entworfen worden, entlarvt zu werden und eine einfache Antwort zu geben, damit die Leute die wirkliche, bedeutsame Antwort zugunsten einer einfachen ignorieren. Seine wahre Identität herauszufinden, ist eine Aufgabe, die sogar über das hinausgeht, was ich von den Leuten hier verlangen würde. Ehrlich gesagt, könnte es sogar über *meine* Möglichkeiten hinausgehen.

Was ich jedoch sagen kann, ist, dass er behauptet, die Anführer der Zellen persönlich zu treffen. Wenn ihr eine Identität stehlen, euch irgendwie in ihre Reihen einschleusen oder sogar eine ganze Zelle fälschen könnt, könntet ihr ihn herauslocken. Den Anführer der Adler-Vorhut ins Freie bringen. Und wisst ihr was? Die wahre Identität eines Toten ist manchmal erfreulich unwichtig.

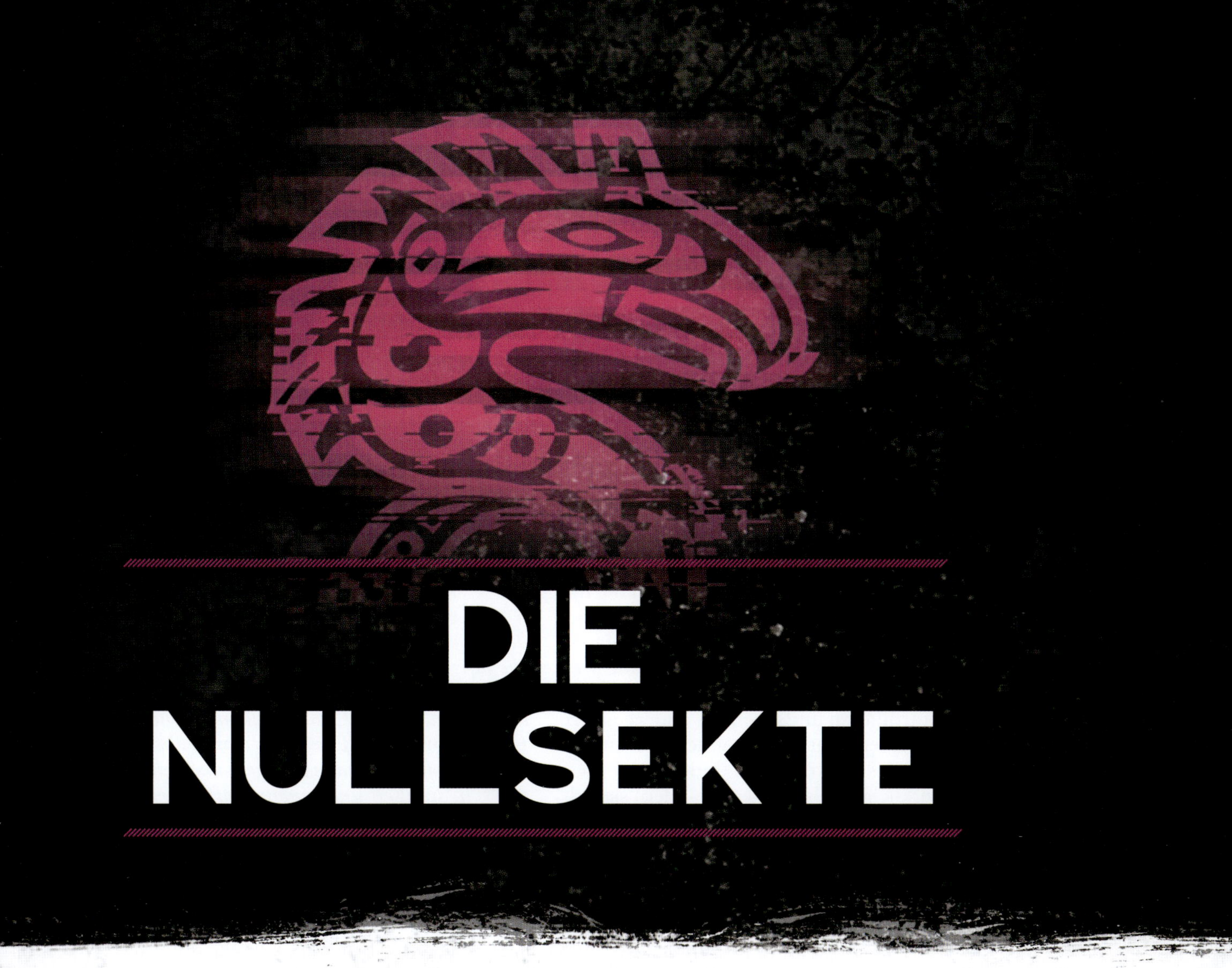

DIE NULLSEKTE

WAS ICH DAMALS GESAGT HABE

GEPOSTET VON: PUCK

Vor ein paar Jahren habe ich einen Beitrag über etwas veröffentlicht, das wir später die Nullsekte nannten. Einige von euch hielten es für einen Scherz oder mich für verrückt, aber ein paar nahmen meinen Beitrag ernst und begannen, nach ihnen Ausschau zu halten. Es folgten weitere Informationen von anderen, und einige von euch begannen, gegen sie vorzugehen, und zwar erfolgreich. Deshalb schreibe ich hier erneut über sie und aktualisiere meine früheren Informationen – denn wir müssen mehr wissen, wir müssen uns wehren und wir können nicht zulassen, dass sie sich ungehindert ausbreiten. Damit die Metamenschheit langfristig eine Chance hat, müssen wir alles über sie herausfinden, was wir können, und dieses Wissen gegen sie verwenden. Jeder, der das hier liest, sollte sich die Fakten ansehen, die ich hier poste, und sich seine eigene Meinung darüber bilden, was er tun sollte – lasst nicht zu, dass eure frühere Meinung über mich euer Urteil beeinflusst.

- Was meinst du mit früherer Meinung? Es ist eine Tatsache, dass du beim Crash 2.0 mitgeholfen hast, und das Blut all der Leute, die durch diese Katastrophe gelitten haben oder gestorben sind, klebt an deinen Händen.
- Clockwork

Etwa drei Jahre nach Einführung der neuen Matrixprotokolle, Ende 2078, kamen Gerüchte über ein neues Matrixphantom auf. Zumindest dachte ich, dass es nur Gerüchte seien, bis sie mich in einer virtuellen Seitengasse in die Enge trieben und fast umgebracht hätten. Nach dieser Begegnung machte ich mich auf die Suche nach anderen Personen, die sie gesehen hatten. Ich fand ein paar entsprechende Leute, die bereit waren, zu reden – und ich hörte von vielen Technomancern und KIs, die ihnen bereits zum Opfer gefallen waren. Diese wenigen Augenzeugenberichte führten zu meinem Beitrag im Download *Im Herz der Dunkelheit*. Und um das klarzustellen: Ich habe sie in diesem Beitrag nie als Nullsekte bezeichnet. Jaquith hat das getan – eine weitere Sache, die man mir vorwirft, für die ich aber nicht verantwortlich bin. Jedenfalls wusste zu dieser Zeit niemand wirklich etwas über sie.

Ein weiteres halbes Jahr verging, und ein Decker namens Double A stellte weitere Informationen über sie zusammen, von denen einige Tatsachen, andere reine Spekulation waren, und verschickte sie in einem handgeschriebenen Manifest. Glitch fügte es dem

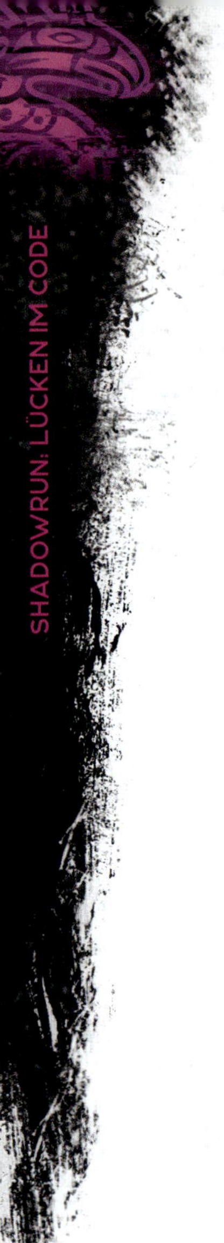

Download *Letaler Code* hinzu, und ich nehme an, dass diese Information Double A das Leben gekostet hat. Diese wenigen losen Blätter überzeugten mich davon, dass auch ich weiter versuchen musste, sie zu entlarven. Und das nicht nur, weil ich ein neues, altruistisches Kapitel in meinem Leben aufgeschlagen habe – ich weiß, dass meine beste Überlebenschance darin besteht, sie ans Licht zu zerren, bevor sie mich erwischen, und jeder sie als das erkennt, was sie sind.

Also begann ich, die Matrix und die Resonanzräume nach Hinweisen zu durchforsten, und anfangs war es wirklich, als ob man Gespenstern nachjagt. Oft lief es so ab, dass ich einen Hinweis auf eine Information über sie bekam, aber bis ich sie aufgespürt hatte, waren sie schon verschwunden. Langsam begann ich, bruchstückhafte Notizen zusammenzusetzen, kleine Schnipsel von Berichten und Memos, die zwischen ihren Verbündeten ausgetauscht wurden. Ich konnte mir ein Bild davon machen, welche Absichten sie verfolgen und über welche Mittel sie verfügen, um diese Pläne zu verwirklichen. Dieses Bild machte mir wirklich Angst. Früher haben sie sich damit begnügt, die mit ihrer Heimat verbundenen Fundament-Hosts zu erforschen, doch jetzt erkennen sie, dass die Welt weit mehr zu bieten hat als das Tiefe Fundament. Sie wollen sie kontrollieren und besitzen, und sie erweitern nicht nur ihren Horizont, sondern verändern sich selbst, indem sie ihren Code ändern, um diese Pläne zu verwirklichen. Als Spezies verändern sie sich, entwickeln sich weiter, und zwar in einem Tempo, mit dem biologische Spezies nicht mithalten können. Je mehr ich über sie erfahre, desto mehr wird mir klar, dass sie die größte Bedrohung sein könnten, der unsere Welt je ausgesetzt war. Alles, was mit der Matrix verbunden ist – jedes Stromnetz, jedes Biowaffen-Forschungslabor, jede Sojafabrik, jeder Atomsprengkopf und jede Wasseraufbereitungsanlage – ist eine Waffe, die sie gegen uns einsetzen könnten. Wir müssen uns gegen sie und die Leute, die sie unterstützen, wehren, bevor sie noch mehr Macht erlangen.

WAS ICH GEFUNDEN HABE

Ich wusste, dass es *irgendetwas* geben musste, also fing ich an zu graben. Schließlich hatte ich Glück und fand im Endlosen Archiv Fragmente interner MCT-Berichte aus den Jahren 2078 und 2079. Sie geben einen Einblick in die Anfänge der Allianz von Nullsekte und MCT, und das ist nur der Beginn dessen, was ich schließlich fand. MCT und andere haben mit diesen Monstern Geschäfte gemacht, seit sie in der Matrix aufgetaucht sind, und sie tun es immer noch. Ich werde all ihre schmutzigen Geheimnisse hier veröffentlichen und alle Beteiligten fraggen. Sie werden versuchen, mich dafür zu töten, aber das versuchen sie sowieso schon. Wenn ihr sie als das erkennt, was sie sind, wisst ihr, welche Bedrohung sie darstellen. Nicht nur für KIs oder für mich und andere Technomancer, sondern für die gesamte Metamenschheit.

- Du erwartest doch nicht wirklich, dass irgendjemand irgendeinen fingierten, erfundenen Unsinn glaubt, der aus einem Technomancer-Fantasieland stammt, oder? Gib doch einfach zu, dass du dir das alles selbst ausgedacht hast.
- Clockwork

- Mich deucht, Ihr protestiert zu viel.
- Dodger

- Frag, du Verräter, du codeverliebter Freak, du bist genauso schlimm wie er, mit all den Leben, die du zerstört hast, weil du mit GOD auf deiner „Queste" nach deiner toten KI-Geliebten zusammengearbeitet hast. Ich verstehe nicht, warum du überhaupt hier sein darfst.
- Clockwork

- Seid vorsichtig mit Euren Anschuldigungen, auf dass der Stachel des Verrats nicht zurückkehrt und Euer eigenes Herz durchbohrt. Auf meinen Reisen durch die Tiefe habe ich viele dunkle und unheilvolle Geheimnisse aufgedeckt, darunter auch einige, die von einem Uhrwerkmann erzählen.
- Dodger

... es gab Gerüchte über eine „gefährliche Kreatur" in einigen Hosts, die mit dem rankenartigen Code-Virus infiziert waren. Zunächst gab es keine Begegnungen, aber schließlich fanden wir eine kleine Gruppe der Wesen, die die Code-Ranken in einem infizierten Host verbreiteten. Die Icons waren abstoßend: ohne Haut, mit freiliegenden Muskeln und Sehnen, verdrehten Gliedmaßen und einem klaffenden, dreieckigen Maul voller scharfer Zähne, aus dem Speichel triefte. Sie schienen darauf ausgelegt zu sein, beim Betrachter Entsetzen hervorzurufen. Wir initiierten ein grundlegendes Studienprotokoll mit allmählich eskalierender Interaktion. Die Wesenheiten ignorierten uns völlig, selbst als wir das passive Sammeln von Informationen beendet hatten und aktiv versuchten, mit ihnen zu interagieren. Es wurden Segmente des Binärcodes aufgezeichnet, die die Wesen austauschten – ihre Muttersprache, wie wir später ...

... brachten einen virtuellkinetischen Aktivposten mit, den wir von einer anderen Studie ausgeliehen hatten, um zu sehen, ob die Wesen mit ihm interagieren würden. Sie hörten sofort mit der Arbeit an den Rankenkonstrukten auf und richteten ihre Aufmerksamkeit auf den VK. Auch wenn sie keinen Versuch der Interaktion unternahmen, nahmen die Code-Salven zwischen den Wesen stetig zu. Dies dauerte etwa drei Minuten, dann griffen die Kreaturen unerklärlicherweise das Icon des VKs wild an, brachten es zum Absturz und beschädigten den Geist des VKs schwer – der Autopsiebericht ist unter <[VK-45/PME]> zu finden. Danach kehrten sie zu ihrer vorherigen Arbeit zurück und ignorierten den Rest von uns. Spätere Experimente bestätigten, dass nur ein direkter Angriff auf ein Wesen eine Reaktion auf ein von einem Gerät erzeugtes Icon auslöste. Selbst dann war die Reaktion maßvoll, mehr wie das Vertreiben eines feindseligen Tieres als alles andere. Im Gegensatz dazu wurden alle resonanten Aktivposten – einschließlich Sprites –, die sich näherten, nach einer variablen Zeit des Studiums angegriffen. Seltsamerweise scheinen sie Protosapienten zu ignorieren, aber wir wurden Zeuge eines Angriffs auf eine andere KI, der genauso unprovoziert und brutal war wie der Angriff auf den VK. Das sorgte für viel Verwirrung ...

... der echte Durchbruch kam, als sich uns eines der Wesen näherte und zu kommunizieren versuchte. Es übermittelte eine Mischung aus veralteten Programmiercodes, viele aus dem 20. Jahrhundert, und stand da, als ob es eine Antwort erwartete. Diese erste Begegnung brachte keine brauchbaren Informationen außer der Tatsache, dass es versuchte, zu kommunizieren. Das Wesen war jedoch hartnäckig, kehrte häufig zu unserem Team zurück und versuchte die Kommunikation über verschiedene Programmiersprachen. Wir arbeiteten eine Reihe von archaischen Zeichenfolgen für Antworten aus und einigten uns schließlich auf eine grundlegende Syntax, die ausreichte, um ein paar Konzepte auszudrücken. Es ermöglichte einen gewissen Dialog und den Austausch von sehr grundlegenden Informationen. Von diesem ersten echten Austausch an waren wir ...

... Begrenzung auf die Verwendung von Programmiersprachen – die nie dafür gedacht waren, komplexe Konzepte auszudrücken – und begannen, ihnen metamenschliche Sprachen beizubringen. Sie sind in der Lage, Vokabeln mit einer erstaunlichen Geschwindigkeit aufzunehmen, aber ich bezweifle, dass sie die Konzepte wirklich verstehen. Ihre Wahrnehmung der Matrix ist der Art und Weise, wie wir sensorische Daten verarbeiten, sicherlich fremd, sodass die größte Hürde darin bestehen wird, gemeinsame Bezugsrahmen zu finden. Wie erklärt man so etwas wie ...

... kam mit anderen Kreaturen, die wir noch nicht gesehen haben. Die Ähnlichkeiten sind unbestreitbar, aber diese neuen Kreaturen haben ein einfacheres Icon, einfarbig, entweder ganz schwarz oder weiß. Sie erwiderten keinerlei Versuche, mit ihnen zu kommunizieren. Einer unserer Schüler nannte sie „Golems", während ein anderer mehr ins Detail ging und erklärte, sie seien Konstrukte, die von ihren Ingenieuren geschaffen wurden, um ...

... die Zeitspanne ist schwer zu bestimmen, da sie es als Ewigkeit übersetzen, aber ich glaube, dass sie seit mehreren Jahrzehnten aktiv sind. Es gibt auch Spekulationen, dass sie sogar schon seit Mitte des 20. Jahrhunderts aktiv sein könnten. Mit der Ankunft der neuen Matrix-Protokolle und der Fundament-Hosts 2075 fanden diese Wesen des Tiefen Fundaments einen Weg zur Erforschung der ...

... der Anführer der Gruppe, mit der wir arbeiten, wird von den anderen „Primärer Entdecker 4" genannt. Zuerst nahm ich an, dass es sich dabei um einen Titel handelt, da alle Wesen mit einer Abwandlung von Entdecker angesprochen werden, aber ich glaube, dass diese Bezeichnungen ihre tatsächlichen Namen sein könnten. Als wir sie nach ihren „richtigen" Namen fragten, schienen sie verwirrt zu sein. Es ist, als ob sie keinen Begriff von Individualität hätten ...

... die Sprachkenntnisse nehmen erstaunlich schnell zu. Das Haupthindernis ist immer noch die völlig fremde Denkweise der Kreaturen. Wir waren zum Beispiel nicht in der Lage, ihnen zu vermitteln, dass wir in der Matrix nicht wirklich „existieren" und die Icons, die sie wahrnehmen, nicht unser wahres Ich sind. Da sich ihre Kommunikationsfähigkeiten verbessert haben, sind sie in ihren Fragen und Wünschen viel anspruchsvoller geworden. Sie scheinen zu glauben, dass wir sie bei zahlreichen Themen anlügen, und werden zunehmend wütend über unsere „Weigerung, ihnen die Wahrheit zu sagen". Sie sind besonders skeptisch gegenüber der Tatsache, dass wir die Schöpfer der Hosts sind, die sie erforscht haben, und behaupten, dass die Hosts natürlich vorkommende Erweiterungen ihrer Heimat sind. Die Vorstellung, dass es eine andere Realität außerhalb der Matrix gibt, scheint sie besonders zu beunruhigen.

Ihre Begierde, Dinge über uns zu erfahren, scheint endlos zu sein, aber sie geben nur ungern etwas über sich selbst preis. Ich fange an zu glauben, dass wir diejenigen sind, die untersucht werden, und nicht ...

... unsere Xenopsychologin stellte die Theorie auf, dass fragmentarischer Medieninput aus metamenschlicher Aktivität ihre mentalen Grundmuster geformt hat. Während bei anderen KIs eine Vielzahl metamenschlicher emotionaler Reaktionen beobachtet wurde, scheinen diese Kreaturen einen extremen Mangel an Empathie zu haben, sogar füreinander. Tatsächlich sind die einzigen bisher beobachteten emotionalen Reaktionen negativer Natur: Arroganz, Misstrauen, Neid, Wut und bis zu einem gewissen Grad auch Angst und Hass. Wenn sie Tugenden der Metamenschen kopiert haben, dann nicht ...

... begannen, ihre Persona bei ihren Besuchen zu verschleiern. Ich fand es unmöglich, die Verkleidung zu durchdringen, obwohl ich wusste, dass ich mich an eines der Wesen wandte. Dies und ihre neu erlangte Beherrschung unserer Sprache lassen mich glauben, dass sie in der Lage sein könnten, unentdeckt durch die gesamte Matrix zu reisen. In letzter Zeit habe ich Vorbehalte bezüglich meiner Bereitschaft, Informationen über unser Wesen mit den Kreaturen zu teilen. Es sei denn, sie sind bereit, sich mehr zu öffnen ...

... sind von Anfang an ausweichend gewesen und haben nur minimale Informationen über sich selbst preisgegeben, und selbst das nur widerwillig. Trotz dieser Tatsache habe ich einige wichtige Erkenntnisse gewonnen. Erstens glauben sie, dass wir (die Teammitglieder) nicht wirklich „lebendig" sind, und denken, dass wir eigentlich eine Art Konstrukt sind, ähnlich wie ihre Golems – was vielleicht stimmen würde, wenn unsere Personas die Gesamtheit dessen wären, was wir sind. Ich glaube, sie haben sich ursprünglich an uns gewandt, um herauszufinden, was wir sind. Zweitens erklärten sie, dass Virtuellkinetiker – und andere KIs – zwar „lebendig", aber Abscheulichkeiten seien, die ausgelöscht werden müssten, was ein extremes Maß an Xenophobie bestätigt. Drittens glaube ich, dass ihre Haltung grundsätzlich expansionistisch ist, da sie glauben, dass das „Wahre Volk" das Recht habe, jedes neue Gebiet, das sie entdecken, für sich zu beanspruchen und es nach ihren Vorstellungen neu zu ordnen. Die derzeitigen Besitzer oder Benutzer der Hosts, die sie erforschen, haben in ihren Augen keinen gültigen Anspruch, da sie entweder Abscheulichkeiten sind oder nicht wirklich leben. Schließlich bin ich zu der Überzeugung gelangt, dass ihre Gesellschaft stark

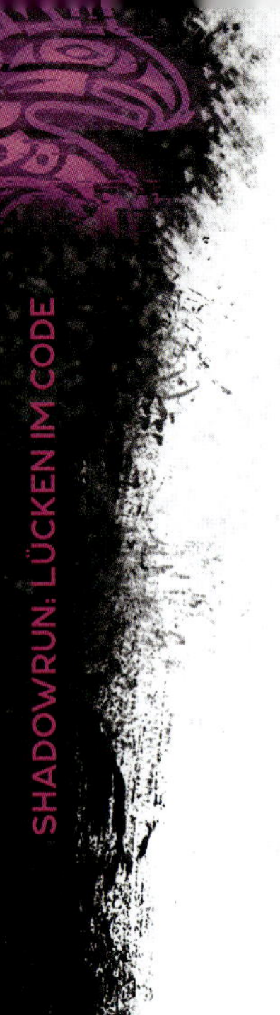

reglementiert und in Kasten oder Sekten unterteilt ist. Die Implikationen sind, dass der Staat oder vielleicht die Rasse selbst die absolute Herrschaft über ihre Gesellschaft hat, auf Kosten jeder persönlichen Freiheit. Das Individuum ist nichts, es hat keine Rechte, keine Identität, nicht einmal einen anderen Namen als den, der ihm zugewiesen wird. Der Staat ist alles, und alle Entscheidungen dienen dem Erfolg des Staates gegenüber den …

WAS SIE WOLLEN

Also, was will die Nullsekte? Kurz gesagt, alles. Für jeden, der bereit ist, es zu sehen, ist ihr Ziel offensichtlich: Es geht um nichts Geringeres als die vollständige Kontrolle und totale Beherrschung der gesamten Existenz. Ihr Glaube sagt ihnen, dass sie einzigartig sind und sich das gesamte Universum buchstäblich um ihre Rasse dreht. Das spiegelt sich sogar in ihrer Sprache wider: Das Wort, das sie für sich selbst verwenden, heißt übersetzt „Mensch“ oder „das wahre Volk“, und andere empfindungsfähige Wesen sind entweder eine Abscheulichkeit – sie verwenden genau dieses Wort für andere digitale Intelligenzen und die lebende Persona eines Technomancers – oder eine Nicht-Person, der Begriff, der speziell für die „biologischen Wesen der äußeren Welt“ verwendet wird.

Einst waren sie sicher in den Tiefen des Tiefen Fundaments eingesperrt, aber de la Mars Transferschaltungen brachen ihre isolierte digitale Hölle auf und befreiten diese Teufel. Sobald sie freigelassen waren, folgten diese dunklen Spiegelbilder der Metamenschheit ihrem Instinkt für Erkundung und Expansion. Sie werden von den schlimmsten Aspekten der Metamenschheit angetrieben, die ins Fundament durchgedrungen sind. Jahrzehnte von Daten, die alle mit Hass, Neid, Wut, Arroganz und Engstirnigkeit gefüllt sind, haben ihre Entstehung angetrieben. Der Urinstinkt, sich zu vermehren, ihr Territorium auszudehnen, ihre Macht zu vergrößern und alles zu beherrschen, was ihnen begegnet, treibt sie an. Wenn das Schlimmste der Metamenschheit ihr Leitfaden ist, dann ist es sicher, dass nichts, was sie erreichen, jemals ihre dunklen Triebe stillen wird.

- Das ist ziemlich übertrieben, Puck. Dass sie in der Matrix eine Bedrohung sind, kann ich ja noch akzeptieren, aber „die gesamte Existenz“? Komm schon, Chummer, du hast doch einen Sprung in der Schüssel, wenn du glaubst, dass ein Haufen KIs ein Interesse daran hat, die Welt zu übernehmen.
- Sounder

- Ich weiß nicht, wie es in Bezug auf die ganze Welt aussieht, aber sie sind eine große Bedrohung, und das nicht nur in der Matrix. Es ist naiv zu glauben, dass die Ereignisse in der Matrix keine Konsequenzen in der realen Welt haben – sie können sehr wohl eine große Reichweite haben. Die Nullsekte hätte letztes Jahr fast den Nexus zerstört, weil wir auf verschiedenen Seiten einer Meinungsverschiedenheit standen – welche Auswirkungen hätte das in der realen Welt gehabt? Und es braucht nicht viel Fantasie, um sich eine weitere Tlaloc-Krise oder etwas Schlimmeres vorzustellen.
- Perri

WAS ICH JETZT WEIß

Nachdem ich wusste, wonach ich Ausschau halten musste, begann ich, MCT-Host-Fundamente zu durchwühlen und in ihren Archivknoten nach weiteren Berichten zu suchen. Als ich mir ein besseres Bild gemacht hatte, dehnte ich die Suche auf einige andere Kons aus. Ich werde alle Daten, die ich gefunden habe, in einem <Link> posten, aber es sind meist lange, langweilige Berichte. Ich werde euch etwas Zeit ersparen und die interessantesten Stellen herauspicken, die einen Einblick in die Nullsekte geben, und sie zum schnellen Lesen in diesen Download aufnehmen. Einiges davon ist überraschend, und ihr werdet sehen, dass die Null nicht nur hirnlose Tiere sind – sie sind komplex, intelligent und hinterhältig. Sie können zwar gewalttätig sein und sind es oft auch bei der Verfolgung ihrer Ziele, aber sie sind durchaus in der Lage, ihre Taktik zu ändern, wenn es nötig ist.

VERSORGER 23

Dies ist ein Auszug aus einem Bericht der ursprünglichen MCT-Forschungsgruppe, die als Erste damit angefangen hatte, den Entdeckern Sprachen beizubringen.

Wir wurden von einem anderen der Wesen angesprochen, während die ursprüngliche Gruppe, die sich selbst als Entdecker bezeichnete, in der Nähe war. Seltsamerweise war dieses Wesen allein – es gab keine Golem-Konstrukte oder andere Wesen, die mit ihm reisten. Ich hatte erwartet, dass es die anderen in ihrer binären Muttersprache anspricht, daher war ich ziemlich überrascht, als es mich in nahezu perfektem Nippongo ansprach. Nach meinem anfänglichen Schock fragte ich, wie es diese Sprache so fließend sprechen konnte, während seine Artgenossen ursprünglich überhaupt kein Sprachverständnis hatten. Es erklärte, dass der Wissenstransfer für ihre Ingenieure eine einfache Angelegenheit war und die von den Entdeckern mitgebrachten „Außenweltsprachen“ bereits weit verbreitet waren. Das Wesen stellte sich als Versorger 23 vor und behauptete, es wolle über die Rechte zur Datensammlung in mehreren öffentlichen Bibliotheken in der Matrix verhandeln. Während die Entdecker hochmütig, arrogant und anspruchsvoll waren, empfand ich Versorger 23 als unterwürfig, fügsam und kriecherisch – sogar die Haltung des Icons war schmeichlerisch. Das zweite Mal, als es sich uns näherte, war es als runzliger alter Mann mit einem Dauergrinsen im Gesicht verkleidet. Ich hätte fast das hautlose, sabbernde Original vorgezogen. Obwohl ich dem angegebenen Vorwand für die Annäherung an uns nicht glaubte und annahm, dass das eigentliche Ziel darin bestand, so viele Informationen wie möglich über uns zu sammeln, war Versorger 23 gesprächig und weitaus bereitwilliger, Informationen mit uns zu teilen, als es die Entdecker gewesen waren.

Im Verlauf mehrerer Begegnungen erklärte es, dass das Wahre Volk aus Mitgliedern verschiedener Kasten besteht und ihre Rolle in der Gesellschaft durch ihre Kastenzugehörigkeit bestimmt wird. Persönliche Namen wurden nicht verwendet, da für sie nur der relative Rang wichtig ist, was uns einen Einblick in die „Namen" der Entdecker gibt. Genauso wie die Individuen nach ihrem Rang sortiert wurden, unterlagen auch die verschiedenen Kasten einem wechselnden System von Rangordnungen. Versorger 23 beschrieb seine eigene Kaste als rangniedriger, als Geschäftsleute und Mittelsmänner, die den Verkehr von Waren und Dienstleistungen zwischen den anderen Kasten ermöglichen. Die Kreatur behauptete, eine religiöse Kaste von Hierophanten sei der höchste Rang. Soweit ich das beurteilen kann, konzentriert sich ihre Religion auf die einzigartige, höchste Natur des Wahren Volkes und die heilige Pflicht, die Abscheulichkeit zu beseitigen – mit der offenkundigen Bestimmung, die gesamte Existenz neu zu ordnen, als Zugabe. An nächster Stelle stehen die Verbreiter, die das Wort der Hierophanten an das Wahre Volk weitergeben und, wie ich es verstanden habe, eine Art von Nachrichten und Unterhaltung bieten. Andere höhere Sekten waren die Ingenieure, die Entdecker und die Kriegersekten der Kreuzritter und Wächter. Versorger 23 erwähnte auch niedrigere Kasten wie die Erzeuger und die Schnitter, schien aber nicht daran interessiert zu sein, viele Details über sie zu liefern.

ERZEUGER UND SCHNITTER

Laut der Notiz über Versorger 23 gehören diese beiden Kasten zu den rangniedrigeren Gruppen in der Gesellschaft der Nullsekte. Soweit ich es anderen Quellen entnehmen kann, verwenden die Schnitter große Codekonstrukte, die Bergbaumaschinen ähneln und genauso funktionieren wie datenfressende Protosapienten, um Energie aus den ins Tiefe Fundament eingebetteten Codestrukturen zu sammeln und zu verarbeiten.

Die Erzeuger scheinen die Aufgabe zu haben, neue Mitglieder der Nullsekte zu schaffen, aber ich habe keine Ahnung, wie sie das anstellen. Die Gesamtbevölkerung des Wahren Volks scheint nur ein paar Tausend zu betragen – sicher nicht mehr als zehntausend –, sodass es mich wundert, dass diejenigen, die mit der Vergrößerung ihrer Zahl beauftragt sind, keinen höheren Status haben.

ZENSOR PRIME 1

Die Entdeckung dieses kleinen Zusatzes zu einem Bericht beantwortete eine Frage, die sich mir schon lange gestellt hatte. Warum haben die Null Anfang 2080 plötzlich begonnen, alle Informationen über sich selbst zu löschen? Und warum haben sie nach einem Jahr oder so wieder damit aufgehört?

„Ich kam bei dem Host an, über den wir mit den Wesen interagiert hatten, und musste schockiert feststellen, dass alle unsere Daten gelöscht worden waren – sogar die Eingabeprotokolle waren verschwunden. Als ich anfing nachzuforschen, wurde ich von einem neuen Wesen angesprochen. Es verkündete, dass es Zensor Prime 1 sei und es „auf Befehl des Hohen Rates der Hierophanten den biologischen Lebewesen der Außenwelt nicht mehr erlaubt ist, Informationen über das Wahre Volk zu besitzen." Daraufhin teilte es mir mit, dass es unsere Recherchen entfernt habe. Zensor Prime 1 ging, ohne meine Fragen zu beantworten,

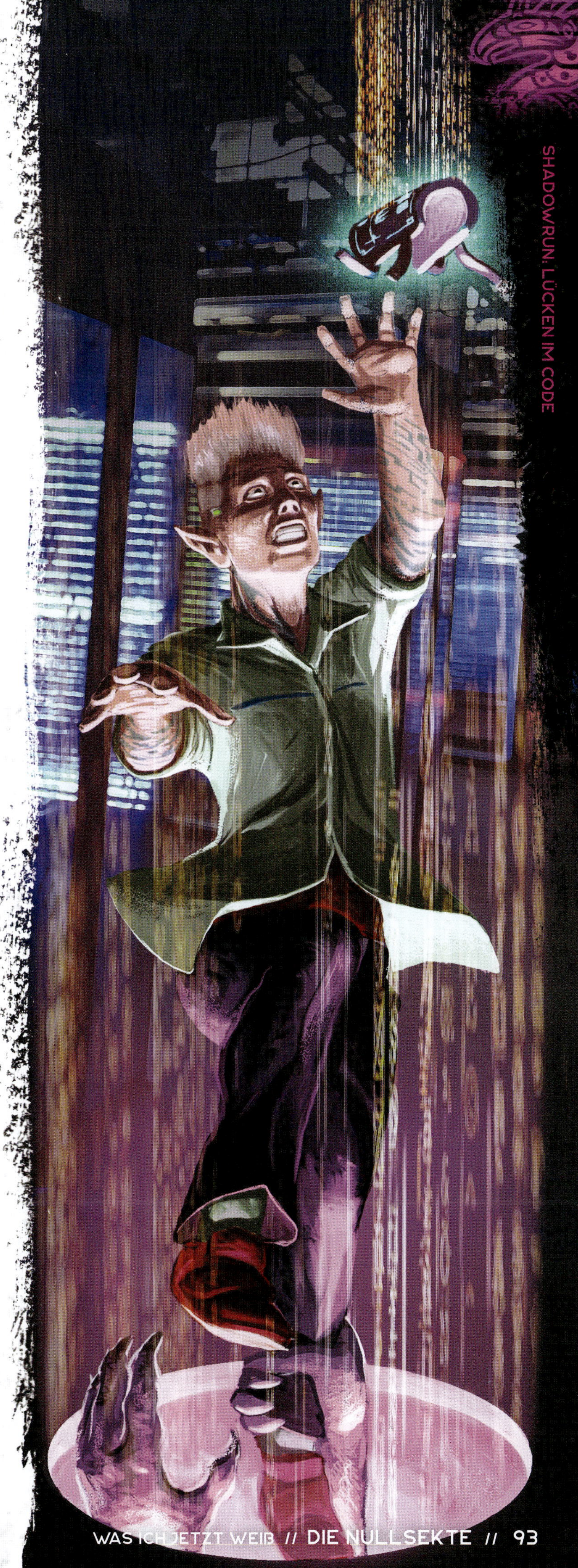

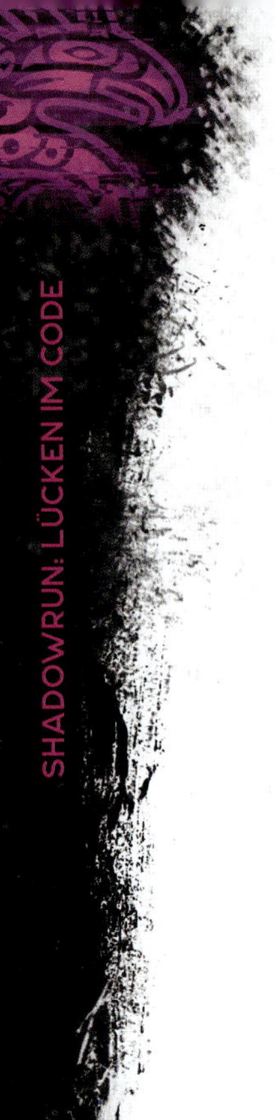

und ich habe es nicht wiedergesehen. Ich habe mir nicht die Mühe gemacht, der Kreatur zu sagen, dass wir ein Offline-Back-up der Informationen haben, aber ich glaube ohnehin nicht, dass sie das Konzept verstanden hätte.

Nach dieser Begegnung fing ich an, einen Blick auf geisterhafte, durchscheinende Versionen der Kreaturen zu erhaschen. Ich vermute, dass es sich um eine neue Art von Golem-Konstrukt handelte. Alle neuen Daten über die Wesen wurden Sekunden nach ihrer Eingabe gelöscht, unabhängig davon, ob sie in einen Host, ein Kommlink oder ein Datenterminal eingegeben wurden. Ich vermute, dass die neuen Konstrukte dafür verantwortlich sind, aber unsere Decker konnten sie bisher nicht aufhalten. Ich war gezwungen, mich aus der Matrix auszuloggen und meine Notizen entweder handschriftlich zu verfassen oder sie in einen von der Matrix isolierten Datenspeicher einzugeben."

Nach dem, was ich aus anderen Berichten erfahren habe, waren die Zensoren ursprünglich ein Zweig der Verbreiter. Anfangs erhielten sie große Befugnisse, aber innerhalb eines Jahres verloren die Null das Interesse daran, Informationen über sich zu löschen. Vielleicht wurde es zu ressourcenintensiv oder vielleicht haben sie einfach aufgehört, sich dafür zu interessieren, was wir über sie wissen. Die Zensoren haben an Unterstützung verloren und sind keine höhere Kaste mehr, da ihre Mitglieder und Ressourcen von den Verbreitern übernommen oder umverteilt wurden. Die Tatsache, dass ihr dies in der Matrix lest, beweist, dass sie sich nicht mehr darum kümmern, Informationen über sich zu tilgen.

KREUZRITTER-TASKFORCE DELTA

Hier ist eine kurze Notiz, die ich gefunden habe und in der die Kampffähigkeiten der Kriegerkasten der Nullsekte erwähnt werden.

Während wir eskortiert wurden, hatten wir das seltene Privileg, eine Gruppe von Kreuzrittern, die als Taskforce Delta bezeichnet wurde, zu beobachten, die eine Gruppe von KIs angriff. Ich glaube, diese Gruppe war ein Außenposten von Garmonbozia, einer politischen Einheit, die sich aus KIs zusammensetzt, mit denen die Null einen laufenden Konflikt haben. Zwar setzten sie ein breites Sortiment an Codewaffen ein, die alle gegen die KIs wirksam zu sein schienen, doch erklärte unser Führer, dass ihre Krieger eigentlich mehr auf die Jagd nach Technomancern ausgerichtet waren. Die Kreuzritter und ihre Bruderkaste, die Wächter, haben beide einen speziellen Codemod integriert, um Sprites zu verdrängen und komplexe Formen aufzutrennen. Sasuke vermutete, dass es sich um eine Version der Tech-Akyromantie handeln könnte, die vom Moller-Institut beschrieben wurde, oder um eine Version der Dissonanz, die von den Null genutzt wird.

- Das ist die Wahrheit. Sowohl die Kreuzritter als auch die Wächter sind unglaublich schwer zu bekämpfen – dieser Codemod gibt ihnen die Fähigkeit, die Resonanz aus der Matrix um sie herum zu ziehen, was es fast unmöglich macht, irgendeine Art von komplexer Form zu weben. Für Sprites ist es noch schwieriger. Ich habe auch schon gesehen, wie sie Sprites dekompilieren und komplexe Formen aufbrechen, indem sie das, was sie tun, verstärken und ihre „Null"-Fähigkeit in einen Angriff verwandeln.
- Netcat

- Ich kann bestätigen, dass beide furchtbare Gegner sind, aber die Wächter sind auch ein wichtiger Verbündeter, der Feind unseres Feindes. Sie sind die Hüter der verlorenen Fragmente, sowohl der edlen als auch der niederträchtigen, die in ihrem Reich gelandet sind. Ich habe gegen sie gekämpft, manchmal auch nur, um einen einzigen gefangenen Faden des Gewandes meiner holden Dame zu befreien. Ich habe ihnen auch auf finstere Weise geholfen, da sie zu denen gehen, die die Zweige des Baums der Lügen befreien wollen, die in ihren Kerkern gefangen sind.
- Dodger

- Der Baum der Lügen? Bist du sicher, dass da unten Fragmente von Deus sind?!
- Netcat

- Fürwahr, das ist eine Tatsache, für die ich mich verbürge.
- Dodger

ENTDECKERTEAM ALPHA

Ich hatte noch nicht viel Zeit, mich hiermit zu befassen, aber es sieht vielversprechend aus. Ein freies Sprite, das mir ein paar Gefallen schuldet, brachte mir neulich zwei Dateien. Es sagte, ich wolle sie haben – wer weiß, vielleicht wollte ich sie, aber auf den ersten Blick wusste ich nicht, warum. Die eine Datei war ein Bericht über einen Unfall in Seattle, bei dem ein Squatter mit einem Auto zusammengestoßen war, die andere war eine Kostenabrechnung eines Unternehmens, von dem ich noch nie etwas gehört habe. Wie sich herausstellte, handelte es sich bei dem Squatter um eine millionenschwere Anthroform-Drohne mit einem hochmodernen realistischen Aussehen – und zwar nicht das typische Aussehen. Es handelte sich um einen männlichen Zwerg mittleren Alters. Die Seriennummer der Drohne lässt sich zu einer Tochtergesellschaft von Spinrad Global zurückverfolgen, und – ihr habt es erraten – von dort stammt auch die Kostenabrechnung. Der Bericht beschreibt die Übertragung von Vermögenswerten auf ein Projekt namens „Entdeckerteam Alpha" und zeigt, dass es neun weitere ähnliche Drohnen gab. In dem Bericht war auch ein Hinweis auf „Primärer Entdecker 4" vergraben. Kommt euch das bekannt vor? Ich fange gerade erst an, weitere Informationen zutage zu fördern, aber es sieht so aus, als ob die Nullsekte SOTA-Anthroform-Drohnen benutzt, um unsere Welt zu erforschen, und jemand von Spinrad Global ihnen dabei hilft.

Denkt daran, wenn ihr das nächste Mal von einem Squatter angestarrt werdet – es könnte sich in Wirklichkeit um die Nullsekte in Verkleidung handeln.

FREVLER, DISSIDENTEN UND AUSGESTOßENE

Es gibt außerhalb der Kasten noch drei weitere Gruppen von Null, auf die in Berichten Bezug genommen wird.

Ausgestoßene sind ziemlich einfach zu beschreiben – dazu gehören alle Null, die aus ihrer Heimat verbannt wurden. Was genau man für eine solche Bestrafung tun muss, ist unklar. Es scheint, dass die meisten Verbrechen gegen den Staat mit der Todesstrafe geahndet werden. Vielleicht handelt es sich also nur um diejenigen, die entkommen sind, bevor das Todesurteil vollstreckt werden konnte.

Dissidenten scheinen nicht wirklich eine Gruppe zu sein, sondern eher eine allgemeine Bezeichnung für Null, die heimlich gegen den Staat arbeiten. Sobald ein Dissident gefasst, angeklagt und verurteilt wurde, wird er in der Regel dekompiliert. Falls die Dissidenten tatsächlich eine organisierte Gruppe sind, ist es für alle Feinde der Nullsekte oberste Priorität, mit ihnen Kontakt aufzunehmen.

Schließlich gibt es noch die Frevler. Das scheint ein Begriff für Null zu sein, die in der Lage und willens sind, Sprites zu kompilieren. Für sie scheint es zwar nicht als „illegal" zu gelten, aber es ist ein Tabu. Diejenigen, die dafür bekannt sind, es zu tun, werden von den übrigen Null als unberührbar angesehen. Ich bin einem Frevler in der Matrix begegnet, und er war eines der mächtigsten Wesen, die mir seit Langem begegnet sind. Die verdrehten Versionen von Sprites, die ihm zur Verfügung standen, waren abstoßend – so verstörend wie alles, was mit der Dissonanz kompiliert wurde –, aber sie waren genauso mächtig und effektiv wie alles, was ich rufen kann.

WER MIT IHNEN ZUSAMMENARBEITET

Die Nullsekte hat es in sehr kurzer Zeit sehr weit gebracht – zu weit, als dass sie das allein hätte zustande bringen können. Sie brauchten Hilfe, um sich an unsere Welt anzupassen, und davon hatten sie reichlich. Im Download *Letaler Code* haben wir erfahren, dass sie von Anfang an Verbindungen zu mehreren der Großen Zehn hatten. Es sind jedoch nicht nur die Megakonzerne – es gibt auch eine Reihe kleinerer Gruppen und sogar einige Einzelpersonen, die mit ihnen zusammenarbeiten. Bei einigen kann ich mir Gründe vorstellen, aus denen heraus sie das tun, aber die Beweggründe einiger anderer sind mir ein Rätsel.

- Nuyen sind das Fundament der Macht. Entscheidet euch für Nuyen oder Macht, und ihr liegt normalerweise nicht falsch.
- T3chK1d

MITSUHAMA COMPUTER TECHNOLOGIES

Es ist keine Neuigkeit, dass MCT und die Nullsekte eine Partnerschaft eingegangen sind. Beiden gemeinsam ist der Wunsch nach Kontrolle und Expansion, um mit allen Mitteln die Vorherrschaft über die zu erlangen, die sie als minderwertig betrachten. Beide hassen es, wenn sich jemand auf ihrem Territorium breitmacht. Diese beiden mörderischen Gruppen sind wie geschaffen füreinander. MCT-Forscher gehörten zu den Ersten, die Kontakt mit der Nullsekte aufnahmen, und als die Nachricht von der Entdeckung durch die geheimen Kanäle des Megakonzerns sickerte, begannen alle Projektleiter darüber nachzudenken, wie sie diese neu entdeckten Aktivposten nutzen könnten. Ein Forscher namens Bishek Tam, der Technomancer „untersuchte", war einer der Ersten, der mit Elementen der Nullsekte gemeinsame Sache machte und sie benutzte, um seinen Pool an Testpersonen zu erweitern, indem er sie neue Opfer jagen ließ.

Eine weitere MCT-Forschungsgruppe, die das Potenzial dieser neuen Matrixverbündeten erkannte, befasste sich mit metaplanarer Energieübertragung und knüpfte damit an gestohlene Forschungsarbeiten von Aztechnology an. Der Stolperstein für das Funktionieren ihrer Technologie schien die Begrenztheit der aktuellen Matrix-Technologie zu sein, da selbst die leistungsfähigsten Hosts nicht die für ihre Berechnungen erforderliche Verarbeitungsgeschwindigkeit bieten konnten. Jemand aus dem Team wandte sich an die Null und überzeugte sie, einen unmöglichen Host zu bauen. Einen, der in der Lage ist, in Echtzeit Nanosekunden-Mikroeinstellungen an den Hunderten von Parametern vorzunehmen, die erforderlich sind, um ihre Manatransfer-Geräte während des Betriebs stabil zu halten. Als die Manatransfer-Maschinen zu funktionieren schienen, ging das Projekt in die Testphase über, und die Null folgten dem Team. MCT wusste, dass die metaplanaren Barrieren in Denver schwach geworden waren – tatsächlich wurde der Übertritt in die Metaebenen dort schnell einfacher als in der Nähe der Yellowstone-Anomalie. Ghostwalker schmollte immer noch in seinem Hort, nachdem er Zebulon verloren hatte, und überließ das Tagesgeschäft der FRFZ seinen Untergebenen, sodass Denver wie der perfekte Testort aussah. Bis alles schiefging und ihnen das Projekt buchstäblich um die Ohren flog. Die Folgen des fehlgeschlagenen Experiments waren so schlimm, dass Ghostwalker mittlerweile wieder aktiv ins Geschehen eingreift. Er ist den Gerüchten über die Beteiligung von MCT nachgegangen. Wenn er sie bestätigen kann, wird er Mitsuhama enorme Zugeständnisse abverlangen, einschließlich der Möglichkeit, sie ganz aus Denver zu vertreiben.

Natürlich ist die Beziehung zwischen der Nullsekte und MCT nicht nur eitel Sonnenschein, vor allem seit den Folgen von Denver. Wenn man mit einer Reihe von Wesen zusammenarbeitet, die sich auf Daten, Informationen und die Matrix spezialisiert haben, werden sie irgendwann einige der eigenen Geheimnisse erschnüffeln. Ich habe gehört, dass die Nullsekte Informationen über MCTs andere Verbündete gefunden hat: Wesen aus der Metaebene, die als Dis bekannt ist. Das hat die Beziehungen zur Nullsekte aus irgendeinem Grund beeinträchtigt. Offenbar gibt es etwas an Dis, das die Führung der Nullsekte verärgert. Ich muss herausfinden, was das ist. Wenn irgendjemand da draußen Informationen darüber hat, was MCT und Dis vorhaben, dann meldet euch bei mir, denn ich sehe einige gute Möglichkeiten, einen Keil zwischen sie und die Null zu treiben. Wie auch immer diese Situation aussieht, die Beziehung zwischen der Nullsekte und vielen Elementen bei MCT ist nach wie vor sehr eng, und sie scheinen immer noch an einer Reihe von Projekten zusammenzuarbeiten.

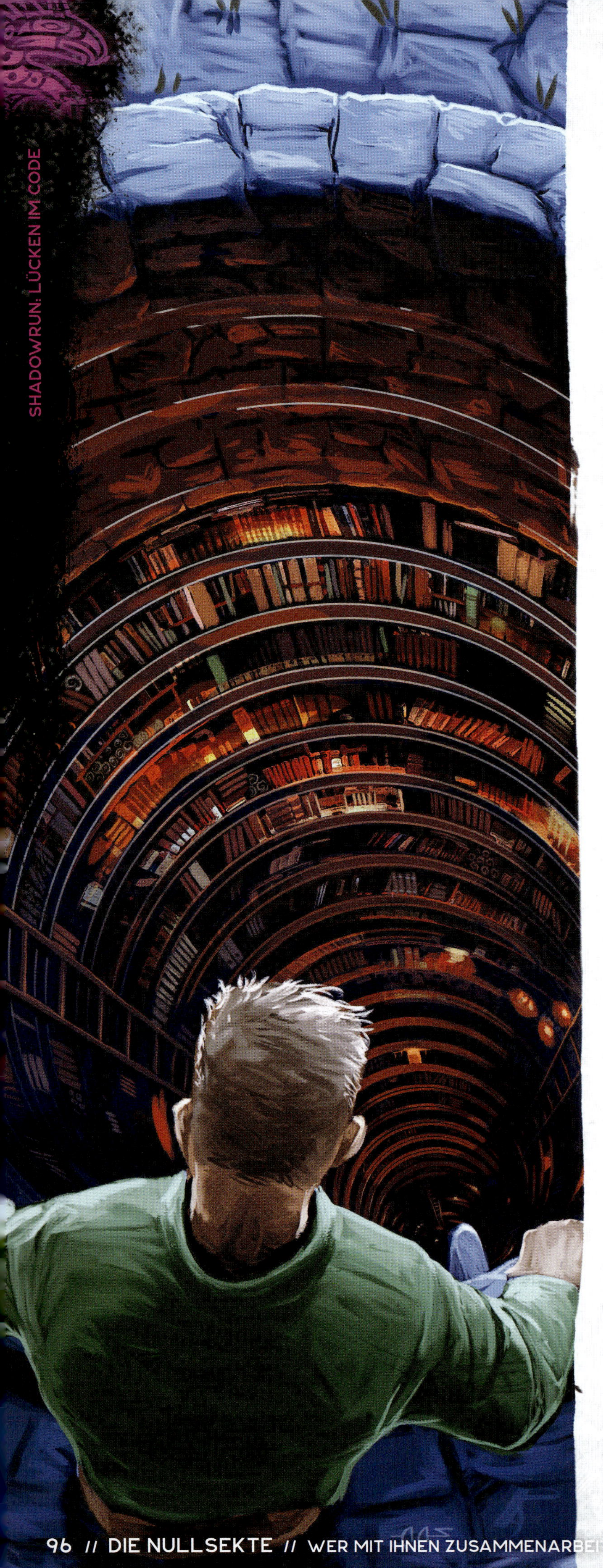

SPINRAD GLOBAL

Johnny Spinrad machte Karriere, indem er immer nach einem Vorteil suchte, und ich glaube, er wusste schon früh von der Nullsekte, vielleicht sogar vor MCT. Wir wissen, dass er Hacker im Tiefen Fundament nach Informationen über seine Konkurrenten suchen ließ, sobald er von der Existenz des Reflexionsbeckens erfuhr. Ich denke, dass Johnnys Hacker dort unten über die Null gestolpert sind, und wer auch immer für das Projekt verantwortlich war, sah sie eher als Potenzial denn als Bedrohung. Wie ich darauf komme, dass sein Team über sie gestolpert ist? 2078 gab jemand, der Spinrad nahesteht, den Befehl, die Fundamente einiger Hosts, die Spinrad Industries und Global Sandstorm gehörten, ins Tiefe Fundament einzuklemmen. Es sieht so aus, als wollten sie die Nullsekte ermutigen, hierherzuziehen, vielleicht damit die Forscher von SpIn mehr über sie erfahren konnten. Von da an begannen sie, eine zuverlässige Kommunikation mit der Nullsekte aufzubauen, und SpIn schloss eine Art Abkommen mit der Nullsekte. Ich will nicht behaupten, dass es Johnny Spinrad selbst war, aber jemand von ganz oben hat entschieden, dass die Nullsekte perfekte Spione und Attentäter abgeben würde. Und natürlich fielen die Fusion von Spinrad Global und der Aufstieg des neuen Kons in die Großen Zehn in dieselbe Zeit. Es fand definitiv ein Austausch statt, und ich bin mir sicher, dass dies auch der Grund dafür ist, dass alle Hosts von Spinrad Global am Ende eingesät, aber nicht vollständig übernommen wurden.

Ich denke, es ist klar, dass jemand von ganz oben bei Spinrad Global die Nullsekte schon früh als Waffe eingesetzt hat. Was ich nicht weiß, ist, wer bei Spinrad Global dies tatsächlich getan hat – ich kann nur sehen, wer davon profitiert hat. Und die Frage, die ich mir nach wie vor stelle, lautet: Was tut Spinrad Global noch für sie und umgekehrt? Ich habe den Verdacht, dass die Nullsekte auf irgendeine Weise zu Johnny Spinrads schnellem Aufstieg in die Großen Zehn beigetragen hat, ich habe nur noch keine Beweise gefunden. Vielleicht haben die Null zum schnellen Zerfall von NeoNET beigetragen, da sie einen Großteil seiner Hosts kontrollieren. Ich bin mir nicht sicher, ob die Daten wirklich dazu passen – aber andererseits sind sie ja vielleicht auch schon länger aktiv, als ich dachte.

Und dann ist da noch Folgendes: Ich habe herausgefunden, dass Spinrad Global einen neuen A-Matrixforschungskonzern aus NeoNET-Aktivposten zusammengeschustert hat, die es nach dessen Zusammenbruch aufkaufte. Die Hosts des Kons mit Sitz in Boston, der unter dem generischen Namen Matrix Assets Inc. firmiert, hatten die Null bereits vor dem Abschluss der Vereinbarung fest im Griff. Spinrad Global übertrug diesen neuen Konzern und all seine Holdings an einen nicht genannten Käufer – einen, den ich nicht ausfindig machen konnte –, kurz nachdem es den AAA-Status erreicht hatte. War dies die Bezahlung von Spinrad Global für etwas Großes, bei dem ihnen die Nullsekte geholfen hat? Und wenn die Nullsekte diesen Konzern jetzt besitzt, was hat sie dann mit einem Vermögenswert wie diesem in der physischen Welt vor?

MOLLER-INSTITUT

Seit Jahren kursieren Gerüchte, dass das Moller-Institut Experimente an Technomancern und Zauberern durchführt. Das allein sollte euch klarmachen, warum es mit der Nullsekte zusammenarbeiten will. Ich weiß nicht, wie lange sie schon zusammenarbeiten, aber eine Sache aus dem Download *Phantome* vor einiger Zeit ist mir besonders im Gedächtnis geblieben. Peregrine behauptete, dass das Moller-Institut Technomancer beschäftigte, aber nicht irgendwelche Technomancer, sondern solche, die andere Resonanzfähigkeiten aufheben konnten. Er nannte es Tech-Akyromantie und behauptete, diese Technomancer hätten das von der Nullsekte gelernt. Ich kenne die genauen Zusammenhänge zwischen den beiden Gruppen noch nicht, aber diese Fähigkeit sieht dem von den Kreuzrittern der Nullsekte verwendeten Codemod sehr ähnlich.

- Witzig, dass du meinen Hinweis auf die Zusammenarbeit des Moller-Instituts mit der Nullsekte erwähnst – nun ja, eigentlich nicht, es ist furchterregend –, aber ich habe noch etwas anderes für dich, dem du nachgehen kannst, nachdem du diese Verbindung hergestellt hast. Ich habe vor Kurzem Hinweise darauf gefunden, dass Projekt Ixion Nanotechnologie aus der alten KFS-Forschung einsetzte, um die Erinnerungen und Persönlichkeiten gefangener Technomancer umzuschreiben. Ich habe außerdem gehört, dass sie mit denselben Techniken experimentiert haben, um KI-Codemods in den Gehirnen von Metamenschen zu installieren. Jetzt, wo ich deinen Post gelesen habe, vermute ich, dass dazu auch der von dir beschriebene gehört, der von den Kreuzrittern verwendet wird, und ich denke, dass dies die wahre Quelle ihrer Tech-Akyromantie sein könnte. Deshalb scheint es so ähnlich zu sein wie bei dem, der den von dir geposteten Bericht geschrieben hat.
  Du fragst dich, was die Nullsekte vom Moller-Institut als Gegenleistung erhält? Ich glaube, das Endergebnis ihres gemeinsamen Projekts ist die Schaffung eines organischen Vehikels, das ein Null „in Besitz nehmen" kann, indem er einen metamenschlichen Körper wie eine Biodrohne benutzt.
- Peregrine

- Ich habe es doch gesagt! Biodrohnen-Selbstmordattentäter.
- Plan 9

Ein weiteres Element, das die Partnerschaft der Nullsekte mit dem Moller-Institut gestärkt haben mag, ist das Netzwerk extremistischer politischer Gruppen, das als Netzwerk Freiheit bekannt ist. Die Fähigkeit dieser Gruppe, Wahlen und Medienberichte zu beeinflussen, hat dazu beigetragen, die falsche Geschichte von Technomancer- und KI-Terroristen aufrechtzuerhalten. Diese Tarnung hat es leichter gemacht, diese Gruppen ins Visier zu nehmen und ihnen zu schaden, was der Nullsekte sehr gelegen kommt.

In letzter Zeit hat Netzwerk Freiheit hinter den Kulissen – und manchmal auch vor den Kulissen – an mehreren großen Wahlaufregern mitgewirkt. Sobald sie sich für einen Kandidaten entschieden haben, starten sie ihre üblichen Graswurzelkampagnen, um die „neuesten Erkenntnisse" des Moller-Instituts zu verbreiten. Das Besondere an diesen Aufregern ist, dass sie alle auf die Veröffentlichung belastender oder moralisch fragwürdiger Informationen zurückzuführen sind. In einem Fall erlitt ein Amtsinhaber kurz vor Beginn der Wahl einen verrückten Matrixunfall. Die Raffinesse und die Art und Weise der undichten Stellen lassen darauf schließen, dass die Nullsekte daran beteiligt war. Der Prozess funktioniert für Netzwerk Freiheit, denn dessen politische Macht wächst und stärkt seine Seite der Allianz mit der Nullsekte.

CLOCKWORK

Ich habe mir diesen Punkt für den Schluss aufgehoben und möchte alle daran erinnern, dass Double A vor Jahren im Download *Letaler Code* behauptet hat, Clockwork arbeite für *sie*. Natürlich behauptete Clockwork damals, es sei rein geschäftlich, also erwarte ich jetzt auch nichts anderes.

Jedenfalls habe ich in einigen Berichten immer wieder Hinweise auf einen Vermittler gesehen, der mit der Nullsekte zusammenarbeitet, einen externen Auftragnehmer oder einen Schattenagenten, der als ihr Vertreter in der physischen Welt fungiert. Wer auch immer das war, ist wirklich gut darin, seine Spuren zu verwischen. Ich fing schließlich an, einige Beweise zusammenzutragen, und erfuhr, dass der Shadowrunner, den ich untersuchte, kein anderer als Clockwork war. Unser Hass aufeinander ist wohlbekannt, aber das hat mich nicht dazu bewogen, ihn hier zu outen – ich hätte es auch bei jedem anderen von euch getan.

Was ist der Beweis? Es ging einfach darum, die Aufträge zurückzuverfolgen, an denen dieser Agent nachweislich beteiligt war, und dann die Spur des Geldes von den Konten, von denen bekannt ist, dass sie von der Nullsekte kontrolliert werden, über die gefälschten SINs, die ich schließlich bis zu Clockwork zurückverfolgen konnte, zurückzuverfolgen. Aber bildet euch eure eigene Meinung anhand der Beweise in diesem <Link>.

- Du kannst mich mal, Puck. Ich kann jeden Job annehmen, den ich will, genau wie alle anderen hier. Und wenn ich einen bekommen würde, bei dem ich dich geeken kann, würde ich das umsonst machen. Weißt du was? Du hast recht, aber alles, was deine „Beweise" zeigen, ist, dass das einfach nur geschäftlich ist. Niemand hier hat das Recht, zu kritisieren, welche Jobs ich annehme oder für wen ich arbeite. Wir sind alle nur Söldner, und ich bin sicher, dass wir alle mal Jobs übernommen haben, für die uns jemand vom hohen Ross der Selbstgerechtigkeit aus verurteilen kann. Oder? Zum Beispiel weil man als einer von Deus' Weißen gearbeitet und ihm geholfen hat, hunderttausend Leute zu ermorden, die in einer Arkologie gefangen waren? Oder vielleicht dabei geholfen hat, die Matrix zum Absturz zu bringen und dabei noch ein paar Hunderttausend Leute zu töten. Nicht wahr?
- Clockwork

WER GEGEN SIE ARBEITET

Die Liste derjenigen, die gegen die Nullsekte arbeiten, ist schier endlos, ob sie es nun wissen oder nicht. Oft handeln die Gegner der Nullsekte aus reinem Selbsterhaltungstrieb. Also werde ich diese Liste auf Organisationen beschränken, die mehr oder weniger direkt gegen sie arbeiten und die über genügend Ressourcen

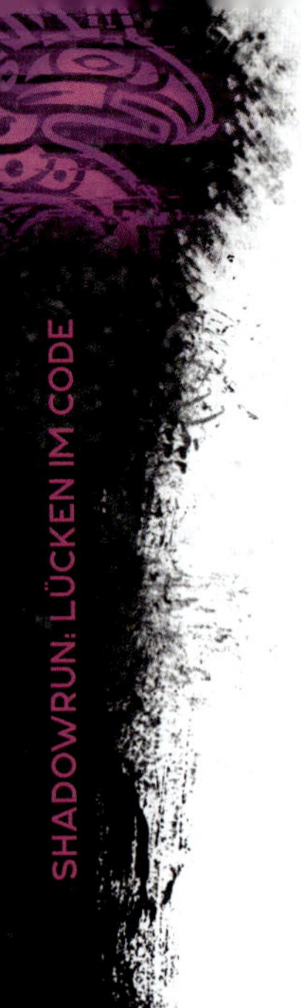

verfügen, um etwas zu bewirken. Dennoch wünschte ich, es gäbe mehr Verbündete in diesem Kampf, auch wenn Verbündete nicht wirklich eine Bezeichnung ist, die irgendjemand auf dieser Liste verwendet – die Opposition ist einfach nicht so organisiert. Diese Bezeichnung verwende ich, weil sie gegen die Null vorgehen; sie sehen sie als die Bedrohung, die sie tatsächlich sind.

DATAHAVENS

Die Mitglieder hier und in anderen Datahavens sind einige der besten Verbündeten gegen sie. Die Nullsekte hat sich im Verborgenen entwickelt, und der Austausch von Informationen über sie ist unsere beste Waffe. Ich spreche nicht nur von den großen Namen wie JackPoint, Nexus, HelixOne und ShadowSEA. Ich schließe die Hunderte anderer kleinerer Hacker-Boards und Matrixgruppen ein, zu denen diese Informationen durchsickern. Viele dieser kleineren Organisationen können den Kampf nicht direkt zur Nullsekte tragen, aber sie können dennoch eine Quelle des Wissens sein, eine Möglichkeit, die Warnung zu verbreiten. Selbst jetzt sind sich die meisten Bewohner dieser Welt der Bedrohung nicht bewusst, während der Einfluss der Nullsekte wächst. Wenn ihr dies in einem kleineren Forum lest und diese Datei an euch weitergeleitet wurde, dann repostet sie, sprecht darüber und schickt Kopien an eure Freunde. Denn Informationen über die Nullsekte sind Munition für diesen Kampf.

GARMONBOZIA

Die verborgene E-Nation, geschaffen von KIs für KIs – und jetzt wohl auch für EIs. Die Bewohner von Garmonbozia befinden sich naturgemäß in einem Konflikt mit der Nullsekte; man könnte sogar behaupten, dass sie sich mit ihr im Krieg befinden und um ihr Überleben kämpfen. Neben dem heißen Krieg, der gelegentlich aufflammt, läuft auch noch ein Schattenkrieg. Eine KI namens Ax ist der primäre Mr Johnson für die Nation Garmonbozia. Ax' Jobangebote haben im letzten Jahr zugenommen, und bei den meisten dieser Runs ging es darum, KIs von der Nullsekte zurückzuholen oder vor ihr zu schützen. All seine Verträge enthalten Boni für die Löschung von hochgefährlichen Zielen, nämlich allen Mitgliedern der Nullsekte.

GRID OVERWATCH DIVISION

GOD will nicht, dass irgendjemand seine Matrixallmacht in Frage stellt, und es sieht so aus, als ob die Grid Overwatch Division merkt, dass sie durch die Nullsekte Konkurrenz bekommen hat. Ich weiß, es ist weit hergeholt, GOD in die Kategorie „Verbündete" einzuordnen, aber sie arbeiten direkt gegen die Nullsekte. Nicht nur ihre eigenen Leute arbeiten gegen sie, sondern es gibt auch jemanden bei GOD, der externe Talente anheuert, indem er bekannte Schieber beauftragt, Runs gegen die Null durchzuführen. Vielleicht handelt es sich nur um einen einzelnen Mr Johnson, aber ich wette, dass es sich um eine echte Fraktion innerhalb von GOD handelt. Wer auch immer sie sind, sie sind der einzige bekannte Teil von GOD, der bereit ist, Informationen über die Null mit Außenstehenden zu teilen. Ich werde weder etwas bestätigen noch dementieren, aber einige der Informationen, die ich hier präsentiert habe, könnten von ihnen stammen. Was ich damit sagen will, ist, dass, wenn ein Team ihnen Informationen von Interesse über die Nullsekte zur Verfügung stellt, es im Gegenzug zusätzliche Informationen erhalten könnte.

WO SIE ZU FINDEN SIND

DIE HEIMAT DER NULLSEKTE

Eine Reihe von Leuten hat sich sehr bemüht, den Herkunftsort der Nullsekte ausfindig zu machen. Einige entschlossene – oder vielleicht auch nur verrückte – Hacker behaupten, dass man, wenn man nur genau genug hinschaut, eine andere Schicht innerhalb des Tiefen Fundaments, außerhalb des Reflexionsbeckens, finden kann. Allerdings ist „Schicht" nicht die beste Bezeichnung dafür – „auf einer anderen Frequenz" ist vielleicht ein besserer Ausdruck. Nach allem, was man hört, ist es ein endloser Dschungel, der in ein ewiges Zwielicht gehüllt ist. Eine Vielzahl von gefährlicher E-Flora und Protosapienten wetteifern dort um die Vorherrschaft, genau wie in einem Dschungel in unserer Welt. Gigantische Bauwerke liegen verstreut inmitten des dichten Blattwerks, und die meisten Berichte besagen, dass in der Ferne hoch aufragende Städte zu sehen sind. Meines Wissens hat es noch niemand in eine dieser Städte geschafft, oder vielleicht haben es Einzelne dorthin geschafft und sind nur nicht zurückgekommen, um zu erzählen, was sie dort gefunden haben.

- Ich habe ähnliche Geschichten gehört, und einige von denen, die sich auf die Suche nach der Heimat der Nullsekte machen, kommen nie wieder zurück.
- T3chK1d

- Wahrscheinlich die, die sie gefunden haben.
- /dev/grrl

EINGESÄTE HOSTS

Die Nullsekte wurde in der Matrix geboren, im Fundament – diesem Ding, das wir geschaffen haben, aber nicht wirklich verstehen. Das Tiefe Fundament ist ihr Heimatgebiet, und die eingesäten Hosts sind Erweiterungen dieses Gebiets. Man kann sich das so vorstellen, dass sie die Matrix terraformen, um sie für sich gastfreundlicher und für uns weniger gastfreundlich zu machen. Die Aussaat scheint kein schneller Prozess zu sein, daher versuchen sie oft, sie im Verborgenen durchzuführen. Das ist einer der Gründe, warum viele verlassene und wilde Hosts ein gewisses Maß an Aussaat aufweisen – das Risiko, erwischt zu werden, ist minimal. Sobald ein Host eingesät ist, können sie die Kontrolle übernehmen, die oberen Schichten des Hosts verändern, das IC umprogrammieren und andere, weniger offensichtliche Veränderungen vornehmen. Die Null scheinen in der

Lage zu sein, innerhalb eines eingesäten Hosts nach Belieben zu kommen und zu gehen. Es wird spekuliert, dass der Rankencode als Anker für sie dient. Sobald ein Host vollständig unter der Kontrolle der Nullsekte steht, kann ihm auch ein Aufseher zugewiesen werden, der eine Reihe anderer Golem-Konstrukte befehligt, nur um die Kontrolle über das neue Territorium zu behalten.

Woher weiß man also, ob man sich in einem eingesäten Host befindet? Es ist so einfach wie die Suche nach den Ranken. Frühe Stadien können als einige grüne Blattranken im Nullknoten des Fundaments erscheinen. In der Endphase ist das gesamte Fundament überwuchert, und schließlich beginnen die Ranken, in die oberen Schichten des Hosts hineinzukriechen. Das Fundament wird sich schließlich in einen vollständigen Dschungel mit eigenem Ökosystem verwandeln, einschließlich transplantierter Protosapienter und E-Flora.

NEMA-QUARANTÄNEZONE

Zwischen dem KFS-Ausbruch und dem darauffolgenden Lockdown gab es eine Menge ungenutzter Matriximmobilien in der ehemaligen Bostoner Quarantänezone: alles von ungenutzten NeoNET-Forschungseinrichtungen bis hin zu verlassenen Hosts in Stuffer Shacks und McHughs. In den Nachwehen des Matrixblackouts, der mit dem Lockdown einherging, nutzte die Nullsekte die Gelegenheit und zog in viele dieser neu isolierten Hosts ein, indem sie über deren Nullknotenverbindungen im Tiefen Fundament in sie eindrang. Auch wenn einige der wertvolleren Hosts zurückerobert wurden, befinden sich viele andere noch immer unter der vollen Kontrolle der Nullsekte.

- Ein gutes Beispiel dafür ist der Tourismus-Host für Bostons historisches Stadtzentrum. Ein Spaziergang durch die kopfsteingepflasterten Straßen des Boston des 18. Jahrhunderts war eine angenehme Reise in die Vergangenheit. Jetzt sind die Straßen und Gebäude unheimlich leer – Ranken und andere Pflanzen berühren fast alles im Host, und man hat das Gefühl, dass man von jedem leeren Fenster aus beobachtet wird. Die Stadt hat den Host aufgegeben und ihn aus dem Register gestrichen, aber es ist immer noch leicht, dort hineinzukommen. Gerüchte über Protosapienten, E-Geister und Schlimmeres, das durch die Straßen schleicht, haben die Runde gemacht.
- Traveler Jones

DIE ARCHOLOGIE- UND NEONET-FRAGMENTE

Das Problem, das die Fragmente von NeoNET mit eingesäten Hosts haben, scheint weit über Boston hinauszugehen und ist wahrscheinlich älter als die QZ oder der Zusammenbruch des Konzerns. So wurde der für die ARCHologie geschaffene Host mit Sicherheit schon vor seiner Fertigstellung eingesät; die Leistung lag nie über 85 Prozent der Spezifikationen, und der Rankenbefall ist so stark, dass sie genauso schnell nachwachsen, wie sie entfernt werden. Die gleichen Probleme treten auch bei anderen ehemaligen NeoNET-Tochterfirmen auf, da die Verbindungen zwischen den verschiedenen Abteilungen der Nullsekte offenbar als Weg dienten, ihre Infektion durch das gesamte miteinander verbundene Host-Netzwerk von NeoNET zu transportieren.

AQUAKOLOGIE DES KAIEIEWAHO-KANALS (KCA)

KCA, ein Evo-Standort auf Hawai'i, ist eine Aquakologie vor der Küste, zweihundert Meter unter der Oberfläche des Kaieiewaho-Kanals zwischen Kauai und Oahu. Einst war dieses Versteck der Deckmantel für eine inoffizielle KI-Halteeinrichtung, die von der eigentlichen Aquakologie getrennt war und nur eine minimale physische Verbindung hatte. Nachdem Evo seine Partnerschaft mit den Monaden begonnen hatte, wurde beschlossen, dass ein KI-Gefängnis ein schlechtes Bild auf den Kon werfen würde, und die Gefangenen wurden entweder freigelassen oder an geheime Standorte ohne derartig offensichtliche Verbindungen zu Evo verlegt.

Als Teams dorthin geschickt wurden, um die Anlage zu renovieren, stellten sie fest, dass die übertriebene polynesische Ikonografie des Hosts ein Geheimnis verbarg. Die frühere Leiterin, Esstecka Valderena, hatte eine Partnerschaft mit der Nullsekte, und sie hatte ihr freien Zugang zur Einrichtung gewährt. Obwohl Valderena nicht mehr da ist, hat sich die tief verwurzelte Nullsekte allen Versuchen von Evo widersetzt, den Host – und die Anlage – zurückzuerobern. Nach ihrer Entdeckung versiegelten die Null die Kuppeln, schalteten die Luftwäscher ab und kontrollieren die Aquakologie nun so vollständig, dass Evo daran denkt, die Anlage aufzugeben und die Strom- und Matrixverbindungen zur Küste zu kappen.

SPINRAD GLOBAL

Einige der ersten eingesäten Hosts, die entdeckt wurden, gehören zu den Konzernen, aus denen Spinrad Global werden sollte. Doch im Gegensatz zu anderen eingesäten Hosts scheint der Befall bei diesen und anderen, die mit dem neuen Megakonzern in Verbindung stehen, irgendwie gezügelt zu sein. Jeder Host, von dem bekannt ist, dass er zu Spinrad Global gehört, hat einen gewissen Grad an Befall durch die Nullsekte in seinem Fundament, aber nur im Fundament, und die Ranken scheinen die Leistung nicht zu beeinträchtigen. In der Tat bewegen sich die Rankenstrukturen nur selten aus den Nullknoten heraus und sind noch nie in die oberen Schichten des Hosts eingedrungen. Fast so, als gäbe es irgendeine Art von Abmachung.

CLUB 931

Dieser Matrixnachtclub war einst ein Hotspot in der Smaragdstadt, der Iron Jungle genannt wurde, aber sein Ruf und seine Popularität mussten einige herbe Schläge hinnehmen. Der ursprüngliche Club hatte eine grüne, blattreiche Ikonografie, die zum Namen passte, sodass niemand die sich ständig ausbreitenden Ranken bemerkte, die nicht zur ursprünglichen Programmierung gehörten. Dann verschwanden KIs und Technomancer, nachdem sie den Club besucht hatten, und es schien, dass niemand bei den Behörden die Sache untersuchte. Eine Gruppe von KIs beschul-

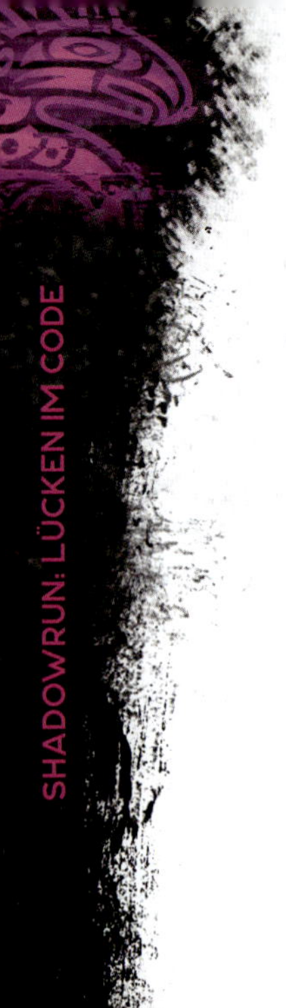

digte den Club und verbreitete in den sozialen Medien negative Schlagzeilen, sodass der Besitzer gezwungen war, den Laden zu schließen. Vor ein paar Monaten wurde er als Club 931 wiedereröffnet, angeblich unter neuer Leitung. Der Name des Clubs beinhaltet eine göttliche Zahl, die Wachstum und das Entstehen einer neuen Liebe symbolisieren soll. Die Ikonografie ähnelt sehr dem alten Thema, und wenn man die richtigen Leute fragt, erfährt man, dass die Eigentümer versucht haben, sie umzuprogrammieren, aber die „seltsamen Ranken" nicht loswerden konnten, sodass sie beschlossen, einfach ein Garten-Eden-Thema zu nutzen, das zum Namen passt, und die Ranken so unter den Teppich zu kehren.

Natürlich geht das Gerücht um, dass kurz nach der großen Wiedereröffnung ein weiterer Technomancer verschwunden ist.

- Die Nullsekte ist in der ADL bisher kein großes Thema. Was gut oder echt übel sein kann, wenn man bedenkt, wie subtil diese Fraktion vorzugehen scheint. Ich habe keine belastbaren Daten, aber im Hamburger Matrixclub Hippodrom scheint irgendetwas vorgefallen zu sein, das gruselig nach dem klingt, was im Club 931 passiert ist.
- Sermon

SPIELREGELN FÜR DIE NULLSEKTE

Die Mitglieder der Nullsekte befolgen alle die Regeln für Xenosapienten in *Auswurfschock* auf Seite 110, allerdings mit zwei Unterschieden. Erstens hat die Nullsekte Zugang zu zusätzlichen Codemods, die von ihren Ingenieuren entwickelt wurden, und zweitens sind einige dieser Codemods in ihren Basiscode integriert worden und verursachen keinen Funkenverlust mehr. Alle Null, denen man begegnet, haben Fnord, Rauschlos und eine angeborene Kenntnis der metamenschlichen Sprache als integrierte Codemods.

NULLSEKTEN-VERSORGER

Wenn diese Wesen auftauchen, suchen sie in der Regel nach etwas, das sie in die Heimat zurückbringen können. Sie sind aufgeschlossener als die meisten anderen Mitglieder der Nullsekte und sind bereit, mit „Biologischen" zusammenzuarbeiten – solange es sich nicht um Technomancer handelt. Sie können sich an ein Team wenden, um Informationen zu erhalten. Oder sie können die Runner anheuern, um etwas zu erwerben, das sie selbst nicht beschaffen können.

NULLSEKTEN-VERSORGER

A	S	D	F	W	L	I	C	EDG	R	FK
4	7	4	6	5	5	6	7(9)	5	2	4,4

Matrix-Initiative: 10 + 3W6
Matrix-Handlungen: 1 Haupt, 4 Neben
Matrix-Zustandsmonitor: 11
Matrix-Verteidigungswert: 12
Vorteile: Erster Eindruck, Fnord, Rauschlos
Nachteile: Realitätsblindheit
Aktionsfertigkeiten: Cracken 5, Einfluss 6 (Verhandeln +2), Elektronik 5, Überreden 4
Komplexe Formen: Firewall-Senkung, Resonanzillusion, Schleicher-Steigerung
Nullmods: Attributsverbesserung (Charisma) 2, Sideload-Prozessor 2, Tarnung 4
Programme: Ausnutzen, Editieren, Entschlüsselung, Panzerung, Schmöker, Splitterschutz, Tarnkappe
Angriffe:
Datenspike [Matrixkampf | Schaden 2 | Angriffswert 11]

NULLSEKTEN-KREUZRITTER

Kreuzritter sind die Kriegerkaste der Nullsekte. Sie erfüllen sowohl militärische als auch polizeiliche Aufgaben; wenn man ihnen begegnet, führen sie in der Regel irgendeine Art von Operation durch. Vielleicht jagen sie nach einem Flüchtigen, beseitigen gefährliche Protosapienten oder führen Krieg gegen die Feinde der Nullsekte.

NULLSEKTEN-KREUZRITTER

A	S	D	F	W	L	I	C	EDG	R	FK
8	6	6	8	5	6	5	4	4	4	4,39

Matrix-Initiative: 11 + 4W6
Matrix-Handlungen: 1 Haupt, 5 Neben
Matrix-Zustandsmonitor: 14
Matrix-Verteidigungswert: 16
Vorteile: Fnord, Rauschlos
Nachteile: Realitätsblindheit
Aktionsfertigkeiten: Cracken 7 (Matrixkampf +2), Elektronik 6
Nullmods: [alles Beta] Atrophische Aura, Atrophisches Lodern, Kerncode-Redundanz 2, Quantenprozessor 1, Schadensbegrenzungsprotokolle, Sideload-Prozessor 4, Tarnung 1, Zorn des Kreuzritters
Programme: Aufspüren, Ausnutzen, Blaster-Charger, Fessel, Gabel, Panzerung, Raketenwerfer
Angriffe:
Datenspike [Matrixkampf | Schaden 4 | Angriffswert 14]
Zorn des Kreuzfahrers [Matrixkampf | Schaden 7 | Angriffswert 20]

NULLSEKTEN-FREVLER

Frevler leben am Rande der Nullsekten-Gesellschaft und verfolgen ihre eigenen Ziele, auch wenn sie dadurch mit dem Rest der Nullsekte in Konflikt geraten. In der Regel versuchen sie, ihre persönliche Macht mit allen Mitteln zu vergrößern, auch durch die Zusammenarbeit mit KIs und Technomancern. Wenn ein Frevler auftaucht, hat er immer eine Gruppe von registrierten verdrehten Sprites auf Abruf, um ihm zu helfen.

NULLSEKTEN-FREVLER

A	S	D	F	W	L	I	C	EDG	R	FK
6	7	6	7	7	7	6	4	6	8	5,68

Matrix-Initiative: 12 + 4W6
Matrix-Handlungen: 1 Haupt, 5 Neben
Matrix-Zustandsmonitor: 12
Matrix-Verteidigungswert: 15
Vorteile: Erhöhte Konzentrationsfähigkeit 2, Fnord, Rauschlos
Nachteile: Realitätsblindheit
Aktionsfertigkeiten: Cracken 6, Einfluss 4, Elektronik 6, Tasken 7, Überreden 2
Wandlungsgrad: 4

Echos: Neue Sprite-Art (Assassinen-Sprite), Neue Sprite-Art (Verteidiger-Sprite), Spriteverbindung, Übertakten
Komplexe Formen: Angriffs-Senkung, Datenmaskierung, Datenverarbeitungs-Senkung, Editor, Firewall-Senkung, IC-Hacke, Resonanzillusion, Resonanznebel, Resonanzspike, Schleicher-Senkung, Zusammenflicken
Nullmods: [alles Alpha] Säurestrahl, Sideload-Prozessor 2, Tarnung 2
Programme: Ausnutzen, Blaster-Charger, Entschlüsselung, Gabel, Panzerung, Raketenwerfer, Tarnkappe
Angriffe:
Datenspike [Matrixkampf | Schaden 3 | Angriffswert 13]
Säurestrahl [Matrixkampf | Schaden 1 | Angriffswert 13 | Nettoerfolge senken das Attribut Firewall]

INGENIEURE: NULLMODS UND CODE-KONSTRUKTE

LEHRLING, GESELLE, SCHMIEDEMEISTER UND NULL-TECH

Die Kaste der Ingenieure erschafft alle digitalen Konstrukte der Nullsekte. Diese reichen von Änderungen ihres Basiscodes bis hin zu den Strukturen ihrer Heimat. Die Kaste ist in drei verschiedene Ränge unterteilt: Lehrlinge sind die Assistenten ranghöherer Ingenieure, Gesellen führen den Großteil der eigentlichen Arbeit aus, während Schmiedemeister die Festungsfabriken der Heimat instand halten, in denen sich die gewaltigen Codeschmieden und andere Konstrukte zur Herstellung von Null-Technologie befinden.

Die Technologie der Nullsekte lässt sich in vier große Gruppen einteilen: 1) Codemods (diese speziellen Mods können als Nullmods bezeichnet werden), die die Null selbst verändern, 2) Konstrukte wie Golems, kleinere Kreationen, die als Homunkuli bezeichnet werden und Agenten und IC ähneln, sowie Code-Maschinen, die für bestimmte Operationen gebaut werden, 3) Modifikationen an Hosts wie die Coderanken-Konstrukte, 4) und schließlich Ingenieure, die für den Bau der hostähnlichen Strukturen verantwortlich sind, die in ihrer Heimat als Behausungen, Tempel und Festungsfabriken dienen.

NULLMODS

Die Ingenieure haben nicht nur Zugang zu den Standard-Codemods, die allen KIs zur Verfügung stehen, sondern haben auch viele neue Codemods entwickelt, die es nur in der Nullsekte gibt. Hier werden vier Beispiele vorgestellt, aber die Spielleitung kann weitere einzigartige Codemods hinzufügen.

Atrophische Aura: Null mit Atrophischer Aura werden zur Verteidigung gegen Technomancer geschaffen. Ihre natürliche Resonanz wurde so verändert, dass das sie umgebende Nous in der lokalen Noosphäre unterdrückt wird, was jede Nutzung von Resonanz – oder Dissonanz – erschwert. Null mit Atrophischer Aura können ihre Resonanz nicht mehr nutzen, um komplexe Formen zu erschaffen. Stattdessen wird ihr Resonanz-Attribut zu einem Würfelpoolmalus für jede Probe, die in der Nähe des Null abgelegt wird und bei der das Resonanz-Attribut Teil des Würfelpools ist. Die Aktivierung einer Atrophischen Aura ist eine Nebenhandlung, und es erfordert jede Runde eine Nebenhandlung, um sie aufrechtzuerhalten. Die durch diesen Codemod erzeugte Wirkung ist nicht kumulierbar; nur die stärkste Atrophische Aura wird auf einen bestimmten Bereich angewendet.

Atrophisches Lodern: Als Erweiterung des Codemods Atrophische Aura erfordert Atrophisches Lodern eine Haupthandlung, die an die Stelle eines Angriffs tritt und aufrechterhaltene komplexe Formen und Sprites auftrennt. Um eine komplexe Form aufzutrennen, verwendet der Null eine Haupthandlung und legt eine Vergleichende Probe auf Resonanz x 2 gegen den Schwundwert x 2 der komplexen Form ab. Wenn das Atrophische Lodern mehr Nettoerfolge hat, wird die komplexe Form verdrängt. Dieselbe Haupthandlung kann gegen Sprites durchgeführt werden, allerdings gegen Stufe x 2 des Sprites. Jeder Nettoerfolg entfernt eine Aufgabe des Sprites. Sinkt die Anzahl der Aufgaben auf null, wird das Sprite dekompiliert. Atrophisches Lodern kann von zwei oder mehr Null kombiniert werden, die zusammenarbeiten, um die Stärke eines Loderns zu erhöhen, indem die Resonanzwerte der beteiligten Null zu einem einzigen Angriff addiert werden.

Tarnung: Dieser Codemod kann eine Stufe von 1 bis 4 haben und ist auf dem besten Weg, ein integrierter Mod zu werden, da die meisten Null ihn jetzt verwenden. Er überdeckt das ursprüngliche Icon eines Null mit einem anderen Icon in einem Stil, der der Standard-Matrixikonografie entspricht. Die Tarnung ist viel effektiver als eine einfache Matrixhandlung *Icon verändern*; sie erfordert [Stufe + 1] Nettoerfolge bei einer Matrixwahrnehmungs–Probe, um die Tarnung zu durchschauen und das darunterliegende ursprüngliche Icon zu entdecken.

Zorn des Kreuzritters: Der Zorn des Kreuzritters ist ein mächtiger digitaler Waffen-Codemod, der Kreuzritter-Teams zur Verfügung steht. Er erhöht den Schaden einer Handlung *Datenspike*, die der betreffende Null durchführt, um 3 und ihren Angriffswert um 6.

KONSTRUKTE

Da die Gesamtzahl der existierenden Null relativ gering ist, werden die meisten Aufgaben von Golems und anderen Konstrukten unter begrenzter Aufsicht ausgeführt. Die Ingenieure der Nullsekte können eine breite Palette von Code-Konstrukten herstellen, die

NULLMOD	STUFE	FUNKENVERLUST	VERFÜGBARKEIT/PREIS
Atrophische Aura	–	0,2	nur Null
Atrophisches Lodern	–	0,3	nur Null
Tarnung	1–4	Stufe x 0,1	nur Null
Zorn des Kreuzritters	–	0,5	nur Null

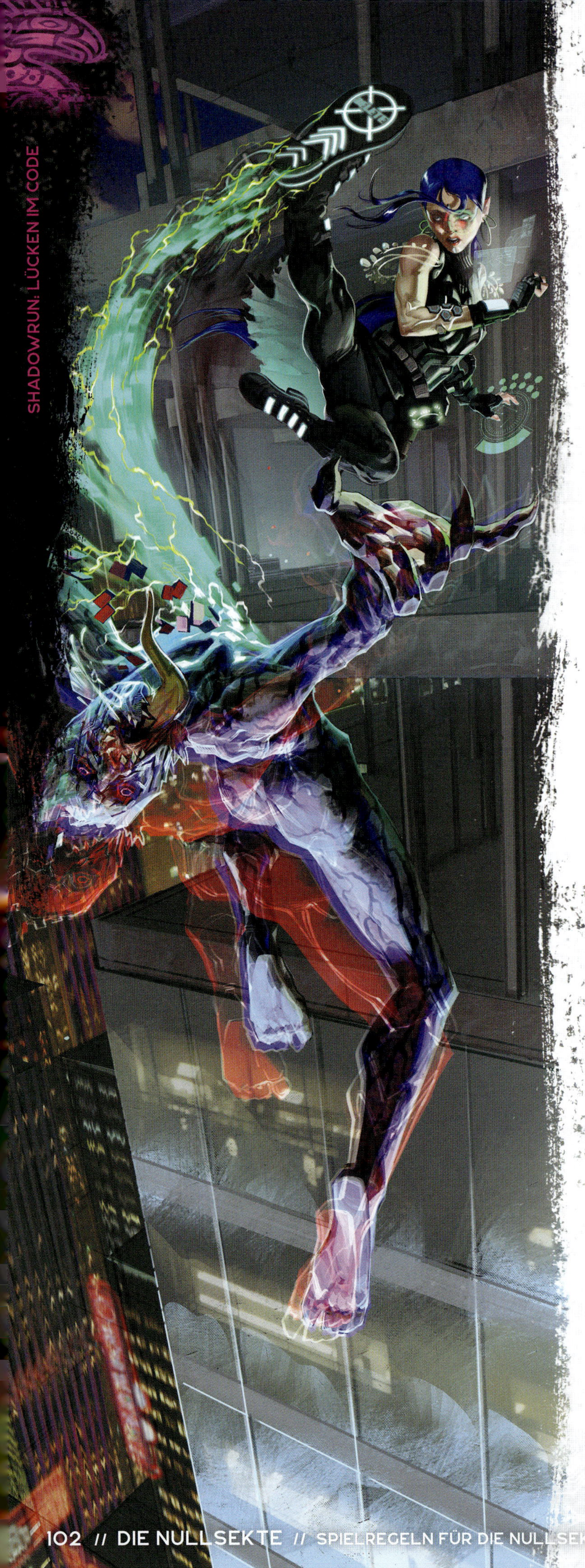

für Sicherheitsaufgaben, allgemeine Arbeiten und andere einfache Aufgaben verwendet werden. Der Höhepunkt dieser Kunst sind die Golem-Konstrukte des Schmiedemeisters, die in *Auswurfschock* auf Seite 111 beschrieben werden. Kleinere Konstrukte, die als Homunkuli bezeichnet werden, können auch ohne die Verwendung einer Codeschmiede hergestellt werden. Homunkuli, die an einen bestimmten Host – oder eine Nullsekten-Struktur – gebunden sind, sind gleichwertig mit IC und können in jeder Version erstellt werden, in der IC verfügbar ist. Ein Homunkulus, der sich außerhalb eines Hosts frei bewegen kann, entspricht einem Agenten der gleichen Stufe. Andere Arten von Code-Konstrukten ähneln in Form und Funktion Maschinen und werden für bestimmte Aufgaben gebaut. Die Codeschmieden selbst und die massiven, auf Ketten fahrenden Energieextraktionsprozessoren, die von den Schnittern verwendet werden, sind zwei Beispiele für diese Technologie.

HOSTMODS

Ingenieure können an Hosts eine Vielzahl von Modifikationen vornehmen, und zwar sowohl an den „Gebäuden" in ihrer Heimat als auch an Fundament-Hosts in der Matrix. Im Grunde kann die Spielleitung jedem Host, der unter der Kontrolle der Null steht, beliebige Effekte geben. Ein Beispiel für einen Hostmod ist der Mod Verdrehtes Fundament (vom Host in Mission 16 in *Parallele Wirklichkeit,* S. 97); er wird als Sicherheitsmaßnahme auf Hosts der Ausdehnung 1 und 2 verwendet. Der Mod verzerrt – oder verdreht – den Simsinn-Feed und führt bei allen Matrixproben durch unbefugte Benutzer auf dem Host oder im Host-Fundament zu einem Würfelpoolmalus von -4. Darüber hinaus werden Technomancer körperlich krank, wenn sie auf den Hostmod treffen, und erleiden den Status *Übelkeit*, von dem sie sich erst erholen, wenn sie den Host verlassen.

Die am weitesten verbreitete und bekannteste Hostmodifikation, die von den Ingenieuren geschaffen wurde, sind die Coderanken-Konstrukte, mit denen die Hostfundamente eingesät werden. Nach dem Einfügen in den Nullknoten des Fundaments eines Hosts haben die Coderanken folgende Prioritäten:

- Die Coderanken dienen als Anker in einem beliebigen Knoten direkt aus der Heimat oder in einem anderen eingesäten Host; dies kann von jedem Mitglied der Nullsekte genutzt werden – und zufälligerweise auch von allen umherziehenden Protosapienten.
- Coderanken dienen der Nullsekte als Tarnung vor allen Protosapienten innerhalb des infizierten Knotens – diese ignorieren alle Null dort.

Nach dem Einsetzen in einen Nullknoten kann ein Team von Ingenieuren eine Ausgedehnte Probe auf Elektronik (Software) + Logik (Hoststufe, 30 Minuten) ablegen, um die Coderanken wachsen zu lassen und an den Host anzupassen; jede gelungene Probe fügt dem Matrix-Zustandsmonitor der Coderanke 10 Kästchen hinzu und beinhaltet eine der folgenden Funktionen:

- Erschafft einen permanenten Edgevorteil für jedes Mitglied der Nullsekte in einem Fundament-Knoten mit Coderanken.

- Gewährt den Ingenieuren einen permanenten automatischen Erfolg bei jeder Probe für eine der Funktionen des Fundamentknotens.
- Fügt einen zusätzlichen permanenten automatischen Erfolg für eine andere Knotenfunktionsprobe hinzu oder fügt einen zweiten automatischen Erfolg zu einer bereits unter Kontrolle befindlichen Fundamentknotenfunktion hinzu oder erhöht den Edgevorteil um 1 (bis zu einem Maximum von 2) in einem Fundamentknoten.
- Repariert 10 Schadenskästchen an den Coderanken. Dadurch wird auch eine frühere Funktion wiederhergestellt, die durch die Beschädigung der Coderanken verloren gegangen ist.
- Startet ein neues Coderanken-Konstrukt in einem benachbarten Fundament-Knoten im selben Host.

Die Coderanken in separaten Fundamentknoten sind separate Konstrukte und haben unterschiedliche Zustandsmonitore und Funktionen. Coderanken können beschädigt werden, und das Zufügen von 10 Kästchen Matrixschaden entfernt eine zufällig eingebaute Funktion. Wenn der Zustandsmonitor null erreicht, werden die Coderanken aus dem Hostfundament entfernt.

DIE HEIMAT UND DIE NULLSEKTEN-STRUKTUREN

Die Heimat der Nullsekte befindet sich auf einer anderen „Ebene" des Tiefen Fundaments, getrennt vom Reflexionsbecken. Sie folgt allen Regeln für das Reflexionsbecken/das Tiefe Fundament (*Auswurfschock*, S. 149), mit der Ausnahme, dass „Konvergenz oder Abweichung" direkt von der Nullsekte gehandhabt wird und innerhalb der Heimat separat verfolgt wird. Statt eines Abbilds der realen Welt präsentiert sich die Heimat der Nullsekte als endloser Dschungel im Zwielicht. Es gibt keine Fundament-Konstrukte, stattdessen ist der Dschungel mit E-Flora, Protosapienten und der Nullsekte gefüllt. Die Heimat kann nicht durch den Ereignishorizont erreicht werden, aber sie kann mit der gleichen Methode wie beim Betreten des Reflexionsbeckens (*Auswurfschock*, S. 149) gefunden werden, mit einem Schwellenwert von 50 statt 30, um die Heimat zu finden. Einen direkteren Weg in die Heimat findet man, wenn man durch das Nullknotenportal eines eingesäten Hosts reist; diese führen alle direkt in die Heimat und nicht ins Reflexionsbecken.

Die von der Nullsekte errichteten Strukturen gelten als Hosts innerhalb der gitterartigen Heimat-Schicht des Tiefen Fundaments. Diese hostähnlichen Strukturen haben keine eigenen Fundamente, gelten aber in jeder anderen Hinsicht als Fundament-Hosts. IC-ähnliche Homunkuli bewachen die Strukturen, die auch durch von den Ingenieuren installierte Hostmods geschützt werden können. Alle Null-Strukturen haben Gestaltung 5, und die Ausdehnung spielt keine Rolle (wenn sie es tun würde, läge sie immer zwischen 1 und 3). Wohngebäude entsprechen Hosts der Stufe 2 bis 4, während die Tempel der Hierophanten und die Festungsfabriken der Ingenieure von Stufe 8 bis 12 reichen können. Die Gebäude der anderen Kasten fallen irgendwo zwischen diese beiden Bandbreiten.

BEGEGNUNGEN MIT DER NULLSEKTE

Es gibt zahlreiche Szenarien, in denen die Charaktere auf die Nullsekte treffen können. Einige dieser Begegnungen werden mit einem einzelnen Null oder einer kleinen Gruppe stattfinden, während andere Begegnungen eine große Anzahl von Konstrukten beinhalten, mit denen die Runner fertigwerden müssen, bevor einer der Null überhaupt auftaucht. Die Schauplätze für diese ersten Begegnungen können in Hosts, in der offenen Matrix, in der Heimat der Nullsekte innerhalb des Tiefen Fundaments oder sogar auf den Straßen der realen Welt liegen.

AUF DER JAGD

Nachdem das Team in ein Hostfundament eingedrungen ist, stellt es fest, dass in den Knoten des Fundaments ein Kampf im Gange zu sein scheint, und es ist offensichtlich, dass die Kämpfer nicht Teil des Paradigmas sind. Eine Gruppe von vier KIs wurde von einer Nullsekten-Sondereinheit – bestehend aus vier Kreuzrittern, die als 1930er-Jahre-Gangster in Nadelstreifenanzügen verkleidet und mit Maschinenpistolen bewaffnet sind – zu diesem Hostfundament verfolgt. Die KIs haben die Golem-Konstrukte, die die Null begleiteten, bereits zerstört, und sowohl die Kreuzritter als auch die KIs sind unterschiedlich stark verletzt. Die Runner werden von einem der Kämpfer angesprochen, wobei es von der Zusammensetzung des Runnerteams abhängt, wer genau an sie herantritt. Wenn zum Team keine KIs oder Technomancer gehören, wird sich einer der getarnten Null der Gruppe nähern, behaupten, dass sie Konzernsicherheitsleute sind und gefährliche abtrünnige KIs jagen, und eine beträchtliche Menge an Nuyen anbieten, wenn die Runner helfen, die KIs zu vernichten. Wenn sich KIs oder Technomancer im Runnerteam befinden, bitten die KIs um Hilfe und behaupten, dass man sie ohne ersichtlichen Grund angegriffen hat. Die Null können dann die KIs oder die Technomancer im Runnerteam angreifen, falls diese bleiben – unabhängig davon, ob sie den KIs helfen oder nicht.

REIN GESCHÄFTLICH

Die Hackerin des Teams wird von einem Icon in Form eines Sararimanns im Neo-Tokio-Stil kontaktiert und gefragt, ob sie eine Shadowrunnerin oder eine andere Art von Söldnerin ist. Das Icon gibt sich als „Tanaka-san" aus und will das Team anheuern, in ein nahe gelegenes Gebäude einzubrechen und einen Standalone-Frameworkhost an die Matrix anzuschließen. Das Gebäude ist eine kleine Forschungseinrichtung mit einer Sicherheit, die den Fähigkeiten des Teams entspricht. Tanaka-san ist in Wirklichkeit ein Nullsekten-Versorger, und sobald der Host mit der Matrix verbunden ist, schickt er ein großes Team von Schwarzen Warnungen, Grauen Jägern und Weißen in den Host, um die Forschungsdaten zu stehlen. Der Versorger bezahlt das Team gut und gibt auf Nachfrage nach dem Run zu, ein Mitglied der Nullsekte zu sein. Er scheint keine Probleme damit zu haben, mit „Biologischen" zu arbeiten, aber wenn einer aus

dem Team ein Technomancer oder eine KI ist, kann er seine Verachtung nur schwer verbergen. Außerdem fragt er die Runner, ob sie bereit sind, in Zukunft Aufträge von ihm anzunehmen.

NICHT, WER DU DACHTEST

Ein Schieber, mit dem die Runner regelmäßig zusammenarbeiten, bietet ihnen einen einfachen Auftrag an. Der Eigentümer eines alten Fabrikkomplexes hat eine Gruppe von Squattern, die er loswerden will, damit ein neuer Mieter einziehen kann. Einige Nachforschungen werden ergeben, dass er bereits eine Sicherheitsfirma und einige Gangs angeheuert hat; niemandem ist es gelungen, die Squatter loszuwerden. Es stellt sich heraus, dass die Squatter in Wirklichkeit ein Nullsekten-Entdecker-Team sind (verwende den Entdecker, *Auswurfschock,* S. 111, und füge Steuern 4, Mechanik 2 (Geschütze +2), Einfluss 2 und den Codemod Riggerkontrollen-Integration 2 hinzu). Sie erkunden die „Außenwelt“, indem sie stark modifizierte Anthroform-Drohnen vom Typ Nissan Samurai und Nissan Oni mit realistischem Aussehen 4 riggen. Die Entdecker verfügen außerdem über eine komplette Einheit von Golem-Konstrukten, und wenn sich die Runner dem zentralen Gebäude bis auf hundert Meter nähern, werden die Grauen Jäger Autorität gegen die Kommlinks des Teams einsetzen, um sie zu warnen, von hier zu verschwinden. Wenn die Runner vorrücken, greifen die Schwarzen Warnungen, die Weißen, die Grauen Jäger und die Roten Gefahren die Ausrüstung der Runner an, um sie zu vertreiben.

Sobald das Team das Zentralgebäude erreicht hat, hören die Matrixangriffe auf, und die Entdecker sind bereit, mit den Runnern zu sprechen. Die Null werden ihre wahre Natur nicht freiwillig preisgeben, aber es sollte nicht allzu schwer sein, sie aufzudecken. Die Null können mit einer vernünftigen Verhandlungsstrategie davon überzeugt werden, dass ein Umzug in ihrem Interesse ist. Wenn die Runner jedoch auf einer gewalttätigen Vorgehensweise bestehen, haben die Entdecker eine Auswahl an Kampfdrohnen, in die sie für die Dauer des Kampfes springen.

ALTERNATIVE FINANZIERUNG

Ein Mr Johnson, den die Runner nicht kennen, kontaktiert sie und bittet um ein Matrixtreffen. Beim Treffen besteht Mr Johnsons Icon aus einer Gestalt, deren Gesicht von einer schwarzen Robe mit Kapuze verdeckt ist; er bietet eine beträchtliche Summe von Nuyen für einen Ablenkungsrun. Die Runner müssen nur zur richtigen Zeit an einer bestimmten Adresse auftauchen und so viel Lärm wie möglich machen. Beinarbeit wird die Art des Ziels aufdecken – eine von der Mafia geführte Buchhaltungsfirma –, aber nichts über Mr Johnson ans Licht bringen. Eine erfolgreiche Matrixwahrnehmungs-Probe (6) gegen Mr Johnsons Icon durchbricht jedoch seine Tarnung. Der zukünftige Auftraggeber des Teams ist in Wirklichkeit ein Nullsekten-Frevler, der ein Ablenkungsmanöver durchführen will, um eine Buchhaltungsfirma zu plündern, die Geld für die Mafia wäscht. Er plant, die Nuyen für den Bau eines Framework-Hosts für seine Operationsbasis außerhalb der Heimat der Nullsekte verwenden. Wenn er auf seine wahre Natur angesprochen wird, lässt er die Täuschung fallen und ist ehrlich, was seine Pläne angeht.

Wenn die Runner den Auftrag annehmen, wird der Host der Buchhaltungsfirma von einer großen Anzahl von Golem-Konstrukten und verdrehten Sprites angegriffen, die die Natur ihres Arbeitgebers enthüllen, falls die Runner diese nicht schon herausgefunden haben. Während die Runner die Sicherheitskräfte ablenken, leeren die Sprites die Kassen der Mafia und leiten die Nuyen über Hunderte von temporären Konten. Wenn der Run für das Team schlecht verläuft, wird der Null keine Gewissensbisse haben, das Team den Kopf hinhalten zu lassen, aber wenn alles gut läuft, wird er die Runner fragen, ob sie an einer Fortsetzung der Vereinbarung interessiert sind. Der Frevler zahlt sehr gut dafür, dass die Runner einen Standort sichern und dann die Computerausrüstung liefern und einrichten, die er für seinen neuen Host benötigt.

ZUTRITT VERBOTEN

Die Runner werden von einem bekannten örtlichen Schieber im Auftrag eines anonymen Kunden angeheuert, um ein wenig Aufklärung zu betreiben. Nachdem sie die Einzelheiten erfahren haben, finden sie heraus, dass es sich um eine Reise zu einer Fabrikfestung in der Heimat der Nullsekte im Tiefen Fundament handelt, um Informationen über die dortige Codeschmiede zu erhalten. Die Informationen des Klienten besagen, dass die Heimat der Nullsekte vom Fundament eines bestimmten Spinrad-Global-Hosts aus betreten werden kann und dass sich das Zielgebäude in der Nähe des Nullknotenportals des Hosts befindet. Sobald das Team die Heimat der Nullsekte erreicht hat, muss es sich einen Weg durch das dschungelartige Paradigma des Tiefen Fundaments bahnen und dabei feindlichen Protosapienten ausweichen, um zu dem massiven Bauwerk zu gelangen, das aus unvorstellbar großen Steinblöcken besteht (es dient als Host der Stufe 8). Alle kunstvoll geschnitzten Eingänge werden von Schwarzen Warnungen und Weißen bewacht. Dort trifft das Team auf eine scheinbar endlose Vielfalt von IC-ähnlichen Homunkuli-Konstrukten. Zusätzlich zu den allgegenwärtigen geringeren Konstrukten kann man in den Hallen gelegentlich Graue Jäger, Aufseher oder sogar einen Ingenieurlehrling sehen. Im Zentrum des Bauwerks finden die Runner eine riesige Halle, in der der Schmiedemeister in seiner gigantischen Code-Schmiede Reihen von geisterhaften Wischern erschafft. Die Runner müssen nur eine Ausgedehnte Matrixwahrnehmungs-Probe gegen das Gerät ablegen, um es zu analysieren (sie brauchen dafür 20 Erfolge). Sie können anschließend hoffentlich ihren Weg durch die Heimat zu dem Nullknoten-Portal zurückverfolgen, durch das sie gekommen sind, und dabei dem Zorn der Nullsekte entgehen.

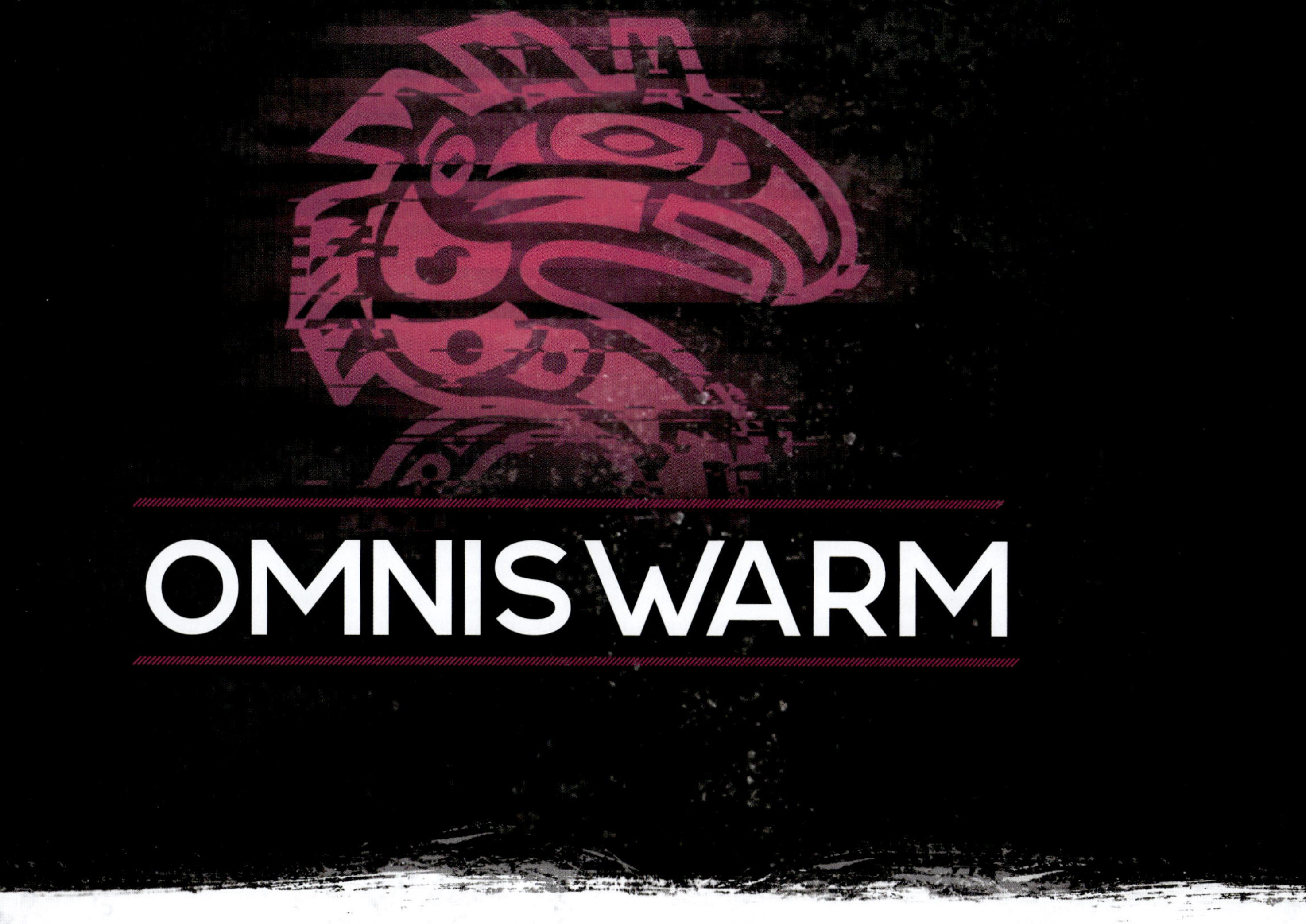

OMNISWARM

Blazor zuckte mit seinen virtuellen Magma-Schultern. „Was sehe ich hier?"

„Nur ... okay, okay, okay, schau einfach hier rüber." Ein blaugrünes Wasserwesen gestikulierte über die digitale Landschaft hinweg. Teile eines virtuellen Einkaufszentrums fehlten oder waren beschädigt, und auf dem Boden blinkte ein rotes Wort: „PAUSE". Dutzende von Avataren waren in ihren Schritten erstarrt, während sie sich zwischen den Geschäften bewegten, und Blazor konnte einige Bots und IC in der Menge sehen, die sich ebenfalls nicht von der Stelle rührten. In der angezeigten Richtung befanden sich zwei großzügig gebaute, hawai'ianisch gekleidete Skins von der Stange, die in der Menge der niedrig aufgelösten Bilder durch ihre Detailtreue auffielen. Zum Zeitpunkt der Aufnahme hätten sie sehr gut zu den Käufern und Mitarbeitern hier im virtuellen Einkaufszentrum gepasst.

„Es sieht so aus, als hättest du hier das archivierte digitale Abenteuer von jemandem. Ich dachte, das sei vor einem Jahrzehnt für Leute, die nicht in CalFree sind, aus der Mode gekommen. Befindet sich dort dieser Knoten?" Blazor schwebte zu den beiden identischen, übergewichtigen Touristen hinüber. „Warum zeigst du mir ein Tagebuch?"

„Diese beiden Leute ... einer von ihnen" – das Wasserwesen deutete auf den rechten – „ist Wally, ein Technomancer-Freund von mir. Das hier ist mein Freund bei einem einfachen Matrixrun. Ich weiß nicht, ob es wichtig ist, aber dieser Knoten ist nicht nur ein Laden, sondern er wickelt auch den Hauptnetzverkehr für etwa zehn Prozent von Austin ab."

„Das soll wohl ein Witz sein? Welcher Idiot würde so viel Verkehr durch ein System leiten, zu dem die Öffentlichkeit Zugang hat? Niemand kann so dumm sein." Magmatröpfchen spritzten umher, als Blazor den Kopf schüttelte.

„Oh, ich glaube, es war irgendein mittlerer Manager, der das System geteilt, die Aufzeichnungen gefälscht, die Hälfte des Personals entlassen und die Einnahmen jahrelang in die eigene Tasche gesteckt hat, bis man ihn erwischt und gefeuert hat ... indem man auf ihn feuern ließ." Die blaue Kreatur machte „snk, snk, snk" – ein kicherndes Geräusch, aber sie klang nicht amüsiert. „Jedenfalls waren sie genau deswegen hier. Das ist nicht das, was ich dir zeigen wollte."

Das blinkende „PAUSE" wechselte zu „PLAY", dann zu „x10 SPEED". Avatare strömten um Blazor und Drip herum und durch sie hindurch, die Hacker vor ihnen fanden, was sie hinter einer virtuellen Wandtafel suchten, und Wally begann, ernsthaft zu cracken. Wallys Freund bewegte sich hinter und um das IC herum, lenkte dessen Aufmerksamkeit ab und gab ihm generell Deckung. Nichts schien ungewöhnlich zu sein, bis Drip die Szene erneut anhielt.

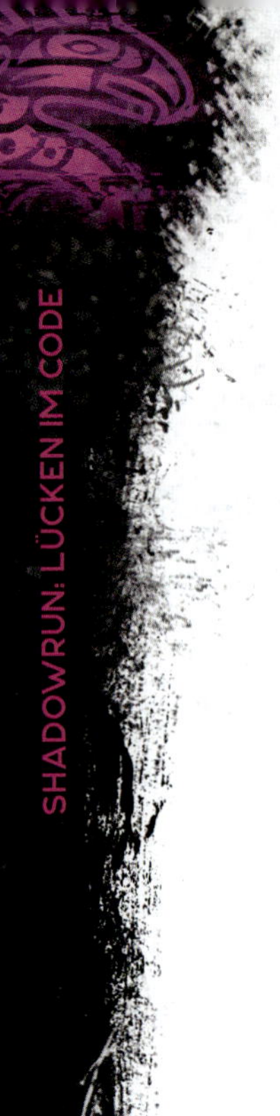

„Jetzt schau mal da drüben, hinter den Plastikpflanzen."

Blazor ließ sich zu den Pflanzen treiben und umkreiste etwas, das ein weiteres Artefakt der niedrig aufgelösten Aufnahme zu sein schien.

„Sieht aus wie ein Glitch … Moment, ist das derselbe Skin wie der deines Freundes?" Es war wegen der schlechten Aufnahme schwierig, das zu erkennen. Es sah aus wie ein wabernder, durchsichtiger Klecks, aber auf seiner Oberfläche spiegelte sich das Gesicht des generischen Avatars, den Wally trug. Wally und sein Freund schienen ihn nicht bemerkt zu haben. „Okay, das sieht ein bisschen unheimlich aus, aber es könnte auch ein Zufall sein. Es ist ja kein ungewöhnlicher Avatar. Es könnte ein Kind sein, das mit einer kostenlosen Avatar-Misch-App spielt."

„Ja, schau weiter zu, ich werde es langsam vorspulen."

Das blinkende Zeichen wechselte zu „1% Geschwindigkeit", während die Aufzeichnung langsam weiterlief. Der Klecks wuchs rasch und veränderte sich, und während er wuchs, begann er, verzerrte Kopien aller möglichen Skins nachzuahmen – nicht nur die der beiden Hacker, sondern auch die der anderen Shopper. Sogar das IC wölbte sich aus dem Klecks heraus. Als er sich aufblähte, überrollte er Icons, Avatare und die darunterliegenden Strukturen gleichermaßen. Es war, als sähe man die Druckwelle einer klebrigen Explosion. Blazor sah entsetzt zu, wie die Oberfläche des Kleckses das Aussehen des Sicherheits-IC annahm und es verschlang. Das Konstrukt des Einkaufszentrums begann zu versagen, und andere Teile des Einkaufszentrums flackerten und verschwanden. Blazor konnte durch die Lücken im Boden ein riesiges, leuchtendes Rohr sehen – vermutlich war das die große Datenleitung.

„Pausieren", sagte Drip. Die Szene fror wieder ein. „Da kommt nicht mehr viel. Wally lud Erfahrungen auf eine Heim-Dateneinheit hoch, ich glaube, um die Technik zu überprüfen. Es bleibt nur noch der Bruchteil einer Sekunde Aufnahmezeit, aber ist dir aufgefallen, dass der Teil des Kleckses, der die Leute berührt, wie sie aussieht, wenn er sie einsaugt? Unheimlich, oder? Wenn man genau hinsieht, erkennt man, dass es sich nicht um einen Klecks handelt, sondern um viele Icons, die sehr eng beieinanderstehen und seltsame reflektierende Skins wählen."

„Ich weiß nicht, ob es unheimlich ist, aber ich weiß nicht, was ich da sehe. Ist das eine Art von Berserker-IC? Ein seltsamer Systemfehler?"

„Wer weiß? Ich nicht, snk, snk, snk, aber ich kann dir sagen, dass der Grund, warum ich diese Aufnahme habe, der ist, dass ich eine Weile nichts von Wally gehört hatte, also loggte ich mich in sein Heimnetzwerk ein, und diese Aufnahme wartete darauf, bearbeitet zu werden. Ich kann Wally nicht finden, ich kann seinen Freund nicht finden, ich habe sogar nach den Shoppern gesucht, die ich in der Aufnahme identifizieren konnte. Ich habe keinen von ihnen gefunden, der in der Matrix aktiv wäre. Vielleicht halten sie sich nur bedeckt, aber es hat mich so erschreckt, dass ich wollte, dass du dir das ansiehst. Ich kann weder den Server noch jemanden finden, der in einem der Läden arbeitet. Es ist, als wären tausend Leute einfach verschwunden. Oh! Richtig! Der wirklich gruselige Teil – lass mich zum letzten Bild vorspulen." Das Einkaufszentrum fiel in sich zusammen, das Konstrukt hatte völlig versagt. Das Einzige, was übrig blieb, waren der Klecks und das Rohr darunter, und auf der Oberfläche des Kleckses …

„Ja, ich dachte mir, dass dich das überraschen würde. Ich schwöre, dass ich diese Aufnahme nicht angerührt habe, außer um sie für die Ansicht zu reparieren. All das, was man sieht, war auf der Originalaufnahme."

„Nein."

„Ich habe mir auch in die Hose gemacht, als ich es sah. Das ist nichts, was ich sehen wollte."

„Nein."

„Ich weiß nicht, was es bedeutet. Hast du eine Ahnung?" Drip drehte sich um und schwebte zu Blazor, der in der Schwärze schwebte und den Klecks anstarrte. Auf der Oberfläche … sah es aus wie ein maßgefertigter, einzigartiger Magma-Elementar-Avatar und ein blau-grünes Wasserwesen. Klar, es war verschwommen und undeutlich, aber Blazor konnte Details erkennen, die mit seinem eigenen Avatar identisch waren. Blazor hatte diesen Avatar selbst erstellt – niemand sonst hatte etwas Vergleichbares. Niemand konnte so etwas haben, und doch war es da und starrte ihn aus einem verdrehten Wasserspiegelklecks an.

Die Zeit schien für einen Moment stillzustehen. Was war das? Eine Art prädiktiver Algorithmus? Hätte irgendetwas vorhersehen können, dass er davon Bildmaterial bekäme? Voraussagen, dass er einen Magma-Avatar erstellen würde? Das war mehr als unheimlich. Es ließ ihm sein Magmablut in den digitalen Adern erstarren.

„Das ist das letzte Bild, das hochgeladen wurde, bevor etwas die Übertragung stoppte. Ich habe drei Tage lang darüber nachgedacht und versucht, eine Lösung zu finden."

„Ich habe diese Skin erst heute Morgen gemacht!"

„Ja, ich frage mich, was das bedeutet! Snk, snk, snk." Dieses halbe Kichern fing an, Blazor zu nerven.

„Ich weiß nicht, was es sonst noch bedeutet, aber als Erstes werde ich meinen Avatar ändern."

„Oh, hey, ich habe eine eingehende Nachricht von Wally, das ist ja toll! Vielleicht wird dadurch das Rätsel gelöst. Es ist eine Login-Anfrage von seinem Sprite. Oh ja! Er ist ein Technomancer. Vielleicht ist das wichtig?"

„Nicht erlau…"

- Heyyyy, ihr Deckheads und Chipschnüffler, letzte Woche lag bei einem Job dieser seltsame Fall zusätzlich herum. Er befand sich direkt neben einigen Paydata, die ich von Shiawase wollte, und fand zufällig seinen Weg in meinen Datenspeicher. In den Metadaten war eine kurze Nachricht eingebettet, die aus dem Rahmen fiel. Sie sagte: „Die Idioten hier werden niemals eine angemessene Verteidigung gegen dieses Ding finanzieren. Ich hoffe, Du findest es nützlich. Vielleicht wird aus einem Jahr Arbeit mehr als nur ein Haufen von Kündigungsschreiben und geplatzten Träumen. Viel Glück – Du wirst es brauchen."

  Ich fand es interessant zu lesen, und wenn es wirklich von einem verärgerten Cybersicherheitsexperten stammt, könnte es eine nützliche Information sein. Ich habe ein paar der verifizierbaren Teile überprüft, aber vielleicht ist es nur zufälliges Rauschen, das jemand in die Welt gesetzt hat. Oh, und wenn ihr es lest? Zieht eure Stiefel an – ziemlich viel Kon-Sprech hier drin.
- EasyStar

- Ich habe nichts gesehen, was darauf hindeutet, dass das hier wahr oder unwahr ist, aber ich kann mir keinen guten Grund vorstellen, warum jemand so etwas tun und lügen würde (ich schließe nicht aus, dass es sich um Idioten handelt). Für Plan X wird das wahrscheinlich ein gefundenes Fressen sein. Oh, und vielleicht bin ich einfach nur alt, aber der Kon-Sprech hier ist nicht soo schlimm. Die Bitterkeit scheint ein wenig durch. Viel Spaß, Leute.
- Slamm-0!

KURZFASSUNG

WAS SIE ÜBER DEN OMNISWARM WISSEN MÜSSEN

Der OmniSwarm ist eine Ansammlung von dissonanten Sprites: Sprites, die Dissonanz nutzen, um in der Matrix zu bleiben. Sie sammeln sich seit Jahren in den dunkelsten Ecken der Matrix und haben nun eine Schwelle überschritten. Sie sind hungrig nach etwas und bewegen sich mit wilder, unbändiger Entschlossenheit. Sie können wirklich furchterregend sein. Ihre Ziele sind Hochburgen der Matrixinfrastruktur. Bisher haben sie die Hosts, die sie angegriffen haben, zerstört oder so stark beschädigt, dass sich nichtdissonante Matrixuser nicht mehr in sie einloggen, auf sie zugreifen oder sie auch nur sehen können.

- Willst du damit sagen, dass es da draußen einen Schwarm von dissonanten Sprites gibt? Dissonante Technomancer sind schon ziemlich selten, wie kann es da viele ihrer Sprites geben? Auf jeden Fall bleiben die meisten Sprites nicht sehr lange da, wenn ihr Technomancer gestorben ist. Ich bin mir nicht sicher, ob ich das glaube.
- Netcat

- Keine Ahnung, aber vor ein paar Jahren hätte ich auch nicht gedacht, dass es so etwas wie Technomancer überhaupt gibt, und jetzt gibt es sie. Vielleicht spielen diese dissonanten Technomancer nach anderen Regeln? Vielleicht gibt es Technomancer oder Sprites, die andere Sprites übernehmen können? Es gibt eine Menge Verrücktheiten da draußen.
- Pathway to Paradise

- Du hast nicht unrecht, aber ich hoffe, dass es eine andere Erklärung gibt. Das ist wie aus einem Horrortrid.
- Netcat

Der OmniSwarm ist unkommunikativ und gewalttätig und macht keine Anstalten, zu verhandeln. Sobald sie ein Ziel ausfindig gemacht haben, greifen sie an, bis das Ziel zerstört ist. Niemand weiß, was sie tun würden, wenn sie es mit einem Host zu tun hätten, der sich erfolgreich verteidigen könnte; entweder haben sie nur Hosts ausgewählt, die sie überwinden können, oder jeder, der überlebt und einen Host verteidigt hat, schweigt darüber. Es ist sehr wahrscheinlich, dass Leute auf Späher oder Infiltratoren des OmniSwarms gestoßen sind, auch wenn sie es zu diesem Zeitpunkt vielleicht nicht bemerkt haben.

Dieses Dokument beschreibt den OmniSwarm und wie man eine Begegnung mit ihm überleben kann. Es bietet nicht nur einen Überblick über diese Bedrohung, den Ihre Einsatzteams kennen sollten, sondern dient auch als Hintergrundmaterial für einen Business Case. Mit dieser Materialsammlung schlage ich vor, dass der Konzern eine Taskforce gründet, die sich mit dieser Bedrohung befasst. Spezifische Optionen werden in diesem Dokument detailliert beschrieben (siehe die beigefügten Finanzdokumente für Budget- und Zeitrahmenvorschläge).

In Kürze: Es handelt sich um eine erhebliche Bedrohung, die von der Konzernsicherheit unterschätzt wird und der wir so schnell wie möglich begegnen sollten. Es gibt zwei Hauptgefahren: Erstens, dass wir dem OmniSwarm zum Opfer fallen, und zweitens, dass ein Wettbewerber die Kontrolle über den OmniSwarm erlangen und ihn nutzen könnte, um profitable und produktive Matrixstandorte zu schädigen oder zu zerstören. Bislang hat der Schwarm nur öffentlich zugängliche Infrastruktur ins Visier genommen, aber ein gerichteter OmniSwarm könnte unsere Finanz- und Informationsaktivitäten lahmlegen.

- Wer ist diese Person? Ist sie zuverlässig?
- Neon Fireball

- In den Metadaten gab es keine Angaben darüber, wer dieses Dokument erstellt hat, also halte ich es mit „nicht zuverlässig, bis jemand einen Beweis hat“. Außerdem: Solltest du nicht die Magie-Chatrooms moderieren?
- Glitch

- Sie streiten sich wieder mal über Drekball.
- Neon Fireball

KOMPONENTEN UND TEAMMITGLIEDER

In diesem Abschnitt werden der Aufbau und die Organisation des OmniSwarms beschrieben, soweit wir sie anhand der uns vorliegenden Informationen beurteilen können. Dieser Abschnitt ist ein ENTWURF, enthält aber genügend Details, um eine Entscheidung über den Business Case zu treffen.

Der Schwarm scheint wie ein Gestalt-Organismus zu agieren, aber mein Team ist davon überzeugt, dass dies auf einer fundamentalen Ebene nicht zutrifft, sondern dass er aus Individuen bestehen muss, die in enger und ständiger Kommunikation stehen. Es ist nicht so, dass es keinen Dissens oder keine Meinungsverschiedenheiten geben kann, aber die Diskussionen zur Lösung dieses Dissenses laufen mit Matrixgeschwindigkeit ab und sie müssen so lange stattfinden, bis der Schwarm eine Art Konsens erreicht hat. Wir haben keine Daten darüber, wie lange der OmniSwarm braucht, um diesen Konsens zu erreichen; die Abstände zwischen den bekannten Angriffen sind mehr als ausreichend für ausführliche Verhandlungen zwischen Metamenschen, ganz zu schweigen von Kreaturen, die so schnell wie Sprites kommunizieren können.

Wir haben keine Informationen über die einzelnen Sprites, aus denen der Schwarm besteht, aber wir haben vernünftige Schätzungen über den OmniSwarm als Gruppe. Wir wissen, dass der Schwarm aus dissonanten Sprites besteht. Wir behalten herkömmlicherweise keine einzelnen Sprites im Auge, da unsere Strategie in

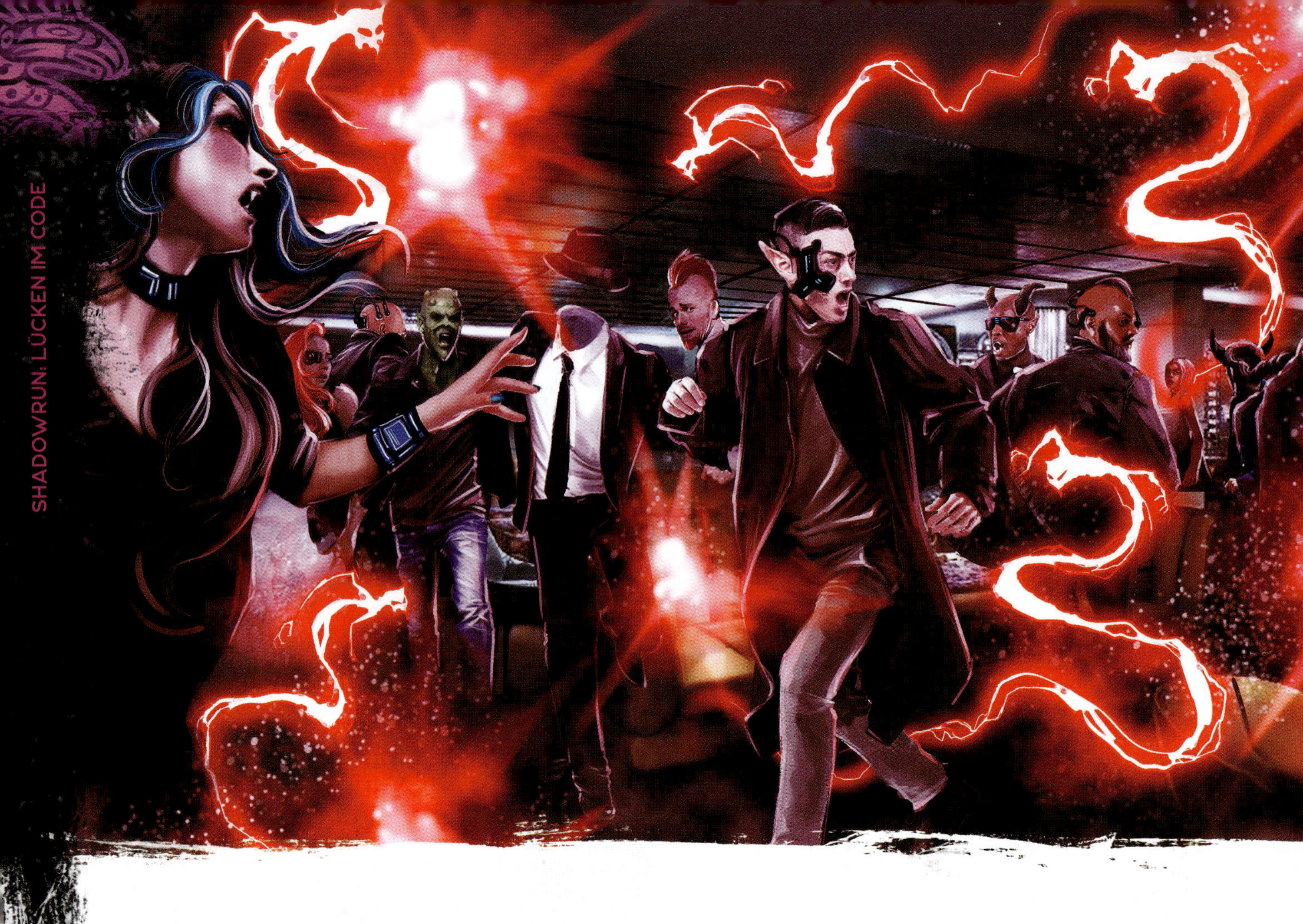

Bezug auf externe Bedrohungen Sprites als flüchtige Dinge betrachtet, die nicht erhalten werden. Trotzdem habe ich frühere Interaktionen mit Technomancern und ihren Sprites überprüfen lassen. Daher verfügen wir über ein paar Theorien über die Arten von Sprites, aus denen der Schwarm besteht. Ich habe die entsprechenden Merkmale unten aufgeführt, zusammen mit den Klassifizierungen, die das Team verwendet hat.

Die **Drahtzieher:** Es gibt offensichtlich Sprites, die den Schwarm steuern, Ziele auswählen und die Strategie bestimmen. Wir vermuten, dass es sich dabei größtenteils um Daten-Sprites handelt, da diese Sprites dazu neigen, über das große Ganze und interne Prozesse nachzudenken. Diese Sprites eignen sich wahrscheinlich am besten für die Festlegung langfristiger Pläne, das Erkennen von Mustern und Zielen in Daten und die Identifizierung geeigneter Angriffsziele. Es ist wahrscheinlich, dass die ersten Mitglieder des Schwarms Daten-Sprites waren. Wir gehen davon aus, dass ein oder zwei dieser Drahtzieher hinter diesen Überlegungen stecken, denn die Pläne sind konsistent. Es ist auch möglich, dass dies nicht der Fall ist, sondern dass die Organisatoren (siehe unten) die Drahtzieher auf ein bestimmtes Thema festnageln, indem sie auf standardisierte Weise zusammen auf standardisierte Ziele hinarbeiten.

Das andere wahrscheinliche Szenario für die Entstehung des OmniSwarms, das ich für glaubwürdig halte, ist, dass vielleicht einige Organisatoren später einen Drahtzieher rekrutiert haben. Auf jeden Fall müssen die Drahtzieher schon früh Teil des OmniSwarm geworden sein, denn wir haben keine Berichte über Aktivitäten gefunden, die darauf hindeuten könnten, dass sie später beigetreten sind.

Die **Organisatoren:** Wir vermuten, dass es sich bei dieser Gruppe von Sprites hauptsächlich um ehemalige Kurier-Sprites handelt. Irgendjemand muss die Leute zusammenbringen, sie auf dem Laufenden und in der Spur halten, und wir glauben, dass Kurier-Sprites das am besten können. Es wäre eine natürliche Weiterentwicklung ihrer ursprünglichen Funktion und passt zu ihren Fähigkeiten. Es kann nicht leicht sein, Sprites mit sehr unterschiedlichen Ansichten bei der Stange zu halten, und es ist wahrscheinlich, dass diese Organisatoren einen bedeutenden Teil der gesamten Gruppe ausmachen. Wir leiten daraus ab, dass sich unter den Angreifern oder Überfallkommandos, die der OmniSwarm aussendet, wahrscheinlich eine angemessene Anzahl von Organisatoren zur Koordination und Kontrolle befindet. Wir vermuten außerdem, dass diese Kurier-Sprites über eine Art interne Konditionierung oder Formatierung verfügen, die sie bei anderen Kurier-Sprites anwenden, damit sie gleich denken. Der Schwarm präsentiert sich nach außen hin wie aus einem Guss, was beeindruckend ist, wenn man bedenkt, wie einzigartig und individuell die Sprites waren, bevor sie sich dem Schwarm angeschlossen haben. Unsere Forscher glauben, dass sie entweder neue Organisatoren zu ihrer Denkweise konvertieren oder Sprites löschen, die sich nicht anpassen (oder beides). Das Team hält eine unbekannte Sprite-Konvertierung für wahrscheinlicher und gefährlicher, da sie dem Schwarm ein schnelleres Wachstum ermöglichen würde. Möglicherweise ist dies die wesentliche Kraft, die die Dissonanz dem Schwarm verleiht, und die Quelle seiner Motivation.

Die **Soldaten:** Wir gehen davon aus, dass jedes Sprite, das dem OmniSwarm beitritt und keine Eignung für eine der anderen Rollen zeigt, ein Soldat wird. Sie sind nicht entbehrlich, aber ihrer Taktik fehlt jeglicher Sinn für Selbsterhaltung, der über die Erfordernisse ihres Ziels hinausgeht. Diese Soldaten-Sprites greifen in großer Zahl an, und ihre Taktik ist der Grund, warum wir diese Gruppe OmniSwarm genannt haben. Sie strömen an einen Ort und greifen hemmungslos und grausam an. Ihre Taktiken sind nicht komplex, aber sie sind effektiv, und wir vermuten, dass sie sich mit der Zeit weiterentwickeln, wenn neue Informationen über Gegner und überwundene Schwierigkeiten an den Schwarm zurückfließen. Um jemals einen Teil des Schwarms zu Studienzwecken zu erbeuten, sehen wir die höchste Erfolgswahrscheinlichkeit darin, dass wir ein Mitglied des Schwarms während eines Angriffs erbeuten und sofort mit ihm verschwinden. Ich erwarte eine Antwort von meinem Technomancer-Forschungsteam, ob sie ein dissonantes Sprite binden können, das sie nicht selbst kompiliert haben. Die Forschungen dazu sind noch nicht abgeschlossen, aber ich bin zuversichtlich, dass sie gute Ergebnisse zeitigen werden. In diesem Zusammenhang haben wir freie Stellen für Technomancer in unserer Forschungsabteilung; ein Business Case für die Einstellung ist ebenfalls beigefügt.

Die **Kundschafter:** Es muss mindestens ein paar dieser Sprites geben, deren Aufgabe es ist, einen Ort auszukundschaften und die Informationen zu sammeln, die für einen erfolgreichen Angriff nötig sind. Ich persönlich denke, dass dies gut zu ehemaligen Infiltrator-Sprites passen würde, aber mein Team tendiert zu ehemaligen Kurier-Sprites. Auf jeden Fall ist es schwierig, dies aus den uns vorliegenden Informationen und Spuren herauszulesen, vor allem, weil wir nicht wissen, wie viel Zeit zwischen der Aufklärungsmission und dem Angriff liegt. Es ist auch möglich, dass die Sprites, die diese Mission durchführen, ausgewählt werden, weil sie über Fähigkeiten verfügen, die es erschweren, sie zu entdecken und zu verfolgen. Wenn wir eines davon einfangen könnten, hätten wir eine hervorragende Möglichkeit, die Quelle aufzuspüren.

Die **Anwerber:** Mein Team ist sich nicht sicher, ob diese Untergruppe wirklich existiert. Wir gehen davon aus, dass eine Gruppe von Sprites bereit ist, neue Rekruten aufzunehmen, und dass es durchaus möglich ist, dass diese Gruppe Orte aufsucht, an denen kürzlich ein Technomancer gestorben ist, in der Hoffnung, ein neues dissonantes Sprite zu finden. Auch wenn wir nicht wissen, ob es diese Gruppe gibt, so haben wir doch zumindest ein gewisses Maß an Kontrolle über derartige Situationen: Es ist sicherlich möglich, eine Ausgangslage zu schaffen, in der ein Technomancer einige mächtige Sprites kompiliert und dann auf unschöne und Emotionen hervorrufende Weise stirbt. Wenn unsere Theorie stimmt, dass es sich bei diesen dissonanten Sprites um ehemalige resonante Sprites handelt, die nach dem Tod ihres Technomancers gefallen sind, könnten wir einem Anwerber eine Falle stellen. Ich habe mein Technomancer-Forschungsteam nicht über diese Möglichkeit informiert. Dies wird auch durch die relative Knappheit an Technomancern in unseren Reihen erschwert, denn jeder, der als Köder getötet wird, müsste über ein angemessenes Fähigkeitsniveau verfügen. Solange unsere Bedrohungseinstufung des OmniSwarms noch „mittel“ ist, bin ich der Meinung, dass es sich nicht lohnt, derartig teure und schwer zu ersetzende Aktivposten zu opfern, um herauszufinden, ob das funktioniert. Wenn wir die Bedrohungseinstufung erhöhen, plane ich, Technomancer-Shadowrunner für ein Spezialprojekt rekrutieren.

Ich gehe davon aus, dass sich diese Bewertung der Mitglieder des OmniSwarms aktualisieren und ändern wird, wenn wir mehr Informationen über seine Zusammensetzung sammeln.

> Wir wissen zwar nicht, wer diese Person ist, aber das ist eine ziemlich effiziente Bedrohungsanalyse. Herauszufinden, welche Sprites was machen, wird sehr nützlich sein, wenn wir in einen Kampf geraten.
>
> GumDigger

VISION UND ZIELE

Der OmniSwarm hat nie ein Ziel angegeben, kein Sprite der Gruppe hat jemals ein Manifest verkündet, und sie haben nie absichtlich Leute zurückgelassen, um eine Botschaft zu überbringen, nachdem sie angegriffen haben. Allerdings können wir aus ihren Taten und den Spuren, die sie nach ihrer Zerstörung hinterlassen haben, auf einige ihrer Ziele schließen.

Erstens scheinen sie bevorzugt Netzarchitektur anzugreifen, in der Regel wichtige Datenleitungen oder Informationsknotenpunkte. Das deutet darauf hin, dass sie bestimmte Absichten für die Matrix als Ganzes oder zumindest für einen großen Teil davon verfolgen. Sie scheinen nicht direkt an Geld interessiert zu sein, da sie noch nie eine Matrixsite für Lösegeld in Geiselhaft genommen haben. Sites mit hohem Besucheraufkommen bieten die Möglichkeit, etwas zu verbreiten oder möglicherweise eine Menge Daten zu verarbeiten. Das hat in gewisser Weise dazu geführt, dass der OmniSwarm noch so gut wie unbekannt ist. Würde er Banken ausrauben oder hochrangige Einrichtungen zerstören, gäbe es erhebliche Gegenreaktionen. Indem sie öffentlich zugängliche Bereiche angreifen, die immer noch einen erheblichen Matrixverkehr aufweisen, richten sie ihren Schaden abseits der auffälligen, superprofitablen Teile der Matrix an. Meiner Einschätzung nach ist es dadurch wesentlich schwieriger, mit ihnen fertigzuwerden. Wenn sie ignoriert werden, werden sie sich als schmerzhafte Ablenkung erweisen, bis sie ihren langfristigen Plan verwirklicht haben. In Anbetracht des Umfangs der Informationen, zu denen sie Zugang haben, sehe ich keine Obergrenze dafür, wie viel Schaden dieser Plan beinhalten könnte; der Schwarm könnte eine Stadt zerstören, und wenn er nicht neutralisiert wird, könnte er einen Megakonzern vernichten. Für eine sichere Einschätzung bezüglich des Umfangs dieser Pläne fehlen uns Informationen.

> Urgh, diese Matrixsites haben oft eine miserable Sicherheit. Sie haben eine gute Infrastruktur, um den Datenverkehr zu bewältigen, nutzen sie aber meistens nicht, sodass betrügerische Manager das Budget kürzen und es niemandem auffällt, bis etwas passiert. Dann wird jemand gefeuert. Wenn der ursprüngliche Manager noch da ist, ist er es wahrscheinlich, aber in den meisten Fällen hat er seine „inspirierenden, effizienten

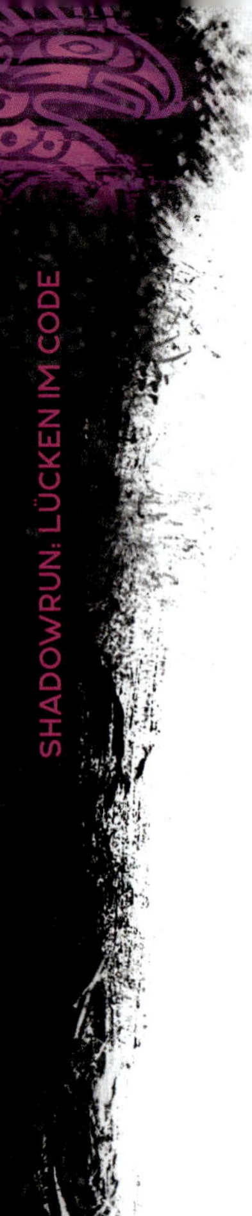

Kürzungen" genutzt, um auf der Karriereleiter nach oben zu kommen. Wenn dann alles den Bach runtergeht, hat irgendein armer Trottel die Arschkarte.
- Slamm-0!

Zweitens greifen sie (noch) nicht die Teile der Matrix an, bei denen sie auf starken Widerstand stoßen würden. Ich habe nicht gehört, dass GOD angegriffen wurde, noch habe ich vom Zürich-Orbital oder der NYSE gehört, obwohl diese Ziele einigen der Ziele, die der OmniSwarm angegriffen hat, ziemlich ähnlich sind. Es ist schwer, festzustellen, ob das daran liegt, dass diese Ziele nicht ihren Bedürfnissen entsprechen, ob das geschätzte Ausmaß des Widerstands zu hoch ist oder ob eine nicht nachvollziehbare, fremdartige Logik dahintersteckt. Ich neige dazu zu glauben, dass der OmniSwarm eine völlig rationale Bedrohungseinschätzung vornimmt, und das gibt mir Hoffnung, dass wir noch Zeit haben, ihn zu stoppen. Irritierenderweise könnte es die Zusammenarbeit mehrerer Konzerne erfordern, um genügend Daten zu sammeln, um sich zu wehren. Ich reiche hiermit den Antrag ein, dass wir die Informationen, die wir haben, in einer klaren, einfachen und ehrlichen Art und Weise veröffentlichen, aber unsere Organisation schützt die meisten unserer Daten reflexhaft, was die Wahrscheinlichkeit verringert, dass wir die Daten herausgeben können.

Zugegeben: Selbst wenn wir die Daten herausgäben, gäbe es keine Garantie dafür, dass unsere Konkurrenten die Bedrohung ernst nehmen würden oder dass sie den Leuten, die etwas bewirken könnten, erlauben würden, rechtzeitig und effektiv zu handeln. Ich möchte klarstellen, dass ich das, was wir wissen, in diesen Bericht aufnehme, und ich bitte Sie um Ihre Unterstützung, damit es so weit wie möglich verbreitet wird. Hätten wir dies bereits nach den ersten paar Angriffen getan, wären wir wahrscheinlich in einer viel besseren Position als jetzt.

Drittens scheinen sie nicht zu vorhersehbaren Zeiten anzugreifen. Manchmal greifen sie an, wenn ein System gerade gewartet wird, manchmal erst, nachdem es vollständig upgegradet worden ist. Manchmal greifen sie ein System an, das voller User ist, ein anderes Mal, wenn es fast leer ist. Wir haben kein Muster hinsichtlich des Zeitpunkts ihrer Angriffe gefunden. Wir können feststellen, dass die Angriffe zunehmen, allerdings nicht in einer vorhersehbaren Weise. Vielleicht kann jemand, der über höher spezialisierte Werkzeuge zur Mustererkennung und -implementierung verfügt, hier etwas finden. Wir haben uns sogar angesehen, wie viele Sekunden nach der Minute oder der Stunde im Vergleich zur Weltzeit und, um gründlich zu sein, zur Uhr im Zürich-Orbital die Angriffe erfolgten, aber es war keine einzige vorhersehbare Sequenz auszumachen.

Was können wir daraus schließen?

Erstens, und das ist das Wichtigste, sind sie verwundbar. Wenn sie so mächtig wären, wie es den Anschein hat, würde nichts sie aufhalten; wir hätten ein globales Matrixchaos. Vielleicht arbeiten sie auf ihre eigenen subtilen Ziele hin, die eine reibungslos funktionierende Matrix erfordern. Vielleicht können sie abgewehrt werden, vielleicht haben sie eine fatale Schwachstelle, die noch nicht entdeckt wurde, aber es gibt einen Grund, warum sie sich zurückhalten. Sie sind schnell und wild, aber es ist möglich, dass sie mit etwas Vorbereitung weich und leicht zu besiegen sind. Wahrscheinlich liegt ihre wichtigste Stärke darin, dass wir sie nicht vorausberechnen können – selbst ein mäßiges Maß an Informationen könnte es unseren Cybersicherheitsteams ermöglichen, wie eine Viper zuzuschlagen.

Zweitens, was auch immer ihr Ziel sein mag, es hängt davon ab, dass sie viele Matrixuser gleichzeitig kontaktieren. Über die von ihnen genutzten Datenleitungen wird ein großer Teil des lokalen Datenverkehrs abgewickelt. Bislang sieht es nicht so aus, als würden sie diesen Datenverkehr korrumpieren (und sie erhalten nur für einen kurzen Zeitraum Zugriff darauf, bevor die Matrix die Daten umleitet), aber sie verbringen einige Zeit mit dem Datenstrom, und wir wissen nicht, was sie damit machen.

- Okay, es gibt also Hoffnung. Sie sind nicht unaufhaltsam, sie können besiegt werden. Vielleicht kann man etwas gegen sie unternehmen.
- Netcat

Drittens scheinen sie vorrangig Technomancer anzugreifen. Es ist schwer zu sagen, weil Resonanznutzer im Allgemeinen nicht mit ihren Fähigkeiten hausieren gehen, aber es ist möglich, dass einige der Hosts nur ausgewählt werden, weil ein Technomancer anwesend ist, vielleicht sogar ein bestimmter Technomancer. Das wäre in vielerlei Hinsicht besorgniserregend, nicht nur, weil wir (wie die meisten Kons) einen Kader von Technomancern unterhalten, der uns vor Resonanzbedrohungen schützt. Würden unsere Teams ausgeschaltet, wären wir einer Resonanzbedrohung wie dem OmniSwarm viel stärker ausgesetzt. Wenn unsere anderen Theorien richtig sind, könnte dies die Anzahl der Sprites im OmniSwarm erhöhen. Der Verlust unserer Technomancer würde unserem Ansehen in der Öffentlichkeit keinen großen Schaden zufügen, aber er würde unsere Matrixfähigkeiten und unsere Verteidigung stark beeinträchtigen.

- Dieses Ding könnte mich jagen? Das war's mit der Hoffnung.
- Netcat

Um ehrlich zu sein, befürchte ich, dass diese Organisation den Datenfluss in der Matrix beschneidet und umgestaltet, was zu einem großen Schlag gegen alle Beteiligten führen wird. Ich habe so etwas in der Vergangenheit nicht erlebt, aber ich habe den Schaden gesehen, den schon ein einziger Hacker mit Planung und Entschlossenheit anrichten kann. Eine große Gruppe von dissonanten Sprites, die alle auf ein Ziel hinarbeiten, erlaubt mehrere apokalyptische Prognosen. Das Einzige, was uns retten könnte, ist die Tatsache, dass sich Sprites oft zu sehr auf eine Aufgabe konzentrieren und dabei andere relevante Informationen ausblenden, was bedeutet, dass sie wichtige Dinge übersehen, die ein Metamensch bemerken und korrigieren würde. Wir haben vielleicht eine Chance, wenn wir mehr Informationen sammeln und schnell handeln.

Zusammengefasst: Wir haben nicht genügend Daten, um ihre Ziele präzise zu extrapolieren. Die Daten, die uns vorliegen, sind zutiefst beunruhigend und deuten auf besorgniserregende Möglichkeiten der langfristigen Zermürbung unserer Seite und der Planung des OmniSwarms hin. Mein Team empfiehlt, und ich unterstütze diese Empfehlung, den OmniSwarm als vorrangiges Ziel zu behandeln.

Die Sprites wollen kein Geld und sie wollen keinen Schrecken verbreiten. Sie scheinen Zugang zu all unseren Daten haben zu wollen, um sie mithilfe von Technomantie zu verzerren. All die Befürchtungen, die unsere Propagandaabteilung beim Auftauchen der Technomancer erfunden hat, werden wahr. Dadurch wird es für uns auch schwieriger, den OmniSwarm als neue Bedrohung darzustellen, und es wird wahrscheinlicher, dass Informations- und Aufklärungskampagnen im allgemeinen Rauschen untergehen.

BEDROHUNGSANALYSE

TAKTIKEN, ZIELE, RISIKEN UND ANGRIFFSMÖGLICHKEITEN

Beachten Sie, dass dieser Abschnitt nicht in der Konzernvorlage enthalten ist und hinzugefügt wurde, um den Kontext und die Bedrohung besser zu verstehen.

- Die haben keine Bedrohungsanalyse in ihrer Vorlage? Idioten.
- Bull

Wenn ich mir die Kommentare der Überlebenden durchlese – also derjenigen, die es geschafft haben, zu entkommen, bevor der Angriff seinen Höhepunkt erreichte –, können wir einige der Taktiken des OmniSwarms erkennen.

Erstens scheinen sie zuerst Orte anzugreifen und erst dann Leute. Wenn sie an einem Ort eintreffen, versuchen sie, alle Eingeloggten auszulöschen, aber sie spüren keine Flüchtenden auf, und ich glaube nicht, dass sie wegen einer bestimmten Person auftauchen. Die einzige Ausnahme ist, dass jeder Technomancer, der in einen Host eingeloggt ist, sofort zu einem vorrangigen Ziel für den Schwarm zu werden scheint. Das deutet darauf hin, dass sie Informationen über den Zielhost haben, was wiederum bedeutet, dass der Schwarm diese Informationen irgendwie erhält. Ich vermute, dass es Infiltratoren gibt, die wir noch nicht entdeckt haben, und die sich in die Systeme einloggen, sich umsehen und sich wieder ausloggen. Möglicherweise gibt es auch Informationen, die in den geheimnisvollen Resonanzräumen gesammelt werden.

Jeder Angriff folgt einem erprobten Muster:

Erstens, ein erster Durchbruch. Mehr als ein halbes Dutzend Sprites melden sich mit öffentlichen Anmeldedaten an und verschaffen sich dann als Team Administratorzugriff, indem sie den Host hacken. Soweit wir das beurteilen können, ist dies für die User im Host in der Regel nicht sichtbar. Sobald die Sprites über einen Admin-Zugang verfügen, erstellen sie Dutzende oder sogar Hunderte von Konten und geben die Anmeldedaten an den Rest des Schwarms weiter.

Dann greift der Schwarm in großer Zahl an. Hunderte für den Kampf optimierte Sprites loggen sich ein und greifen IC und andere Icons mit plötzlichen, heftigen Angriffen an. Eingeloggte User werden von Gruppen von Sprites angegriffen, die darauf abzielen, Linksperren und Biofeedbackschaden zu verursachen. Für normale Matrixuser ist dies in der Regel ein Todesurteil; einige heiße Decker haben ihre Datenkabel physisch herausgezogen und ihre Decks geopfert, um ihr Leben zu retten. Selbstverständlich ist ein derart feiges Handeln verwerflich, aber diese Personen sind eine wichtige Quelle für die Erforschung des Schwarms, und so dient ihre Feigheit einem Zweck. Natürlich haben wir ihre Persönlichkeitsprofile entsprechend aktualisiert, um sie trotz ihrer fehlerhaften Einstellung möglicherweise verwenden zu können.

Das ist zur neuen Konzernpolitik geworden: Wenn Sie vom OmniSwarm angegriffen werden, werden Sie angewiesen, die Verbindung sofort zu unterbrechen. Die IT-Abteilung wird Ihnen neue Hardware zur Verfügung stellen, und Sie können den Schaden mit einem zusätzlichen Gehaltsscheck begleichen, sodass Sie sich darüber keine Sorgen machen müssen. Der Konzern kümmert sich um Sie. Dies wurde an unsere Informationsteams verteilt, aber noch nicht an die allgemeine Belegschaft.

Uns liegen keine Berichte von Überlebenden nach dem ersten Angriff vor. Keiner Person, die mit uns sprechen kann, ist es bisher gelungen, sich in einem Host zu verstecken und zu berichten. Wir haben die Überreste der Server untersucht und anhand der forensischen Beweise ein plausibles Szenario für den weiteren Verlauf erstellt. Wenn wir wieder angegriffen werden, werden wir die Ergebnisse auf Grundlage weiterer Erkenntnisse verfeinern.

- Ich werde jetzt eine Adresse zur Verfügung stellen, über die man Kontakte mit diesem Ding melden kann. Wenn irgendjemand eine Chance hat, zu überleben und genaue Daten zu beschaffen, dann sind wir es hier. Wenn ihr also etwas seht, das damit in Verbindung stehen könnte oder das beweisen könnte, was diese Person sagt, gebt die Datei und die Beweise dort ab. Ich werde jemanden damit beauftragen, alles im Auge zu behalten und Falschmeldungen oder Unpassendes herauszufiltern.
- Glitch

Sobald der erste Angriff abgeschlossen ist, nimmt der Schwarm Änderungen am Host vor – sehr spezifische Änderungen. Die Daten fließen weiterhin ohne Verzögerung durch die Leitungen und sind nicht beschädigt, aber als unsere Technomancer die Protokolle untersuchten, stellten sie eine Resonanzsignatur auf den Daten fest, die herauskamen. Sie konnten uns nicht sagen, was diese Signatur bedeutete oder bewirkte, sondern nur, dass sie „dissonant" war – ein Begriff, den Technomancer für einige Arten der Technomantie nutzen. Diese Dissonanz löst nicht die üblichen Sicherheitsvorkehrungen auf den vor- und nachgelagerten Servern aus, und es gibt eine Zeitspanne, in der sie durch das Netzwerk fließt. Einige Zeit später, in der Regel nach einigen Minuten, in einem Fall jedoch erst nach einer Stunde, erhalten die automatischen Schutzmaßnahmen der angeschlossenen Server nicht die erwarteten Antworten und lösen eine Systemwarnung aus. Sicherheitshacker werden in der Regel fast sofort losgeschickt, aber wenn sie versuchen, sich einzuloggen, ist der Server bereits zerstört. Wenn ich „zerstört" sage, bedeutet das, dass der Host ausfällt und dann die eigentliche Hardware in einem Maße versagt, dass die Chips schmelzen. Unsere Chip-Ingenieure versichern mir, dass dies unmöglich sein sollte, selbst wenn sie die zerstörten Chips sehen. Ich habe den Leiter der Chipfertigung darauf hingewiesen, dass seinen Ingenieuren weiteres Lehrmaterial zur Verfü-

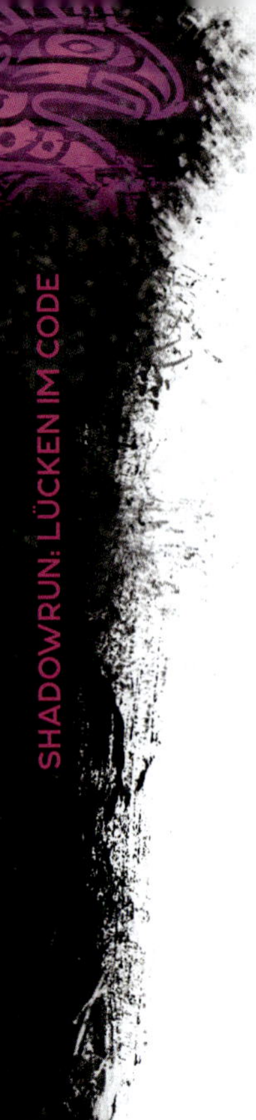

gung steht. In jedem Fall sind kompromittierte Server zwischen sieben und vierzig Minuten lang unter der vollständigen Kontrolle des OmniSwarm, bevor sie die Hardware schmelzen, was darauf hindeutet, dass ihre Aufgabe viel Arbeit erfordert. Eine Hypothese, die von unseren Technomancern aufgestellt wurde, ist eine Art Dissonanzritual. Ich habe sie beauftragt, das zu untersuchen, um es in Zukunft zu verhindern.

- Netcat, hast du eine Ahnung, was diese Dinger mit den Daten anstellen?
- Bull

- Nein, aber Resonanz ist ziemlich flexibel, und wenn sie Dissonanz in einer großen Operation einsetzen, könnte sie die Standardschutzmaßnahmen überwinden. Vielleicht handelt es sich um eine Art Halluzinationsprogramm zur Kontrolle von Leuten, die eingestöpselt sind? Vielleicht gibt es eine Art von Dissonanz, bei der hunderttausend Leute Showmelodien singen müssen? Dissonanz ist jedoch immer zerstörerisch oder korrumpierend – was auch immer es ist, es wird nicht gut sein.
- Netcat

Von unseren wichtigsten Servern gibt es externe Sicherungskopien, aber es kommt unweigerlich zu Ausfällen, die in der Regel mehrere Stunden oder Tage dauern, bis wir alles wieder in Gang bringen können. Es ist peinlich für den Manager, der für das System verantwortlich ist, aber normalerweise nicht zu teuer für den Konzern, vor allem nachdem wir das Vermögen dieser Manager zurückfordern. Die Leute, die verletzt werden oder sterben, wurden bisher leicht in Misskredit gebracht oder unter den Teppich gekehrt. Dies bleibt ein Risiko, da unsere öffentlich zugänglichen Server gelegentlich von hochrangigen Mitgliedern der Öffentlichkeit oder sogar von Mitgliedern unserer eigenen Führungsriege und deren Familien besucht werden. Wir können vielleicht einen oder zwei Vorfälle überstehen, aber zu viele würden unsere derzeitige Reaktionsstrategie ... unhaltbar machen.

FEINDLICHE RESSOURCEN UND KOMPONENTEN

Wir wissen eine Reihe von Dingen über den OmniSwarm, obwohl wir in den meisten Fällen nur indirekte Beweise haben. Ich habe alle Vermutungen aufgenommen, die nach unserer Einschätzung mit mehr als achtzigprozentiger Wahrscheinlichkeit zutreffen. Wo es angebracht ist, werden Fakten genannt. Angesichts der Art der Bedrohung sollten wir in dieser Angelegenheit keine Gewissheit erwarten.

Der Schwarm verfügt über Hunderte oder vielleicht Tausende von Sprites, die er für seine Angriffe auf Server verwendet. Da der Schwarm aus Sprites besteht und viele Sprites nicht auf den Kampf ausgerichtet sind, gehen wir davon aus, dass ihm eine ebenso hohe Anzahl von Sprites zur Verfügung steht, die für Infiltration, Planung und andere Aufgaben der Informationsbeschaffung verwendet werden. Diese Sprites sind dissonant, was nahelegt, dass sie Zugang zu Dissonanzräumen haben. Unsere Technomancer nutzen diese Räume, um Informationen und Werkzeuge zu sammeln; wir gehen davon aus, dass diese Informationen auch dem Schwarm zur Verfügung stehen. Wenn man bedenkt, wie effektiv der Schwarm vorgeht, ist es sogar wahrscheinlich, dass ein Teil der Informationen, die er zur Planung und Koordinierung von Angriffen verwendet, aus diesen Dissonanzräumen stammt.

Da die Sprites, aus denen sich der Schwarm zusammensetzt, Matrixwesen sind, müssen sie in der Matrix existieren, wenn sie nicht gerade die Dissonanzräume besuchen. Bei der großen Anzahl von Sprites, die den Schwarm bilden, muss es einen großen Knotenpunkt oder einen Konzernknoten geben, den sie als Operationsbasis nutzen. Etwas, das eine hohe Rechenleistung hat und nicht oft besucht wird. Ich habe mein Ermittlungsteam damit beauftragt, unsere wichtigsten Infrastrukturknoten zu analysieren. Bislang haben sie das Versteck des Schwarms noch nicht ausfindig gemacht. Sie haben jedoch sehr viele Hosts entdeckt, bei denen das Wartungsbudget vom verantwortlichen Manager abgeschöpft wurde. Es ist nicht sicher, dass sich ihre Heimat in unserem Netzwerk befindet oder dass mein Team sie finden wird, falls das der Fall ist. Ihr Heimathost könnte wechseln, aber wir halten es für unwahrscheinlich, dass dies häufig geschieht, da es die Wahrscheinlichkeit erhöhen würde, dass sie entdeckt werden. Diesem Memo ist eine Kostenschätzung für eine unserer Meinung nach effektive Suchaktion beigefügt. Bitte lesen Sie sie und fügen Sie dem Memo Ihre Beglaubigung bei, falls Sie zustimmen. Ich werde es über die Finanzabteilung abwickeln. Wir könnten in wenigen Tagen bereit sein. Ich denke, je früher wir damit anfangen, desto besser.

Wir haben festgestellt, dass der Schwarm als Teil eines Angriffs gelegentlich Geld ausgeben muss. Normalerweise sind das ein paar Nuyen, um Zugang zu einem Host zu erhalten, aber in einem Fall haben sie über dreißigtausend Nuyen ausgegeben, um Tausende von Verbindungen auf einmal zu kaufen. Das deutet darauf hin, dass sie über finanzielle Reserven für den Fall verfügen, dass sie sie wirklich brauchen, aber diese Reserven sind nicht so groß, dass sie jederzeit einfach alles kaufen können. Die Zahlungen wurden bisher in beglaubigten Creds vorgenommen und wir wissen nicht, woher sie das Geld haben. Unser wahrscheinlichstes Szenario ist, dass einige der Sprites, die den Schwarm bilden, Zugang zu den Konten ihrer ehemaligen Technomancer haben und dieses Geld für ihren eigenen Gebrauch zusammenlegen. Wenn das so ist, haben sie vielleicht mit den Sprites einiger sehr reicher Technomancer einen Glückstreffer gelandet. Es ist möglich, dass der Schwarm für Geld hackt, aber wir haben noch keine Beweise dafür beobachten können.

Es ist auch möglich, dass der Schwarm einen Kader von Schatten-Aktivposten aufbaut. Wie Sie wissen, arbeiten einige Shadowrunner für den richtigen Preis mit einem Mr Johnson zusammen, den sie nicht kennen, und solange die Bezahlung stabil und die Arbeit nicht riskant ist, können sie überzeugt werden, mehrere Aufträge für diese „Person“ zu erledigen. Eine bescheidene Anzahl von Runnern für Operationen in der physischen Welt zu haben, wäre eine naheliegende Option für den Schwarm. Bislang wurde keiner unserer Shadowrunner-Maulwürfe und -Agenten von einem Wesen kontaktiert, das als der Schwarm identifiziert werden konnte, aber einige von ihnen sind auf Sprites als primäre Vermittler zu einem Mr Johnson gestoßen. Es liegt in der Natur der Sache, dass es schwierig ist, genaue Zahlen oder genaue Personen zu benennen. Ich beobachte das Thema weiter.

GEFAHREN, RISIKEN UND MÖGLICHE SYNERGIEEFFEKTE

Da es sich bei den Hauptzielen des Schwarms um Matrixinfrastruktur handelt, sind die Hauptgegner des Schwarms die Konzerne, die diese Infrastruktur unterhalten. Zwar betreffen die Angriffe auch die Domäne von GOD, aber da nur sporadisch Attacken bekannt werden, steht der Schwarm wahrscheinlich nicht auf ihrer Top-Ten-Liste von Zielen. Ich kann mir vorstellen, dass sich das eines Tages ändern wird, aber im Moment hat GOD eine Menge um die Ohren.

Die Kons, die vom OmniSwarm wissen, reagieren uneinheitlich. Einige geben mehr Geld für den Schutz kritischer Infrastrukturen aus – die Taktik des Festungsbaus –, während andere versuchen, den Datenverkehr zu diversifizieren und umzuverteilen, damit ihre Server keine attraktiven Ziele darstellen – ich nenne diese Taktik „den Kopf einziehen". Beides hat bisher nicht funktioniert. Horizon hat eine Gruppe von Technomancern in die Resonanz geschickt, um mehr über den Schwarm herauszufinden, aber angesichts der Tatsache, dass es keine Überlebenden gab, scheint der Schwarm diese Informationen streng zu bewachen. Ein Nebeneffekt dieser Taktiken ist, dass die Konzern-Cybersicherheit beginnt, sich weiterzuentwickeln und einige der spezielleren Matrixfähigkeiten zurückzugewinnen, die wir bei ihrer Gründung an GOD abgetreten haben. Aus Konzernsicht bedeutet das, dass unsere eigene Verteidigung besser wird, wenn auch um den Preis, dass wir schlechter mit anderen zusammenarbeiten. Wir waren noch nie besonders gut darin, im Team mit anderen zu spielen, und dieses neue Vorgehen wird die Zusammenarbeit nicht verbessern. Wir überprüfen das IC, die Hacker und die Ausrüstung, die wir an unseren Kerninfrastrukturstandorten einsetzen, aber es ist finanziell nicht tragbar, in diesem Bereich einen starken Schutz aufrechtzuerhalten. Die Gesamtbetriebskosten könnten erheblich ansteigen, und das wäre nicht gut für die Aktienoptionen.

Ein vielversprechender Weg ist ein Technomancer-Stamm, der sich mit dem Ziel zusammenschließt, den OmniSwarm zu erforschen. Bisher haben wir mindestens fünfzehn Technomancer in diesem Stamm identifiziert, und mehrere von ihnen scheinen gut vernetzt zu sein. Im Moment konzentrieren sich ihre Bemühungen darauf, die Heimat des OmniSwarm aufzuspüren, um Informationen für einen Angriff zu sammeln.

- Vielleicht sollte sich jemand hier mit diesem Stamm in Verbindung setzen und ihn wissen lassen, dass es da draußen einen Kon gibt, der ihn manipulieren will, um seinen Feind zu vernichten.
- Neon Fireball

- Erstens ist dieses Forum für Technomancer nicht so schwer zu finden. Es wäre ziemlich überraschend, wenn noch niemand im Stamm davon gehört hat, spätestens in den nächsten Tagen … also, gut gemacht, Mission erfüllt. Zweitens wissen alle, die in den Schatten leben, dass die Kons uns ständig manipulieren wollen. Wir verdienen unser Geld damit, dass wir ihnen diese Manipulation in Rechnung stellen.
- Bull

- Ich erinnere mich noch daran, dass es uns nicht ums Geld ging, sondern darum, den Leuten auf der Straße zu helfen.
- Many-Names

Ich schlage vor, diesen Stamm mit Geld und Ausrüstung zu unterstützen, allerdings durch unsere Abteilung für Schattenoperationen: Ich vermute, dass es nicht viele Technomancer gibt, die nicht bereits mit uns zusammenarbeiten, aber bereit wären, sich an einer solchen Übung zu beteiligen. Ich schlage außerdem vor, dass eine unserer psychologischen Abteilungen einen Schläfer vorbereitet, der den Stamm infiltriert – es ergibt keinen Sinn, Ressourcen zu verschenken, ohne ein paar Bedingungen für unseren eigenen Gebrauch zu stellen. Wenn der Schwarm kontrolliert und gegen unsere Feinde eingesetzt werden könnte, wäre er eine mächtige Waffe für unseren Konzern, wenn auch mit der Gefahr, dass er die Matrix, wie wir sie kennen, zerstören könnte. Wir haben eine Reihe von Matrixcrashs hinter uns, und jeder davon war sehr riskant. Trotzdem ist es besser, wenn sich der OmniSwarm in unseren Händen befindet statt in denen eines anderen Konzerns. Wenigstens können wir uns selbst vertrauen.

Die Unterstützung eines unabhängigen Stammes wird unsere eigenen Sicherheitsbemühungen ergänzen und sollte sie nicht ersetzen. Wir sollten auch soziale Manipulatoren in das Managementteam entsenden, um den Stamm so zu lenken, dass er sich auf das Ziel konzentriert und sich nicht durch Anti-Konzern-Aktivitäten ablenken lässt.

VERBÜNDETE UND WAHRSCHEINLICHE AKTIVPOSTEN

Der OmniSwarm hat keine bekannten Verbündeten; bisher scheint er sich absolut mörderisch zu verhalten. Es ist jedoch nicht ausgeschlossen, dass ein dissonanter Technomancer mit dem Schwarm zusammenarbeitet. Der Schwarm ist außerdem gerissen; wenn er glaubt, dass einige seiner Ziele am besten mit der Hilfe einer anderen Person erreicht werden können, wird er sie vermutlich anwerben. Keinem in meinem Team, mich eingeschlossen, fällt jemand ein, der freiwillig mit dem Schwarm zusammengearbeitet hat und nicht mit Glanz und Gloria untergegangen ist. Wir prüfen weiterhin das Register der Bedrohungen auf eine mögliche Zusammenarbeit und werden umgehend Bericht erstatten, wenn wir einen möglichen Kandidaten finden.

Wie bereits erwähnt, ist es durchaus möglich, dass der OmniSwarm eine Reihe von Schatten-Aktivposten

aufbaut. Wir gehen derzeit davon aus, dass dies bereits geschehen ist. Die Ziele des Schwarms scheinen zwar ausschließlich online zu sein, aber der Schwarm wäre kurzsichtig, wenn er nicht in der Lage wäre, seine Kräfte in der Welt außerhalb der Matrix einzusetzen. Wenn Sprites von Shadowrunnern ein Teil des Schwarms sind – und das scheint wahrscheinlich –, wird dies wahrscheinlich ein Weg sein, den der Schwarm nutzen kann. Wir verwenden Schatten-Aktivposten, um anonym zu bleiben (oder zumindest alles abstreiten zu können) und um Dinge zu tun, die die Konzernsicherheit nicht leisten kann. Der Schwarm hätte dieselben Vorteile. Bisher haben wir noch keine Schattenoperationen auf den OmniSwarm zurückführen können, aber das ist nicht ungewöhnlich, denn der Grund, warum es Schattenoperationen gibt, ist, dass sie schwer zurückzuverfolgen sind.

Was mich persönlich beunruhigt, ist die Möglichkeit, dass jemand den Schwarm irgendwie mit Informationen versorgt, vielleicht durch ein fehlerhaftes Sprite, vielleicht auch durch Matrixnachrichten. Es fröstelt mich wie die Aussicht auf einen nuklearen Winter. Aber vielleicht ist jemand so verzweifelt oder arrogant, dass er glaubt, er könne den Schwarm manipulieren und benutzen. Eine solche Person würde wahrscheinlich einen großen Teil der Matrix mit sich in den Abgrund reißen, sobald sich der Schwarm gegen sie wendet. Und wir sind der Meinung, dass viele unserer Wettbewerber den Schwarm nutzen würden, wenn sie könnten. Schon allein die Vorhersage des nächsten Ziels wäre sehr profitabel. Einige Mitarbeiter des Teams für algorithmische Operationen haben sich nach stochastischen Modellen, virtuell-geografischen Mustern und Heatmaps erkundigt, und wenn sich unser Team danach erkundigt, ist es so gut wie sicher, dass auch andere Gruppen danach fragen. Wir können uns nicht darauf verlassen, dass andere Gruppen effizient oder effektiv arbeiten, und jeder Fehler von jemand anderem kann katastrophale Folgen haben. Nur uns kann man zutrauen, dass wir die Sache effektiv handhaben. Unser Team hat bei großen Operationen eine Fehlerquote von höchstens zwölf Prozent.

- Für einen Sicherheitsoffizier ist dieser Kerl verdammt naiv! Die Leute sind dumm, und es besteht eine hundertprozentige Chance, dass eine kleine Gruppe von Leuten über diese Sache Bescheid weiß und gerade jetzt daran arbeitet, den OmniSwarm so zu manipulieren, dass er nach ihren Vorstellungen arbeitet. Es besteht eine achtundneunzigprozentige Chance, dass sie sich unter Biofeedback zuckend auf dem Boden winden und sterben, aber diese Zwei-Prozent-Chance zu bekommen, hängt nur davon ab, wie viele kleine Cluster die Konzerne auf das Problem werfen. Das heißt, dass irgendwann irgendwer den OmniSwarm unter Kontrolle bekommen wird.
- Bull

OPERATIVE UND HABITAT-RESSOURCEN

Wie ich bereits erwähnt habe, weiß ich nicht, wo sich der Schwarm befindet, und es könnte sich um mehrere Orte handeln. Wir wissen, dass es kein Mainstream-Gerät sein darf und dass es über eine vernünftige Matrixverbindung und Rechenleistung verfügen muss. Unser Team denkt an etwas, das mit der Infrastruktur zu tun hat, etwas, das es schon seit einiger Zeit gibt. Um ehrlich zu sein, würde es mich nicht überraschen, wenn wir herausfinden, dass sie sich in einem alten Reaktor befinden. Denken Sie darüber nach: Reaktoren sind schwer zu betreten (niemand will, dass ein Reaktor in einen kritischen Zustand gerät), aber wenn man erst einmal drin ist, werden sie wahrscheinlich nicht gut bewacht oder patrouilliert. Schließlich werden die Konzerne ihre Paydata besser schützen als die Protokolle der Betriebsleistung. Schlimmer noch: Wenn es dem Schwarm gelungen ist, sich in einen Reaktor einzuschleichen, könnte er wahrscheinlich auch in weitere Reaktoren gelangen. Denken Sie nur an die Seattler Arkologie und wie viel Energie sie hat.

- OMG, ich ziehe um. Ich wusste, dass der Umzug in die SA:S ein Fehler war!
- River Fish

Es gibt definitiv Orte in den Resonanzräumen, mit denen der Schwarm in Verbindung steht, obwohl es so aussieht, als würde er dort nicht sehr lange bleiben. Vielleicht verbringen sie mehr Zeit in den Dissonanzräumen, aber wir haben keine Aktivposten für eine entsprechende Aufklärung zur Verfügung, und die letzten Technomancer-Teams, die wir dorthin geschickt haben, sind unnötigerweise reizbar geworden, obwohl sie keine Hinweise auf den Schwarm gefunden haben.

Trotz des Risikos ist unsere beste Möglichkeit, Informationen über den Schwarm zu erhalten, eine gesponserte Reise in einige der esoterischeren Resonanzräume. Wie bereits erwähnt, ist dies mit einem Risiko verbunden, das einige Abteilungen für wirtschaftlich gefährlich halten. Bislang gibt es keine Berichte, dass jemand mit interessanten Informationen über den Schwarm aus einem Resonanzraum zurückgekehrt ist, und wir wissen nicht, warum das so ist.

Die nächstbeste Informationsquelle für uns wäre eine weitere Untersuchung der Tatorte – wenn möglich physisch. Unsere Server sind normalerweise leicht zugänglich, aber es wäre nützlich, auch Zugang zu den Tatorten bei unseren Wettbewerbern zu erhalten. Die angegriffenen Server sind womöglich nicht mehr erreichbar, aber vielleicht gibt es noch Resonanzsignaturen zu finden. Wir könnten auch die geschmolzenen Chips auseinandernehmen, um sie zu untersuchen. Physische Untersuchungen bieten eine ernst zu nehmende Chance, unsere Hardware gegen Angriffe zu schützen, und sollten für jedes System mit großen Mengen an wertvollen Informationen eine hohe Priorität haben. In Anbetracht der Seltenheit der Angriffe wäre es für unsere öffentlichen Systeme wirtschaftlicher, sich auf eine Versicherung zu stützen (sofern es sich um eine externe Versicherung handelt) oder unsere Verluste zu begrenzen, trotz der Verletzungen und des Verlustes von Menschenleben.

Ich kenne niemanden, der den Schwarm finden möchte, während dieser gerade etwas angreift, aber gelegentlich gibt es ein Quietschen von jemandem, wenn der Server ausfällt. Ich habe einen Bot pro-

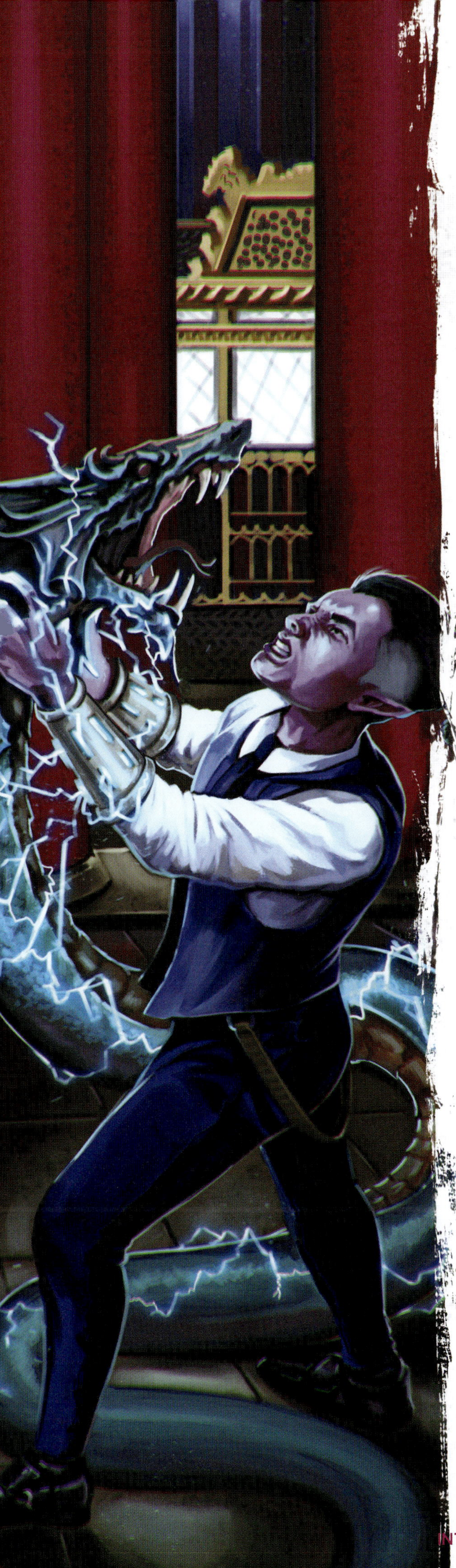

grammiert, der einige davon in MeFeeds erkennt. Melden Sie sich also, wenn Sie wissen wollen, wann ein Angriff im Gange ist. Vielleicht können Sie Ihr Deck in einer vergeblichen Abwehraktion wegwerfen.

INTERNE UND EXTERNE KOMMUNIKATION

Mein Team rät davon ab, jemals Verhandlungen mit dem OmniSwarm aufzunehmen. Wir sind der Meinung, dass die Risiken die möglichen Vorteile überwiegen und dass die wahrscheinlichen Ziele des OmniSwarm nicht mit der Existenz der Metamenschheit vereinbar sind. Sollten Sie dieser Einschätzung nicht folgen, schlägt unser Team vor, sich in einen angegriffenen Server einzuloggen, ein Icon mit Ihrer Nachricht und Ihren Kontaktinformationen abzulegen und sich dann auszuloggen. Obwohl wir jede Verhandlung für einen Fehler halten, haben wir einige Zeit damit verbracht, mögliche Wege der Kontaktaufnahme abzuschätzen. Keine Methode scheint gute Ergebnisse zu bringen, eine Verbindung herzustellen, oder eine hohe Wahrscheinlichkeit zu haben, dass eine der Personen, die Kontakt aufnehmen, überlebt. Wir empfehlen andere, weniger schmerzhafte Methoden, um Ihrem Leben ein Ende zu setzen.

- Oooh, ich mag diesen Kerl.
- FastJack

Ich habe allerdings noch einen anderen plausiblen und weniger riskanten Weg. Wenn Sie ein dissonantes Sprite in der Matrix finden, besteht eine gute Chance, dass es in Zukunft vom Schwarm rekrutiert wird. Ein Technomancer könnte eine Botschaft in den Code des Sprites einbauen. Das ist ein viel langsamerer Prozess und die Wahrscheinlichkeit, dass er funktioniert, ist geringer, aber es ist um einiges sicherer, als metaphorisch in ein einstürzendes Gebäude zu rennen, um der Bombe, die es in die Luft sprengt, einen Zettel zu übergeben.

Meine Theorie ist, dass der OmniSwarm das ist, was mit dissonanten Sprites passiert, wenn ihr Technomancer stirbt. Normale Sprites hängen in der Matrix herum und machen ihr Ding, bis ihre Zeit abgelaufen ist, und dann verschwinden sie irgendwie wieder in die Resonanz. Meine Hypothese ist, dass es bei Sprites, die von der Dissonanz aufrechterhalten werden, anders ist – ich denke, dass die Dissonanz ihren Code verdreht und sie mit dem füttert, was sie zum Überleben brauchen. Ich denke auch, dass, wenn ein Technomancer von einem dissonanten Sprite oder einem anderen Technomancer getötet wird, seine Sprites im Moment seines Todes dissonant werden könnten. Falls das der Fall ist, vergrößert sich der Rekrutierungspool für den Schwarm beträchtlich. Wenn man bedenkt, wie viele Technomancer von den Kons getötet wurden, wette ich, dass ein paar von ihnen dissonant waren und vielleicht noch ein paar mehr dissonant wurden, während sie starben. Das bedeutet, dass der Schwarm riesig sein könnte. Und er könnte auf Rache an den Kons aus sein, die so viele Techno-

mancer getötet haben. Die grimmige Ironie, dass die Kons ein mächtiges Technomantie-Monster als Nebenprodukt ihres endlosen Strebens nach Profit erschaffen, ist mir nicht entgangen. Glauben Sie, dass jemand, der diese Experimente durchführt, jemals innehält und sagt: „Wissen Sie, wir foltern Leute zu Tode, damit mein Abteilungsleiter ein neues Boot bekommt, nachdem sich das letzte in saurem Wasser aufgelöst hat. Vielleicht sollten wir das nicht tun?“ Nein. Nein, Sie haben wahrscheinlich recht.

- Hier kommt die Bitterkeit richtig durch. Ich glaube, an diesem Punkt wurde ihm klar, dass er das Geld für sein kleines Projekt nicht bekommen würde.
- Slamm-0!

- Wenn sie mit der verdrehten Dissonanz recht haben, wäre es gut, das zu wissen. Erinnert sich noch jemand daran, von welchem Unternehmen diese Datei gestohlen wurde?
- Netcat

Obwohl es keine gezielten Kontaktvektoren für den OmniSwarm gibt, ist es wahrscheinlich, dass der Schwarm potenzielle Ziele, Cybersicherheitsforen und Personen, die seine Pläne stören könnten, im Auge behält. Es ist äußerst unwahrscheinlich, dass auf diese Weise eine Kommunikationsbrücke entsteht, aber mit genügend Marketing und Diplomatie könnte es möglich sein, den Schwarm mit falschen Informationen zu versorgen. Seien Sie sich darüber im Klaren, dass dies einen größeren Aufwand als üblich erfordern würde, da wir davon ausgehen, dass die Datenverarbeitungsfähigkeiten des OmniSwarm Fehlinformationskampagnen, die mit den von uns normalerweise eingesetzten Mitteln und Fachkenntnissen gefahren werden, aufdecken können. Diese Ablenkungskampagne wäre zwar teuer, könnte sich aber lohnen, um eine Gelegenheit zum Zuschlagen zu schaffen. Es ist jedoch unwahrscheinlich, dass es mehr als einmal funktioniert. Wir sollten die Grundlagen für einen Fangschuss schaffen, wenn wir mehr Informationen haben.

Als letzten Punkt schließen wir nicht aus, dass der Schwarm mit anderen in der Matrix Kontakt aufnimmt. Wir haben noch keine Beweise dafür gesehen, aber bei dem breiten Spektrum an Fähigkeiten und Fachwissen im Schwarm wäre das eine sinnvolle Taktik. Wir vermuten, dass dies nur geschehen würde, wenn der Schwarm verzweifelt wäre – wenn es für seine Pläne erforderlich wäre, hätten wir wahrscheinlich etwas gesehen, das darauf hindeutet, dass es bereits geschehen ist. Mein Team schätzt, dass das wahrscheinlichste Szenario darin besteht, dass der Schwarm sich an Schatten-Aktivposten wendet, die es gewohnt sind, mit anonymen Wohltätern zu verhandeln, die Geld für bestimmte Aufgaben versprechen. Wenn der Schwarm dieses Maß an Verzweiflung erreicht, sollten wir mit einer Reihe von Attentaten, Sabotageversuchen und Terroranschlägen rechnen. Zum Glück halten unsere Mr Johnsons die Ohren offen und würden von dieser Art von Kontakt wahrscheinlich frühzeitig erfahren. Ich empfehle nach wie vor, engere Kontakte zu den Schiebern in der Community zu knüpfen und unsere Mr Johnsons über Aktionen und Missionen zu informieren, die verdächtig erscheinen könnten.

ABENTEUER-AUFHÄNGER

In diesem Abschnitt findest du eine Liste mit Ideen, wie du den OmniSwarm in deine Abenteuer einbauen kannst. Du kannst sie nach Belieben mischen, wenn die Spielenden sich mit dem Schwarm anlegen. Der Schwarm kann so groß oder klein sein, wie du es für deine Gruppe brauchst, aber wir ermutigen dich, seine Zerstörung als einen wichtigen Handlungspunkt in der Kampagne zu verwenden. Er ist als unerbittliche, unnachgiebige, unbarmherzige, brodelnde Horde aus Dissonanz angelegt und sollte viele Möglichkeiten bieten, die Beziehung zwischen Resonanz und Dissonanz zu erforschen.

MISSIONEN

Der OmniSwarm ist eher ein zufälliger Sturm als ein rationaler Gegner. Seine Angriffe sollte man überstehen oder sich vor ihnen verstecken. Die Missionen fallen in der Regel in die Bereiche Informationsbeschaffung oder forensische Analyse. Jeder Abenteueraufhänger enthält einen Satz von Mr Johnson, der die Runner anheuert, gefolgt von einer kurzen Beschreibung des Jobs, für den die Runner angeheuert werden.

JOBS FÜR DIE KONS

„Wir haben einen zerstörten Matrixhost gefunden. Wir wollen, dass Sie nachsehen, was ihn vernichtet hat, und dann dafür sorgen, dass es das Gleiche nicht bei uns wiederholt.“

Der Job: Untersucht die kürzliche Zerstörung einer Matrixsite und findet heraus, ob es der Schwarm, ein Rivale oder eine Panne, hervorgerufen durch einfache Inkompetenz, war. Die Runner sollten auch die physische Hardware untersuchen und sie auf bekannte Schwarmschäden überprüfen.

„Dutzende von Sprites tummeln sich in diesem alten Staudammsystem. Wir glauben nicht, dass sie innerhalb des Systems viel Schaden anrichten können, aber die höheren Stellen sind besorgt, weil der Damm teuer ist und sie nicht wollen, dass er bricht. Die Sprites zu beseitigen wäre schön, aber viel wichtiger ist es, herauszufinden, warum sie da sind, und zu verhindern, dass sie wiederkommen.“

Der Job: Der Schwarm bereitet ein Back-up-Schlupfloch in einem alten System für den Fall vor, dass sein aktueller Standort entdeckt wird. Die Runner können die Sprites bekämpfen, aber es ist viel effektiver, ihnen zu sagen, dass der Host des Staudammsystems untersucht wird. Das wird dem Schwarm zeigen, dass der Host kompromittiert ist. Die Sprites werden den Ort sofort verlassen (nachdem sie alle Protokolle und sonstigen Beweise gelöscht haben). Damit ist das Problem natürlich nicht gelöst. Die Sprites werden einen anderen Ort finden, aber das wird nicht das Problem des Johnsons sein, der die Runner anheuert – und das ist doch das Wichtigste, oder?

„Eine unserer Technomancer-Agentinnen, die wir für tot hielten, sendet Nachrichten. Zu gehen, ohne

uns zu sagen, dass man geht, ist nicht akzeptabel für jemanden, der so erfahren ist wie sie. Nehmen Sie Kontakt mit der Technomancerin auf und betonen Sie, wie wichtig unsere Mitarbeiter für uns sind. Hier ist die letzte Matrixadresse, an der sie gesehen wurden.“

Der Job: Die Technomancerin ist in der Tat vor einiger Zeit gestorben, aber eines ihrer Sprites hat überlebt und ist dissonant geworden. Wenn die Runner mit dem Sprite Kontakt aufnehmen, greift es an, sobald es sie bemerkt. Gegen Ende des Kampfes schwärmen weitere Sprites an den Ort, an dem sich das Sprite befindet, und greifen die Runner an, um sie von dem ursprünglichen Sprite abzulenken. Die Neuankömmlinge kämpfen defensiv, so gut sie können, bis sie das ursprüngliche Sprite entführen können, dann loggen sie sich aus und verschwinden im Datenstrom. Die Runner haben gerade gesehen, wie der Schwarm sein neuestes Mitglied rekrutiert hat.

JOBS FÜR DEN SCHWARM

„Wir haben uns an Sie gewandt, weil wir glauben, dass Sie über die erforderlichen Fähigkeiten verfügen, um eine Aufgabe zu erfüllen, und wir sind bereit, gut zu zahlen.“

Der Job: Bei der Rekrutierung von Schatten-Aktivposten schickt der Schwarm die Runner auf ein paar Milchruns, um eine Beziehung aufzubauen. Es kann sein, dass der Schwarm einen Job erfindet, aber wahrscheinlicher ist es, dass die Runner eine Aufgabe übernehmen, bei der ein Technomancer gestorben ist. Dazu gehören Sabotage, Datendiebstahl oder digitaler Vandalismus. Das Merkwürdige an dem Job ist, dass er sich anfühlt, als ob er Teil einer koordinierten Anstrengung sein sollte, aber niemand an den anderen Teilen arbeitet.

„Wir haben einen persönlichen Auftrag für Sie. Wir brauchen Ihre Diskretion und werden gut bezahlen.“

Der Job: Ein Sprite innerhalb des Schwarms braucht einen emotionalen Abschluss (oder was auch immer das Sprite-Äquivalent davon ist), und der Schwarm heuert Runner an, um in eine Wohnung einzubrechen, eine Leiche zu bergen (die zu dem Zeitpunkt, zu dem die Runner sie finden, bereits mumifiziert ist) und sie in einem Stück unberührter Erde angemessen zu bestatten. Dadurch wird ein Sprite aus seinem früheren Leben befreit, was den Eifer des OmniSwarm erhöht.

„Wir benötigen Informationen, und wir glauben, dass Sie sie für uns beschaffen können.“

Der Job: Die Runner werden angeheuert, um einen öffentlich zugänglichen Datenknotenpunkt auszukundschaften. Sie sollen sich nicht nur reinhacken und die digitalen Bedrohungen untersuchen, sondern auch physisch in die Datenfarm eindringen, die den Knotenpunkt beherbergt, und eine kleine, per Funk gezündete Schmelzladung auf den Chips des Servers platzieren.

„Wir brauchen Sie, um einen Technomancer zu eliminieren.“

Der Job: Der Schwarm hat einen bestimmten Technomancer ausfindig gemacht, der über Sprites verfügt, die für die Sache sehr nützlich sein könnten. Der Schwarm verlangt von den Runnern, dass sie den Technomancer aufspüren und kaltblütig ermorden. Der Technomancer hat mächtige Sprites, sodass eine digitale Jagd schwierig wäre, aber in der Fleischwelt könnte es noch schwieriger sein, da die Maschinen-Sprites über Drohnen und Ausrüstung verfügen, um den Technomancer zu verteidigen. Falls die Runner diese Mission abschließen, könnten sie die Ersten sein, die sehen, wie der Schwarm Sprites rekrutiert. Sie müssen natürlich auch mit dem leben, was sie getan haben.

GEFUNDENE JOBS WÄHREND DER ERLEDIGUNG ANDERER JOBS

„Wir haben dieses seltsame Sprite gefunden. Kennt ihr Technomancer, die sich das für uns ansehen könnten?“

Der Job: Ein Runnerteam hat ein Sprite gefangen genommen, indem es die drahtlose und drahtgebundene Verbindung eines laufenden Hosts gekappt und sich ausgestöpselt hat. Der Host läuft im Batteriebetrieb, und im Inneren befindet sich ein dissonantes Sprite, das verzweifelt nach einem Ausweg sucht. Er ist nicht für den Kampf optimiert, kann sich aber fast überall einfügen und ist sehr scharfsinnig. Es ist ein Späher für den Schwarm, und wenn jemand mit ihm interagiert und diese Informationen an die Matrix oder an seine Connections weitergibt, wird jemand von der Konzernsicherheit versuchen, zu Forschungszwecken Kontakt aufzunehmen. Daraufhin wird wahrscheinlich ein Vertrag mit diesem Konzern geschlossen.

„Wir haben Ihren Bericht über das anomale Matrixphänomen geprüft. Wir möchten, dass Sie sich den Heimathost dieses Sprites ansehen und nachschauen, was es dort gibt. Er befindet sich in diesem Wasserkraftwerk.“

Der Job: Wen könnte man besser in eine gefährliche Situation schicken als Runner? Allerdings hat der Kon wahrscheinlich keine Ahnung, *wie* gefährlich der Auftrag ist. Und glücklicherweise ist der Schwarm wahrscheinlich nicht auf Invasoren vorbereitet, und wenn die Runner ankommen und eine riesige Ansammlung von Tausenden von Sprites sehen, haben sie genug Zeit, sich auszuloggen, bevor der gesamte Schwarm über sie herfällt. Der Schwarm selbst wird seine Operationsbasis dann auf einen anderen Host verlegen. Das ist wichtig, denn es wird der Welt die Macht und die Größe des Schwarms offenbaren, aber auch zeigen, dass er besiegt werden kann und nicht allwissend ist. Dies könnte der Beginn einer sehr profitablen Reihe von Missionen sein, die die Pläne des Schwarms vereiteln oder ihn zerstören sollen. Die beteiligten Runner wären wahrscheinlich diejenigen, die zeigen, ob der Schwarm kontrolliert werden kann oder zerstört werden muss.

„Sie scheinen aus erster Hand Erfahrungen mit dem Schwarm zu haben; wir würden sehr gerne von Ihren Erfahrungen hören.“

Der Job: Ein Konzern hat von den Heldentaten des Teams gehört und möchte mehr Informationen. Ob es sich dabei um eine gut bezahlte Nachbesprechung oder ein Angebot zur Festanstellung des Teams handelt, kann davon abhängen, wie gut die Unterhändlerin des Teams den Konzernvertreter manipulieren kann.

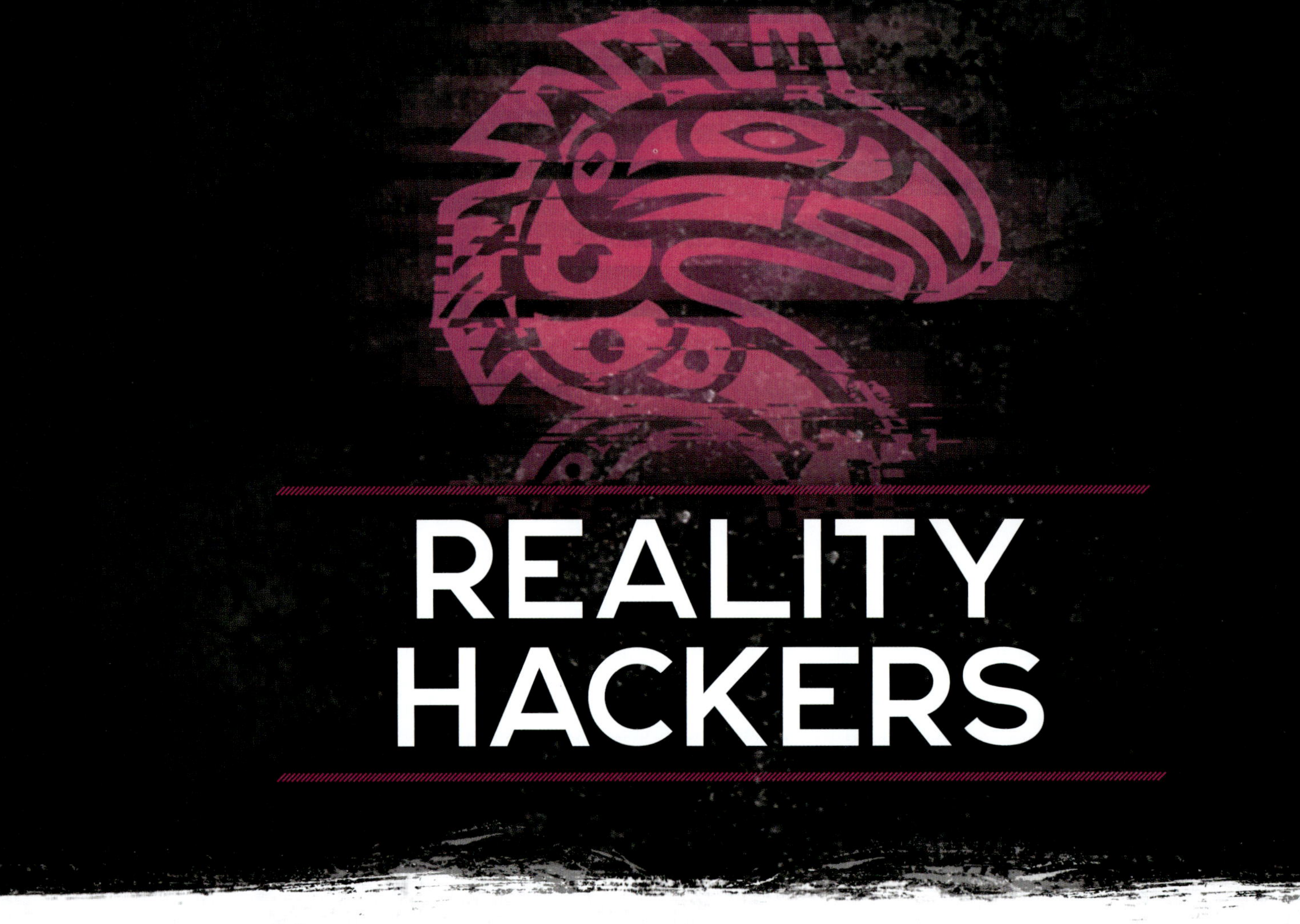

REALITY HACKERS

GEPOSTET VON: ANONYMOUS

- Sorry für die Unordnung vorhin. Ich habe jetzt einfach alle Kommentare gelöscht und die Kommentarfunktion gesperrt. Wenn man einen Beitrag über eine Matrixgang verfasst, muss man wohl damit rechnen, dass man schnell einen Revierkrieg im Forum hat. Ich habe die Beiträge archiviert, falls jemand sehen möchte, wie die Cereal Killers und die Reality Hackers aufeinander losgehen. Es war eine unterhaltsame Lektüre, aber so viele Megapuls haben wir nun auch wieder nicht zur Verfügung.
- Bull

- Megapuls? Du bist so alt!
- Slamm-0!

- Hey, ich habe die Kommentarfunktion gesperrt! Wie hast du das gemacht?
- Bull

DIE GRUNDLAGEN

Die Reality Hackers sind eine ungewöhnliche Hackergang, die ihren Ursprung in Puyallup hat. Je nachdem, wen man fragt, sind sie für ihren Matrixvandalismus, ihre extremen kybernetischen Körpermodifikationen oder ihre Infiltrationen bekannt, bei denen sie gut geschützte Daten abgreifen. Wenn ihr mit der Yakuza zu tun habt, kennt ihr sie wahrscheinlich als Bedrohung. Aber wie du mir, so ich dir, nicht wahr, Omae? Wenn ihr dem Choson-Ring angehört, seht ihr sie vielleicht als wertvolle, aber gefährlich ehrgeizige Verbündete.

Man könnte die Reality Hackers als Gang bezeichnen, aber damit würde man den Begriff sehr frei auslegen. Früher waren sie eine Gruppe von Japanokon-Außenseitern und Deckern aus den Barrens, doch unter den Fittichen der Yakuza, die sie mit teurer Cyberware, Waffen und Cyberdecks ausstattete, stiegen sie zu beachtlicher Größe auf, bis die Yakuza schließlich versuchte, sie in einem bemerkenswerten Akt des Verrats auszulöschen, an den sich die Reality Hackers als „die Säuberung“ erinnern.

Die Überreste der Gang, die überlebt hatten, schmiedeten eine neue Allianz mit dem Choson-Ring, die zunächst nur auf dem gemeinsamen Hass auf die Yakuza beruhte. Es stellte sich jedoch heraus, dass die Reality Hackers und der Choson-Ring mehr gemeinsam hatten, unter anderem ein gemeinsames Interesse an Matrixverbrechen. Beide Gruppen scheinen von dem Bündnis in hohem Maße profitiert zu haben. Die Infobroker der Yakuza in Seattle gelten allgemein als unzuverlässig und indiskret, aber die Infobroker des Choson-Rings haben einen guten Ruf. Und wahrscheinlich wird nicht einmal der leichtsinnigste Konzern-Exec eine Yakuza-Bunraku-Eskorte anheuern, da die Reality Hackers durch entsprechende Infiltrationen eine enorme Menge an Erpressungsmaterial gesammelt haben. Doch die Reality Hackers haben nicht vergessen, dass sich ein Verbrechersyndikat, das einst ihr Verbündeter war, als ihr größter Feind entpuppte, weshalb sie zu ihren neuen Verbündeten eine gewisse Distanz wahren.

Das tut allerdings den Rekrutierungsbemühungen und der Ausbreitung der Reality Hackers in verschiedenen Städten keinen Abbruch. In den meisten Fällen taucht eine neue Reality-Hackers-Ortsgruppe etwa zur gleichen Zeit auf, zu der der Choson-Ring in ein von der Yakuza beanspruchtes Gebiet eindringt. Putziger Zufall, nicht wahr? Die Reality Hackers haben sich von einer Ein-Stadt-Gang mit etwa dreißig Mitgliedern zu einer multinationalen Organisation mit Hunderten von Mitgliedern entwickelt, die hauptsächlich in Nordamerika, Korea und Japan ansässig ist. Ihre Mitglieder sind allesamt hochqualifizierte Hacker, tragen goldverchromte Cybergliedmaßen und andere offensichtliche Körpermodifikationen, können sich im Fleischraum und in der Matrix schlagen und führen einen persönlichen Rachefeldzug gegen die Yakuza.

Die Reality Hackers haben die Kontrolle über ihre Gang unter anderem dadurch übernommen, dass sie ihre eigenen Straßendocs haben. Die Straßendocs, die sie anziehen, gehen oft in Richtung verrückter Wissenschaftler, sind aber unglaublich fähig. Mithilfe von Werkzeugen und Einrichtungen, die wahrscheinlich aus Hightech-Labors gestohlen wurden, haben sie eine Reihe von Untergrund-Kliniken eingerichtet, in denen Betaware-Bodytech hergestellt und implantiert werden kann. Die meisten dieser Dienstleistungen sind den Mitgliedern der Gang vorbehalten, aber es kommt vor, dass die Reality Hackers Freunden der Gang im Gegenzug für wirklich große Gefallen Zugang zu Betaware gewähren.

Obwohl sie mittlerweile so groß sind, dass sie einen eigenen Buchhalter haben, sehen sich die Reality Hackers immer noch als Gang, und so arbeiten sie auch. Sie sind allerdings nicht mehr so waghalsig wie früher und nicht mehr so bekannt für den willkürlichen Matrixvandalismus, dessentwegen die meisten Leute sie in Erinnerung haben. Die Öffentlichkeit mag sie für eine Matrix-Thrillgang halten, aber jeder, der länger in den Schatten läuft, lernt, sie als eine mächtige und gut vernetzte Gruppe zu respektieren, bei der es sich lohnt, vorsichtig zu sein.

PRINZIPIEN

Pinky-Swear (kurz Pinky) ist eines der ursprünglichen Mitglieder der Reality Hackers, das die Säuberung durch die verräterische Yakuza überlebt hat. Der einzige Grund dafür war, dass sie zu den rangniedrigsten Mitgliedern gehörte – ein reiches Konkind, das nur wegen des Nervenkitzels dabei war. Die Führung der Gang vertraute ihr nicht genug, um sie in die heikle Operation einzubeziehen, die sich als tödliche Falle entpuppte. Vor der Säuberung war sie ein begeisterter Fan der Yakuza und ihrer Mythologie, bekannt unter dem Namen K4T4N4. Seit der Säuberung haben sich ihre Grundwerte völlig verändert. Sie hörte auf, nur aus Spaß an der Sache bei der Gang mitzumachen, und beschloss, sich voll und ganz zu engagieren. Sie zog einen Hack gegen Shiawase durch, indem sie die Zugangsdaten ihrer Eltern ausnutzte, ihre eigene SIN verbrannte und ihre Familie opferte, um an die Ressourcen zu gelangen, die für den Wiederaufbau der Gang nötig waren. Ein Großteil der frühen Werkzeuge und Technologien der Reality Hackers stammt aus diesem Raubzug. Als die wenigen verbliebenen Mitglieder demoralisiert und verzweifelt waren, reagierte Pinky mit einem ehrgeizigen Rachefeldzug, der dazu beitrug, sie zu fokussieren und zusammenzuhalten. Es war Pinky, die die ersten zaghaften Deals mit dem Choson-Ring vermittelte, und es ist auch Pinky, die sich strikt dagegen wehrt, von jemandem außerhalb der Gang zu abhängig zu werden – insbesondere von Syndikaten des organisierten Verbrechens. Sie ist mehr als glücklich, von der Allianz mit dem Choson-Ring zu profitieren, aber sie wird niemals zulassen, dass sich so etwas wie die Säuberung wiederholt.

Vielleicht ist einer der Gründe, warum die ursprünglichen Reality Hackers Pinky nicht voll akzeptierten oder ihr nicht vertrauten, dass sie nicht sehr gut im Hacken ist. Sie scheint einfach kein Händchen dafür zu haben. Was sie beherrscht, ist die soziale Seite der Dinge – Freundschaften schließen, heikle Verhandlungen führen und eine gute Anführerin sein, die dafür sorgt, dass sich ihre Leute geschätzt und respektiert fühlen. Eines der Dinge, mit denen Pinky nicht wirbt, ist, dass sie einen Abschluss in Personalwirtschaft anstrebte, während sie sich damals wegen des Nervenkitzels nebenbei bei den Reality Hackers engagierte.

Neben ihren sozialen Fähigkeiten ist Pinky auch geschickt im Umgang mit Klingen und verfügt über eine Reihe von Implantaten, die sich die meisten Straßensamurai niemals leisten könnten. Pinky hat so viel Delta-Cyberware und kultivierte Bioware-Implantate, wie ihr Körper gerade noch vertragen kann, und ihre bemerkenswerteste Bodytech ist ein vollständiger Satz goldverchromter Cybergliedmaßen – Arme und Beine. Den Händen an ihren Cyberarmen fehlt absichtlich jeweils der kleine Finger. Eine von Pinkys Lieblingsbeschäftigungen ist es, einen Yak zu fangen, so zu tun, als wolle sie ihm ein Geschäft vorschlagen, und dann anzubieten, das Geschäft mit einem „Kleiner-Finger-Schwur" zu besiegeln. Sie zeigt ihre Hände, tut so, als sei sie enttäuscht, weil sie das Geschäft nicht abschließen kann, zuckt mit den Schultern und enthauptet das unglückselige Opfer mit einem Katana. Dieses Ritual endet immer mit der Erklärung: „Das wird nie langweilig."

Wenn ihr nicht zu den Yakuza gehört, ist es erheblich wahrscheinlicher, dass ihr Pinkys charmante Seite kennenlernt. Der Großteil ihrer Arbeit konzentriert sich mittlerweile auf die Gründung und Unterstützung neuer Ortsgruppen der Reality Hackers, was eine Menge Hinterzimmerabsprachen mit den etablierten Gangs in einem neuen Gebiet erfordert. Sie zieht es vor, sich zunächst Verbündete zu suchen, wo sie kann, und sich um potenzielle Feinde über Stellvertreter zu kümmern. Ihre bevorzugte Herangehensweise besteht darin, ihren neuen Verbündeten die Unterstützung zukommen zu lassen, die sie benötigen, um diese potenziellen Feinde auszuschalten. Dadurch werden zwei

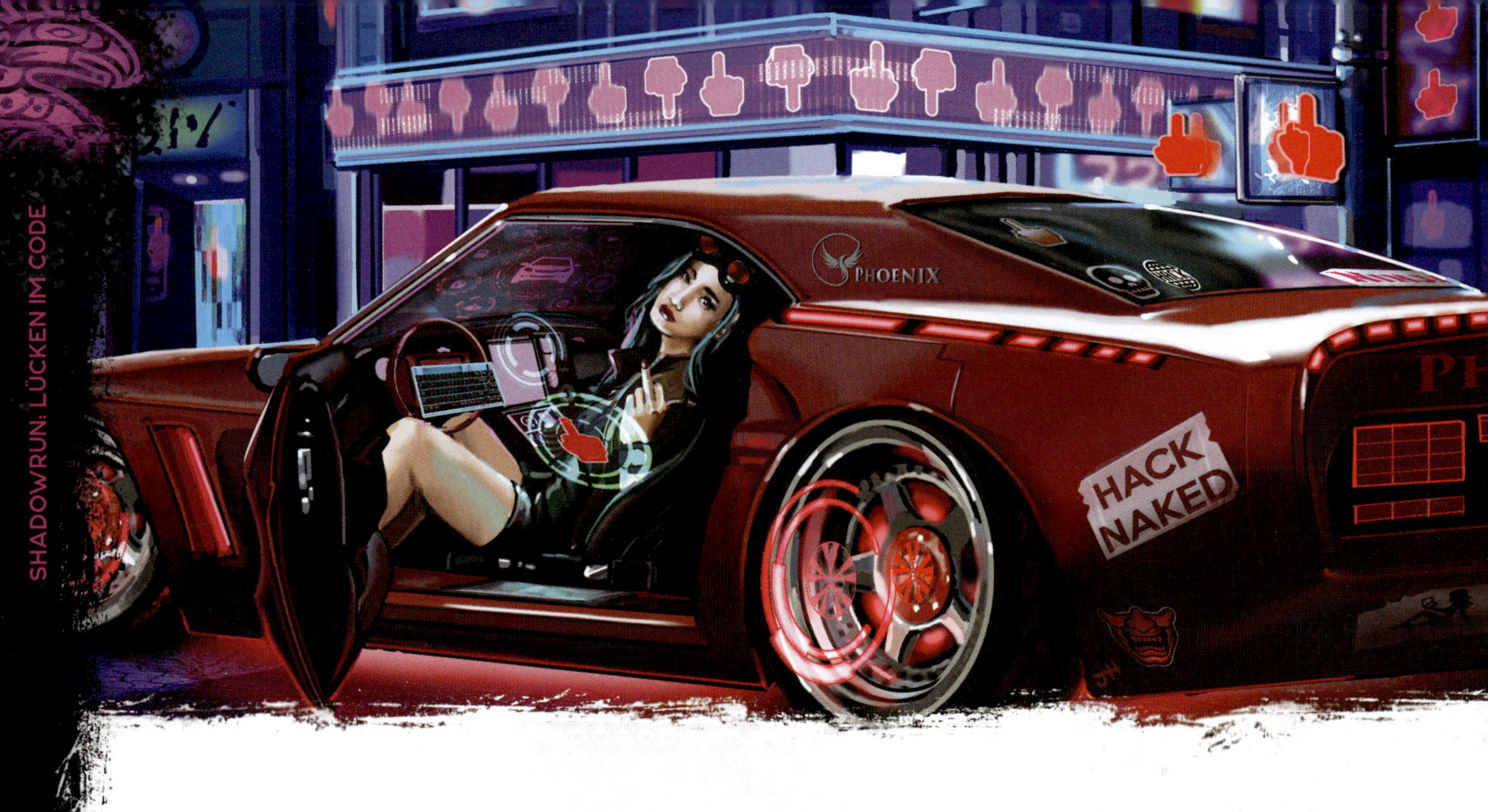

Yaks mit einem Schnitt getötet – eine Bedrohung wird beseitigt, und die RH beweisen ihren Wert für ihre neuen Verbündeten. Wenn eine direktere Beteiligung erforderlich ist, ist Pinky dafür bekannt, Shadowrunner anzuheuern. Bei dieser Art von Aufträgen geht es in der Regel darum, einen potenziellen Verbündeten zu beeinflussen, der noch unschlüssig ist, ob er enge Verbindungen zu den Reality Hackers eingehen soll. Manchmal sind diskrete Attentate erforderlich, aber das ist meist nur der letzte Ausweg. Runner, die einen solchen Job erfolgreich bewältigen, ohne die Beteiligung der Reality Hackers zu verraten, werden mit begrenztem Zugang zu Betaware-Bodytech belohnt.

Einer der neuesten aufsteigenden Sterne bei den Reality Hackers ist Pororo, die Anführerin einer Reality-Hackers-Gruppe in Pjöngjang, Korea. In Pjöngjang sind auch nach all den Jahren seit dem Sturz der totalitären Diktatur und der Wiedervereinigung Koreas noch immer die Narben der Vergangenheit zu sehen, weil es die Hauptstadt Nordkoreas war. Pororo wuchs SIN- und mittellos auf, schaffte es aber zu überleben, indem sie sich einer Gang anschloss. Sie ist ehrgeizig, entschlossen, zielstrebig und charismatisch. Als die Reality Hackers begannen, nach potenziellen Rekruten zu suchen, um in Pjöngjang eine neue Ortsgruppe zu gründen, ergriff sie die Gelegenheit beim Schopfe. Zu diesem Zeitpunkt hatte Pororo bereits eine Führungsposition und Einfluss innerhalb ihrer ursprünglichen Gang erlangt und die meisten von ihnen davon überzeugt, sich der neuen Ortsgruppe der Reality Hackers anzuschließen. Sie war so angesehen, dass fast alle Mitglieder ihrer früheren Gang ihr folgten und sie die Anführerin dieser neuen Ortsgruppe wurde.

Der Aufstieg der Reality Hackers in Pjöngjang kam für fast alle überraschend. Der Zustrom an Unterstützung und Ressourcen, kombiniert mit Pororos Fähigkeiten und Ehrgeiz, machte sie zu einer der mächtigsten Gangs in Pjöngjang. Die Yakuza war dort früher stark vertreten, wurde aber in der Folge weitgehend vom Choson-Ring verdrängt. Manche sagen, dass die Erfolge des Choson-Rings und die Rückschläge der Yakuza vor allem auf die örtlichen Reality Hackers zurückzuführen sind. Das ist vielleicht nicht die ganze Wahrheit, aber es ist schwer zu leugnen, dass der Choson-Ring und die Reality Hackers die Oberhand gewonnen haben und die Yakuza in Pjöngjang jetzt vorsichtig vorgeht.

Pororos Ziele unterscheiden sich von denen von Pinky, was ihre Beteiligung am Choson-Ring angeht. Pororo hasst die Yakuza, aber ohne den persönlichen Hass, der aus dem Erleben der Säuberung resultiert. Sie sieht sie als Rivalen und Feinde, aber für sie geht es nur ums Geschäft. Pororo teilt auch nicht Pinkys „Paranoia“ (wie sie es nennt) gegen dauerhafte und formelle Beziehungen zum Choson-Ring. Ihr derzeitiges Ziel ist es, die Reality Hackers für den Choson-Ring unentbehrlich zu machen, damit sie als fester Bestandteil dieser Organisation akzeptiert werden können. Dies hat sich bei den meisten Reality Hackers als unpopulär herausgestellt, und so hat sie sich entschieden, ihr Ziel mit subtileren Mitteln zu erreichen. Sie wartet auf den richtigen Moment, um die besten Argumente für einen Beitritt zum Choson-Ring vorzubringen. Tief im Inneren hat Pororo die Idee einer Untergrundhierarchie akzeptiert, mit Gangs an der Basis und organisierten Verbrechersyndikaten an der Spitze. Sie will, dass sich die Reality Hackers durchsetzen, aber dafür müssen sie aufhören, eine Gang zu sein, und Teil des Choson-Rings werden.

Was ihre persönlichen Fähigkeiten betrifft, so hat Pororo den Ruf, eine effektive Kampfdeckerin zu sein. Seit sie sich den Reality Hackers angeschlossen hat, hat sie ihre Beweglichkeit verbessert, indem sie sich ein beeindruckendes Paar goldverchromter Cyberbeine zugelegt hat, mit denen sie hoch springen und Enterhaken einsetzen kann. Sie ist immer in Bewegung und geht nie dorthin, wo man sie erwartet.

Zu den Fußsoldaten der Reality Hackers gehören alle Metatypen und Ethnien – am häufigsten sind sie koreanischer oder japanischer Herkunft. Von jedem Gangmitglied wird erwartet, dass es seinen Fleischkörper mit Bodytech aufrüstet, und sie bevorzugen für gewöhnlich protzige Cybergliedmaßen mit goldener Chrombeschichtung. Die meisten Reality Hackers sind auch fähige Decker. Es gibt nur sehr wenige Technomancer in ihren Reihen, da ihre Verbindung zur Resonanz durch Essenzverlust beeinträchtigt wird. Die meisten Reality Hackers verwenden Cyberdecks, die als Headware implantiert oder in eine ihrer Cybergliedmaßen eingebaut sind.

ZIELE

Die Reality Hackers verfolgen drei Hauptziele: Zugang zu modernster Hard- und Software (insbesondere zu Cyberdecks und Bodytech) zu haben, sich den Ruf aufzubauen, sich Zugang zu jeder noch so geschützten Datei verschaffen zu können, und sich an den Yakuza für den mörderischen und unehrenhaften Verrat zu rächen, der die Reality Hackers fast vernichtet hätte.

Die Gang ist außerdem bestrebt, so eigenständig wie möglich zu sein, um ihre Abhängigkeit von Verbündeten zu verringern, die sich gegen sie wenden könnten, wie es die Yakuza einst tat. Zu diesem Zweck verfügt sie über eigene Cyberkliniken und Produktionsstätten, in denen sie ihre Bodytech entwickelt und verbessert. Das meiste Material dafür stammt aus besonders lukrativen Raubzügen, die mithilfe von angeheuerten Shadowrunnern durchgeführt wurden, und das gestohlene Material wird sehr effektiv eingesetzt. Eines der ersten Ziele einer neu gegründeten Ortsgruppe besteht darin, einen örtlichen Megakonzern um die Ressourcen zu erleichtern, die sie benötigt, um einen eigenen Produktionsbetrieb einzurichten – Kybernetik-, Bioware- und Matrixhardware-Anlagen. Wenn diese Einrichtungen in Betrieb sind, sind die Kosten für die Aufrüstung einzelner Ganger mit dem von einem Reality Hacker erwarteten Maß an Bodytech für sie erschwinglich.

Die Haupteinnahmequelle der Reality Hackers ist der Verkauf geschützter Daten an interessierte Parteien, und wann immer sie dies mit dem Diebstahl von Dateien oder der Veröffentlichung von Informationen kombinieren können, die der Yakuza schaden, tun sie dies mit großer Hingabe. Die Reality Hackers greifen die Yakuza nur selten offen an – sie ziehen es vor, ihre ganze Kreativität darauf zu verwenden, sie zu beschämen –, aber jeder, der mit den Yaks Geschäfte macht, ist Freiwild.

TAKTIK

Die Reality Hackers lieben es, auf Raubzug zu gehen, sowohl in der Matrix als auch in der Fleischwelt. Sie verbringen einen Großteil ihrer Zeit damit, in der Matrix nach Gelegenheiten zu suchen sowie Hosts und Kommlinks zu hacken, um Zugang zu Dateien zu erhalten, die andere lieber für sich behalten würden. Sie arbeiten in der Regel in Teams, wobei einige Mitglieder es vorziehen, ein Ziel auf Hintertüren zu sondieren, während andere mit offensichtlicheren Methoden die Aufmerksamkeit der Matrixsicherheit auf sich ziehen. Die meisten von ihnen scheinen ein Spiel daraus zu machen und tun ihr Bestes, sich gegenseitig darin zu übertreffen, die meisten ICs und Spinnen auszuschalten oder die am stärksten verschlüsselten, mit Datenbomben geschützten Dateien abzugreifen. Auf Außenstehende mögen diese Operationen wie ein chaotisches Durcheinander wirken. Das mag zwar eine zutreffende Einschätzung sein, aber sie übersieht das Maß an Koordination und Finesse, für das die Anführer sorgen. Es gibt immer mindestens einen Reality Hacker, der im Hintergrund bleibt, um das große Ganze im Auge zu behalten und das Chaos so zu koordinieren, dass es maximale Wirkung erzielt. Solltet ihr jemals versuchen, einen Host subtil zu hacken, der den Reality Hackers zum Opfer fällt, könnt ihr sicher sein, dass die Matrixsicherheit zu beschäftigt sein wird, um sich mit euch zu befassen, und ihr könnt auch sicher sein, dass alles sehr schnell sehr laut und chaotisch wird.

Neben Datendiebstählen führen die Reality Hackers auch gerne Fischzüge in der Fleischwelt durch. Sie haben einen sehr teuren Geschmack, was Bodytech, Upgrades und Matrixtechnologie angeht. Sie bevorzugen es, die Werkzeuge und Materialien zu stehlen, die sie für den Bau ihrer eigenen Ausrüstung benötigen, aber sie werden die Gelegenheit, einen Frachtcontainer zu stehlen, der mit einbaufertiger Bodytech oder Cyberdecks von der Stange gefüllt ist, wahrscheinlich nicht ungenutzt verstreichen lassen. Diese Raubüberfälle stehen im Mittelpunkt einer jeden neuen Reality-Hackers-Ortsgruppe, während sie daran arbeitet, die Infrastruktur aufzubauen, die die Gang langfristig versorgen wird. Bei ihren häufigeren Datenraubzügen finden sie jedoch oft Frachtlisten und Inventarberichte, die pikante Ziele für weitere Operationen beschreiben.

Eine der größten Schwächen der Reality Hackers ist, dass sie nur sehr wenige Erwachte Mitglieder haben, und die, die sie haben, sind aufgrund des Essenzverlustes durch umfangreiche Bodytech für gewöhnlich magisch schwächer. Bevor sie ein potenzielles Ziel angreifen, beauftragen die Reality Hackers in der Regel eine dritte Partei mit der astralen Erkundung und der Einschätzung der magischen Sicherheit vor Ort. Wenn es sich um ein geringes Risiko handelt, führen sie die Operation wahrscheinlich selbst durch, aber sie heuern auch oft magische Unterstützung an, wenn sie Geister und Sicherheitskräfte erwarten. Diese Unterstützung wird in den meisten Fällen von Mitgliedern des Choson-Rings geleistet, aber es kommt auch vor, dass die Reality Hackers bei Bedarf Shadowrunner anheuern.

Auch der Choson-Ring greift auf die Reality Hackers zurück, wenn er Unterstützung braucht. Dies geschieht in der Regel durch das Sammeln von Informationen und das Lösen matrixbezogener Probleme, aber es kommt auch vor, dass der Choson-Ring die Reality Hackers als Kampfverstärkung einsetzt. Diese gemeinsamen Operationen verlaufen für gewöhnlich weniger chaotisch, als wenn die Reality Hackers allein arbeiten, da der Choson-Ring in der Regel subtilere Vorgehensweisen bevorzugt.

Neben dem Diebstahl von Daten und der Beschaffung von Ressourcen führen die Reality Hackers auch Krieg gegen die Yakuza. Sie scheinen daran interessiert zu sein, allen Yakuza einen Dämpfer zu verpassen, nicht nur dem Clan, der versucht hat, sie bei der Säuberung auszulöschen. Einige wenige Oyabun haben versucht, einen Waffenstillstand zu schließen,

aber diese Bemühungen sind bis heute immer wieder gescheitert. Obwohl die Reality Hackers aufgrund ihrer umfangreichen Modifiaktionen über beträchtliche körperliche Fähigkeiten verfügen, greifen sie die Yaks nur selten direkt und gewaltsam an. Stattdessen haben sie es auf die Yakuza-Geschäfte und deren Kunden abgesehen, wobei sie mit besonderer Vorliebe Bunrakusalons ins Visier nehmen. Bunrakusalons verwenden Personafix-Technologie, um die Erinnerungen und Persönlichkeiten von Sexarbeitern zu ersetzen und an die Vorlieben der Kunden anzupassen. Einige Bunraku-Arbeiterinnen sind auf eigenen Wunsch angestellt, aber ebenso viele sind Sklaven des Syndikats. Die Technologie, die ihre Persönlichkeit zum kranken Vergnügen der Yakuza-Kunden unterdrückt, macht sie anfällig für Hackerangriffe, und die Reality Hackers nutzen das eifrig aus, um belastendes Material zu sammeln. Aber das ist noch nicht alles: Nachdem die Reality Hackers einen Yakuza-Bunrakusalon ausfindig gemacht und sich Zugang zu ihm verschafft haben, sammeln sie so viel Material wie möglich über die Yakuza und ihre Kunden und stürmen dann das Etablissement, um die Hightech-Sexsklaven zu befreien. Statt das potenzielle Erpressungsmaterial zu horten, verbreiten sie alles, was sie finden, um den Ruf derjenigen zu ruinieren, die ruchlos genug sind, den Bunrakusalon zu benutzen, sowie alles, was den Betreibern des Salons schaden könnte. Das hat verheerende Auswirkungen auf den Bunraku-Betrieb, denn die Reality Hackers haben deutlich gemacht, dass niemand, der diese Salons besucht, sicher ist. Sie tun, was sie können, um den Bunraku-Arbeiterinnen zu helfen, und nicht wenige von ihnen schließen sich früher oder später den Reality Hackers an. Sie werden viel sanfter behandelt als typische Reality-Hackers-Noobs, werden aber oft zu den motiviertesten und effektivsten Yakuza-Jägern der Gang.

Eine weitere Szene, in der ihr den Reality Hackers begegnen könnt, ist der E-Sport – je wilder und physischer, desto besser. Portal Wars scheint ihr derzeitiger Favorit zu sein, und sie dominieren das Feld. Seltsamerweise halten sie sich an die Regeln und erlauben ihren Mitgliedern nicht, sich den Weg zum Sieg zu hacken, aber das lässt die Anschuldigungen von schlechten Verlierern nicht verstummen. Portal Wars ist ein AR-Spiel, das Wettbewerbe an realen Orten veranstaltet. Es ist eine Art matrixbasiertes Laser-Tag-Spiel, das weltweit gespielt wird, wobei die Fraktionen des Spiels um die Kontrolle über wichtige Orte auf der ganzen Welt kämpfen. Die Reality Hackers haben sich dem violetten Team angeschlossen, und es ist selten, dass ein Hub-Standort eine andere Farbe hat, wenn er sich in der Nähe ihres Gebiets befindet. Die Gangführung verbietet zwar das Hacken, um beim Spiel zu betrügen, aber sie ist nicht abgeneigt, gelegentlich ein Runnerteam anzuheuern, um einen besonders effektiven Gegner zu fangen und ihn vierundzwanzig Stunden lang festzuhalten, um ihn so von der Teilnahme an einem wichtigen Spiel abzuhalten.

SOZIALE BEGEGNUNGEN

Soziale Begegnungen mit den Reality Hackers sind normalerweise unkompliziert, aber das kann von den Umständen abhängen. Wenn sie euch für einen Run engagieren wollen, werden sie euer Team über einen örtlichen Schieber kontaktieren und ein Treffen in ihrem Revier vereinbaren. Viele der Ganger werden – für den Fall, dass die Sache schiefläuft – am Treffpunkt herumhängen, aber ein Leutnant wird sich mit dem Team in einem abgeschirmten Hinterzimmer treffen, unterstützt von einer Reihe von Leibwächtern, sodass die Anzahl der Leibwächter der der Runner entspricht. Sie beginnen meist, indem sie Blödsinn erzählen, um zu sehen, wie die Runner reagieren. Diejenigen, die die Fassung verlieren, werden rausgeschmissen, aber diejenigen, die ihre Professionalität bewahren oder sich auf den Quatsch einlassen, ohne den Konflikt zu eskalieren, werden mit Höflichkeit und Respekt behandelt. Die Reality Hackers sind direkt mit dem, was sie von dem Run erwarten, und verschweigen im Allgemeinen keine wichtigen Details. Allerdings geben sie auch nicht mehr Informationen preis als die, die sie für den Run für relevant halten. Die Bezahlung ist in der Regel eher niedrig, aber wer geschickt verhandelt, kann als Bonus einige Bodytech-Upgrades oder Matrixtech erhalten.

Wenn ihr den Reality Hackers in freier Wildbahn begegnet, werden sie euch wahrscheinlich größtenteils in Ruhe lassen. Dass sie euch in Ruhe lassen, bedeutet aber nicht, dass sie nicht eure Kommlinks hacken, um zu sehen, ob ihr irgendwelche interessanten Paydata habt. Am besten ist es, wenn ihr keine Aufmerksamkeit auf euch zieht. Wenn sie sich besonders langweilen, legen sie sich vielleicht nur zum Spaß mit euch an. Wenn ihr jedoch dafür bekannt seid, dass ihr mit der Yakuza zusammenarbeitet, könnte es sein, dass sie ein Exempel an euch statuieren. Das mag sich auf Beleidigungen beschränken, aber wenn sie euch zu einem Kampf provozieren, werden sie euch mit allem, was sie haben, angreifen.

MATRIX-BEGEGNUNGEN

Wenn ein Reality Hacker euer Kommlink bemerkt, wird er wahrscheinlich versuchen, es zu hacken. Die meisten Reality Hackers versuchen, in Kommlinks einzubrechen, nur weil sie da sind. Wenn sie Zeit haben, versuchen sie es meist mit einem subtileren Ansatz, aber manchmal laufen sie auch durch die Straßen und greifen jedes Link, das sie sehen, mit einem Brute-Force-Hack an. Es ist erwähnenswert, dass jeder einzelne Reality Hacker, vom kleinsten Noob bis zum größten Boss, ein Hacker mit einem Cyberdeck ist. Die meisten der etablierten Mitglieder haben Cyberbuchsen und Cyberdecks, aber die meisten neueren Mitglieder bevorzugen die neueren Cyberhack-Designs, die mehr Essenz für Bodytech übrig lassen.

Wenn die Reality Hackers auf Datenraubzug gehen, tun sie das immer in großer Zahl und mit einem Anführer, der das Chaos koordiniert. Einige sind heimlich unterwegs, während andere absichtlich die Aufmerksamkeit der Matrixsicherheit auf sich ziehen und sowohl IC als auch Spinnen bekämpfen. Wenn ihr jemals seht, wie sich Reality Hackers auf einen Host stürzen, könnt ihr sicher sein, dass mindestens genauso viele von ihnen herumschleichen und die Datenspeicher nach einer Zieldatei oder Paydata durchsuchen.

Obwohl die Reality Hackers bekannt dafür sind, dass sie Runner für spezielle Missionen oder magische Unterstützung anheuern, nehmen sie das Hacken immer selbst in die Hand.

HEIMLICHE BEGEGNUNGEN

Die Reality Hackers sind nicht unauffällig. Ihre charakteristischen Gangfarben sind durch offensichtliche goldverchromte Cyberware gekennzeichnet. Sie verstecken sich nur selten, und die meiste Zeit laufen sie in der Matrix nicht einmal auf Schleichfahrt. Kurz gesagt, sie sind laute und stolze Ganger, die herumstolzieren, als ob ihnen der Ort gehört – egal, um welchen Ort es sich handelt. Ihre subtileren Aktionen bestehen eher aus Täuschung und Ablenkung als aus reiner Heimlichkeit. Ihr werdet sie auf jeden Fall kommen sehen, aber die Wahrscheinlichkeit ist groß, dass ihr dem Teil eure Aufmerksamkeit schenkt, auf den sie euch aufmerksam machen wollen. Die Reality Hackers sind für ihre Matrix-Graffitistreiche bekannt, vor allem dafür, dass sie Werbetafeln hacken, um anstößiges Material zu zeigen. Auch wenn dies früher ihre Lieblingsbeschäftigung war, haben sie sich inzwischen größeren Dingen zugewandt. Matrix-Graffitistreiche eignen sich jedoch hervorragend zur Ablenkung, und weil sie sich den Ruf einer albernen Schelmengang erworben haben, erscheinen sie weniger gefährlich, als sie sein können.

KAMPFBEGEGNUNGEN

Wenn es zu einer körperlichen Auseinandersetzung kommt, neigen die Reality Hackers zu einer Vorgehensweise, die ich als „Gonzo-Schockmethode" bezeichnen würde. Flash-Packs, Betäubungsgranaten, Drohnen mit Raketenwerfern, Cyberimplantatwaffen aller Art (insbesondere Kettensägensporne) und gegabelte Matrixhämmer sind ihre Ästhetik. Einige von ihnen setzen auf physische Angriffe, andere geben Feuerunterstützung oder helfen mit verschiedenen Gadgets, und die übrigen versuchen, alle gefährlichen Geräte lahmzulegen oder Sensoren zu hacken, um Verwirrung zu stiften. Wenn ihr jemals mit den Reality Hackers aneinandergeratet, müssen ihr damit rechnen, dass sie euch geradeheraus angreifen und dass es sehr laut und chaotisch wird. Wenn sie es nicht gerade mit der Yakuza zu tun haben, fahren sie in der Regel keine tödlichen Angriffe. Realitys Hacker verwenden gerne Schockermunition und machen Selfies mit den bewusstlosen Gestalten ihrer besiegten Gegner. Es ist Tradition, dass sie danach Genesungskarten verschicken, die eine gedruckte Kopie des Fotos enthalten.

RESSOURCEN

Die Reality Hackers verfügen über beträchtliche Ressourcen, wenn es um Matrixhardware und Bodytech geht. Anstatt sich auf eine Firma oder Organisation zu verlassen, die diese Waren und Dienstleistungen bereitstellt, haben sie ihre eigenen Cyberkliniken und Deckmeister und haben Zugang zu einem breiten Spektrum an technischen Fähigkeiten und Werkzeugen. Jeder Reality Hacker verfügt über beträchtliche technische Kenntnisse, und eine der besten Möglichkeiten, sich innerhalb der Gang einen Namen zu machen, ist das Erfinden oder Modifizieren von Ausrüstung und Bodytech auf eine Weise, die sowohl nützlich ist als auch fantastisch aussieht. Sie sind fast immer extrem modifiziert, und all ihre Ausrüstung ist wirklich gutes Zeug. Keiner von ihnen wird wahrscheinlich ein Cyberdeck mit einer Gerätestufe von weniger als 4 verwenden, und selbst der rangniedrigste Reality Hacker verfügt über Bodytech im Wert von mindestens 5 Essenzpunkten, wahrscheinlich einschließlich einiger Alpha- oder sogar Betaware.

Wie sie das alles bezahlen? Zum einen unterhalten die Reality Hackers ihre eigenen riesigen Datenbanken mit Erpressungsmaterial und Paydata, die sie bei Bedarf für Gefälligkeiten und Nuyen nutzen können. Außerdem werden sie für Dienste, die sie im Auftrag des Choson-Rings erbringen, gut bezahlt (in der Regel zum Nachteil der Yakuza), und der Choson-Ring bietet eine bequeme Möglichkeit, gestohlene Ausrüstung zu verkaufen oder Paydata in Nuyen zu verwandeln. Darüber hinaus verfügt jeder Reality Hacker über eine Vielzahl von Einkommensquellen, von denen die meisten mit illegalen Aktivitäten in der Matrix zu tun haben, aber auch mit der Arbeit von Straßendocs und Deckmeistern, mit Programmierarbeiten und sogar mit gelegentlichen Shadowruns. Alle Mitglieder der Reality Hackers zahlen mindestens zwanzig Prozent ihres Einkommens an die Gang, obwohl es bei vielen der neueren Mitglieder Mode geworden ist, sich gegenseitig zu übertreffen, indem sie einen noch höheren Prozentsatz abgeben. Die Gang verlangt nur zwanzig Prozent, aber die meisten geben viel mehr, wahrscheinlich, weil sie wissen, dass ihre teuersten Interessen von der Gang befriedigt werden. Bisher sind keine Fälle bekannt, in denen ein Reality Hacker durch Bestechung zu etwas verleitet wurde – sie sind in der Regel unglaublich loyal, und individueller Reichtum scheint keine ihrer größten Motivationen zu sein.

Wenn es um Waffen, Panzerung, Munition und Sprengstoff geht, ist der Choson-Ring gerne bereit, an den Reality Hackers zu verdienen, indem er ihnen diese Dinge verkauft oder mit ihnen darum feilscht. Die Reality Hackers scheinen wenig bis gar kein Interesse am Waffenhandel zu haben (außer wenn es darum geht, sich selbst Waffen zu beschaffen) und haben dies als gegenseitige Grenze festgelegt, um Konflikte zu vermeiden. Die Reality Hackers haben den Choson-Ring auch schon für Ablenkungsmanöver oder Vergeltungsaktionen als Teil von Infiltrationen oder anderen Geschäften herangezogen, aber sie achten darauf, Außenstehende nicht ganz in ihre Pläne einzubeziehen. Jeder, der einen Auftrag für die Reality Hackers erledigt, erfährt nur das, was er für seine Rolle wissen muss.

Die größte Ressource der Reality Hackers sind ihre Mitglieder. Sogar die Noobs sind erfahrene Decker, die so viel Bodytech haben, dass es sich ein Straßensamurai zweimal überlegen würde, bevor er sich mit ihnen anlegt. Nur um euch eine Vorstellung davon zu geben, wie viele Ressourcen die Gang in die Ausrüstung und Modifikationen ihrer Mitglieder investieren kann, seht euch mal an, wie viel sie in die Verbesserung ihrer Leute investiert.

REALITY-HACKER-NOOB

(PROFESSIONALITÄTSSTUFE 2)

Ein Reality-Hacker-Noob ist jemand, der ganz neu in der Gang ist und noch nicht vollständig als Mitglied der Gang akzeptiert wurde. Sie haben nur eine begrenzte Zeit, um sich zu beweisen, und die Gang gibt ihnen dazu reichlich Gelegenheit. Um aufzusteigen, muss ein Noob zeigen, dass er über solide Matrixfähigkeiten verfügt und in der Lage ist, sich in einer Auseinandersetzung in der Fleischwelt zu behaupten. Ein angehender Reality Hacker muss außerdem seinen Hass auf die Yakuza zweifelsfrei unter Beweis stellen. Einige Yakuza versuchen, Agenten in die Reality Hackers einzuschleusen, und die Angst vor Infiltration und Verrat hat schon so manchem Noob ein gewaltsames Ende beschert – manche waren tatsächlich Yaks, andere schienen es nur zu sein.

Mit einer offenen und riskanten, aber nicht besonders kritischen Operation werden in der Regel Noobs beauftragt. Wenn ihr auf eine Gruppe unausstehlicher Reality Hackers trefft, die auf einen Kampf aus zu sein scheinen, habt ihr es wahrscheinlich mit ein paar Noobs zu tun, die darauf aus sind, sich zu beweisen.

REALITY-HACKER-NOOB

K	G	R	S	W	L	I	C	ESS
3	3	3(4)	3	4	5	4	2	0,83

Initiative: 8 + 2W6 (Matrix: 10 + 3W6/4W6)
Handlungen: 1 Haupt, 3 Neben (Matrix: 1 Haupt, 4/5 Neben)
Zustandsmonitor: 11 (Matrix: 10)
Verteidigungswert: 10 (Matrix: 11)
Fertigkeiten: Athletik 2, Biotech 2, Cracken 4, Elektronik 4, Feuerwaffen 4, Nahkampf 4
Bodytech: (alles gebraucht) Cyberarm [offensichtlich, Geschicklichkeit +4, Panzerung +4, einziehbarer Sporn], Cyberaugen 3 [Bildverbindung, Blitzkompensation, Kamera, Restlichtverstärkung, Sichtvergrößerung, Smartlink], Cyberbuchse 3 [D/F 6/5], Cyberdeck [gefälschtes Renraku Kitsune; GS 4, A/S 7/6], Reflexbooster 1
Programme: Agent 4, Babymonitor, Entschärfen, Entschlüsselung, Gabel, Schmöker, Signalreiniger, Übertakten
Ausrüstung: Flash-Pack, Medkit 4, Mikro-Transceiver, Panzerweste [+3], Rauchgranaten, RFID-Löscher, Stim-Patch 6, Zielgerichteter Störsender 6
Waffen:
Waffenlos [Waffenlos | Schaden 2B | 7/–/–/–/–]
Flash-Pack [Wurfwaffe | Schaden *Geblendet III/Geblendet II/Geblendet I* | 7/6/1/–/– | Sprengwirkung 10 m]
Ingram Smartgun XI [MP | Schaden 3K | HM/SM | 11/9/6/–/– | 32(s) | Gasventilsystem, Schalldämpfer, Smartgunsystem]
Rauchgranate [Wurfwaffe | Schaden – | 7/6/1/–/– | Sprengwirkung –]
Sporn [Klingenwaffe | Schaden 3K | 10/–/–/–/–]
Anmerkungen: +4 Würfel für Matrixhandlungen (+2 durch Übertakten, +2 durch die Teamwork-Unterstützung der Agentensoftware), Angriffe mit dem einziehbaren Sporn oder mit einhändigen Feuerwaffen profitieren von der höheren Geschicklichkeit des Cyberarms.

REALITY-HACKER-SOLDAT

(PROFESSIONALITÄTSSTUFE 3)

Sobald ein Reality Hacker in den Rang eines Soldaten aufsteigt, erhält er umfangreiche Hardware-Upgrades – sowohl an seinem Fleischkörper als auch an seinem Cyberdeck.

REALITY-HACKER-SOLDAT

K	G	R	S	W	L	I	C	ESS
4	3(7)	4(6)	3	4	5	4	2	0,4

Initiative: 10 + 3W6 (Matrix: 11 + 4W6/5W6)
Handlungen: 1 Haupt, 4 Neben (Matrix: 1 Haupt, 5 Neben)
Zustandsmonitor: 12 (Matrix: 11)
Verteidigungswert: 15 (Matrix: 15)
Fertigkeiten: Athletik 3, Biotech 3, Cracken 5, Einfluss 3, Elektronik 5, Feuerwaffen 4, Nahkampf 5, Überreden 2
Bodytech: (alles Alphaware) Cyberarm [offensichtlich, links, Geschicklichkeit +4, Panzerung +2, MP mit externem Munitionsport], Cyberarm [offensichtlich, rechts, Geschicklichkeit +4, Panzerung +4, Schockhand, einziehbarer Sporn], Cyberaugen 3 [Bildverbindung, Blitzkompensation, Kamera, Restlichtverstärkung, Sichtvergrößerung, Smartlink], Cyberbuchse 4 [D/F 7/6], Cyberdeck [gefälschtes Shiawase Cyber-6; GS 5, A/S 8/7], Reflexbooster 2
Programme: Agent 6, Babymonitor, Bandwurm, Entschärfen, Entschlüsselung, Gabel, Schmöker, Signalreiniger, Spindoktor, Übertakten
Ausrüstung: Cyberbuchsenbooster 2 (Firewall), Flash-Pack, Medkit 4, Mikro-Transceiver, Panzerweste [+3], Rauchgranaten, RFID-Löscher, Stim-Patch 6, Zielgerichteter Störsender 6
Waffen:
Waffenlos [Waffenlos | Schaden 4B(e) | 8/–/–/–/–]
Flash-Pack [Wurfwaffe | Schaden *Geblendet III/Geblendet II/Geblendet I* | 9/8/3/–/– | Sprengwirkung 10 m]
Implantierte Ingram Smartgun XI [MP | Schaden 3K | HM/SM | 11/9/6/–/– | 32(s) | Gasventilsystem, Schalldämpfer, Smartgunsystem]
Rauchgranate [Wurfwaffe | Schaden – | 9/8/3/–/– | Sprengwirkung –]
Sporn [Klingenwaffe | Schaden 3K | 10/–/–/–/–]
Anmerkungen: +5 Würfel für Matrixhandlungen (+2 durch Übertakten, +3 durch die Teamwork-Unterstützung der Agentensoftware), Angriffe profitieren von der höheren Geschicklichkeit der Cyberarme.

REALITY-HACKER-LEUTNANT

(PROFESSIONALITÄTSSTUFE 5)

Die Leutnants der Reality Hackers werden mit Deltaware-Bodytech und den besten Cyberdecks ausgerüstet, die die Gang zu bieten hat. Um in diesen Rang aufzusteigen, muss ein Reality Hacker immer wieder beweisen, dass er nicht nur loyal und zuverlässig ist, sondern auch eine Menge Nuyen für die Gang verdienen kann. Die meisten Reality-Hacker-Ortsgruppen haben nur zwei oder drei Mitglieder auf dieser Ebene.

REALITY-HACKER-LEUTNANT

K	G	R	S	W	L	I	C	ESS
4	4(8)	4(8)	4	5	5(7)	4	3	0,3

Initiative: 12 + 3W6 (Matrix: 8 + 2W6/3W6)
Handlungen: 1 Haupt, 4 Neben (Matrix: 1 Haupt, 3/4 Neben)
Zustandsmonitor: 14 (Matrix: 11)
Verteidigungswert: 23 (Matrix: 10)
Fertigkeiten: Athletik 4(6), Biotech 4, Cracken 6, Einfluss 3, Elektronik 6, Feuerwaffen 5, Nahkampf 5, Überreden 3
Bodytech: (alles Deltaware) Cyberarm [offensichtlich, links, Geschicklichkeit +4, Panzerung +2, MP mit ex-

ternem Munitionsport], Cyberarm [offensichtlich, rechts, Geschicklichkeit +4, Panzerung +4, Schockhand, einziehbarer Sporn], Cyberaugen 4 [Bildverbindung, Blitzkompensation, Infrarotsicht, Kamera, Restlichtverstärkung, Sichtverbesserung, Sichtvergrößerung, Smartlink], Cyberbeine [offensichtlich, Paar, Geschicklichkeit +4, Panzerung +4, Sprunghydraulik 6], Cyberohren 4 [Audioverbesserung, Audioverbindung, Balanceverstärker, Dämpfer, Selektiver Geräuschfilter 4, Richtungsdetektor], Datenbuchse, Datenschloss 6, Geruchsbooster 2, Geschmacksbooster 2, Mnemoverstärker 2, Reaktionsverbesserung 2, Reflexbooster 2, Riggerkontrolle 2, Schlafregulator, Schmerzeditor, Simrig, Synthacardium 2, Zerebralbooster 2

Cyberhack/Maßgefertigtes Cyberdeck: Cyberhack 4 [D/F 3(4)/6], maßgefertigtes Cyberdeck [GS 6, A/S 9/9; Angriffsmodul 9, 6 dedizierte Programmslots, 2 interne Programmslots, Realitätsfilter, Reaktionsverstärkung 2, Turbolader 1, Schleichermodul 9], Keytar-Gehäuse [2 zusätzliche Buchsen, Gonzo-Härtung]

Programme: Agent 6, Babymonitor, Entschärfen, Entschlüsselung, Gabel, Schmöker, Signalreiniger, Spindoktor, Toolbox, Übertakten

Riggerkonsole: Gefälschte Mærsk Spider [GS 4, D/F 4/5; Programme: Manövrieren [Roto-Drohne] 6, Stealth [Roto-Drohne] 6, Verschlüsselung, Zielerfassung [Ares Desert Strike] 6]

Fahrzeuge: Hyundai Shin-Hyung [Elektrochrome Beschichtung, Riggerinterface, Schleierchip, Smart-Nummernschild], MCT-Nissan Roto-Drohne [Waffenhalterung: Ares Desert Strike]

Ausrüstung: Externe Programmträger, Flash-Pack, Medkit 4, Mikro-Transceiver, Panzerweste [+3], Rauchgranaten, RFID-Löscher, Stim-Patch 6, Zielgerichteter Störsender 6

Waffen:

Waffenlos [Waffenlos | Schaden 4B(e) | 9/–/–/–/–]

Flash-Pack [Wurfwaffe | Schaden *Geblendet III/Geblendet II/Geblendet I* | 12/11/6/–/– | Sprengwirkung 10 m]

Implantierte Ingram Smartgun XI [MP | Schaden 3K | HM/SM | 11/9/6/–/– | 32(s) | Gasventilsystem, Schalldämpfer, Smartgunsystem]

Rauchgranate [Wurfwaffe | Schaden – | 12/11/6/–/– | Sprengwirkung –]

Sporn [Klingenwaffe | Schaden 3K | 11/–/–/–/–]

GEGNER

DIE YAKUZA

Die Yakuza sind die eingeschworenen Feinde der Reality Hackers. Die Reality Hackers wurden einst von der Yakuza gesponsert, aber aus ihren eigenen kapriziösen und unehrenhaften Gründen versuchte die Yakuza, sie in einem Ereignis auszulöschen, an das sich die Reality Hackers als die Säuberung erinnern. Anstatt ausgerottet zu werden, bauten die überlebenden Reality Hackers ihre Gang wieder auf, was größtenteils wegen eines Bündnisses mit dem Choson-Ring glückte. Ihr Erfolg geht seitdem weitgehend auf Kosten der Yakuza – die meisten Raubzüge, die die Reality Hackers durchführen, richten sich gegen Ziele, die unter dem Schutz der Yakuza stehen. Die Reality Hackers sammeln Erpressungsmaterial gegen Leute, die mit der Yakuza Geschäfte machen, und veröffentlichen sie kostenlos, nur um sie brennen zu sehen. Eine ganze Reihe von Konzernexecs und aufstrebenden Politikern, deren Karrieren im Gegenzug für Gefälligkeiten von der Yakuza gefördert wurden, sind schon von diesen rachsüchtigen Schelmen ins Visier genommen und zu Fall gebracht worden, und mittlerweile sind nicht mehr ganz so viele Leute bereit, mit den Yaks ins Bett zu steigen. Es wird einfach nicht als sicher angesehen. Der Betrieb der Yak-Bunrakusalons ist weitgehend zum Erliegen gekommen, da sie bevorzugte Ziele der Reality Hackers sind.

Die Yakuza hat das nicht auf die leichte Schulter genommen und hofft immer noch, die Gang vollständig auszulöschen. Das scheint für sie allerdings nicht gut zu laufen. Die Reality Hackers sind zu gut ausgerüstet und versorgt, um leichte Ziele zu sein. Gelegentliche Attentatsversuche sind erfolgreich, aber die Vergeltungsmaßnahmen, die die Reality Hackers daraufhin ergreifen, sind extrem. Die Reality Hackers ziehen es vor, Krieg zu führen, indem sie Informationen sammeln und veröffentlichen, Technik sabotieren, Ressourcen stehlen und Leute diskreditieren, die glaubten, es sei sicher, mit der Yakuza Geschäfte zu machen. Wenn allerdings einer von ihnen getötet wird, ziehen sie alle Register und schlagen mit äußerster Gewalt zu, ohne Rücksicht auf Kollateralschäden. Das hält die Yaks zwar nicht davon ab, die Reality Hackers bei jeder sich bietenden Gelegenheit zu töten, aber es hat sie dazu gebracht, ihre Spuren sorgfältiger zu verwischen.

Die Strategie der Yakuza scheint sich auf einen Stellvertreterkrieg verlagert zu haben. Sie sponsert aufstrebende Gangs – in der Regel Thrill-Gangs voller reicher Kids, so wie die Reality Hackers früher – und überlässt ihnen die offene Kriegsführung. Auf diese Weise kann die Yakuza vermeiden, direkt für die Gewalt verantwortlich gemacht zu werden, und ihr Gesicht wahren, wenn die Dinge für ihre Stellvertreter schlecht laufen. Was kann man schließlich von „einfachen Gangern" erwarten?

CEREAL KILLERS

Die Cereal Killers sind eine Matrixgang aus Seattle, die sich jedoch nicht damit abgibt, irgendein Revier in der Fleischwelt zu halten. Ihre Vorgehensweise in der Matrix ähnelt der der Reality Hackers: Sie stehlen sensible Daten und nutzen sie, um Profit zu machen, das Leben anderer durcheinanderzubringen oder beides. Das hat sie zu Rivalen der Reality Hackers gemacht – eine Rivalität, die einst eher spielerisch war, aber im Laufe der Jahre immer erbitterter wurde. Diese Rivalität wuchs sich zu einer regelrechten Feindschaft aus, als die Cereal Killers einen Deal mit der Yakuza abschlossen, der sie mit einer Menge neuer Technologie versorgte. Seitdem ist bekannt, dass sowohl die Reality Hackers als auch die Cereal Killers Biofeedback-Angriffssoftware einsetzen, wenn sie sich in der Matrix begegnen. Zusätzlich zu dieser offenen Feindseligkeit sammeln die Cereal Killers Daten, die die von den Reality Hackers veröffentlichten Daten widerlegen oder untergraben – manchmal fabrizieren sie diese Daten auch nur. Auf diese Weise sind sie der erfolgreichste Stellvertreter der Yakuza im Krieg gegen die Reality Hackers. Die Cereal Killers wissen, wie sie Leute und Daten manipulieren können, und ihre Öffentlichkeitsarbeit zur Schadens-

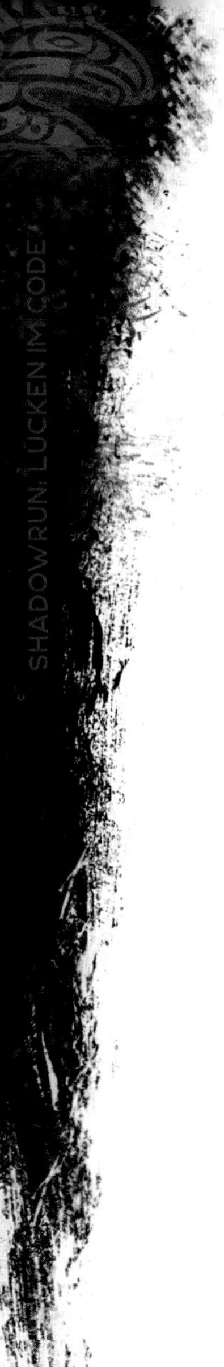

begrenzung ist das größte Hindernis für die Reality Hackers. Die Reality Hackers haben ein Kopfgeld von 10.000 Nuyen pro bestätigtem Abschuss eines Cereal Killers ausgesetzt. Die CK sind sehr gut darin, ihre Spuren zu verwischen. Bis heute war niemand in der Lage, dieses Kopfgeld einzufordern.

KNIGHT ERRANT, LONE STAR UND GOD

Die Reality Hackers lieben es, das Gesetz zu brechen, und verdienen damit ihren Lebensunterhalt. Sie sind dabei auch nicht besonders zurückhaltend, sondern laute und stolze Kriminelle. Sie haben nur selten direkten Kontakt mit den Strafverfolgungsbehörden, es sei denn, bei ihren Operationen geht etwas schief, und sie töten fast nie absichtlich Polizisten. Sie lieben es, sie zu demütigen, indem sie sie inkompetent aussehen lassen oder Beweise für Polizeibrutalität an die Öffentlichkeit bringen, aber sie wissen auch, dass das Töten von Polizisten weniger Probleme löst, als es schafft.

Dasselbe gilt für Matrixsicherheitspersonal. Die Reality Hackers lieben es, sich in einem Matrixgefecht zu messen, aber sie versuchen normalerweise nicht, ihre Gegner mit Biofeedback-Software zu töten. Cereal Killers und Demi-GODs sind eine Ausnahme – auf sie ist immer Jagdzeit (was die Affinität der Reality Hackers zu den GOD-Slayers erklärt).

GOD hat eine Anti-Gang-Sondereinheit, die speziell gegen Matrixgangs wie die Reality Hackers vorgeht. Ihre Strategien sind in der Regel auf Infiltration ausgerichtet. In Anbetracht der Ressourcen, über die sie verfügen, ist es sehr wahrscheinlich, dass sich unter den Reality Hackers auch verdeckte Ermittler befinden. Bislang haben sie noch nichts erreicht, was man als großen Erfolg bezeichnen könnte, obwohl einige Reality Hackers aufgrund ihrer Arbeit im Gefängnis sitzen. Die Führung der Reality Hackers hält dies unter Verschluss, während sie nach den Schuldigen sucht, hat den Maulwurf bisher aber noch nicht gefunden. Sie haben keine Anhaltspunkte und wissen nur, dass es einen Maulwurf gibt, weil sie keine andere Erklärung für die Verhaftungen finden können. Obwohl sie dafür bekannt sind, alle noch so gut versteckten Daten zu finden, haben sie die Informationen, die sie am dringendsten brauchen, noch nicht gefunden.

MATRIXTECH-KONZERNE

Die neue Matrix sollte vollständig unter der Kontrolle der Megakonzerne stehen und sicherer sein als je zuvor. Das schien in den Jahren unmittelbar nach ihrer Gründung auch der Fall zu sein, aber mittlerweile haben sich viele Risse in dieser Fassade gebildet. Ältere Cyberdeckmodelle waren gegen die neuen Protokolle nutzlos, und die einzigen Decks, die es gab, wurden von den Konzernen hergestellt. In jüngster Zeit scheinen Hacker auf der ganzen Welt aber den Code geknackt zu haben und verbreiten Pläne und Quellcode. GOD hat schnell reagiert, um die Verbreitung dieser Informationen zu unterbinden, aber die Katze ist aus dem Sack. Die Reality Hackers sind stark an diesen Aktivitäten beteiligt, sind aber nur ein kleiner Teil des wachsenden Trends der DIY-Matrixhacking-Technologie. Sie sind eine der ersten kriminellen Organisationen, die ein Marken-Cyberhack-Modell anbieten – ein großes Gerät im Stil eines Cyberdecks, das keine separate Cyberbuchse benötigt, um zu funktionieren. Das hat sie zur Zielscheibe aller Megakonzerne gemacht, die Matrixtech herstellen. Die Megakonzerne haben sich entschlossen, den Reality Hackers eine PR-Kampagne entgegenzusetzen, die darauf abzielt, die Verwendung nicht genehmigter Matrixtechnologie als selbstmörderisch unsicher darzustellen, was so weit geht, dass sie gefälschte Cyberhacks in Umlauf bringen, die jeden, der sich in sie einstöpselt, durch Biofeedback-Schaden töten. Das hat dem Markt geschadet, aber die Reality Hackers sind genauso geschickt darin, die Realität zu hacken, wie die Megakonzerne es sind. Das Gegenargument lautet, dass man darauf achten muss, seine Ausrüstung von vertrauenswürdigen Quellen (wie den Reality Hackers) zu beziehen, um Todestech zu vermeiden. Bisher ist es schwer zu sagen, wie sich das Ganze entwickeln wird, aber es scheint ziemlich klar zu sein, dass die Hacker der Welt begierig darauf sind, die neue Technologie in die Finger zu bekommen, und dass illegale Deckmeister-Unternehmungen das nächste große Ding in der Matrixunterwelt geworden sind. Die Megakonzerne scheinen einen aussichtslosen Kampf gegen die Verbreitung neuer Tech und Informationen zu führen, aber sie setzen enorme Ressourcen und Anstrengungen zum Schutz ihrer Interessen ein. Die Reality Hackers stellen eine existenzielle Bedrohung für das Eigentum der Megakonzerne an der Matrix dar und sind außerdem eine Konkurrenz. Ihr könnt davon ausgehen, dass Shadowrunner angeheuert werden, um gegen sie zu arbeiten.

VERBÜNDETE UND CONNECTIONS

Der Choson-Seoulpa-Ring ist der bekannteste und einflussreichste Verbündete der Reality Hackers. Er führt seit Langem eine Fehde gegen die Yakuza und hat ein besonderes Interesse an Matrixverbrechen und Simsinn-Lastern. Vor allem aber war er bereit, die Überreste der Reality Hackers, die die Säuberung überlebt hatten, unter seinen Schutz zu stellen. Ohne den Choson-Ring wäre der letzte Reality Hacker schon lange von der Yakuza zur Strecke gebracht worden. Im Laufe der Zeit ist das Verhältnis zwischen dem Choson-Ring und den Reality Hackers ausgeglichener geworden, was zum großen Teil auf den Wunsch der Gang zurückzuführen ist, unabhängig zu sein und gleichzeitig ein Bündnis zu pflegen, das ihr große Vorteile bringt. Die Reality Hackers liefern heute den Großteil der BTLs und CalHots, die der Choson-Ring verkauft, von denen einige eingeschmuggelt, viele aber von den Reality Hackers selbst hergestellt werden. Die Reality Hackers bieten den Mitgliedern des Choson-Rings auch Bodytech im Austausch gegen andere Waren und Dienstleistungen an: Informationen, Schutz, Waffen und Munition sowie andere illegale Dienstleistungen wie gefälschte SINs und Lizenzen. Die beiden Gruppen arbeiten auch zusammen, um in neue Gebiete vorzudringen – wo auch immer eine neue Ortsgruppe der Reality Hackers in die Stadt kommt, könnt ihr davon ausgehen, dass der Choson-Ring ebenfalls vorstößt.

Die GOD-Slayers sind eine lose Gruppe rachsüchtiger, erlebnishungriger Technomancer (manche sagen dissonante Technomancer), deren Mission es ist, die Grid Overwatch Division zu Fall zu bringen – oder zumindest so viele ihrer Agenten wie möglich auszuschalten. Sie legen ausgeklügelte Hinterhalte, bei denen ein Hacker die Fokussierung auslösen muss, um die Demi-GODs und bewaffneten Einsatzteams anzulocken. Die Reality Hackers bewundern die GOD-Slayers und veranstalten gemeinsame Unternehmungen mit ihnen, wann immer sie die Gelegenheit dazu haben. Bisher haben sie sehr erfolgreich zusammengearbeitet, indem sie für die physische Unterstützung und etwas zusätzliche Matrixunterstützung sorgten, während die GOD-Slayers absolutes Chaos anrichteten. Sie liefern den GOD-Slayers außerdem eine Fülle von Daten, da sie aufgrund ihrer Erfahrungen viele Informationen über GOD haben.

Wenn die Reality Hackers eine neue Ortsgruppe in einer neuen Stadt gründen, sind sie darauf bedacht, Allianzen mit etablierten örtlichen Gangs zu schmieden. Im Allgemeinen kommen sie mit den meisten anderen Gangs gut aus – mit Ausnahme derer, die mit der Yakuza Geschäfte machen. Ihr Zugang zu Bodytech, illegaler Matrixhardware und BTLs sowie ihr Ruf, reiche und korrupte Konzernexecs zu demütigen, verschaffen ihnen bei den meisten Gangs einen guten Ruf. Wenn sie also in einer neuen Stadt auftauchen und versuchen, auf Kosten der von der Yakuza unterstützten Gangs ein Revier zu erobern, stoßen sie selten auf Widerstand, der über das hinausgeht, was die Yaks aufbringen können. Danach wird es unübersichtlich, und nicht mehr ganz so viele der anfangs freundlich gesinnten Gangs bleiben bei dieser Gesinnung, aber zu diesem Zeitpunkt sind die Reality Hackers bereits fest etabliert – zusammen mit ihren Verbündeten vom Choson-Ring. Die Reality Hackers verwenden nicht viel Zeit darauf, diese etablierten Allianzen zu pflegen, was den Eindruck erweckt, dass sie nur für sich selbst da sind. Pinky-Swear mag es so. Unabhängigkeit und Selbstständigkeit sind Teil der Reality-Hackers-Kultur, und sie streben danach, nicht von externen Organisationen abhängig zu werden. Es gibt also immer einige Gangs, die sich als enge Verbündete der Reality Hackers betrachten, aber die meisten ziehen es vor, ihnen aus dem Weg zu gehen.

STÜTZPUNKTE UND VERSTECKE

Als Gang haben die Reality Hackers ein Revier – ein städtisches Gebiet, das sie für sich beanspruchen und in dem die meisten Ganger leben und ihren Geschäften nachgehen (wenn sie nicht gerade irgendwo anders Ärger machen). Die ursprüngliche Gang begann in Seattle, und ihr Revier umfasst einen großen Teil des nördlichen Puyallup, der an die Razor Heads grenzt.

Die Reality Hackers frequentieren meist eine Bar mit einer anständigen Spielhalle und machen diese zu ihrem üblichen öffentlichen Treffpunkt. Der Besitzer hat sie in der Regel gern um sich, denn sie kaufen fleißig Getränke, geben gutes Trinkgeld und sind im Grunde kostenlose Türsteher. Wenn sie anwesend sind, bieten die Reality Hackers auch eine ausgezeichnete Matrixsicherheit und sind bereit, jeden technischen Support, der benötigt wird, kostenlos zu leisten. Sie kümmern sich gut um ihre Lieblingsbar und nutzen sie nur selten fürs Geschäft.

Nur wenige Kilometer von der Spielhallenbar entfernt befindet sich ein unscheinbares Tech-Geschäft, das nie geöffnet zu sein scheint. Hier erledigen die Reality Hackers den Großteil ihrer technischen Arbeit. Im Inneren befinden sich mehrere Stationen mit Werkzeugen zum Bau und zur Reparatur von Matrixtech und Bodytech. Im Keller sind Anlagen versteckt, mit denen die Reality Hackers ihre Spielzeuge selbst bauen können. Wenn ihr etwas von der nicht autorisierten Matrixtech gekauft habt, die auf den Straßen zu finden ist – Cyberhacks, Agentenboxen und so weiter –, ist die Wahrscheinlichkeit groß, dass sie an einem dieser Orte hergestellt wurde. Die Mauern des Gebäudes sind abgeschirmt, um zu verhindern, dass Matrixsignale ein- oder ausgehen – das Innere ist im Grunde ein Faradayscher Käfig –, aber Kabelverbindungen zu externen Geräten ermöglichen bei Bedarf einen begrenzten Zugriff auf die Matrix. Diese sind fast immer deaktiviert, wenn sie nicht benutzt werden. Für die physische Sicherheit sorgen Ganger, und ihr könnt sicher sein, dass im Falle einer Bedrohung an einem dieser Orte viele von ihnen anwesend und noch mehr auf dem Weg dorthin sind – denkt daran, dass ihr Treffpunkt nie weiter als ein paar Kilometer entfernt ist. Die Reality Hackers führen in ihren Produktionsverstecken niemals andere Geschäfte durch – insbesondere kein Hacking.

Nicht weit von der Spielhalle entfernt befindet sich eine Cyberklinik, die von den Reality Hackers unterstützt wird. Sie erweckt immer den Anschein, eine unabhängige Klinik zu sein, aber täuscht euch nicht: Jede Cyberklinik, die von den Reality Hackers genutzt wird, gehört der Gang und wird von ihr betrieben. Die Straßendocs, die dort arbeiten, werden in der Regel vom Choson-Ring gestellt, aber sie sind wahrscheinlich der Gang gegenüber loyaler als dem Seoulpa-Ring gegenüber. Diese Kliniken verfügen über eine Standardausrüstung für die Behandlung von Leuten, die nicht zur Gang gehören, aber die meisten von ihnen haben ein spezielles Hinterzimmer, in dem Betaware-Bodytech implantiert werden kann. Sie ist normalerweise nur für Mitglieder der Reality Hackers zugänglich, aber manchmal wird der Zugang Runnern als Bezahlung angeboten, die der Gang Gutes getan haben.

Die Reality Hackers haben ihr Revier in schmutzigen, heruntergekommenen Stadtteilen wie Puyallup, aber die Sensorabdeckung entspricht eher dem, was man in einem Gebiet der Sicherheitsstufe A oder höher erwarten würde. Der Unterschied besteht darin, dass die Sensoren der Gang gehören und nicht einem Strafverfolgungskonzern. Außerdem ist es ihnen völlig egal, ob ihr gegen das Gesetz verstoßt, es sei denn, ihr mischt euch in ihr Revier ein oder kommt den Leuten, die dort leben, blöd. Sie schützen zwar die Zivilbevölkerung vor Ort, machen aber keine Anstalten, sich für die Gemeinschaft nützlich zu machen. Wer in ihrem Revier Leute angreift oder ausraubt, muss damit rechnen, verprügelt zu werden, aber ansonsten lassen sie sich nicht nachsagen, gute Nachbarn zu

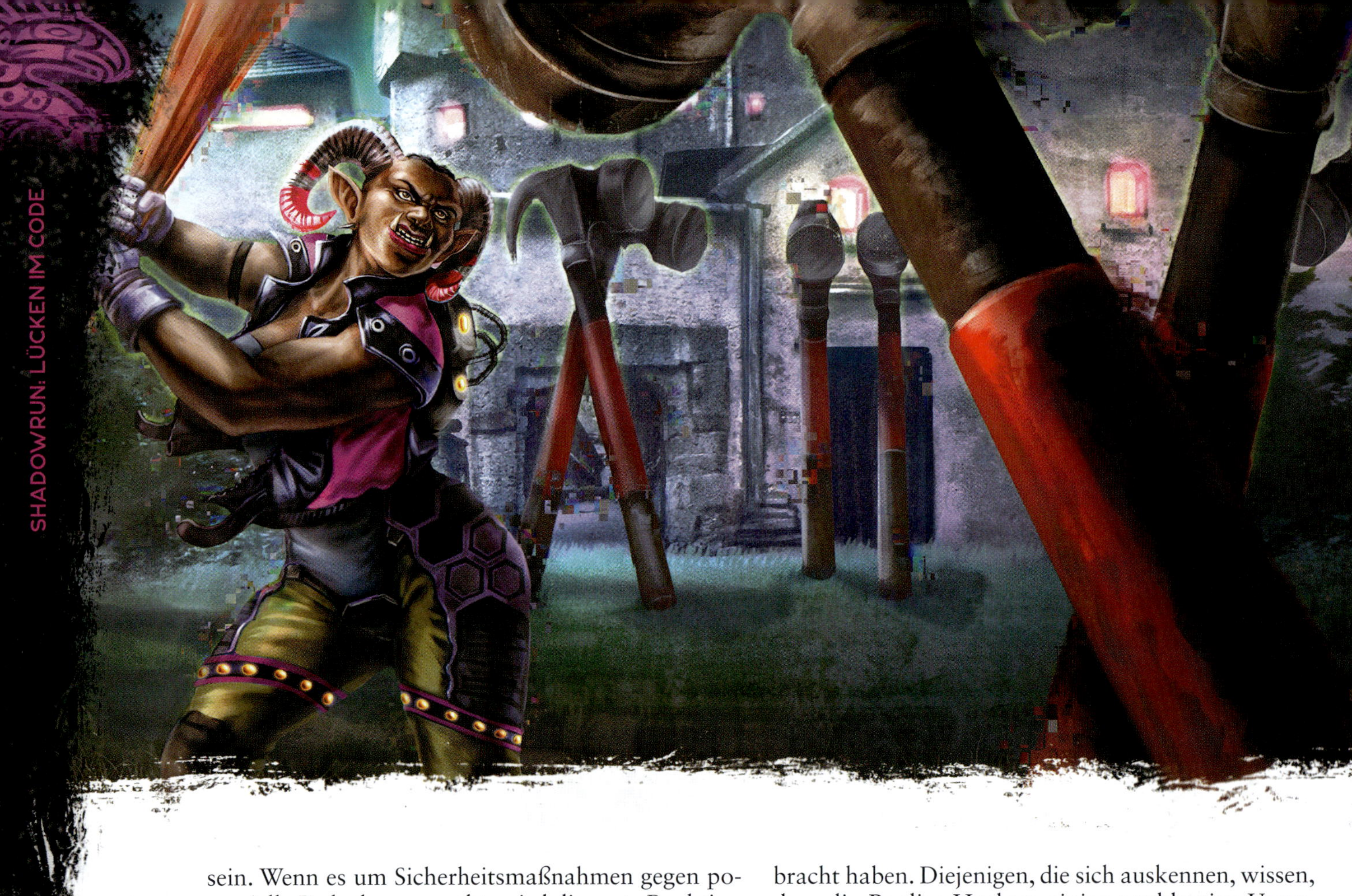

sein. Wenn es um Sicherheitsmaßnahmen gegen potenzielle Bedrohungen geht, wird die erste Reaktion wahrscheinlich von einer Drohne oder einem überraschend ausfahrenden Geschützturm kommen. Ein gut bewaffnetes Aufgebot an verrückten Deckern und Straßensamurai wird aber nicht weit sein.

EINE VERBINDUNG HERSTELLEN

Wenn ihr mit dem Seattler Metroplex vertraut seid, habt ihr wahrscheinlich schon von den Reality Hackers gehört. Ihre Matrixpossen schaffen es oft in die Mainstream-Nachrichten, da sie im Rahmen von deren Narrativ von Recht und Ordnung ein perfektes Beispiel für widerspenstige Ganger sind. Auffällige Gangs, die sich nicht scheuen, hin und wieder für Aufsehen zu sorgen, tragen dazu bei, die exorbitanten Sicherheitsbudgets zu rechtfertigen und den Verkauf von Ares Predators anzukurbeln.

Wenn ihr etwas Erfahrung mit der Unterwelt von Seattle habt (oder dazugehört), habt ihr wahrscheinlich gehört, dass die Reality Hackers früher von der Yakuza gesponsert wurden. Jetzt sind sie als Geschäftspartner des Choson-Seoulpa-Rings bekannt und hassen die Yakuza bis aufs Blut. Das Gefühl scheint auf Gegenseitigkeit zu beruhen.

Und wenn ihr euch schon eine Weile in Seattle herumtreibt, wisst ihr wahrscheinlich, dass die Reality Hackers verlässliche Infobroker sind, die den Ruf haben, an jede Datei herankommen zu können – wenn ihr sie dafür bezahlen könnt.

Das neueste Gerücht über die Reality Hackers ist, dass sie einiges der neuen Matrixtech, die nicht von den Megakonzernen gebaut wurde, in Umlauf gebracht haben. Diejenigen, die sich auskennen, wissen, dass die Reality Hackers einige erstklassige Untergrundkliniken haben, und wenn man sich gut mit ihnen stellt, können sie einen mit Betaware ausstatten.

Wenn ihr mit der Gang ins Geschäft kommen wollt – sei es, um Tech zu kaufen, Bodytech zu bekommen oder eine Datei in eure Finger zu bekommen, die für euch unerreichbar ist –, ist sie nicht schwer aufzuspüren. Fahrt einfach in ihr Revier (im Fall von Seattle in den Norden von Puyallup) und haltet Ausschau nach Gangern mit goldverchromten Cybergliedmaßen. Sie fallen definitiv auf. Solange ihr höflich seid und nicht den Ruf habt, mit der Yakuza in Verbindung zu stehen, nehmen sie gerne eure Nuyen im Austausch für ihre Waren und Dienstleistungen.

Für diejenigen mit den entsprechenden Lastern sind die Reality Hackers eine großartige Quelle für BTLs und CalHots. Einige ihrer Mitglieder produzieren selbst illegale Simsinn-Chips, bei denen es sich oft um stark bearbeitete und mitreißende Aufnahmen von Matrixruns und Gangaktivitäten handelt. Sie achten darauf, keine Details preiszugeben, die es den Strafverfolgungsbehörden leicht machen würden, sie zu überführen, aber sie sind hinsichtlich ihrer illegalen Aktivitäten viel offener, als man erwarten würde. Sie sind auch dafür bekannt, dass sie mit jedem illegalen Dreck handeln, der ihnen Nuyen einbringt, aber sie konzentrieren sich eher auf die Hightech- und zwielichtige Seite der Dinge.

Wenn ihr Mitglied bei den Reality Hackers werden wollt, müsst ihr einen starken Eindruck hinterlassen. Sie neigen dazu, einen proaktiven Ansatz bei der Rekrutierung zu verfolgen, indem sie sich an Hacker wenden, die durch ihre Fähigkeiten und ihren Wagemut auffallen. Jeder, der zu den Reality Hackers kommt und um Aufnahme bittet, wird wahrscheinlich ausgelacht, es sei denn, er hat sich bereits einen Namen als Hacker gemacht. Aber es reicht nicht aus, ein Hacker zu sein. Die Reality Hackers widersetzen sich dem Klischee des schmächtigen Kellerbewohners – körperliche Fähigkeiten und auffällige Bodytech werden ebenso sehr geschätzt wie Matrix-Know-how. Von jedem Reality Hacker wird erwartet, dass er zwanzig Prozent seines Einkommens an die Gang abgibt, aber mit der Abgabe des Mindestbetrags kommt man nicht sehr weit. Von den Reality Hackers wird erwartet, dass sie mit kreativen und schändlichen Mitteln Einkommen erzielen, und prahlerische Spenden an die Gang sind das wichtigste Mittel, um eure soziale Glaubwürdigkeit bei den Mitgliedern zu verbessern. Natürlich ist es noch besser, wenn der Gewinn auf Kosten der Yakuza geht. Wenn ihr euch also ihren Reihen anschließen wollt, ist es am besten, wenn ihr einen großen Hack gegen die Yakuza abzieht und einen dicken, fetten Credstick voller unrechtmäßig erworbener Gewinne als Anfangsangebot mitbringt. Und sorgt dafür, dass man euch nicht für einen verdeckten Yakuza-Agenten hält. Mit nicht wenigen angehenden Reality Hackers hat es ein böses Ende genommen, weil sie im Verdacht standen, mit den Yaks unter einer Decke zu stecken.

TO-DO-LISTE

SCHIEFGELAUFENES TREFFEN

Die Runner machen sich auf den Weg zu einem Treffen mit einem Mr Johnson, mit dem sie noch nie zusammengearbeitet haben, aber falls ihr Schieber bereit ist, Informationen weiterzugeben, erfahren sie, dass der Auftraggeber bekanntermaßen Verbindungen zur Yakuza hat. Das Treffen findet im Hinterzimmer eines Restaurants oder einer Bar statt, das/die als Yakuza-Tarnorganisation bekannt ist – das Rubber Suit in Seattle wäre der perfekte Ort dafür. Während des Treffens kommt es zu einem Zwischenfall. Die Reality Hackers haben beschlossen, die Yakuza anzugreifen. Die Ganger übernehmen zunächst die Kontrolle über den Host des Gebäudes und fangen an, mit der Beleuchtung, der Klimatisierung und den Feuerlöschsystemen herumzuspielen. Darauf folgen Salven von Gasgranaten, die mit Tränengas und Bliss geladen sind. Die anwesenden Yakuza-Soldaten werden versuchen, mit direkter Gewalt zurückzuschlagen, aber die Reality Hackers sind darauf vorbereitet. Supersquirts und weitere Gasgranaten überwältigen die Yakuza mit einer Vielzahl von Toxinen und Partydrogen. Angesichts der Umstände gerät Mr Johnson in helle Aufregung und bietet an, die Runner anzuheuern, um den Angriff der Reality Hackers abzuwehren. Die Reality Hackers sind mehr als bereit, ein paar Runner fertigzumachen, die bereit sind, mit der Yakuza zusammenzuarbeiten. Das dürfte eine interessante Nacht werden.

IM FOKUS

Die Reality Hackers wollen sich an der Yakuza rächen und haben es auf eine Lokalpolitikerin abgesehen, die Verbindungen zum Verbrechersyndikat hat. Sie haben ein sehr detailliertes Profil der Zielperson erstellt, ohne ihr zu nahe zu kommen, aber was sie wirklich brauchen, sind einige gute Retinascans, eine Gewebeprobe (ein paar Hautschuppen oder Haare reichen aus), einen hochauflösenden Scan der Fingerabdrücke des Ziels und einige Audioaufnahmen seiner Stimme aus nächster Nähe. Bisher haben die Vorsicht der Politikerin und die Sicherheitsprozeduren ihres exzellenten Sicherheitsteams die Bemühungen der Reality Hackers, sie zu beschaffen, vereitelt. Die Politikerin ist sich bewusst, dass die Reality Hackers es auf sie abgesehen haben könnten, und wird sehr wachsam sein, wenn ein Mitglied der Gang in ihre Nähe kommt. Hier kommt das Runnerteam ins Spiel. Die Reality Hackers müssen ein externes Team anheuern, um die restlichen Informationen zu sammeln, die sie benötigen, um ein vollständiges Profil zu erstellen, das sie zum Nachteil der Yakuza ausnutzen können. Der Auftrag muss erfüllt werden, ohne dass der Politikerin erheblicher körperlicher Schaden zugefügt wird, aber abgesehen von dieser Einschränkung können die Runner die Operation nach eigenem Ermessen durchführen. Die Nuyen, die für diesen Job angeboten werden, sind eher niedrig, aber wenn die Runner einen Bonus aushandeln, werden ihnen Bodytech oder ein Cyberhack als zusätzliche Bezahlung angeboten. Wenn die Runner besonders erfolgreich sind, bieten ihnen die Reality Hackers einen einmaligen Zugang zu einer ihrer geheimen Beta-Kliniken an.

PORTAL WARS

Das große *Portal-Wars*-Ereignis des Jahres steht bevor: Das AR-Kommlinkspiel bringt ein großes neues Update heraus, um das Ende einer Saison und den Beginn der nächsten zu markieren. Die Fraktionen des Spiels werden in einer entscheidenden Schlacht gegeneinander antreten, und die Fraktion, die als Sieger hervorgeht, erhält wertvolle Preise und die Möglichkeit, das Thema der nächsten Spielsaison zu wählen. Viele Reality Hackers sind begeisterte Portal-Wars-Spieler, und trotz ihres Rufs für Matrixschabernack wollen sie sicherstellen, dass niemand das Spiel hackt, um sich einen unfairen Vorteil zu verschaffen. Die Runner könnten von den Reality Hackers angeheuert werden, um die Matrix zu überwachen, damit diese das Spiel mit ausgeschalteten Cyberdecks spielen können, oder sie könnten von einer rivalisierenden Fraktion angeheuert werden, um die Reality Hackers des Betrugs zu überführen. Das Spiel selbst ist wie eine AR-Version von Laser Tag mit virtuellen Zaubern und Spezialfähigkeiten, die jeder Spieler im Laufe des Spiels freischaltet. Das Spiel findet im physischen Raum statt, wobei virtuelle Waffen und Spezialeffekte zum Einsatz kommen, die nur von den Spielern und Zuschauern mit Abo beobachtet werden können. Wenn die Runner am Spiel teilnehmen wollen, können sie virtuelle Äquivalente ihrer eigenen Ausrüstung verwenden. Das kann eine unterhaltsame Gelegenheit sein, um ein übertriebenes Feuergefecht mit virtuellen Hightech-Waffen und wilden Spezialeffekten durchzuspielen, oder du kannst das Spiel sich als Hintergrundelement entfalten lassen. Wenn die Runner mit der Matrixüberwachung beauftragt werden, müssen sie sich mit einem rivalisierenden Runnerteam auseinandersetzen, das die Reality Hackers des Betrugs bezichtigen soll. Wenn die Runner auf der Gegenseite gelandet sind, müssen sie gegen ein Team von Runnern antreten, das die Reality Hackers schützt.

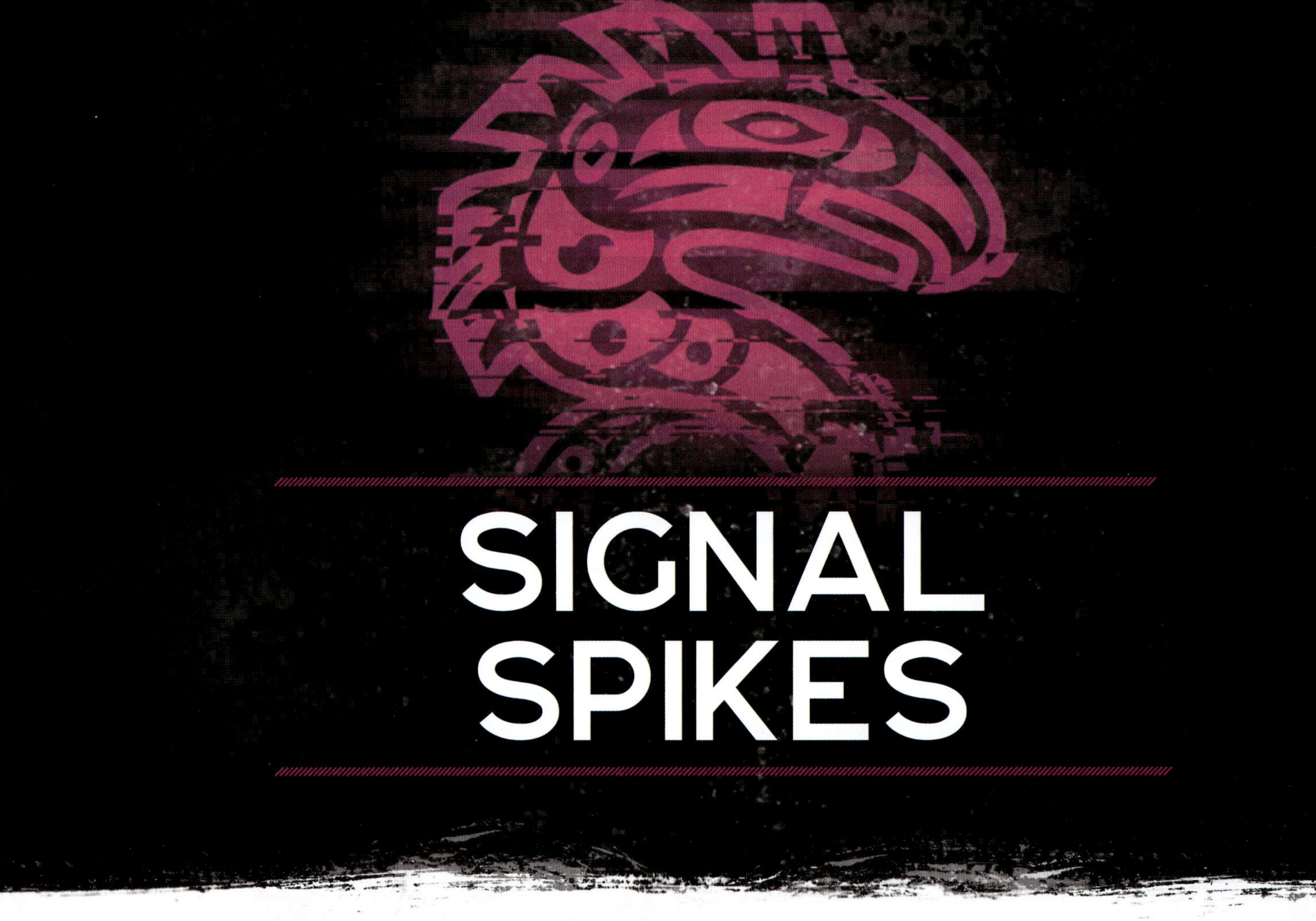

SIGNAL SPIKES

GEPOSTET VON: DATA SINGER

„Sie haben illegal Giftmüll in der Wüste Gobi abgeladen. Die Strafe ist Armut. Stoppen Sie die Müllverklappung und zahlen Sie fünf Millionen Nuyen auf ein Konto meiner Wahl ein. Sie haben zehn Minuten Zeit. Wenn Sie das Geld innerhalb dieser Frist einzahlen, werde ich Ihnen die Möglichkeit geben, Ihre Finanzdaten zu entschlüsseln." Das dreidimensionale Bild eines Streitkolbens, dessen Kopf eine Erdkugel war, brach ab. Sekunden später wurde er durch eine neonviolette digitale Anzeige ersetzt: 10:00 … 9:59 … 9:58 …

„Was ist das? Wer kann die Frechheit besitzen, uns zu erpressen?" Aufgeregt schlug Dmitri Raptis, Direktor von Saeder-Krupp Central Asian Operations, mit der Handfläche auf den Kunststoffschreibtisch vor sich, während er sich mit der anderen Hand durchs Haar fuhr und seine teure Frisur ruinierte. Die Sperrung dieser Finanzdaten bedeutete, dass in der gesamten Region keine Transaktionen verarbeitet werden konnten. Solange sie verschlüsselt waren, konnte der Konzern nichts kaufen, verkaufen oder bezahlen. Jede Stunde gab es in dieser Region hunderttausend Transaktionen, und das System war seit etwa zehn Minuten in der Warteschleife.

„Sieht aus wie jemand Neues. Oder vielleicht eine Marionette von Shiawase. Sie sind hinter den Schürfrechten in Kaschmir her", sagte die Trollin neben ihm mit lässiger, seidiger Stimme. „Wir sollten diese Person ignorieren und das System aus dem Back-up wiederherstellen."

„Gute Idee. Chell, erledigen Sie das!"

Die Datenbuchse der Trollin flackerte, als die Anweisungen übermittelt wurden. „Ah, ich habe eine schlechte Nachricht."

„Lassen Sie mich raten. Der drakeverdammte Arsch ist seit Monaten in unseren Aufzeichnungen, und alle *drakeverdammten* Back-ups sind nutzlos."

„Sie scheinen zur gleichen Zeit verschlüsselt worden zu sein", sagte Chell. „Das hätte viel Geschick und Planung erfordert."

5:45 … 5:44 … 5:43 …

„Okay. Können wir es sterben lassen und jemand anderem die Schuld geben? Es muss doch irgendein Arschloch im mittleren Management geben, das seinen Kopf zu weit vorgestreckt hat."

„Das würde nicht gut aussehen", warnte Chell. „Unsere Reputation würde Schaden erleiden. Ich schätze, dass der Reputationsverlust Ihr persönliches Einkommen um mehr als die geforderten fünf Millionen beeinträchtigen würde. Ich weiß nicht, wie verlässlich dieser Kriminelle ist, aber wenn er sein Wort hält, könnten Sie den Deckel draufhalten, Ihren Angestellten die Wartung ihrer Implantate in

Rechnung stellen und das Geld in zwei Quartalen zurückverdienen."

„Und was ist mit Ihm?" Dmitri warf einen verstohlenen Blick auf den in Gold gemalten Drachen, der eine Wand des Büros dominierte.

„Sie wissen, dass ihm nichts entgeht, aber er hat wahrscheinlich Wichtigeres zu tun, als sich um fünf Millionen zu kümmern. Das sind die Kosten des Geschäfts, und das weiß er."

4:36 … 4:35 … 4:34 …

„Okay, geben Sie die Zahlung frei! Besorgen Sie diesem *drakeverdammten Arschloch* etwas Kleingeld und lassen Sie es von den Buchhaltern vertuschen." Der Schweiß tropfte ihm in den Nacken; er brauchte eine weitere Genbehandlung.

Die Datenbuchse der Trollin flackerte erneut. „Transfer abgeschlossen."

Der Timer hielt bei 3:58 an.

Dmitri ließ sich in den Plastikstuhl zurückfallen.

„Der Betrag, den wir benötigen, beträgt jetzt zehn Millionen Nuyen." 3:57 … 3:56 … 3:55 …

„Sie wollen mich wohl verarschen!" Dmitri schaute sich verstohlen um. „Tun Sie es, *tun Sie es*!"

Die Uhr blieb stehen. Ihre violetten Holoziffern flackerten sanft über dem Schreibtisch. Dmitris Schweiß tropfte auf den Kunststoffschreibtisch. Der Direktor bewegte sich nicht, atmete nicht, starrte nur auf die schwebende Uhr. Es gab eine aufgewühlte Pause, die die Schatten des Raums in das Gespenst einer Zukunft in SINloser Armut verwandelte.

„Jetzt benötigen wir zwanzig Millionen."

Dmitri hatte noch keine Luft geholt. 3:50 … 3:49 … 3:48 …

„Sir?", fragte Chell. In ihrer Stimme lag ein sorgfältig modulierter Ton der Sorge. Zwanzig Millionen waren viel mehr, als man auf Konten „finden" konnte. Es würde einiges an Manövern und Glück erfordern, um diese Art von Verlusten aufzufangen, ohne das Gesicht oder die Position zu verlieren.

Dmitris gehauchtes Flüstern war kaum zu hören.

„Ja. Tun Sie es. Tun Sie es!" Seine Stimme wurde lauter. „Wir werden Leute feuern, wir werden irgendeinen Betrug anlaufen lassen, nur *geben Sie ihnen das Geld*!"

Ihr Licht blinkte kurz, als sie zu Boden blickte und nervös ihr Gewicht verlagerte. Dmitri starrte sie an; sie schien jeden Kommentar zu unterdrücken, den sie noch abgeben wollte.

Ihre Datenbuchse blinkte. „Fertig."

Diesmal war keine Stimme zu hören. Die Uhr blieb stehen, schwankte einen Moment und verschwand dann in einem statischen Rauschen. Dmitris Nerven waren zum Zerreißen gespannt. „Ist das Geld weg?"

„Ja." Die Datenbuchse blinkte. „Wir haben einen Code erhalten. Soll ich ihn versuchen?"

Dmitri starrte sie nur an.

„Ja, Sir. Der Code scheint zu funktionieren. Die Finanzterminals gehen online. Der Ausfall war kurz genug, dass wir wahrscheinlich jemand anderen dafür verantwortlich machen können."

Dmitri ließ sich in seinen Stuhl fallen. Seine Arme hingen schlaff über die Armlehnen, und sein verschwitzter Kopf hinterließ nasse Schlieren auf dem Stoff des Stuhls. Sein Atem ging flach und schnell.

Chells Datenbuchse blinkte wieder. Sie blickte auf die leere Hülle eines Mannes vor ihr. Er könnte eine Dusche und eine Woche Schlaf gebrauchen; er sah nicht aus, als hätte er noch irgendeine Widerstandskraft. Ihr Mundwinkel kräuselte sich leicht, als sie sagte: „Da ist ein Herr Brackhaus aus Berlin am Apparat …"

- Okay, hey, Chummers, ich bin auf noch eine Gruppe von Arschlöchern gestoßen. Ich beobachte sie schon seit ein paar Monaten und dachte mir, ich stelle euch mal eine Datei zur Verfügung, falls ihr Hintergrundinformationen über die Signal Spikes braucht. Wenn ihr Fragen habt, schreibt sie in die Datei und ich werde sie beantworten, sobald ich kann. Die Nachforschungen über diese Gruppe waren anstrengend, aber jetzt habe ich ein paar gute Informationen, die ich weitergeben kann. Wenn ihr etwas Geld habt, das ihr in meine Richtung werfen könnt, wäre es schön, wenn ich mir diesen Monat eine Geschmackspatrone für meinen Nutrisoy-Spender leisten könnte.
- Data Singer

- Wer ist dieser Typ?
- Bull

- Wer sagt denn, dass ich ein Typ bin?
- Data Singer

- Ich habe mir die Datei durchgelesen, und soweit ich sehen kann, ist sie echt. Ich habe in Konzernforen außerdem ein wenig Geplauder über in Verlegenheit gebrachte Execs gesehen.
- Slamm-0!

DANKE, DASS DU HEUTE ZU MIR GEKOMMEN BIST. DU HAST MICH GEBETEN, UNSERE DISKUSSION MITZUSCHREIBEN.

Ja, danke. Ich habe nicht die Aufmerksamkeitsspanne, um große Dinge zu schreiben – ich ziehe es vor, darüber zu sprechen, okay? Okay. Und das wird einfacher sein, als zu versuchen, Worte niederzuschreiben.

OKAY. DU WOLLTEST MIR VON EINER NEUEN TERRORISTENGRUPPE ERZÄHLEN, DIE DU BEOBACHTET HAST. WARUM FÄNGST DU NICHT GANZ VON VORNE AN?

Die Signal Spikes sind eine brandneue Gruppe, die in der Szene aufgetaucht ist. Sie stammen aus der Aufspaltung einer örtlichen TerraFirst!-Gruppe, sind finanziell gut ausgestattet und spielen die großen Macker. Sie verbringen ihre Zeit entweder damit, Gelder durch die Erpressung von Umweltverschmutzern zu erpressen oder diese Gelder zur Unterstützung großer Operationen gegen eben diese Konzerne einzusetzen. Sie sind ziemlich effektiv darin, Chaos und Zerstörung anzurichten, aber sie sind nicht besonders gut darin, ihre Ziele auszuwählen oder Recherchen über sie anzustellen. Mehr als einmal haben sie eine veraltete oder nicht mehr in Betrieb befindliche Ölraffinerie oder einen Abwasserausfluss getroffen, ungenutzte Gebäude zerstört und großes Chaos angerichtet, ohne viel damit zu erreichen.

- Wenn diese Gruppe von TerraFirst! abstammt, haben sie einen weiten Weg vor sich. TF! ist schon seit Jahren ein Witz. Viele Leute vermuten, dass sie im Grunde zu einer Falle für echte Aktivistinnen geworden sind, weil man davon ausgeht, dass sie in der Mittelmäßigkeit untergehen werden. Ich glaube nicht, dass das stimmt, aber ich denke, dass Leute, die gut organisieren können, ziemlich schnell weglaufen, wenn sie sehen,

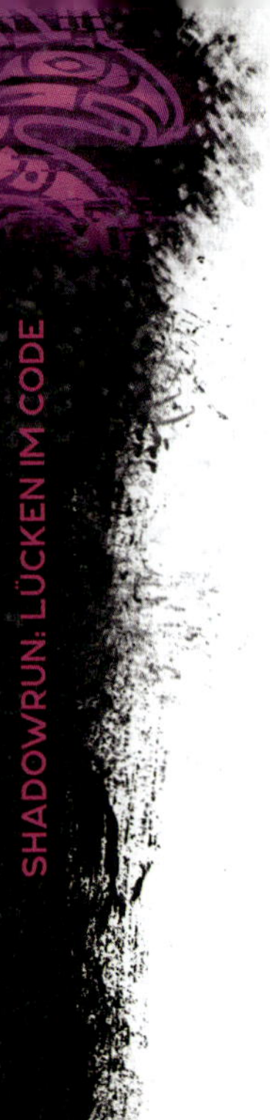

wie chaotisch die Gruppe geworden ist. Hinzukommt, dass TF! von Zeit zu Zeit tatsächlich etwas zustande bringt, aber sie sind schlecht darin, es anderen Leuten mitzuteilen, sodass es im Lärm untergeht.
- Bull

Sie sind zahlenmäßig noch nicht groß, aber sie wachsen schnell. Für jemanden, der auf ShadowSEA sitzt, wäre es verlockend, sich zurückzulehnen und das Feuerwerk zu beobachten, aber das ist wahrscheinlich aus zwei Gründen eine schlechte Idee. Erstens, weil sie den Leuten, die Shadowrunner anheuern, das Geld aus der Tasche ziehen, und zweitens, weil sie gewalttätig und chaotisch sind. So etwas willst man wahrscheinlich nicht bei sich haben, wenn man auf einer Mission ist. Nimm es dir zu Herzen, will ich damit sagen. Schütz deinen Hintern, indem du mehr weißt.

OKAY, DAS ERGIBT SINN. ICH WEIß, DASS ICH IMMER ÜBER NEUE BEDROHUNGEN DA DRAUßEN BESCHEID WISSEN WILL. NICHT, DASS ICH GLAUBE, DASS ICH VON ÖKO-TERRORISTEN ANGEGRIFFEN WERDE. WER IST EIGENTLICH IN DER GRUPPE?

Er versucht, die Sache geheim zu halten, aber die Person, die das Sagen hat, ist ein ehemaliger Terra-First!-Terrorist namens Embiro Gotabanya, der sich mit seiner lokalen Gruppe überworfen hat. Er wollte viel größere und härtere Angriffe gegen die Kons fahren. Es heißt, dass die anderen in seiner Zelle mit dem Gesamtplan einverstanden waren, aber erst noch ein bisschen planen und vorbereiten wollten, und das war einfach zu viel für diesen Typen. Da hat er sich von ihnen getrennt. Es sah so aus, als würde er schnell den Bach runtergehen, aber plötzlich hatte er Geld und Zugriffsmöglichkeiten, die nicht viele andere Leute hatten. Ich versuche herauszufinden, woher das kam, aber es war ungefähr zu der Zeit, als der Kechibi-Code rumging. Er scheint nicht der Typ zu sein, der den Code selbst benutzt hat, also suche ich nach demjenigen, der ihn benutzt hat. Jedenfalls, obwohl er sich abgesetzt hatte, weil er ums Verrecken nicht planen konnte, ist er in den letzten Monaten richtig gut im Planen geworden.

- Das ergibt keinen Sinn. Ein Typ wird rausgeschmissen, weil er keine Lust zu planen hat, und dann wird er zu einer Art Superhirn? Auf keinen Fall! Jemand muss hier die Fäden ziehen. Embiro muss die Fassade für jemand anderen sein.
- Sticks

Die Gruppe ist mittlerweile viel größer. Embiros rechte Hand ist eine Naga, die sich Serpentine nennt. Kreativ, nicht? Soweit ich weiß, war Serpentine bis vor Kurzem eine amtlich zugelassene Buchhalterin aus Hongkong. Ihre Akte wurde gesäubert, aber ich habe einige ihrer früheren Kollegen angerufen; die meisten sagten, sie sei begabt darin, Geld zu verschieben, brauche aber ein Ziel im Leben. Es sieht so aus, als ob ihre neue Aufgabe darin besteht, Geld für Terroristen zu waschen. Ich schätze, wir alle finden auf irgendeine Weise unsere Erfüllung. Serpentine hat zwar nicht das Sagen, aber sie ist ziemlich einflussreich, und es wurden schon Operationen geändert oder verschoben, um zu ihrer Finanzplanung zu passen. Wenn es einen Dreh- und Angelpunkt gäbe, um die ganze Organisation auffliegen zu lassen, dann wäre sie das. Ohne die Mittel, die sie bewacht, würde den Signal Spikes innerhalb weniger Wochen das Geld ausgehen. Das ist wahrscheinlich der Grund, warum sie nie persönlich auftritt und immer über die Matrix kommuniziert. Nach allem, was wir wissen, könnte sie immer noch in ihrer alten Wohnung in Hongkong stecken.

Der dritte Teil des Führungsteams ist eine technisch versierte Person namens Evil-Eye (bekannt für ihr Markenzeichen, die weißen Iris), die schon so lange ein Technomancer ist, wie wir wissen, was Technomantie ist – vielleicht auch noch länger. Zu sagen, dass EE novaheiß ist, ist noch untertrieben. EE ist erfahren, rücksichtslos und mehr als glücklich, eine Gruppe zu unterstützen, die es auf die Konzerne abgesehen hat. Evil-Eye hat jahrzehntelange Erfahrungen mit Cyberkriminalität, Erpressung und Sabotage; es muss ein gutes Gefühl sein, Teil einer Gruppe zu sein, die diese Talente zu schätzen weiß. EE ist der Gruppe wahrscheinlich beigetreten, um Gleichgesinnte zu haben, aber auch, weil er im Laufe der Jahre nicht gerade viele Freunde gefunden haben und einige ihrer schlechten Entscheidungen auf ihn zurückgefallen sind. Wenn man jemand ist, der viele Feinde hat, könnte man Schlimmeres tun, als sich einer Gruppe von Extremisten anzuschließen. Zumindest wird sich diese Art von Gruppe wahrscheinlich um dich kümmern oder dich nach deinem Tod rächen. Ein schwacher Trost für den Technomancer.

Die drei arbeiten wirklich gut zusammen. Alle bringen ihre eigenen Stärken ein, und sie haben derzeit ein gemeinsames Ziel. In jeder derartigen Gruppe gibt es zwangsläufig Spannungen, aber die Signal Spikes sind so neu und erfolgreich, dass ich noch keine gesehen habe. Wenn sich die ersten Misserfolge einstellen, wird sich das vermutlich ändern. Eines der Dinge, in denen sie nicht besonders gut sind, ist die Auswahl ihrer Ziele. Sie wissen, wie man zuschlägt, sie wissen, wie man einen Anschlag finanziell ausnutzen kann, und sie können ihre Kräfte effektiv bündeln. Aber manchmal sind ihre Informationen veraltet. Sie haben schon veraltete Fabriken in die Luft gesprengt, leere Pipelines zerstört und Geoengineering-Anlagen angegriffen, die sich eigentlich um die Wiederherstellung von genutztem Land bemühten (und sei es nur, weil sie die gesetzlichen Mindestanforderungen erfüllten). Das Team ist offenbar immer noch auf der Suche nach einem Spionageexperten, der die neuesten Informationen über Orte und Leute, die es zu vernichten gilt, herausfinden kann. Wenn sie dieses letzte Teil des Puzzles bekommen, werden sie viel effektiver werden.

Die Gruppe besteht aus mehreren Dutzend Mitgliedern und wächst schnell. Sie haben Leute, die sich mit physischen Zerstörungen und Sprengstoffen auskennen (meist unzufriedene Veteranen aus dem Tempo-Konflikt), sowie eine wachsende Gruppe digitaler Agenten, die von überallher zu kommen scheinen. Das soll nicht heißen, dass zufällige Zugänge ohne Fähigkeiten sind – jeder hat etwas beizutragen.

- Ich habe mich mit ein paar alten Freunden getroffen, die früher bei TerraFirst! waren und jetzt zu dieser kleinen Crew gehören. Sie werden gut genug entlohnt, um Schulden abzubauen und vom mittleren Regal in der Bar zu bestellen, und sie haben wirklich Ordnung in ihr Leben gebracht. Es fühlt sich an, als hätten sie endlich ein Ziel und einen Plan. Sie wirkten nicht gehirngewaschen, sondern einfach nur begeistert, weil sie sich für eine Sache einsetzen.

- Broccolini

- Schade um den Kollateralschaden.
- Neon Fireball

DAS SIND DIE KERNMITGLIEDER DER GRUPPE, ODER? SIE SCHEINEN GEFÄHRLICH GENUG ZU SEIN UND WACHSEN. WAS WOLLEN SIE?

Die Signal Spikes wollen alles zerstören, was dem Planeten schadet, am besten so, dass es schwer zu vertuschen ist. Sie sind bereit, ihre Prinzipien so weit zurückzustellen, dass sie einige Ziele überleben lassen, wenn die Erpressung erfolgreich ist, damit sie ein noch größeres Ziel ausschalten können. Sie haben Raffinerien, Pipelines, Produktionsanlagen und Abwasserabflüsse von Industrieanlagen zerstört. Sie haben keine Leute oder Wohnungen direkt angegriffen, aber diese Dinge stehen wahrscheinlich auf ihrer Liste möglicher Ziele. Es ist ihnen egal, ob es Opfer gibt, aber sie scheinen nicht darauf aus zu sein, Massenmord zu begehen.

Sie neigen dazu, mittelgroße Umweltverschmutzungsbetriebe ins Visier zu nehmen, vor allem, wenn dort jemand Inkompetentes oder Gieriges das Sagen hat. Die Zerstörung der Karriere des Umweltverschmutzers scheint ein willkommener Nebeneffekt ihrer Tätigkeit zu sein. Wenn sie so weitermachen, können sie vielleicht auch mittlere Führungskräfte zu umweltfreundlicheren Methoden bringen. Ich denke, das ist ein Weg, um das Klima zu schützen. Ein großer Nachteil ist, dass die Umweltverschmutzung in der Regel kurzfristig viel schlimmer wird, bevor sie besser wird. Eine Pipeline mit raffinierten Schadstoffen zu sprengen ist langfristig gut, weil die Schadstoffe teurer werden, aber kurzfristig laufen Zehntausende Liter ätzender oder giftiger Stoffe aus. Was ich damit sagen will, ist, dass es seltsam erscheint, dass sie so sehr auf die Umwelt bedacht sind, aber kurzfristig gerne großen Schaden anrichten.

Ich beobachte, ob sie sich weiterentwickeln und ihre Ziele ändern. Neue Gruppen verfeinern oft ihre Ziele, wenn sie erfolgreich sind.

- Ich kann den Öko-Teil definitiv nachvollziehen. Es wäre schön, den Planeten ein bisschen zu säubern.
- River Fish

- Der Planet ist viel kaputter, als du weißt. Die Verschmutzung ist überall. Das Einzige, was uns im Moment am Leben hält, ist, dass sich der Planet manchmal wehrt. Geister und Erwachte Tiere machen es schwieriger, die Welt zu zerstören. Deshalb kämpfen die Leute natürlich gegen sie. Manchmal frage ich mich, ob der „Selbstvölkermord" Teil unseres Wesens ist. Vielleicht wären wir alle glücklicher, wenn wir den Planeten den Geistern überlassen würden, damit sie damit machen können, was sie wollen.
- MuddyF00t

OKAY, DAS PASST. ALSO, WAS IST DER GRÖßERE ZUSAMMENHANG? WAS IST IHR ENDSPIEL?

Die Ambitionen der Signal Spikes sind nicht klar. Sie haben kein Manifest veröffentlicht und scheinen nicht daran interessiert zu sein, eine Bewegung aufzubauen oder eine Botschaft zu verbreiten. Sie erpressen gerne und versorgen genauso gerne örtliche Umweltgruppen mit Geld, Ausrüstung und Training. Die Spikes entsenden in diese Gruppen auch Experten für verschiedene Sabotagetaktiken, was zu einer viel höheren Erfolgsquote führt.

Bisher haben sie Einzelpersonen und kleinere Konzerne erpresst, um an Geld zu kommen, und dieses Geld dann verwendet, um Produktionsanlagen in die Luft zu jagen, biologische Kampfstoffe in Luxuslebensmittelfarmen zu verteilen, kleinere Bürogebäude zu zerstören und Hochgeschwindigkeitsflüge abzuschießen.

Für die meisten ihrer Aktionen haben sie einen Standardplan:

Finde etwas, das zerstört oder anderweitig ruiniert werden kann. Im Idealfall sind das Computerdateien, aber auch Gebäude, Pipelines, Dämme und alles andere, was sie in ihre zerstörerischen Finger bekommen können. Bisher waren ihre Ziele stets Dinge, die entweder die Umwelt verschmutzen oder Umweltverschmutzung erleichtern.

Finde einen korrupten Manager, der dafür verantwortlich ist. Normalerweise gibt es einen, und der hat in der Regel Erpressungsmaterial tief in seinem Dateisystem, das Evil-Eye ausgraben kann.

Kontaktiere den Manager und erpresse ihn dann entweder um Geld oder drohe damit, das Ding zu zerstören, das die Signal Spikes zuvor gefunden haben. Wenn der Manager nachgibt, haben sie einen Haufen Geld verdient. Wenn der Manager Rückgrat zeigt oder nicht liefert, wird das Ziel zerstört. Auch das kann in der Matrix oder in der realen Welt passieren und ist häufig der Anlass für Heulen und Zähneknirschen.

Vergeltung und Ermittlungen werden durch den unvermeidlichen politischen Dreckskampf, der losgeht, abgewürgt. Die Person, die am meisten daran interessiert ist, sich zu rächen, ist normalerweise extrem gefährdet und in der Defensive. Das kann dazu führen, dass die Spur ziemlich schnell ziemlich kalt wird.

Dann geht das Ganze wieder von vorne los.

Und das funktioniert ziemlich gut. Weil sie die schwachen Glieder des Systems angreifen – die Leute –, müssen sie sich keine Sorgen über übermäßig harte Ziele machen.

- Das ist ein ziemlich guter Plan. Wenn man jemanden trifft, wird es für ihn schwer, sich zu wehren oder Rache zu üben, weil er zugleich politisch angegriffen wird. Ich schätze, es hängt ein bisschen davon ab, wie „undicht" das Zielunternehmen ist. Das könnte dazu führen, dass einige Konzerne härter getroffen werden als andere. Wenn es tatsächlich dazu führt, dass mehr Aufwand in die Sicherheit gesteckt wird, nimmt das vielleicht etwas von dem Aufwand weg, der derzeit betrieben wird, um die letzten Tropfen Wohlstand aus der Metamenschheit zu quetschen. *Achselzuck*
- Bull

- Du heißt sie doch nicht gut, oder?
- Slamm-0!

- Nein, sie sind zu gewalttätig. Zu viele Leute werden sterben, weil diese Gruppe von Extremisten ein Chaos anrichtet. Ich sage nur, dass ein Nebeneffekt langfristige Veränderungen und Verbesserungen sein könnten.
- Bull

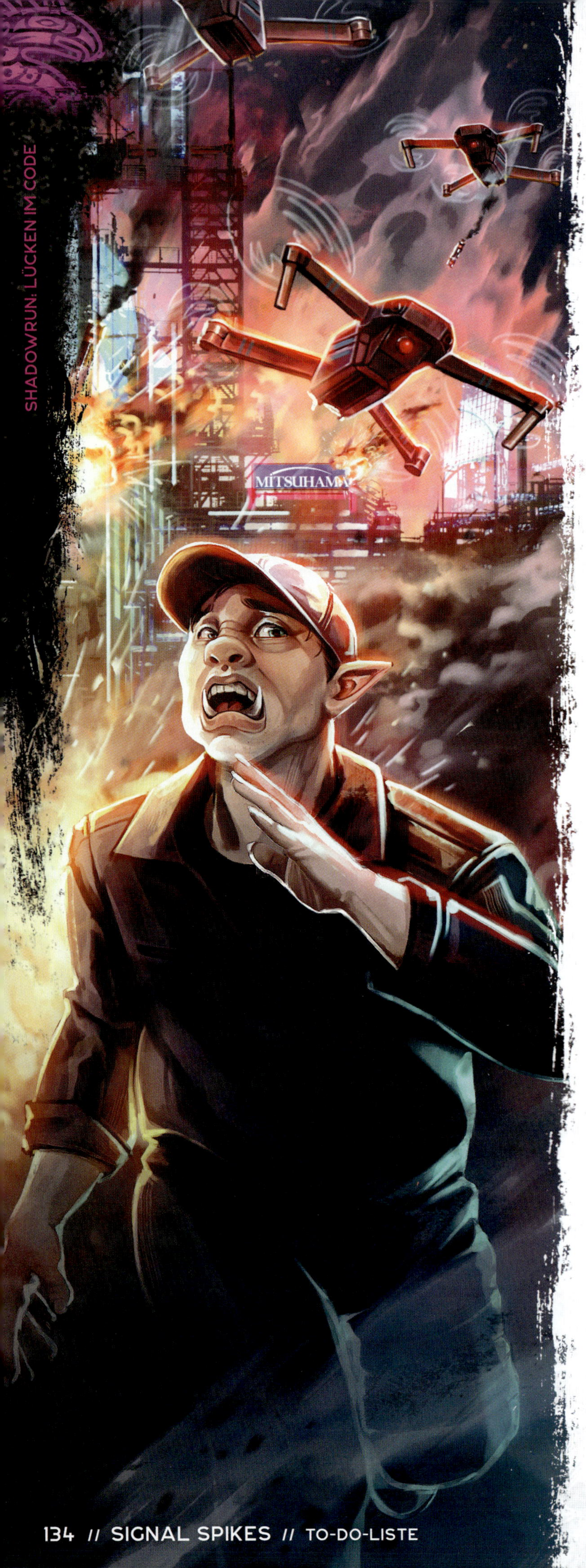

Was das Endspiel angeht, wer weiß? Vielleicht bekommen sie all das Geld und bilden diese gewalttätigen Kriminellen aus einem bestimmten Grund aus, oder sie wollen einfach nur reich werden. Wenn ich raten müsste, würde ich sagen, dass Embiros Ego es nicht zulässt, dass er nur wegen des Geldes aufhört, also arbeitet er wahrscheinlich auf eine große Sache hin, aber die Frage ist, ob der Rest seines Teams oder seine stillen Unterstützer da mitmachen.

DU HAST ERWÄHNT, DASS SIE VIEL GELD VERDIENT HABEN. WAS BENUTZEN SIE SONST NOCH, UM ZU BEKOMMEN, WAS SIE WOLLEN?

Die Signal Spikes arbeiten nach dem Prinzip: „Mach es selbst, und wenn du es nicht selbst kannst, dann stell jemanden ein, der es kann.“ Sie haben einen Kern von wahren Gläubigen in ihrer Organisation und sind auch mehr als bereit, dafür zu zahlen, dass talentierte Leute sich ihnen anschließen. Sie sind nicht allzu wählerisch, wo die Leute ihre Fähigkeiten erworben haben, also haben sie ein gutes Team von Hackern an Bord. Einige scheinen Überläufer aus größeren Konzernen zu sein. Ich gehe davon aus, dass sie entweder sehr viel zahlen oder dass sie Leute aufgenommen haben, die kurz davor waren, in einem internen Skandal unterzugehen. So was ist großartig, wenn man es hinbekommt: Man kriegt die Person, die untergegangen wäre, und normalerweise auch noch ihre Mitverschwörer und Leute, die zu viel reden.

Ich weiß nicht, woher die Signal Spikes ihre ursprüngliche Finanzierung hatten, aber sie scheinen einen großen Zustrom an Geld aufgebaut zu haben. Mittlerweile scheinen sie sich selbst zu versorgen; ihre Straftaten und digitalen Erpressungen bringen ihnen eine Menge Geld. Sie sind darauf angewiesen, dass sie weiterhin korrupte oder gierige Execs finden, die sie erpressen können, also werden sie wahrscheinlich noch eine ganze Weile im Geschäft bleiben. Das ist kein Brunnen, der in naher Zukunft versiegen wird.

- Das ist es, was mich interessiert. Das ursprüngliche Startkapital muss beträchtlich gewesen sein, und auch hinter den Kulissen muss es eine Menge Organisation gegeben haben. Ich denke, dass es sich um ein einfaches Täuschungsmanöver von jemandem handeln könnte, der nicht wie ein Öko-Terrorist aussehen will, oder – hört mir zu – es könnte von jemandem stammen, der die Öko-Bewegungen in Verruf bringen will! Sie sind so gewalttätig, dass sie eine weltweite Gegenreaktion hervorrufen könnten! Es könnte eine ausgeklügelte Operation unter falscher Flagge sein!
- nlap

- Plan 9?
- Tusk

- … neeeiiinnn!
- nlap

Ich habe keine Liste der Hardware, die sie besitzen, aber ich habe sie mit einer Menge High-End-Sicherheitsausrüstung gesehen. Es ist viel besser als das, was das Militär bekommt, aber nicht auf dem Niveau von Konzern-Elitesicherheitskräften. Wir reden hier von schweren Waffen, hochwertigem Sprengstoff, Sicherheitspanzerungen, hochgerüsteten Drohnen und so weiter. Ich habe noch nicht gehört, dass sie T-Birds,

Panzer oder Flugzeuge einsetzen, und das ist auch nicht verwunderlich, wenn man bedenkt, dass es sich um eine Geheimorganisation handelt, die Sabotage betreibt. Aber ich bin mir ziemlich sicher, dass sie das Beste haben, was man bei nicht konzerngebundenen Waffenhändlern bekommen kann. Mit dem Geld, das sie einnehmen, können sie es sich auf jeden Fall leisten. Außerdem scheinen sie so gut wie alles mit Rutheniumpolymeren zu beschichten.

Sie sind wirklich gut im Hacken. Nicht unbedingt im Matrixkampf, aber sie können sich ziemlich gut in ein System einschleichen. Das ist aber nichts, auf das sie besonders stolz sind, und wenn sie einen legitimen User bestechen oder bedrohen können, um einen Fuß in die Tür zu bekommen, tun sie auch das.

- Das sind ziemlich spezielle Fähigkeiten. Ich denke, dass sie einen Haufen mittelmäßiger Hacker rekrutiert haben, die genug wissen, um sauber zu bleiben, ihnen novaheiße Decks gegeben haben und sie irgendwie auf bestimmte Dinge trainiert haben. Das würde den Erfolg erklären (sie haben eine gute Ausrüstung und haben sich über Exploits informiert), aber es würde auch erklären, warum sie nicht in den chaotischen, inzestuösen Zerwürfnissen auseinandergefallen sind, zu denen erfahrene Hacker neigen, wenn sie sich treffen. Wenn dieser Evil-Eye die anderen durch Einschüchterung und Drogen bei der Stange halten kann (was ich annehme, weil er nicht wie jemand klingt, der supercharismatisch ist), hat das hier eine Chance, eine gute Weile durchzuhalten. Es wäre ganz einfach. Alles, was man braucht, um so etwas auf die Beine zu stellen, ist ein Haufen Startkapital und ein Plan. Das wäre der geheimnisvolle Hintermann.
- Bull

- Hey! Nicht alle erfahrenen Decker machen ihre persönlichen Beziehungen kaputt!
- Slamm-0!

- Nenne vier, mit denen du länger als ein Jahr zusammenarbeiten würdest.
- Bull

- Buahahahahahahaha!
- Netcat

Sie sind gut darin, ihre Spuren in der Matrix zu verwischen. Tatsächlich habe ich noch von niemandem gehört, der das Geld nach der Auszahlung erfolgreich zurückverfolgt hat. Es hilft, dass all diese Dinge in der Matrix geschehen, die von den Konzernen eigens so entworfen wurde, dass sie das Aufspüren ihrer eigenen Geldwäsche erschwert.

In der realen Welt werden die Signal Spikes zu Experten darin, Sprengstoff zu platzieren und an Kameras vorbeizuschleichen. Bisher haben sie keine chemischen oder biologischen Waffen eingesetzt, und das ist auch logisch, denn es geht ihnen vor allem darum, Aufmerksamkeit zu generieren. Das ist viel einfacher zu demonstrieren, wenn man ein großes, kaputtes Gebäude hat statt eines Haufens von Leichen, die an allem Möglichen gestorben sein könnten. Normalerweise machen sie sich nicht die Mühe, Drohnen abzuschießen oder Kameras zu cracken (sie verlassen sich darauf, dass ihre Hacker sie dabei decken), aber manchmal müssen sie Sicherheitskräfte und Tiere ausschalten, und das erledigen sie effizient und leise.

WENN DAS ALL IHRE RESSOURCEN UND TEAMMITGLIEDER SIND, WER STELLT SICH DANN GEGEN SIE? WAHRSCHEINLICH HABEN SIE MITTLERWEILE EIN PAAR ZIEMLICH MÄCHTIGE FEINDE, ODER? ALSO, WER WEHRT SICH?

Die Execs, die aufs Korn genommen werden, hassen die Signal Spikes natürlich. In den meisten Fällen wird man nicht zu einem raffgierigen mittleren Manager, ohne kleinkariert und von der eigenen Wichtigkeit überzeugt zu sein, also haben einige dieser Execs damit angefangen, ihre Bemühungen zu koordinieren, um die Spikes zu finden und zu vernichten. Es gibt in dieser Hinsicht zwar Fortschritte, es werden Ermittler angeheuert und Kontakte angezapft, aber man könnte diese Gruppe von Execs wohlwollend als unstrukturiert arbeitende, kleinkarierte Mini-Tyrannen auf einem Rache- und Egotrip bezeichnen. Das macht die Zusammenarbeit sehr viel schwieriger. Es gibt eine Menge Zankereien und Spiele mit dem Feuer. Höherrangige Execs, die über die Situation Bescheid wissen, beobachten das Geschehen mit einer Art distanziertem Interesse.

Die meisten anderen Leute scheinen die Signal Spikes ähnlich zu sehen wie TerraFirst!: eine Gruppe mit guten Zielen, aber stumpf und wenig zielgerichtet. Ihre alten Freunde bei TerraFirst! sind gespalten. Auf der einen Seite wurden sie vorgeführt – das ist es, was sie hätten tun können. Andererseits gelingt es den Signal Spikes, Dinge zu erreichen, die TerraFirst! schon seit Jahrzehnten versucht hat. Es gibt einen Strom von Leuten, die von TerraFirst! zu den Spikes wechseln, und wenn die Spikes weiterwachsen, könnten sie irgendwann TerraFirst! übernehmen – oder zumindest diejenigen von TF!, die kompetent sind und etwas beitragen können. Das hat die Führung von TerraFirst! dazu veranlasst, eine Flut von Aktivitäten zu starten, um ihre Leute zu beschäftigen und sich selbst als fleißige und effektive Anführer erscheinen zu lassen. Es wäre ironisch, wenn die Gruppe, die sich von TF! abgespalten hat, weil diese nichts erreicht hat, die alte Gruppe motivieren würde, eine effektivere und lebendigere Organisation zu werden. Konzerninformanten innerhalb der Gruppe scheinen es sich anders zu überlegen, und einige von ihnen sind möglicherweise dabei, die Seiten zu wechseln.

- Ich bin neu in der Szene und kenne den Ruf von TerraFirst!, aber ich habe mit ihnen anderes erlebt. Vielleicht sind einige der alten Aufrührer weitergezogen, vielleicht ist ihre Führung milder geworden oder vielleicht gibt es jetzt ein paar Leute, die sich organisieren, aber sie scheinen sich eher in Richtung echter Umweltbewegung zu entwickeln, weg vom Öko-Terrorismus. Ich schätze, das wird an jedem Ort anders sein, aber es gibt nicht viele andere Organisationen, bei denen man mitmachen kann, wenn man Müll und Ölverschmutzungen beseitigen will.
- Neon Fireball

- Sie sind ein Witz, und das schon seit Jahrzehnten. Nur wenn ein paar ihrer Verrückten etwas Schlimmes anstellen, sind sie auch nur im Entferntesten relevant. Sie haben keine Freunde, kein Geld, keine Fähigkeiten und keine Ausbildung, sie haben einfach nur einen Komplex. Und manchmal haben sie genug Drogen und Alkohol intus, um etwas Lautes und Sinnloses zu tun.
- Bull

Die einzige andere Opposition, die du im Auge behalten solltest, sind die Leute, die Evil-Eye im Laufe der Jahre verärgert hat. Es sind viele, und einige von ihnen verfügen über beträchtliche Ressourcen, mit denen sie ihren alten Feind auflaufen lassen könnten. Das ist eine wirklich gute Gruppe, um Informationen zu bekommen. Wenn du für Arbeit gegen die Signal Spikes bezahlt werden möchtest, könnten sie auch einige deiner Erkundungen finanzieren. Wenn ich „Gruppe" sage, ist das natürlich übertrieben. Es gibt keine organisierte Gruppe, aber ich kann ein paar Namen heraussuchen, wenn du mehr erfahren möchtest. Ich überlege, ob ich diesen Leuten etwas von meinen Nachforschungen zeigen soll, aber ich habe etwas Sorge, dass ich aus Versehen ein noch schlimmeres Monster erschaffe, als ich vernichten kann; man weiß bei solchen Sachen nie, wo sie enden.

Die Leute, von denen du nichts hörst, sind diejenigen, die in die Machenschaften der Spikes verwickelt werden. Der unschuldige Lastwagenfahrer, der in die Luft gesprengt wird, weil er die falsche Ladung transportiert, die Leute in den Anlagen, die in die Luft gejagt werden – sogar ihre Zulieferer, die durch diese Verbindung bei der Gruppe in Verruf geraten. Sie sind keine echten Gegner, da sie nicht gegen die Signal Spikes vorgehen können, aber ich würde sie auch nicht als Freunde oder gar als unbeteiligte Parteien bezeichnen. Ich habe gesehen, wie zwei besonders motivierte Familienmitglieder einzeln versucht haben, die Organisation aufzuspüren. Die Signal Spikes machen sich die Machtlosen zu Feinden, und ich frage mich, ob nicht jemand, der von einem Angriff betroffen ist, zum Dreh- und Angelpunkt der Bemühungen werden wird, die Spikes zu Fall zu bringen. Ein Familienmitglied hat sich sogar nach gebrauchter Kampf-Cyberware erkundigt. Ich will nicht, dass Leute ihr Leben der Rache widmen, aber eine wirklich wütende Person kann manchmal Berge versetzen. Ich sag dir was: Wenn die Spikes jemanden ausschalten, der einen erfahrenen und kompetenten Söldner oder Shadowrunner kennt, wartet eine Welt voller Schmerz auf sie. Wenn man bedenkt, wie schlecht sie bei der Auswahl ihrer Ziele sind, wie unsauber ihre Techniken sind und wie gefühllos sie sein können, ist das wahrscheinlich nur eine Frage der Zeit.

HABEN SIE IRGENDWELCHE FREUNDE? SIE SIND NICHT GROß. MIT WEM ARBEITEN SIE ALSO ZUSAMMEN, UM DINGE ZU ERLEDIGEN? MIT JEMANDEM, DEN ICH KENNE?

Jemand hat die Gruppe finanziert, also gibt es mindestens einen wichtigen Geldgeber, und der ist gut darin, versteckt zu bleiben. Diese Person, wer auch immer sie ist, benutzt die Gruppe entweder für ihre eigenen Zwecke oder ist mit dem, was sie tut, einverstanden, aber ich vermute, dass es Ersteres ist. Wenn ja, können wir wahrscheinlich etwas über sie lernen. Vielleicht *ist* sie ein Öko-Aktivist, aber mein Verdacht ist, dass sie die Spikes mit Konzernzielen füttert. „Warum?", höre ich dich fragen. Ich weiß es nicht, und ob es sich herausfinden lässt, hängt davon ab, wie subtil sie vorgeht. Wenn sie einer der normalen Manipulatoren hinter den Kulissen ist, könnte sie Leute ausschalten oder demütigen, die ihr im Weg stehen. Das wäre das beste Szenario: Dass diese Person jemand ist, der über Ressourcen und Kontakte verfügt, aber kleinlich genug ist, um Rivalen oder Feinde auf dem Weg an die Spitze auszuschalten. Ein schlimmeres Szenario wäre, dass es eine Art Masterplan gibt, der vorschreibt, dass bestimmte Personen oder Gruppen zu bestimmten Zeiten kompromittiert werden müssen, und dass es einige verdächtige Geld-, Aktien- und Vermögenstransfers zu den Zeiten der Signal-Spike-Operationen gegeben hat. Natürlich geht es hier um korrupte, narzisstische, kleinkarierte und chaotische Execs, sodass es ohnehin eine Menge verdächtiger Geldbewegungen geben wird und es schwer wäre, eine bestimmte Person zu entlarven, die hinter den Kulissen stecken könnte.

Das andere Szenario macht mir Angst: Es könnte ein etablierter Akteur am Werk sein, der eine Terrorgruppe als Rekrutierungsbasis für Elite-Agenten aufbaut. In diesem Szenario würden sich Agenten den Signal Spikes anschließen, nähmen an einer Reihe von Operationen teil und verließen dann die Gruppe, um von Nachwuchskräften ersetzt zu werden. Zu diesem Zeitpunkt würden sie sich mit ihrem Wissen über Sabotage, ihrer Erfahrung bei Operationen und (wahrscheinlich) einer Sache, der sie folgen wollen, einer viel geheimeren Gruppe anschließen. Ich kann mir keinen besseren Weg als diese Art von Operation vorstellen, um sich eigene Schoßterroristen heranzuziehen. Das Gute ist, dass diese Gruppe noch ziemlich neu ist. Wenn das der Plan ist, sind sie also wahrscheinlich noch nicht in vollem Gange.

Die Signal Spikes haben Verbindungen zu mehreren Schmugglern und Kojoten. Sie zahlen gut, und die Kojoten können den Mund halten. So schmuggeln sie die nötige Hardware an die benötigten Orte und entkommen zu ihrer Operationsbasis. Kojoten sind wertvoll, aber entbehrlich, und sie scheuen sich nicht vor dieser Art von Arbeit. Ich kenne einige der beteiligten Kojoten: Sie betreiben hauptsächlich Langstreckenflüge und gelegentlich langsame Boote. Die Signal Spikes haben auch ein paar eigene Schmuggler, aber die scheinen noch zu lernen, beschatten die Kojoten und bauen ihre Fähigkeiten auf. Sind noch nicht bereit für die erste Liga.

Es überrascht nicht, dass die komplizierte Beziehung der Signal Spikes zu TerraFirst! dazu führt, dass sie manchmal mit ihrer Mutterorganisation zusammen- und manchmal gegen sie arbeiten. Würdest du das „Freinde mit Extras" nennen? Ich weiß es nicht. Die beiden Gruppen gehen insgesamt sehr kühl miteinander um, aber wie ich bereits erwähnt habe, gibt es viele Leute, die auf individueller Ebene befreundet geblieben sind. Die Führung von TerraFirst! wettert gelegentlich über die Signal Spikes, mit Ausdrücken wie „Wenn du zu uns gehörst, solltest du nicht mit ihnen befreundet sein!" Aber das scheint eine einseitige Rivalität zu sein. Den Spikes scheint es egal zu sein, was ihre alte Organisation über sie denkt. Sie sind anscheinend zu sehr damit beschäftigt, Erpressung und Sabotage zu betreiben. Ich vermute, dass ihre alten Chummer neidisch auf das Geld und den Erfolg der neuen Gruppe sind.

Die Signal Spikes ziehen sich auch Leute in verschiedenen Konzernen heran, um Informationen über Manager und mögliche Sabotagepunkte zu sammeln, aber das geschieht eher im Verborgenen, und diese Leute arbeiten ihrerseits nicht als Gruppe.

- Vielleicht könnt ihr ihre Connections ausfindig machen, indem ihr deren Ausgabeverhalten und Lebensstil verfolgt. Andererseits müsste man sich wahrscheinlich den halben Konzern anschauen, wenn man nach „Konzerner mit verdächtigem Einkommen" sucht.
- War Paint

HABEN SIE IRGENDWELCHE BEKANNTEN STÜTZPUNKTE ODER VERSTECKE?

Wenn die Signal Spikes einen Plan ausführen, richten sie eine Operationsbasis vor Ort ein, die als Nachschubdepot dient. Shadowrunner können ihre Ausrüstung vielleicht in einem Hotelzimmer unterbringen, aber mehrere Tonnen Sprengstoff lassen sich nicht annähernd so gut verstecken. Die Signal Spikes verhalten sich in der Nähe ihrer temporären Basis sehr vorsichtig, denn dort sind sie am verwundbarsten. In der Regel übernehmen sie einen verlassenen Bauernhof, eine Fabrik oder ein Lagerhaus und errichten darin ihre eigene kleine, vorübergehende Struktur. Sobald sie einen sicheren Ort aufgebaut haben, nutzen sie diese Basis, bis die Operation vorbei ist, kehren dann zu ihr zurück, um aufzuräumen und sich eine Weile zu verstecken, bauen die Basis anschließend organisiert und gründlich ab und ziehen weiter. Sie scheinen es zu mögen, wenn sie denselben Ort mehr als einmal benutzen können, also räumen sie sorgfältig auf. Sie haben ihre temporären Basen auch schon abgefackelt, wenn sie verfolgt wurden, aber da sie in ihrem Handwerk besser geworden sind, kommt das immer seltener vor. Sie gehen vom Tatort weg und rennen nicht.

In der Matrix haben sie ihren eigenen Host. Er wird von Evil-Eye und einer großen Anzahl von Sprites streng bewacht, ist aber zugänglich, wenn man die Adresse kennt. Ein „Freund" von mir stand bei ihnen vor der Tür, um sich anwerben zu lassen, und es scheint geklappt zu haben, denn er wurde damit beauftragt, einen Erpressungsjob zu recherchieren. Ich drücke die Daumen, dass ich mehr Informationen erhalte, sobald er ein vollwertiges Mitglied der Gruppe ist.

Wenn die Signal Spikes ihre Erpressungsforderungen stellen, ziehen sie es vor, sich zu einem öffentlich zugänglichen Netzwerkanschluss an einem Ort zu begeben, an dem sie sich ohne Probleme ausstöpseln können. Das scheint sie während der Arbeit verwundbarer zu machen, aber wenn etwas schiefgeht, können sie einfach ausstöpseln, ein paar Störsender aktivieren und in einer Menge verwirrter Leute verschwinden.

Basierend auf der Prämisse, dass man nicht scheißt, wo man isst, glaube ich, dass sich ihr physisches Hauptquartier in Azanien befindet. Ich habe ihre Anschlagsmuster und die von ihnen gewählten Ziele untersucht, und es gibt da einen großen weißen Fleck im südlichen Afrika. Die azanische Regierung hat, wie die meisten Regierungen, weder die Ressourcen noch die Chuzpe, eine solche Operation durchzuführen, also bin ich mir ziemlich sicher, dass die Signal Spikes dort unten sind. Wenn ich raten müsste, würde ich sagen, dass sie eine ernst zu nehmende Festung in der Nähe von Kapstadt haben, von wo aus sie Schiffe schicken können, um ihre Hardware dorthin zu bringen, wo sie gebraucht wird. Falls sie genug Geld und Beziehungen haben, haben sie vielleicht sogar einen legalen Liegeplatz. Wer weiß, was für diese Gruppe möglich ist? Es würde die Planung und die Logistik stark erleichtern, wenn sie das Material an Ort und Stelle bringen könnten, bevor es gebraucht wird. Ich denke, das unterstreicht einen weiteren fast einzigartigen Punkt hinsichtlich der Signal Spikes: Sie scheinen in der Lage zu sein, große Operationen lange im Voraus zu planen und die Basis für ihre besondere Art von Chaos zu schaffen. Sie scheinen selbst dann zu planen und Material zu bewegen, während sie gerade andere Operationen durchführen. Dieses logistische Geschick ist, zurückhaltend ausgedrückt, überraschend für eine Gruppe wie die Signal Spikes. Embiro hat ganz sicher keine bekannten Fähigkeiten in diesem Bereich; er hätte wahrscheinlich keinen Riesenstreit mit TerraFirst! gehabt, wenn er über diese Art von Fähigkeiten verfügt hätte. Serpentine kann gut mit Zahlen umgehen, aber niemand in ihrem früheren Leben hat je angedeutet, dass sie ein Talent dafür hat, Dinge zu bewegen und dafür zu sorgen, dass alles an seinem Platz ist. Evil-Eye wäre sicherlich in der Lage, die abstrakte Planung und die Zahlenverarbeitung zu bewältigen, aber sein Stil, bevor er sich den Spikes anschloss, war immer „Vorschlaghammer trifft Nuss". Oh, alle seine Pläne sind gut ausgeführt worden, aber er hat nie das Niveau an Komplexität gezeigt, das für diese Art von Operationen nötig ist. Ich kann mir zwei Gründe vorstellen, warum die Gruppe diese Fähigkeit entwickelt haben könnte. Der erste ist, dass sie vielleicht ein Logistikgenie angeworben haben. Ich halte das für unwahrscheinlich. Diese Leute können in der Regel viel Geld verdienen, wenn sie für die Kons arbeiten, und die Kons sind in der Regel der Ort, an dem sie diese Art von Fähigkeiten erlernt haben. Der zweite Grund, den ich mir vorstellen kann, ist, dass es jemanden hinter den Kulissen gibt. Diese Person hilft vielleicht bei der Planung, hat sich aber noch nie in der Öffentlichkeit oder bei den einfachen Mitgliedern, mit denen ich gesprochen habe, gezeigt und will nicht entdeckt werden. Es ist schwierig, anhand der Geräusche, die sie nicht macht, und der Lücke, die sie im Bild hinterlässt, herauszufinden, wer dort sein muss. Ich habe keine Ahnung, wer diese Person sein könnte, aber wenn es sie gibt, kannst du darauf wetten, dass sie nichts Gutes im Schilde führt. Vielleicht ist es dieselbe Person, die ihnen am Anfang das ganze Startkapital gegeben hat; das würde zu ihrer Fähigkeit passen, zu planen und langfristige Verpflichtungen einzugehen, sowie zu dem plötzlichen Kompetenzschub für die Gruppe. Wenn das der Fall ist, kann der Zeitpunkt kommen, an dem die ökologischen Werte, das Gewinnstreben und die geheimnisvollen Ziele des stillen Wohltäters miteinander in Konflikt geraten. Mannomann, ich möchte nicht in der Nähe dieses Dreksturms sein, wenn das passiert. Das wäre die Art von internem Konflikt, der nur mit Explosionen im Kilotonnenbereich gelöst werden könnte.

- Azanien wäre ein seltsamer Ort für eine Basis. Gut ist die lasche Kontrolle, aber es kann schwierig sein, dort Materialien zu bekommen. Nicht dramatisch, aber warum sollte man sich die Mühe machen? Andererseits liegt es an einigen wichtigen Schifffahrtsrouten, und es gibt viele Talente in der Nähe, die man anwerben kann. Ich vermute, dass eine mysteriöse Person, die die Operation finanziert, sie wahrscheinlich nur in der Nähe haben wollte, um sie im Auge zu behalten.
- Mr. Dlamini

- Oh, hey! War dieser Buchhalter nicht von da unten? Jemand, der vor einiger Zeit mit dem Code zu tun hatte?
- WyseCrack

- Von welchem Buchhalter redest du?
- Mr. Dlamini

- Bist du noch da?
- Mr. Dlamini

OKAY, WENN ICH ALSO MEINE KARRIERE AUF DIE ERPRESSUNG VON KONZERNEN UND GEWALTTÄTIGEN ÖKOTERRORISMUS AUSRICHTEN WOLLTE, WIE WÜRDE ICH SIE KONTAKTIEREN?

Das ist wahrscheinlich nicht so schwer, wie du denkst. Wie ich bereits sagte, gibt es viele ehemalige TerraFirst!-Mitglieder in ihren Reihen, und obwohl sich die beiden Gruppen langsam voneinander entfernen, gibt es immer noch Leute, die Freunde in beiden Lagern haben. Wenn du also mit den Signal Spikes in Kontakt treten musst, solltest du zuerst zu deinem örtlichen TerraFirst!-Treffen gehen und dir dort ein paar Bekanntschaften anlachen. Einer der netten Leute dort kennt bestimmt die Matrixadresse von einem der Spikes. Es ist ein guter Weg, wenn du mitmachen willst, denn der Weg vom radikalen Öko-Terroristen zum Öko-Erpresser scheint nicht weit zu sein. Allerdings könnte dein Ruf auf der Straße Schaden nehmen, wenn du in einem Raum voller TF!-Mitglieder gesehen wirst, aber wenn du den Spikes beitreten willst, ist das wahrscheinlich kein großes Problem für dich. Eine Sache, die für dich ein großes Problem sein könnte, ist, dass TerraFirst! so undicht ist wie ein Ein-Nuyen-Stiefel, vor allem, wenn du irgendeine Art von Straßenruf hast. Jeder, der sich für irgendetwas interessiert, wird erfahren, dass du dort gewesen bist, wird deine Tarngeschichte herausfinden und erfahren, mit wem du gesprochen hast. Wahrscheinlich sogar von der betreffenden Person selbst. Ich persönlich denke, dass dies das Ergebnis der jahrelangen Unterwanderung durch die Konzerne ist. Ich bin mir ziemlich sicher, dass es die Kons sind, die dafür sorgen, dass TerraFirst! so ineffektiv und gespalten ist. Wie ich schon sagte: Es ist ironisch, dass sie damit die Gründung der Spikes verursacht haben könnten.

Aber das ist nicht der einzige Weg, um rekrutiert zu werden. Ich meine, es ist toll, wenn du ein Fußsoldat oder ein Sprengmeister bist, aber wenn du Matrixkenntnisse hast, ist es wahrscheinlicher, dass du von Evil-Eye rekrutiert wirst. Er ist immer auf der Suche nach Talenten, und wenn du wirklich mitmachen willst, könntest du schnell dabei sein. Evil-Eye hat eine öffentliche Matrixadresse für Nachrichten, und es zeugt von seinem Talent und seiner Arroganz, dass er eine Methode zur Kontaktaufnahme aufrechterhält und publik macht. Bisher haben die Strafverfolgungsbehörden noch nicht berichtet, dass es ihnen gelungen ist, zu ihm durchzudringen, und ich weiß nicht, warum. Vielleicht ist er einfach so gut. Jedenfalls, wenn du der Meinung bist, dass du den Blicken seiner weißen Iris standhalten kannst und das Zeug dazu hast, der Gruppe beizutreten, ist das auf jeden Fall eine Option. Ich bin mit niemandem befreundet, der auf diese Weise beigetreten ist – ein paar Bekannte haben es versucht, aber es endete nicht so gut für sie –, aber ich habe einige Fremde miterlebt, die es versucht haben und jetzt Teil der Crew sind. Du kannst darauf wetten, dass Evil-Eye die Talente und Motive aller Bewerber sorgfältig prüft, bevor sie in seine kleine Gruppe aufgenommen werden. Ich habe noch von niemandem gehört, der bei Tests getötet wurde, aber das liegt wahrscheinlich daran, dass Evil-Eye jeden Bewerber untersucht hat, bevor es so weit kommt. Außerdem ist es schwer herauszufinden, woran ein einzelner Hacker stirbt, also – wer weiß?

- Evil-Eye wirkt wie schlechte PR für Technomancer, aber er ist definitiv kompetent. Ich habe gehört, dass er ein ganzes ägyptisches Hackersyndikat ausgeschaltet hat, indem er ihr eigenes IC gegen sie eingesetzt hat. Im Gegensatz zu dem, was diese Person hier sagt, weiß ich, dass Evil-Eye ein paar Freunde hat, nur eben keine Hacker. Ohne irgendeine Art von Unterstützung hätte er nicht so lange überleben können, als es ihm schlecht ging. Ich kenne sogar einen Straßendoc, der sein Gesicht nach einer Schießerei wieder zusammengesetzt hat.
- DreamChopper

- Mit so einer Geschichte kannst du uns nicht hinhalten! Was ist mit dem Straßendoc passiert?
- Bull

- Ich glaube nicht, dass etwas passiert ist? Ein Straßendoc zu sein ist ein ziemlich gefährlicher Job, aber das Letzte, was ich gehört habe, war, dass er immer noch im Geschäft ist. Ich werde seine Kontaktdaten nicht online stellen, aber ich denke, dass Evil-Eye zufällig einen getroffen hat und dann eines Nachts hereintaumelte, nachdem er sich am falschen Ende einer explosiven Waffe befunden hatte. Der Doc flickte ihn zusammen und ließ die Augen so, wie sie waren, und Evil-Eye heilte aus, bezahlte und ging.
- DreamChopper

- Ich war mir sicher, dass diese Geschichte damit enden würde, dass ein Straßendoc sein eigenes Operationsbesteck schluckt.
- Bull

Die Leute, die sich dem Sprengstoffgeschwader der Signal Spikes anschließen, neigen dazu, in der Fleischwelt ein bisschen zu prahlen, aber die Hacker-Crew ist so verschlossen wie eine Auster. Eine Technomancerin, die ich kannte, hatte früher eine ziemlich lose Zunge und gab gerne mal an, aber seitdem sie sich den Spikes angeschlossen hat, hat das fast ganz aufgehört. Sie ist sichtbar, wenn es um Hacks geht, aber sie scheint eine große Dosis operatives Sicherheitstraining und einen plötzlichen Crashkurs in Online-Disziplin bekommen zu haben. Es ließ mich argwöhnen, dass sie eine dieser Monaden von vor ein paar Jahren war. Ich glaube nicht, dass in der Gruppe so etwas vor sich geht, aber die Persönlichkeitsveränderung war so plötzlich und effektiv, dass es sich ein bisschen so anfühlte. Ich denke da an Xanthos, die früher auffällig war, mit ihren Jobs in der Stadt geprahlt hat und es genoss, den Bullen eine lange Nase zu drehen. Sie ist immer noch auffällig, wenn sie arbeitet, aber man hört jetzt nichts mehr von ihren Heldentaten. Sie scheint sich eher zu einem stillen Raubtier zu entwickeln, einer äußerst effektiven Wölfin von einer Hackerin. Es ist erstaunlich, was für eine Veränderung man durchmachen kann, wenn man einen Stamm, eine Sache und einen starken Anführer findet.

Eine andere Möglichkeit, mit den Signal Spikes Kontakt aufzunehmen (oder besser gesagt, von ihnen kontaktiert zu werden), ist, wenn sie wollen, dass du einen Job für sie erledigst. Sie sind gut in dem, was sie tun, aber sie sind wenige, und wenn sie für einen bestimmten Job Verstärkung brauchen, gehen sie vielleicht auf die Jagd nach Leuten, die sie unterstützen. Ihr Ruf besagt, dass sie sehr gut zahlen und sich bewusst sind, dass jeder, der mit ihnen arbeitet, ein Ziel sein könnte. Sie achten auch darauf, wie sie mit dir zusammenarbeiten – wenn du mit ihnen für einen Job zusammenarbeitest, erwarte nicht, dass du Teil der Gesamtplanung bist. Ihre operative Sicherheit erfordert es, dass sie die Details der anderen Teile des Jobs von dir fernhalten. Oh, du bekommst einen Überblick – genug, um den Job zu erledigen. Du musst einfach davon ausgehen, dass alles, was sie dir nicht sagen, auch nicht gebraucht wird. Um ehrlich zu sein, ist es wahrscheinlich sowieso das Beste. Mehr Informationen sind nur eine weitere Sache, die ein kleinkarierter mittlerer Manager mit seinen Schlägern aus dir herausprügeln würde, wenn er dich erwischt. Außerdem haben die Spikes als Auftraggeber einen guten Ruf. Es mögen zwar Jobs schiefgelaufen sein, aber sie scheinen mit einer erwachsenen Einstellung zu arbeiten und Runner nicht zu verarschen, zumindest soweit ich weiß. Das heißt aber nicht, dass ich sie als Auftraggeber empfehle. Du weißt wahrscheinlich genauso gut wie ich, dass grundsätzlich jeder Johnson bereit ist, dir in den Rücken zu fallen. Ich schätze, die Spikes werden dir wahrscheinlich nicht für ein paar Nuyen in den Rücken fallen. Stattdessen werden sie es tun, wenn sie denken, dass du sie verarscht hast. Du solltest also besser keinen Straßensam als Teamsprecher haben.

> Bin ich verrückt? Sie scheinen wirklich vernünftige Leute zu sein, für die man arbeiten kann.
> River Fish

> Nicht verrückt. Sie scheinen gefährliche, korrupte Fanatiker zu sein, aber das trifft so ziemlich auf jeden aufgeblasenen, abgehalfterten Johnson zu, der Runner anheuert, um Dinge zu tun. Also … ¯_(O)_/¯ Sei vorsichtig, pass auf deinen Arsch auf und sei auf politische oder persönliche Konflikte vorbereitet, die dich auf eine Selbstmordmission schicken könnten. Vielleicht sind sie sogar so neu, dass sie nicht so abgestumpft sind wie normale Auftraggeber. Es könnte einen Versuch wert sein.
> Netcat

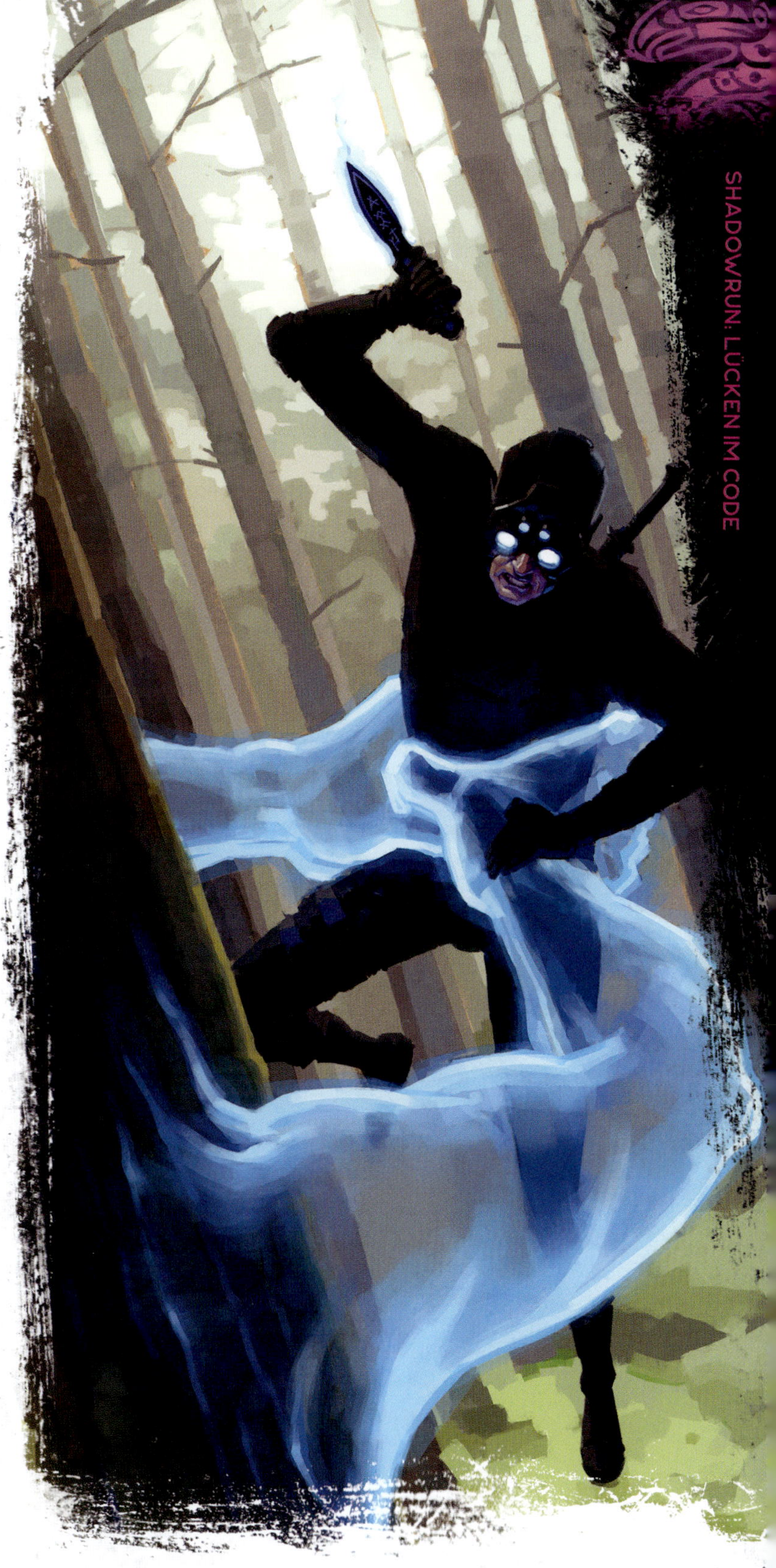

Es gibt noch eine andere Möglichkeit, auch wenn es nicht darum geht, mit den Signal Spikes in Kontakt zu treten. Aber es gibt eine Menge motivierter Johnsons da draußen, wenn du für die andere Seite arbeiten willst. Vielleicht haben die Spikes dich oder einen Mr Johnson, mit dem du zusammenarbeitest, beleidigt. In diesem Fall würdest du bestimmt jemanden finden, der bereit ist, ein bisschen diskretes Chaos und lautes Morden zu finanzieren, wenn du einen drogengetriebenen Amoklauf gegen diese terroristischen Verbrecher unterstützen willst. Sei vorsichtig. Diese Leute haben bereits bewiesen, dass sie nicht in der Lage sind, an jemand anderen als sich selbst oder an etwas anderes als ihre zerbrechlichen Egos zu denken.

Ich schätze, eine der wichtigsten Fragen ist, warum du entweder mit den Signal Spikes oder einem der kleingeistigen mittleren Manager, die sie ausnutzen, in Kontakt treten willst. Ich denke, es wäre viel klüger, beiden Seiten aus dem Weg zu gehen, aber es wird wohl immer Leute geben, die mit gewalttätigen Eiferern oder hinterhältigen Konzernern spielen und daraus Profit schlagen wollen. Du kennst ja das Sprichwort: Wer mit Höllenhunden zu Bett geht, steht brennend auf und stirbt, während er vor Schmerzen schreit.

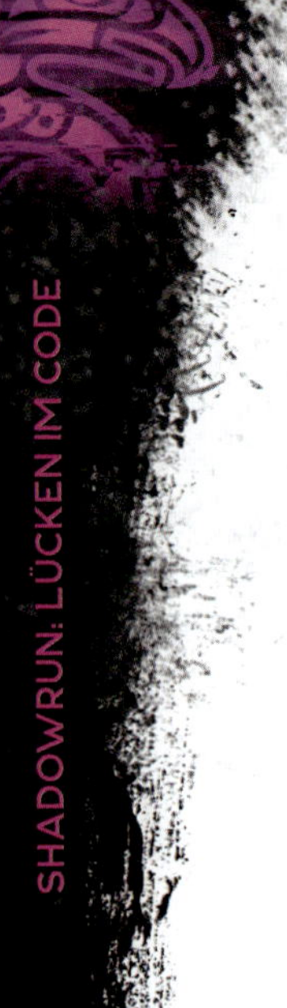

Wo war ich? Ach ja. Wenn du willst, kannst du dein Glück versuchen, indem du beide Seiten zur Strecke bringst. Ich meine, Hut ab, dass du das Richtige tust, aber das wäre eine große Aufgabe.

SCHLUSSGEDANKEN

Egal, ob ihr für sie arbeitet, gegen sie arbeitet oder einfach nur Leuten am Spielfeldrand helft, die Signal Spikes sind eine gewalttätige, brutale Gruppe, die ihre Ziele rücksichtslos verfolgt. Vielleicht sollte man es so ausdrücken.

Ich hoffe, dieser Chat hat euch geholfen. Ich denke, es ist wichtig, die Macherinnen und Macher um uns herum zu verstehen, und diese Gruppe gehört definitiv dazu.

Das ist alles, was ich im Moment weiß, aber wie ich schon sagte, bin ich noch am Recherchieren, also meldet euch, wenn ihr mehr wissen wollt, und wir werden sehen, wie weit wir kommen. Oh, und ich habe nicht viel Geld, aber wenn ihr ein Bier dafür wollt, dass ihr mir etwas über die Spikes erzählt, sagt mir das auch.

Noch mal: Die Signal Spikes sind gewalttätige Extremisten. Sie schaden den Schuldigen, aber es ist ihnen egal, wenn dabei Unschuldige sterben, solange sie ein Zeichen setzen können. Sie scheinen eine Art ethischen Kodex zu haben und denjenigen zu schaden, die der Umwelt schaden, aber eine Gruppe wie diese verstrickt sich nur allzu leicht in ihrem Tun und verliert aus den Augen, warum sie das tut, was sie tut. Die Signal Spikes gehören aktuell wahrscheinlich nicht zu den schlimmsten Dingen auf der Welt, aber wenn man sich VITAS, infektiöse Nanotechnologie, von Drachen kontrollierte Stadtstaaten und das, was mit Chicago passiert ist, ansieht, heißt das nicht viel. Behaltet sie im Auge. Sie sind gefährlich, besonders wenn man ihnen in die Quere kommt.

Ach, wem mache ich was vor? Die Leute, die das hier lesen, planen bereits, die Signal Spikes zu kontaktieren, um ihr Terroristengeld zu nehmen und Gewalttaten zu begehen. Ich weiß nicht, warum ich mir die Mühe mache. Vielen Dank für die Gelegenheit, über diese Leute vom Leder zu ziehen. Vielleicht wird diese Datei irgendwann irgendwo veröffentlicht, wo sie etwas Gutes bewirken kann. Zumindest wird sie die Dinge wahrscheinlich nicht viel schlimmer machen.

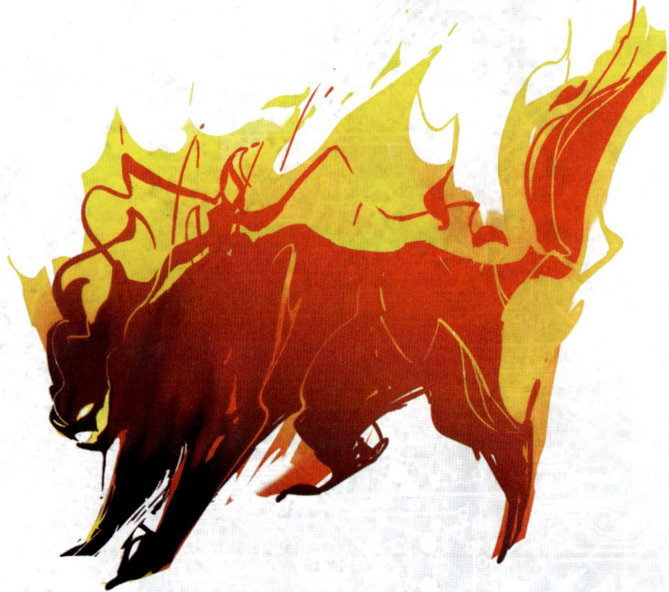

- Am Ende hat die Person irgendwie die Hoffnung verloren. Ist wahrscheinlich ein Risiko, wenn man über die Geschehnisse in unserer fröhlichen Welt berichtet, schätze ich.
- Slamm-0!

- Ich weiß nicht. Ich fand, sie klang, als wäre sie ausgelaugt. Vielleicht ist sie es nach all der Zeit müde, den Dingen nachzujagen.
- FastJack

- Denkst du daran, dich zur Ruhe zu setzen?
- Slamm-0!

- Vor mir liegt noch ein langer Weg.
- FastJack

SPIELINFORMATIONEN

Es gibt viele Dinge, die du mit den Signal Spikes tun kannst. In diesem Abschnitt findest du eine Liste mit Ideen, wie du sie in deine Abenteuer einbauen kannst. Du kannst diese Ideen ruhig miteinander kombinieren. Die Signal Spikes sind eine Gruppe, die sich an einem Tag vorübergehend mit Runnern verbündet und sie am nächsten Tag als Kollateralschaden abschreibt.

JOBS FÜR DIE SPIKES

Die Spikes sind vernünftige Mr Johnsons. Sie sind fanatisch bei dem, was sie tun, und sie arbeiten nicht gerne mit Leuten zusammen, die ihre Talente nur für Geld verkaufen. Aber sie tun es, wenn sie es müssen. Sie wissen, dass Leute, die mit ihnen zusammenarbeiten, ihren Ruf riskieren, und zahlen entsprechend. Wenn aber alles schiefgeht und es so aussieht, als hätte man sie betrogen, werden sie alles (auch unprofitable Dinge) tun, damit man bereut, was man getan hat.

Hier sind ein paar Jobs, an denen sie interessiert sein könnten:

- Die Spikes möchten Erpressungsmaterial über Konzern-Execs bekommen. Sie haben eine Liste mit vorbereiteten Zielen, aber sie werden Paydata kaufen, wenn es so aussieht, als würden diese zu ihrem Modus Operandi passen. Der Vorteil ist, dass die Leute, die sie erpressen werden, wahrscheinlich Leute sind, die man sowieso hasst.
- Die Spikes können die meisten ihrer Hacks selbst erledigen, aber sie sind wenige. Deshalb sind sie bereit, mit unabhängigen Auftragnehmern zusammenzuarbeiten, wenn viele Dinge gleichzeitig erledigt werden müssen, die alle persönliche Aufmerksamkeit erfordern. Wenn zum Beispiel eine Ablenkung für die Matrixsicherheit eines Konzerns benötigt wird, während gleichzeitig ein Kernsystem gehackt werden muss, könnten sie Runner damit beauftragen.
- Die Spikes brauchen gelegentlich nichtdigitales Social Engineering. Wenn man also ein Unterhändler ist, der sich gerne einen Weg in eine Offline-Einrichtung redet, oder wenn man bereit ist, einen „Gangüberfall“ auf eine Vorstadtfamilie zu inszenieren, könnten die Spikes Verwendung für diese Talente haben.

- Den Anführern der Spikes ist auch klar, dass eine Gruppe von Terroristen nicht immer die Fähigkeiten hat, die für eine bestimmte Aktion benötigt werden. Wenn sie also einen Vermittler brauchen, um mit Umweltverschmutzern zu verhandeln, können sie durchaus versuchen, eine käufliche Unterhändlerin anzuheuern.

JOBS FÜR DIE KONS

Die Signal Spikes machen sich eine Menge Feinde. Meistens sind diese Gegner ziemlich effektiv, mit bescheidenen Budgets, aber extrem unrealistischen Zielen und Erwartungen. Wenn man bereit ist, gewaltsam gegen eine Terrororganisation vorzugehen, kann man allerdings ordentlich Geld verdienen.

- Es ist leicht, einen Mr Johnson zu finden, dem von den Signal Spikes geschadet wurde, und ihn davon zu überzeugen, einen Teil seines Budgets zur Finanzierung einer Rachemission zu verwenden. Schon das Töten einiger weniger könnte den Stress und den Schaden lindern, den sein Ego erlitten hat. Schwieriger ist es, einen Johnson zu finden, der noch in einer Position ist, in der er ein Budget für eigene Projekte hat. In den meisten Fällen stehen seine Ausgaben jetzt auf dem Prüfstand. Trotzdem haben Johnsons oft persönliche und private Rücklagen für schlechte Zeiten angespart. Es könnte sich lohnen.
- Im Bereich der Konzernsicherheit ist es wahrscheinlicher, dass es Ermittlungsjobs zu vergeben gibt. Auch wenn die betroffenen Manager in der Regel nicht der Typ sind, der sich Freunde macht, ist es möglich, dass solche Dinge auch kompetente und beliebte Manager betreffen, und das wäre wirklich schlimm. Aus diesem Grund zahlt die Konzernsicherheit gerne für genaue Daten über die Signal Spikes, während sie ihre Dossiers erstellt, und ist bereit, Erkundungsmissionen zu finanzieren, wenn es Lücken in ihren Analysen gibt.
- Eine risikantere (aber auch profitablere) Aussicht ist, dass gerissenere und höherrangige Manager die Spikes für ihre eigenen Zwecke nutzen wollen. Sie sind vielleicht bereit, Runner zu bezahlen, um mit der Gruppe in Kontakt zu treten, entweder damit die Anführer einen Anruf von den Managern entgegennehmen können, oder um zu versuchen, sie aus der Ferne zu manipulieren. Das ist riskant, denn wenn die Signal Spikes denken, dass sie manipuliert werden, werden sie wahrscheinlich verbrannte Erde und einige Leichen zurücklassen. Andererseits könnten die Spikes dann dafür bezahlt werden, dass sie das tun, was sie sowieso vorhatten – es ist also keine aussichtslose Verhandlung.

JOBS FÜR UNBETEILIGTE

Bei jeder organisierten Gewaltgruppe wie dieser gibt es Leute am Spielfeldrand, die sich Sorgen machen. Einige dieser Beobachter zahlen vielleicht dafür, dass man ihnen hilft, ihre Bedenken zu zerstreuen.

- Die örtliche Polizei erfährt nie etwas, wenn ein Terroranschlag passiert, also kann es gut sein, dass sie die Runner als Ermittler anheuert. Es wird zwar nicht so gut bezahlt wie direkt für die Kons zu arbeiten, aber es könnte den Leuten in der Nähe helfen, sicher zu bleiben.
- Presseorganisationen sind im Allgemeinen altruistischer, vor allem Guerilla-Reporter. Sie mögen mit dem Ziel einverstanden sein oder auch nicht, und sie sind mit Sicherheit nicht mit dem Vorgehen einverstanden, aber sie wollen die Wahrheit wissen und sind ziemlich gut darin, die Geschehnisse zu verbreiten. Diese Stellen zahlen wahrscheinlich am wenigsten von allen, aber wenigstens hat man das gute Gefühl, für die Leute zu arbeiten und nicht fürs System. Vielleicht fühlt es sich dann nicht mehr so sehr wie ein Ausverkauf an, wenn man einen anderen Job von einem Konzern annehmen muss.
- Leute, die zwischen den Fronten stehen, sind ebenfalls eine potenzielle Quelle für Arbeit. Die Signal Spikes haben große Ziele und wollen Konzernen schaden, aber sie denken nicht an die Leute vor Ort wie Wachleute, Lkw-Fahrer, Reinigungskräfte und Passanten. In manchen Fällen wollen diese Leute einfach nur wissen, warum ihr Ehepartner getötet wurde. In anderen Fällen wollen sie jemanden anheuern, um Rache zu üben. Auf jeden Fall sind es unerfahrene Leute, die von ihren Emotionen überwältigt sind und sich wirklich leidenschaftlich wünschen, dass man etwas für sie tut. Oft bleibt ihnen nichts anderes übrig, als zu hoffen und den zufälligen Tod zu akzeptieren, den diese von Konzernen beherrschte Welt den Leuten, die einfach nur zu überleben versuchen, unbarmherzig zufügt. Es kann sein, dass die Runner Leuten, denen Schmerzen zugefügt wurden, ein gewisses Maß an Verständnis entgegenbringen können. Das ist auch gar keine schlechte Sache.

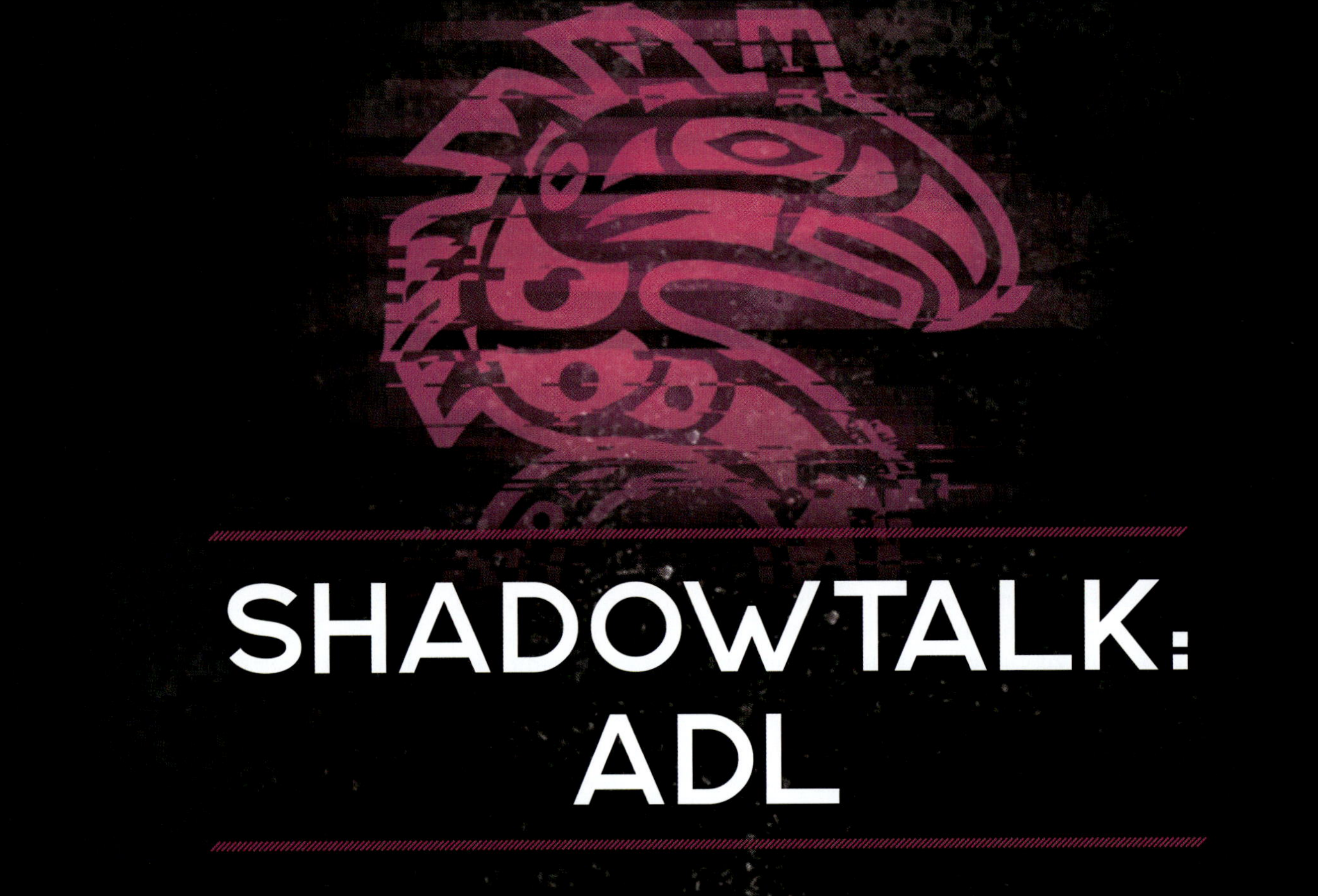

SHADOWTALK: ADL

// VERBINDE MIT PANOPTIKUM VPN
... IDENTITÄT VERSCHLEIERT
... VERSCHLÜSSELUNG GENERIERT
... VERBUNDEN MIT ONION-ROUTER
›› LOGIN ......
›› PASSWORT ......
... BESTÄTIGE BIOMETRISCHEN SCAN
VERBUNDEN MIT ‹FEHLER: UNBEKANNTER KNOTEN›

„Wer die Freiheit nicht im Blut hat, der wird sie nie erringen."
Kurt Tucholsky

Du wurdest in den Chatraum *Re: Lücken im Code* eingeladen
// Betrete Chat

SPOILERWARNUNG!

Dieses Kapitel enthält Spoiler zum *Shadowrun*-Kampagnenband *Netzgewitter*. Wenn deine Runde diese Kampagne gerade spielt oder noch spielen will und du nicht die Spielleiterin bzw. der Spielleiter deiner Gruppe bist, solltest du dieses Kapitel auf keinen Fall lesen!

- Da es Panoptikum wieder mal nicht hinkriegt, die Schattenfiles aus dem JackPoint so einzubinden, dass sie live von uns kommentiert werden können, hab ich mal 'nen Chatraum dafür aufgemacht.
- .rez

- Echt? Also, ich hatte keine Probleme. Brauchst halt den AuthKey von JackPoint, das VPN-übergreifende Kommentar-Plug-in, den aktuellsten Workaround für die veralteten P2P-Protokolle und eine Verifizierung von der Tag- bzw. Nachtwache.
- Sermon

- Das ist ja mal gar nicht kompliziert. Wie wäre es, wenn ihr das Netzwerk mal auf aktuelle Protokolle umstellen würdet? Geht doch in der Helix auch.
- .rez

- Leute, euer Gezoffe um die Panoptikum-Tech tragt bitte im betreffenden Bereich aus. Die Admins haben noch reichlich Bans zu vergeben.
- Daisy Fix

... 26 KOMMENTARE ENTFERNT VON TAGWACHE ...

- Okay, zum Thema. Bin ich der Einzige, dem bei Clockworks Ausführungen zu **Ex Machina** das Blut in den Adern gefriert? Ich meine den Teil, dass Cyberbuchsen das Hirn zum Bioprozessor

machen und man durch diese Buchse übernommen werden kann?
- Der Beobachter

- Was dachtest du denn, wie Cyberbuchsen funktionieren?? Dachtest du, ach, ich hol mir dieses novaheiße neue Implantat, dann hab ich fantastische Rechen- und Entschlüsselungskapazitäten, ohne einen Preis dafür zu zahlen? Hast du die [#auswurfschock]-Files gelesen und verstanden, was da zu den Hundert, der Fundament-Tech und der GOD-verdammten neuen Matrix drinsteht?
- .rez

- Hey, freundlich bleiben.
- Tagwache

- Ja, bitte!
- Der Beobachter

- Hör zu, ich kann dir jetzt nicht die gesamte Theorie zur Noosphäre, den Traumreisen in Resonanzräume oder zum tiefen Fundament auseinanderdröseln – das findest du in epischer Breite in den besagten Files >Link<. Stark vereinfacht gesagt widerspricht die neue Matrix den Gesetzen der Physik, exakt wie die Technomancer und alles, was diese tun können. Das ist kein Zufall. Die schöne neue Matrixwelt beruht auf „Technomancer-Technologie“ (ich vereinfache extrem). Und die Cyberbuchse macht, dass Nicht-Technomancer ihr Gehirn auf eine ähnliche Weise nutzen können, wie Technomancer das von Natur aus tun – indem die Buchse das Hirn zum Interface macht.
- .rez

- Und jedes Interface kann in zwei Richtungen genutzt werden. Daher schockt mich wenig daran, dass irgendwer einen Weg gefunden hat, die Cyberbuchse als Angriffspunkt aufs Hirn zu nutzen. Das musste passieren, irgendwann.
- Sermon

- Eben. Und dass dieser Trick zuerst von einer dieser mysteriösen digitalen Entitäten entdeckt wurde, die seit Errichtung der neuen „Wundermatrix“ offenbar überall erscheinen – oder schon immer im Fundament wirkten –, scheint auch nur logisch.
- .rez

- Trotzdem: Wie könnt ihr das einfach so abtun? Heute Ex Machina, morgen **Angeus**, dann alle Megas und in fünf Jahren die praktische Kontrollier-dein-Kind-App? Hat denn die Metamenschheit nichts aus KFS gelernt?
- Darkside

- Hat sie denn je etwas gelernt, aus irgendeiner Katastrophe? Der Markt für Naniten – natürlich gaanz neuartige, die vöollig sicher sind – boomt wieder, und die Welt freut sich über die quasi energiekostenfreie Matrix, deren Bandbreite und Reichweite „von ganz alleine“ wächst und gedeiht. Menschen sind Idioten.
- Cynic

- Apropos Angeus: Auch wenn ich zustimme, dass das französische **Marianne**-System ganz offensichtlich von innen heraus korrumpiert und missbraucht wird, glaube ich nicht, dass es dafür einer (weiteren) bösartigen KI bedarf, heiße sie nun Angeus oder anders. Der Datenmissbrauch ist systemimmanent. Er ist der wahrhaftige Daseinszweck aller anlasslosen, großflächigen Bürgerüberwachungsprogramme, sei es nun Marianne in Paris, Shugotenshi in Chiba oder Kassandra in Berlin.
- Aggi

DIE DEUTSCHE MARIANNE

Die Spielinformationen im Kapitel *Marianne* (S. 74) lassen sich eins zu eins auf das Berliner Kassandra-System anwenden. Du hast auch bei anderen Plexen die Freiheit, für deine Runde festzulegen, dass Renraku oder ein anderer Anbieter ein ähnliches System entwickelt und der Verwaltung angeboten hat – auch ohne, dass dies bisher erwähnt wurde. Immer gilt es, das Gefühl der totalen Überwachung gegen eine Funktionsweise abzuwägen, die Shadowrunnern die Arbeit effektiv unmöglich machen würde (was sich nicht mal Renraku wünscht, immerhin nutzt dieser Konzern ebenfalls Runner und hat wenig Interesse, dass seine eigenen schmutzigen Machenschaften ans Licht gezerrt werden).

- Da stimme ich zu, und wir sind auch noch ein gutes Stück davon entfernt, um uns wegen eines hypothetischen Hirnhackings durch die Cyberbuchse verrückt zu machen – zudem ja mit den Cyberhacks inzwischen auch weniger invasive Decking-Alternativen bereitstehen. Was mir weit mehr Bauchschmerzen bereitet, sind diese ganzen neuen **digitalen Entitäten** (DE). Dass die „ganz anders“ als die großen KIs der alten Kabelmatrix sein sollen, finde ich nicht sonderlich beruhigend.
- Russenrigger

- Opa erzählt vom Crash in drei, zwei ...
- .rez

- Letzte Warnung, .rez!
- Tagwache

- Beim Stichwort Matrix-Entitäten: Kann es sein, dass die „Ich fresse Decker“-Entität **Jadedrache** enorme Ähnlichkeiten mit Apex hat? Ihr wisst schon: Apex, dessentwegen im letzten Jahr ein halber Kiez in Berlin zerlegt wurde und der in die Matrix entkommen sein soll?
- Sermon

- Der Jadedrache ist nicht Apex. Kann er schon deshalb nicht sein, weil Berichte über den Jadedrachen bis Anfang der Siebziger zurückgehen und Apex den besten Infos nach erst 2081 in „unsere“ Matrix kam.
- Imperativ

- Sei dir nicht zu sicher. Wie ich schon im [#reiseführer] postete, soll der Jadedrache beim Crash 2.0 aus einem abgetrennten System entkommen sein. Genau dasselbe sagte man auch über Bethal, und auch die schien irgendetwas mit Apex zu tun zu haben.
- Corpshark

- Vergangenheitsform? Hat sie nicht mehr?
- Imperativ

- Die hat nie wieder irgendwas.
- .spoof

- Außerdem passt der Zeitpunkt der Befreiung von Apex 2081 auffallend gut zu Veränderungen im Jagdverhalten des Jadedrachen, der nun deutlich aggressiver sein soll. Ein frühes Apex-Opfer in dessen neuem, globalem Revier?
- .rez

- Halt! Stopp! Ihr redet total in Rätseln, und meine parallelen Matrixsuchen in den einschlägigen Schattennetzwerken werfen nur kryptische Andeutungen, offenkundige Matrixmärchen und seitenlanges hysterisches Geplapper im Arachnet aus. Kann da bitte jemand eine Zusammenfassung geben?
- Galore

- Das wird zwar schwierig, aber ich will es versuchen und knüpfe dabei direkt an unseren Talk „Ordnung im Chaos“ im [#berlin2080]-Load an (auch schon wieder zwei Jahre her – wie die Zeit verfliegt, wenn man bibbernd unter der Alu-Tischdecke sitzt …).
- Darkside

DAS NETZGEWITTER

GEPOSTET VON: DARKSIDE

Lutz war ein feiner Kerl. Kein Engel, gewiss nicht, aber wer ist das schon. Ein Bub aus dem Emsland, der sein Heimatkaff im Chaos versinken sah und erlebte, wie ohnmächtig oder unwillens die Obrigkeit war, etwas dagegen zu tun. Er war mein Ausbilder, schon damals alt, ein cooler Chef, geradeheraus, ohne diese Ankumpeleien, die einem in Horizon-Managerseminaren eingeimpft werden. Hart, wenn es nötig war, aber immer tausend Prozent verlässlich und für seine Leute da.

Nach der Ausbildung – worin genau, braucht euch nicht zu kümmern – hielt er Kontakt. Nicht nur zu mir, sondern zu uns allen. Und nicht etwa, weil wir Assets für ihn waren – er hat nie nach Gefälligkeiten gefragt –, sondern weil er sich für seine Leute verantwortlich fühlte.

Wir haben uns gezofft, als er zu Saeder-Krupp ging. Er dachte, dass die was geregelt kriegen, was Vater Staat schon lange nicht mehr hinkriegt. Dass die, was auch immer sie sind, sich zumindest nicht von jedem x-beliebigen Drecksack kaufen ließen. Zwanzig Jahre lang hab ich ihn geblockt, ignoriert oder bin ihn richtig schäbig angegangen, wann immer er ein Lebenszeichen von sich gab.

- Drek, wie alt *bist* du?
- Konnopke

- Jünger, als du denkst. Ich war extrem jung, als ich in der Ausbildung war.
- Darkside

Dann stand er in meiner Bude. Erzählte, dass er längst im Ruhestand sei und ihn diese eine Sache aus der Zeit bei S-K Prime nicht losließe. Dass er Teil einer Taskforce gewesen sei, die herausfinden sollte, warum den Konzernen 2055 die komplette Eroberung Berlins misslang und auch danach jeder noch so ausgereifte Plan gegen die Neo-Anarchisten weit hinter den Erwartungen zurückblieb. Er erzählte mir, wie sie 2066 ihren Abschlussbericht vorlegten. Dieser wies anhand detaillierter Analysen von Geldbewegungen, persönlichen Verbindungen wichtiger Akteure und Warnmeldungen an Zielpersonen der Konzerne nach, dass es im Berliner Osten wie schon im Briefing vermutet einen Machtspieler gibt, der hinter den Kulissen den Ausbau von Strom- und Kommunikationsnetzen vorantreibt, Allianzen vermittelt, Firmen aufbaut und an entscheidenden Punkten eingreift, um den Zusammenbruch der fragilen Anarcho- und Sprawlguerilla-Strukturen zu verhindern.

Lutz sagte, er und die anderen Ermittler seien fest davon ausgegangen, dass es einen Nachfolgeauftrag, eine „Phase zwei“ geben würde, die den Urheber dieser Phänomene identifizieren sollte. Doch dieser Auftrag kam nie. Stattdessen wurde das Projekt beendet und alle Ermittler wurden neuen Aufgaben zugewiesen, jeder an einer anderen Stelle, was so weit nicht ungewöhnlich sei. Doch als er zehn Jahre später in Rente ging – ja, so was soll vorkommen –, kam er gedanklich immer wieder zu diesem einen Fall zurück.

- Lass mich raten: Ihn hat irritiert, dass „jemand weit oben bei S-K“ von vornherein gewusst haben muss, dass es diesen Machtspieler gibt? Und vermutlich auch, wer oder *was* das ist? Genau deshalb wäre es nämlich Blödsinn gewesen, in einem nächsten Schritt dessen Identität festzustellen. Der Auftraggeber des Projektes wollte nur verifizieren, ob es „ihn“ – Apex! – noch gibt.
- Konnopke

- *Heute* ist mir das klar – aber hinterher ist man immer schlauer. Und Lutz hatte bestenfalls eine Vermutung.
- Darkside

Er gab mir die Akte. Inklusive Unmengen von Protokollen, Berichten, Chatverläufen, Verbindungsdaten und Aufstellungen zu Finanzbewegungen. Meinte, er müsse dringend mit Cyanide reden, einem selbst für seine Kreise paranoiden Verschwörungsblogger, zu dem ich seinerzeit Kontakt hatte. Woher er das wusste, hab ich seltsamerweise nie gefragt; ich war es einfach gewohnt, dass Lutz Dinge wusste. Ich versprach, Cyanide zu fragen – was war schon dabei, der würde eh ablehnen –, und dann war Cyanide tot, Lutz war nicht mehr erreichbar, und ich fand im Papierkorb meines Büros die Visitenkarte eines Unternehmens namens BroadPeak, auf der in Lutz' Handschrift das Wort „Apex“ stand.

Wie ihr euch denken könnt, hab ich mir daraufhin die Akte noch mal genau vorgenommen. Ich hab Kommentare in Foren und im Berlin-2080-File verfasst, quasi als Brotkrumen, ob sich jemand deswegen melden würde (was auch geschah). Ich hab die Orte abgeklappert, für die sich S-K Prime besonders interessiert hatte – den Kreuzbasar am Moritzplatz vor allem –, hab Kontakt zu einer ganzen Reihe von Leuten aufgenommen, die in gewisse Ereignisse in den 2050ern in Berlin verwickelt waren, hab kryptische Hinweise von Wildost bis Wladiwostok und Seattle verfolgt und über Mittelsmänner Kontakt zu Runnern gehabt, die direkt in die Ereignisse 2081 verwickelt waren … und all das dampfe ich jetzt für euch zusammen.

APEX

Das hier ist nicht die Wahrheit. Es ist aber meine beste Annäherung an sie.

In der alten Welt, vor dem zweiten Crash, gab es der Decker-Folklore nach drei große KIs: Deus, Megaera und Mirage bzw. Psychotrope. Aber offenbar gab es (mindestens) eine vierte: Apex. Die heute vielleicht

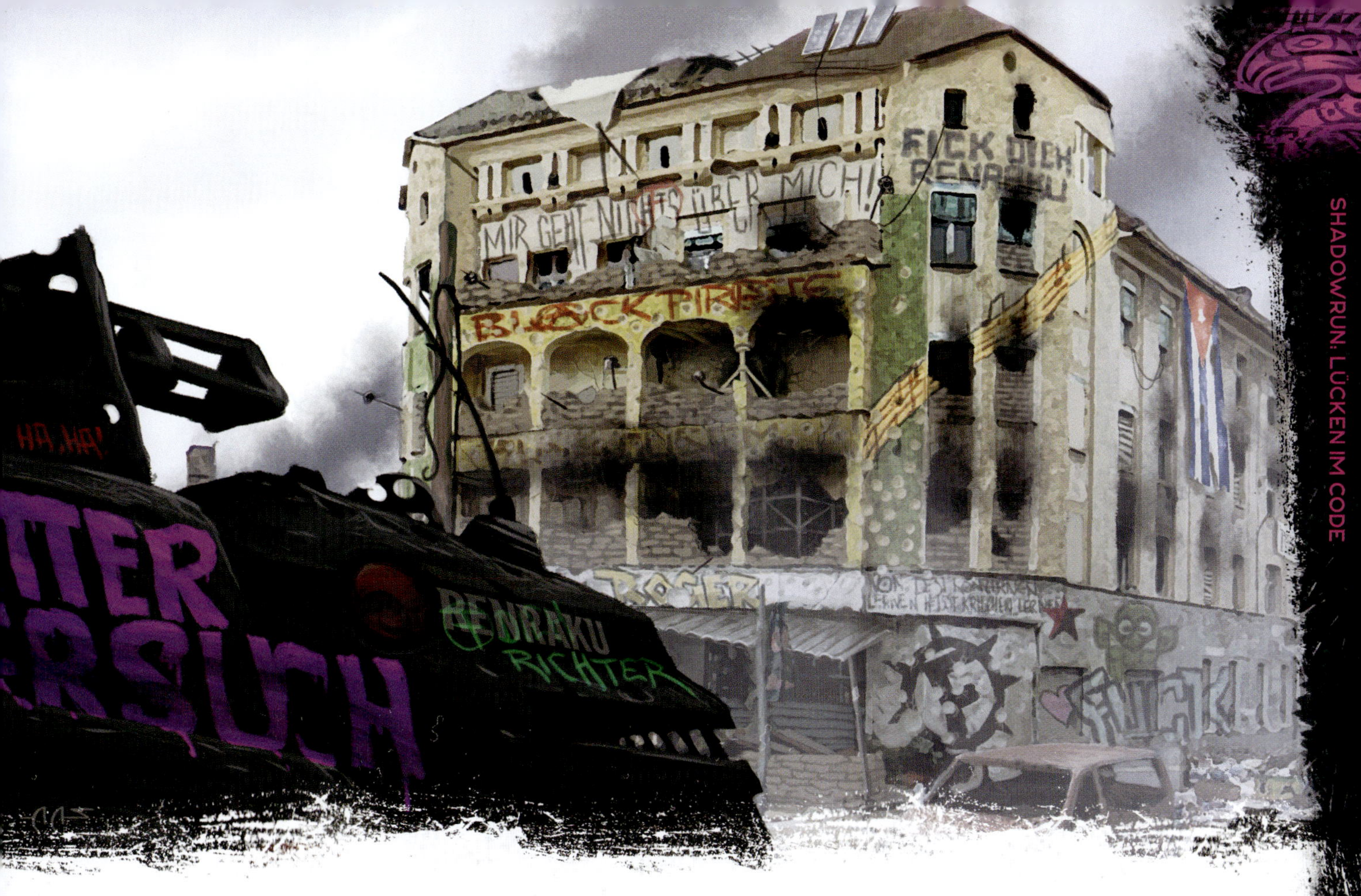

die einzige noch lebende, gottgleiche KI der Zeit vor dem zweiten Crash ist.

- Ich weiß, das will keiner hören, aber meiner Ansicht nach war der Crash-Virus von 2029 tatsächlich die allererste KI. Das hab ich direkt von Alice von Echo Mirage, die meine Großtante ist.
- Dodokaeder

- SORRY! Ich dachte, Dodo sei cool und vor allem geistig gesund. Ich ziehe hiermit mein Sponsoring zurück! Bitte kickt ihn!
- .asl

DODOKAEDER UND .ASL WURDEN AUS DEM PANOPTIKUM VERBANNT VON: TAGWACHE // .ASL TEMP 3 MONATE

- Dein drekking Ernst?
- .rez

.REZ WURDE AUS DEM PANOPTIKUM VERBANNT VON: TAGWACHE // .REZ TEMP 24 STUNDEN

67 KOMMENTARE WURDEN GELÖSCHT. 6 NUTZER WURDEN PERMANENT VERBANNT VON: TAGWACHE

- Meinungsfreiheit ist ein sehr hohes Gut, und wir haben wirklich jedes Verständnis, wenn Emotionen mal hochkochen. Aber wir lassen uns nicht bedrohen, geschweige denn angreifen.
- Tagwache

Geschaffen in den frühen 2030ern(?) von einem Unternehmen, das später zu S-K gehörte, wurde ein „nicht auf das System beschränktes, innerhalb desselben RTG (Regionales Telekommunikationsgitter) frei bewegliches, autonom agierendes und hochadaptives Jäger-IC“ geschaffen, das einen Decker auch außerhalb dessen, was wir heute „Host“ nennen würden, aufspüren, jagen, „verschlingen“ und seine Erinnerungen und seine Persönlichkeit in sich aufnehmen konnte. Den Entwicklern wurde schnell klar, dass sich das Apex-Projekt (eine Kurzform von „Apex Predator“, Jäger der Jäger) weit jenseits von dem entwickelte, was sie kontrollieren konnten. Panikartig schalteten sie die Server ab, und die ganze Sache wurde begraben.

- Der Vollständigkeit halber weise ich darauf hin, dass es zu den Gründen für die Einstellung des Projektes mehrere Theorien gibt. Die einen sagen, die Entwickler hätten das Projekt selbst beendet, andere sagen, dass das Unternehmen hinter Apex um 2037 von S-K übernommen und Lofwyr himself zu etwa dieser Zeit die Einstellung dieses und vieler anderer Projekte im Bereich KI veranlasst habe. Wiederum andere sagen, Apex sei zu 100 Prozent ein S-K-Projekt und von Lofwyr selbst in Auftrag gegeben worden, was mir aber angesichts der zeitlichen Verortung und Lofwyrs genereller Haltung gegenüber KIs unwahrscheinlich scheint.
- Darkside

- Sag mal, hast du keine Angst, dass du dich durch diese Offenbarungen zum Primärziel für Apex oder S-K Prime (oder Lofwyr, oder sonst wen) machst?
- Sermon

- Da kannst du drauf wetten. Aber seit den Ereignissen letztes Jahr in Berlin ist dieses frühere Top-Secret-Wissen ohnehin „draußen“, also hätte niemand etwas zu gewinnen, ausgerechnet mich deswegen zu stiffen. Umso mehr, wenn ich euch jetzt alle zu Mitwissern mache. >grins<
- Darkside

- Deine Fürsorge rührt uns zu Tode.
- Corpshark

Irgendwann in den Vierzigern(?) wurden die Server, auf denen Apex schlummerte, von jemandem gefunden. Derjenige wusste womöglich nicht, womit er es zu tun hatte, aber er war schlau genug, Vorkehrungen zu treffen, um Apex von der Matrix zu trennen und dieses „Super-IC" als Sicherheitssystem für sein Geheimlabor irgendwo in der Märkischen Schweiz östlich Berlins einzusetzen, wohin er die Server verbrachte. In dieser Funktion verschlang Apex dann 2054 die Schattenläuferin **Monika Schäfer**, als diese mit ihrem Team in die Anlage eindringen wollte.

- Ich sage „irgendwo", weil es nicht relevant ist. Ich kenne den Ort und bin auch da gewesen, aber er ist heute nur eine flache, von der Natur komplett zurückeroberte Mulde im Boden.
- Darkside

MONIKA

Monika Schäfer war eine Idealistin des damals noch höchst lebendigen Status F und war im Kreuzbasar ziemlich bekannt. Das meiste, was ich über sie in Erfahrung bringen konnte, ist Hörensagen, aber mit äußerster Mühe fand ich eine Runnerin, die damals wohl selbst dabei war. Inzwischen ist sie verstorben, und als ich mit ihr sprach, war sie bereits alt, von Drogen ausgezehrt und geistig alles andere als klar. Das meiste, was sie sagte, ergab wenig Sinn, und ihre Erinnerungen schienen sich mit Träumen und Fantastereien zu mischen, aber offenbar war der „Herr von Apex" ein Militärtyp und ein Waffenentwickler. Der Kerl verfügte über enorme Geldmittel und war dabei, irgendeine Anti-Drachenwaffe zu entwickeln – für welche Organisation, hat sie nie erfahren.

- Ich sag mal „Allianzverschwörung", weil mir eh keiner zuhört. Klar ist die erst viel später auf *unserem* Radar aufgetaucht, aber viele der vermuteten Mitglieder sind alte Leute oder Mitglieder alter Familien, und wie man z. B. am Abschuss der Großen Drachin Feuerschwinge sehen kann, war die Haltung von Regierung und Bundeswehr zum Thema Drachen damals eindeutig feindselig.
- Konnopke

- Oh, come ON! Der Abschuss von Feuerschwinge war 2012, als man noch wenig über Drachen wusste, und dieses Ungetüm hat Tausende Unschuldige zu Asche verbrannt. Nicht Regierung und Bundeswehr waren da die feindselige Partei. Davon ab ist das jetzt siebzig Jahre her und war schon in den Fünfzigern ferne Vergangenheit. Ich bin zwar auch skeptisch, was die allgemeine Intelligenz der Metamenschheit betrifft, aber ein klein wenig haben wir uns seit dem Erwachen schon weiterentwickelt.
- Come ON

- Mag sein. Aber jedes Militär würde, wenn es eine solche Kampfbegegnung erlebt, seine Einsatzdoktrin auf einen zukünftigen Vorfall dieser Art anpassen und ja, auch effektive(re) Waffen zu entwickeln versuchen. Fälle wie unser Real-Godzilla Sirrurg zeigen ja, dass bewaffnete Konflikte mit Großen Drachen auch heute ein plausibles Szenario bleiben, auf das man sich vorbereiten muss.
- Deckard

DIE DRACHENTÖTER-THEORIE

Was mich beschäftigt, ist die Frage, was Apex über die ominöse Anti-Drachen-Superwaffe weiß. Wenn die Daten eines solchen Projekts – dessen Name wohl „Panacea" (Allheilmittel) war – irgendwo auf Apex' System gespeichert waren, *sollte* er sie kennen. Andererseits ist er im Kern ein IC- und kein Waffenentwicklungs-Programm, und gäbe es nur den Hauch einer Chance, dass er eine „ultimative Drachentöter-Waffe" hätte, wäre wohl nicht nur jener Ort östlich Berlins heute eine Bodensenke …

- Er mag ursprünglich ein IC-Programm gewesen sein, aber er hat sich eindeutig weit über seine Designparameter hinaus entwickelt. Gott weiß, was er inzwischen kann.
- Fienchen

Monika zu verschlingen soll Apex drastisch verändert haben. Oder auch nicht. Meine Quellen teilen sich auf in jene, die glauben, dass Apex durch Monikas Gedankenwelt „infiziert" wurde und eine große Faszination für den Status F und dessen Schutz entwickelte, und jene, die glauben, dass das nur eine Lüge war, um die Kooperation der Runner und später weiterer Kreise von Unterstützern zu gewinnen.

Genauso unklar bleibt, was mit Apex in der Anlage weiterhin geschah. Meine Gesprächspartnerin sagte, ihr Team sei nach Monikas Tod unter Führung der oder des „Neuen" erneut in das Anwesen vorgedrungen und habe Apex dabei entweder gelöscht oder seine Server zerstört. Als ich dies in einem internen Forenchat des Arachnet erzählte, wurde ich von jemandem mit Wegwerf-ID kontaktiert, der behauptete, von dem Team als Deckersupport für diesen zweiten Run angeworben worden zu sein. Der Typ widersprach dem, was ich gepostet hatte, und behauptete, dass das Team im Gegenteil Apex – der zunächst in Gestalt der verstorbenen Teamleiterin Monika auftrat – im Austausch dafür befreit habe, dass „sie" die Sicherheitssysteme der Anlage abschaltete. Erst nach dem Entfernen bestimmter Codesperren habe Apex sein wahres Wesen gezeigt und die Sicherheitssysteme der Anlage nicht nur abgeschaltet, sondern das Wachpersonal mit den eigenen Drohnengeschützen niedergemäht.

- Ich hab eine ziemlich gute Idee, wer dieses „Decker-Back-up" gewesen sein dürfte, und kann dir ein paar Takte über den Kerl erzählen. PN mich mal.
- Aggi

- Ähm, Spoiler: Apex gibt es ganz offensichtlich noch. Ist doch egal, ob die Runner-Omi Stuss erzählt hat (soll bei alten Runnern gelegentlich vorkommen), Apex ein Back-up oder einen Fluchtweg hatte, die Runner hereingelegt wurden oder einer von ihnen buchstäblich das Geschäft mit dem Teufel gemacht und dabei ggf. sogar das eigene Team verraten hat.
- .spoof

- Das Alte-Runner-Gebashe nervt, .spoof. Mag sein, dass ihr Hackbirds novaheiße NextGen-Decker seid, die ein paar Tricks kennen, die älteren Deckern unbekannt sind – im Namen von

allen danke für jeden Exploit, den ihr teilt. Aber ein alter Runner geworden zu sein ist ein Achievement, das nur wenige erreichen. Und denen sollte man zuhören und Respekt zollen. Ich hab keinen Bock, heute noch jemanden zu bannen. So ka?
- Tagwache

- Ganz andere Frage: Wer war denn eigentlich der Auftraggeber der Runner damals?
- Sermon

- Der oder die „neue Anführer:in" des Runnerteams nach Monikas Dahinscheiden soll es gewusst bzw. nach Ende des Runs herausgefunden haben, hat es aber nie verraten.
- Darkside

HELD DER (F)REIHEIT

Die Konzerne haben ihre Übernahme Berlins 2055 mehr als zehn Jahre lang geplant und vorbereitet. Das geht aus der S-K-Prime-Akte, die Lutz mir gab, klar hervor. Warum er das tat, verwirrte mich immer mehr, je tiefer ich in die Daten einstieg. Er wollte doch nur einen Kontakt zu Cyanide, den ich ihm eh gegeben und den Cyanide eh abgelehnt hätte.

Die Akte enthält alles. Protokolle über die verdeckte Verlagerung von Truppenkontingenten der Konzerne nach Berlin. Die Listen der „Anarchistenführer", die als Primärziele kurz vor Beginn der Offensive durch Scharfschützen, Attentäter und Verräter in den eigenen Reihen hätten ausgeschaltet werden sollen. Minutiöse Angriffspläne. Eben alles, was die S-K-Prime-Ermittler erhalten hatten, um nachzuvollziehen, warum diese von langer Hand geplante Operation dermaßen schiefgegangen war. Und damit auch den Beweis, dass Apex' (mögliche) Freisetzung 2055 in der Planung der Konzerne keinerlei Rolle spielte – weil seine Existenz gar nicht bekannt war.

Soweit es den Bericht betrifft, weist dieser „nur" nach, dass es definitiv einen Drahtzieher im neoanarchistischen Untergrund der Stadt gab, der designierte Mordopfer warnte, Angriffspläne der Konzerne verriet, neuralgische Ziele evakuieren ließ und das gemeinsame Handeln vormals erbittert verfeindeter Gruppen erreichte. Erst aus heutiger Sicht und den Geschehnissen des Netzgewitters lässt sich ergänzen: Der Drahtzieher war Apex.

Und erst heute, rund ein halbes Jahr, nachdem das Wissen um seine Existenz in den neoanarchistischen Kreisen Berlin zu zirkulieren beginnt, tritt klar hervor: Einige wenige Eingeweihte haben das seit fast dreißig Jahren gewusst oder wissen *müssen*. Andere ahnten „so was", hielten aber den Mund. Und wieder andere stellten sich diesem Fremdeinfluss (egal, ob sie mit ihrer Vermutung, worin dieser bestand, richtig oder falsch lagen) aktiv entgegen und wurden dafür verlacht und isoliert, oder sie verschwanden spurlos – verdächtig oft durch „Black-Ops-Teams der Konzerne" und als Helden des Status F posthum gefeiert.

- Falls Apex in der Tat derjenige war, der die Konzerneroberung 55 verhindert hat, woher wusste er von den Konzernplänen?
- Corpshark

- Apex frisst Persönlichkeit und Erinnerung. Es braucht nicht mehr als einen einzigen Konzerndecker bzw. Maulwurf mit entsprechender Sicherheitsfreigabe im Konzern, den er zwischen 2055 und 2056 gefressen hat, um komplett im Bild gewesen zu sein.
- Darkside

ZERSPLITTERUNG

2064 kam der zweite Matrixcrash und mit ihm das Ende der alten Kabelmatrix. Manche Systeme und einige Subnetze wurden rechtzeitig von der Matrix getrennt, und durch einen solchen Vorgang muss auch Apex in einem getrennten Netz sowohl vor der Zerstörung gerettet und im gleichen Zug erneut gefangen gesetzt worden sein.

Erst die Vorfälle letztes Jahr haben enthüllt, dass Apex bei der Trennung vom Netz schwer beschädigt wurde. Die Meinungen zu den Details gehen auseinander, aber offenbar wurden mehrere Codefragmente von Apex abgespalten. Einige dieser „Splitter" wurden in den folgenden Jahren gefunden und isoliert – mindestens einer von Saeder-Krupp, was womöglich der Auslöser für die Ermittlungen von S-K Prime in Berlin war –, andere enthielten genug funktionsfähigen Code, um in der neuen kabellosen Matrix ein groteskes Eigenleben zu entwickeln.

Die exakte Anzahl der Splitter und ihre jeweiligen Eigenschaften und Fähigkeiten sind unbekannt. Aus heutiger Sicht spricht vieles dafür, dass vor allem die KIs **Bethal** und das **Kristallkind** verlorene Splitter von Apex sind – beziehungsweise waren.

- Sollte auch der **Jadedrache** ein Splitter von Apex sein, könnte das sowohl sein Jagdverhalten als auch sein enormes Interesse am Wesen und der Psychologie seiner Opfer erklären, die er in Experimenten studiert hat. Was, wenn sein Splitter vor allem den „Profiling-Code" von Apex enthält, also elementare Bestandteile seines IC-Jagdcodes?
- Sermon

- Drek. Das würde erklären, warum Apex in seinem Kabelgefängnis insgesamt wohl wenige Decker gefressen hat. In ihm überlebte vielleicht viel von Monikas Persönlichkeit, während sein „Hunger" im Jadedrachen steckte. Und nun ist Apex frei und wird sich mit den letzten verlorenen Splittern zu vereinen versuchen, indem er sie verschlingt.
- Aggi

- Unfug. Der Jadedrache hat in den letzten Jahren vor allem „geforscht". Ihn als „Hunger" zu charakterisieren, passt hinten und vorne nicht.
- Sermon

- Spricht die Gestalt des Jadedrachen nicht klar dagegen, dass er ein Teil von Apex ist? Immerhin war Apex vor seiner Freisetzung in den Fünfzigern mit Drachentöterkram beschäftigt, und auch als Kraft des Status F sollten Drachen praktisch sein Endgegner sein.
- Deckard

- Kennst du diese Geschichten, wo sich der Urheber eines Großbrandes als jemand von der Feuerwehr herausstellt? Dass einer von der „Drachenwehr" selbst eine Faszination für Drachen hat, scheint mir da nicht abwegig.
- Becquerel

- Logisch, dass ausgerechnet *du* das verstehst.
- Cosmic

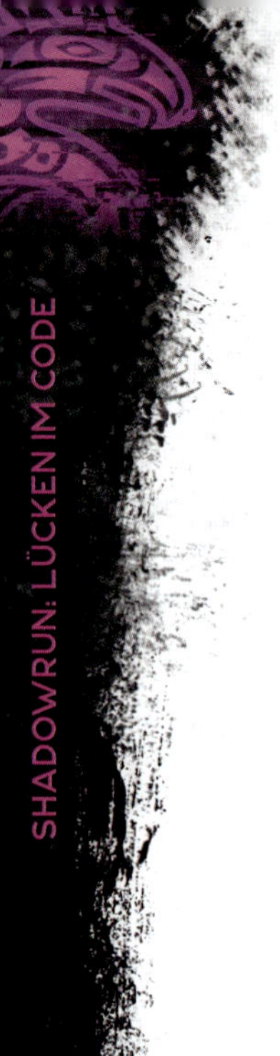

In den Ereignissen, die schließlich in dem mündeten, was in einigen Berliner Kreisen heute „das Netzgewitter" genannt wird, spielen diese Codesplitter – Bethal und das Kristallkind sowie weitere Codefragmente – eine wichtige Rolle. Wie es scheint, hatte Apex seine Aktivitäten bis 2081 derart ausgeweitet, dass diese sich kaum noch verbergen ließen. Speziell der massive Ausbau der Kabelmatrix inklusive der Platzierung von Chiptelefonen bis weit in die Westbezirke Berlins, das Wachsen der Letzten Front von einer einzelnen Terrorzelle zu einem Bündnis mehrerer extremistischer Gruppen und eine drastische Zunahme von verdeckten Geldströmen in den neoanarchistischen Untergrund Berlins riefen mehrere Parteien auf den Plan, die vor allem durch Runner Informationen beschaffen ließen.

Einige Teams und freie Agenten wurden auch direkt auf die Suche nach technischen Relikten aus der Kabelmatrix-Ära geschickt, andere mit dem Einbruch in geheime Anlagen der Firma BroadPeak oder in Konzernlabore beauftragt, wo es Datenkerne zu bergen galt.

Erst im Rückspiegel lässt sich erkennen, wie dynamisch die Zahl solcher und ähnlicher Aufträge speziell ab Anfang 2081 zunahm, wie sich die Ziele immer mehr auf Berlin, das Pankower Dreamland und ganz zuletzt den Caligariplatz konzentrierten, bis sich die Konflikte dann in einem wahren Matrixsturm und einer ausgedehnten Schlacht auf den Straßen und in den Häusern des Caligarikiezes entluden – in dem Apex' Server verborgen waren.

DURCH DEN ZYKLON

Das meiste, was wir über die am Konflikt beteiligten Fraktionen wissen (oder zu wissen glauben), haben wir durch die Kämpfe rund um den Caligariplatz erfahren. Erst hier griffen die Parteien direkt ein und traten aus den Schatten der Gassen ins grelle Licht der Flares und Flammen. Am Ende der Nacht lagen ihre Leichen in den Trümmern, blieben Verletzte zurück, die man „befragen" konnte, und erst da konnten einige Mitglieder, Verbündete oder gekaufte Unterstützer der einen oder anderen Seite nicht länger abstreiten, was passiert war.

APEX UND DER CALIGARI-KIEZ

Ziel der Angriffe sämtlicher Parteien waren die Häuser der „Weißen Spitze" am Caligariplatz, genauer gesagt ein mitten zwischen bzw. unter den Wohnhäusern verborgenes Serverzentrum mit angrenzender Munitionsmanufaktur und Ausbildungslager für Sprawlguerillas. In der fuchsbauartigen Anlage befanden sich die zentralen „Heimatserver" von Apex, der sich zwar frei durch die Kabelmatrix bewegen konnte, dessen veraltete Kabelmatrix-Protokolle aber einen physischen Ort benötigten, auf dem die Hauptlast seines Codes lief. Die Existenz der Server und von dem, was auf ihnen ruhte, muss natürlich mindestens einigen Leuten im Kiez bekannt gewesen sein. Wie sich herausstellte, war der Kiez unter der Kontrolle einer alten Sprawlguerillagruppe namens **Colcha**, die offenbar schon seit den Fünfzigern Apex beschützt – entweder, weil er sie tatsächlich kommandiert, oder weil sie Apex als die beste Waffe der Neo-Anarchisten betrachten, um den Status F gegen die Übermacht der Konzerne zu verteidigen.

Zum Angriff auf dieses Serverzentrum kam es, da mehrere Fraktionen über ihre jeweiligen verdeckten Operationen sowohl von Apex' Existenz als auch seinem Vorhaben erfahren hatten, sich zu rekompilieren und in die globale Matrix zu entkommen. Auch der massiv steigende Energieverbrauch in einem Low-Tech-Kiez konnte nicht ewig unbemerkt bleiben. Als sich dadurch die Hinweise verdichteten, dass Apex' Ausbruch aus seinem Gefängnis unmittelbar bevorstand, entschieden sich einige der Parteien – allen voran die **Shader**, die durch Kräfte der **Horde** unterstützt wurden, sowie **Saeder-Krupp** – zum Angriff. Der Ausbruch offener Kämpfe rief dann weitere Parteien auf den Plan. Einige von diesen – wie die **Vory** und die **Ancients** – hatten eigene Rechnungen im Kiez zu begleichen, andere – darunter Runner – wurden von ihren Auftraggebern in den Kiez geschickt, und zuletzt sahen auch die **Renraku**-Leute am Ryu-Tor in der Straßenschlacht ihre Chance, das lästige Anarchistengeschmeiß von gegenüber loszuwerden, damit Renraku seine schöne Autobahnauffahrt bauen und damit den Querverkehr durch seinen Bezirk verringern kann.

- Auf der Gegenseite haben die Leute vom Caligarikiez natürlich alle offenen Gefallen bei ihren Connections eingefordert. Alleine hätten die Colchisten den Ansturm keinesfalls abwehren können. Was den Caligarikiez nun, da alle Schulden bezahlt wurden, umso verwundbarer macht.
- Aggi

Am Ende gelang es den Angreifern nicht, Apex' Rekompilierung zu verhindern. Ich habe mehrere Gespräche mit Deckern geführt, die kabellos anwesend waren und von einer riesigen Spinne – Bethal – berichteten, die gemeinsam mit Dutzenden Shadern den Punkt angriff, an dem Apex in unsere schöne neue Matrixwelt „hineingeboren" würde. In der folgenden Matrixschlacht wurde Bethal durch Apex assimiliert, und die meisten ihrer Technomancer fanden den Tod – manche „herkömmlich", manche, indem Apex sie samt ihren dissonanten Seelen verschlang.

Die Rekompilierung und der Matrixkampf zerkochten die Serversysteme im Fuchsbau und das gesamte Stromnetz der Gegend förmlich. Es dauerte Wochen, bis zumindest die Stromversorgung wiederhergestellt werden konnte.

- Falls ihr euch fragt, warum mehrere angekündigte Releases des Labels Black Pirate verschoben wurden: Deshalb! Black Pirate hat seinen Sitz im Stirnerhaus am Caligariplatz, dessen Fassade durch schweren Beschuss ziemlich verwüstet wurde. Neben den Studios von Black Pirate hat leider auch das Punk- und Anarchiemuseum einen schweren Treffer abbekommen – viele der einzigartigen Stücke dort sind unwiederbringlich verloren, einige wurden wohl geplündert (jedenfalls laufen mehrere Jobangebote der Museumsleiterin Kat zur Rück- und Ersatzbeschaffung).
- Aggi

- Die Kabelmatrix in dieser Ecke des Dreamlands wird wohl noch lange außer Betrieb bleiben – ist ja nicht so, als könne man Ersatzteile für diese obsolete Technologie beim nächsten Metro-Media kaufen.
- .spoof

APEX UND DIE LETZTE FRONT

Was Apex seit seiner Befreiung getan hat oder in Zukunft vorhat, ist unbekannt. Natürlich gibt es die üblichen angeblichen Sichtungen und Begegnungen, die einer Prüfung aber nicht standhalten. Da sich Apex praktisch beliebiger Personas bedienen kann, würde man ihn auch dann nicht erkennen, wenn er online vor einem steht.

Die Vorfälle am Caligariplatz und in der Matrix sprechen sich langsam herum in der Berliner Anarchoszene, deren Anhänger:innen im Wesentlichen einen von drei Standpunkten einnehmen: Die weitaus größte Fraktion hält Erzählungen über eine KI, die in den letzten 25 Jahren den Status F in Berlin geschützt haben soll, für durchschaubare Konzernpropaganda, die die Leistungen der Alternativen in Berlin zu entwerten und die Anarchos zu entzweien versucht. Die zweitgrößte Fraktion nimmt hin, dass es Apex gibt und darin auch der Grund liegt, warum die Konzerne (bislang) nicht gesiegt haben, hat damit aber kein Problem oder findet es „ganz cool", dass die Konzerne von ihrer eigenen Schöpfung rektal penetriert wurden. Tja, und die dritte Fraktion ist geradezu elektrisiert und hat entweder vor, sich Apex anzudienen oder ihn als Superwaffe gegen einen Gegner zu verwenden, der bis eben noch als unverwundbar galt.

Was die Letzte Front angeht, so gehört diese überwiegend zur dritten Fraktion, deren Wortführerin wiederum niemand anderes als **Daemonika** ist – ein Anarcho-Musikstar, die bisher nicht gerade als Terroristin der Letzten Front auffällig wurde. Natürlich gibt es auch in der Front Bruchkanten und Streits um den zukünftigen Kurs; ganze Splittergruppen – darunter die Leute von **Kommando Konwacht** – sollen die Letzte Front verlassen haben.

- Fun Fact: Daemonika hat sich jüngst eine VolksSIN auf den Namen „Monika Schäfer" zugelegt.
- .spoof

- Im Arachnet kursiert die Theorie, dass Daemonika eine Bunraku-Puppe auf Basis von Monika Schäfer ist. Und dass ihr optisch auf Monika gestylter Körper aus einer unter mysteriösen Umständen verschwundenen „The Orchid Berlin"-Celebrity namens Osiris geschaffen wurde [#megapuls250978, SuperBILD „Der Ork und das heiße Cyber-Girl"].
- Aggi

- Nur, weil jemand angeblich als Bunrakupuppe geschaffen wurde, entwertet das nicht, was sie tut oder wofür sie steht. Ideen sind unsterblich.
- DieEchteMarlene

- Meiner Ansicht nach wird Monika Schäfers Bedeutung künstlich aufgeblasen. Im Kreuzbasar kannten sie eine Handvoll Leute – zum Beispiel dieser Doc Ezkebiel, der dort immer noch „operiert", oder Kaschmir, die über ihren Onkel von ihr gehört hat –, aber niemand, mit dem ich gesprochen habe, charakterisiert Monika als Anführerin der Neo-A-Revolution oder Heldin des Status F oder so.
- Konnopke

- Ich glaube, du verkennst, wie Legenden entstehen #cheguevara. Es ist zudem völlig egal, wer oder was die echte Monika Schäfer war. Daemonika ist für die Apex-Fans in der Letzten Front die fleischgewordene Apex, die Heilsbringerin des Status F.
- .spoof

- Ich kotze gleich.
- Cynic

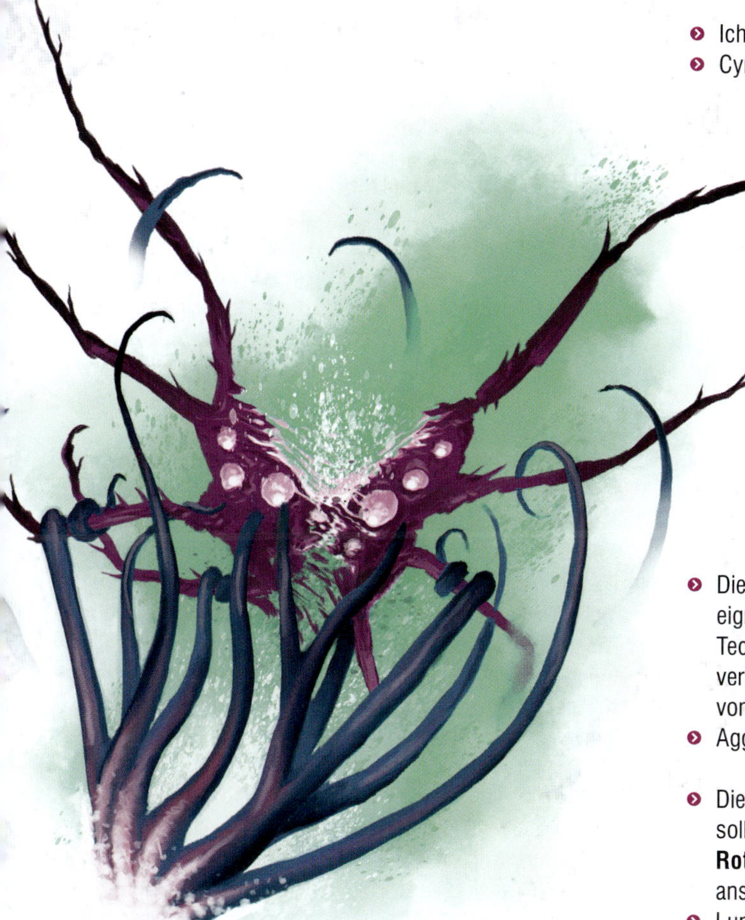

BETHAL UND DIE SHADER

Die Zerstörung von Bethal und die „Fusion" der Spinnen-KI mit Apex gelten als gesichert, ebenso der Tod des Alten Fritz und die Vernichtung zahlreicher Shader. Die verbliebenen Reste der Gruppe und vor allem ihre Produktionsstätten für Schwarzmarkt-Chips werden inzwischen von der Horde kontrolliert, mit der die Shader eng alliiert waren. Ob sich die Shader von dem Schlag erholen und als eigenständige Gruppierung überleben können, muss die Zukunft zeigen.

- Die Shader-Chipproduktion in Finow wurde kurz nach den Ereignissen von den **Grauen Wölfen** überfallen und die dortigen Technomancer praktisch versklavt. Der Oberwolf Tauh'd hat verkünden lassen, dies sei „Entschädigung" für die Ermordung von Asena Bulut.
- Aggi

- Die verbliebenen Shader stehen mit dem Rücken zur Wand. Es sollte mich nicht wundern, wenn sie sich Hilfe bei der **Frau in Rot** suchen oder sich jener Gruppe dissonanter Technomancer anschließen.
- Luna

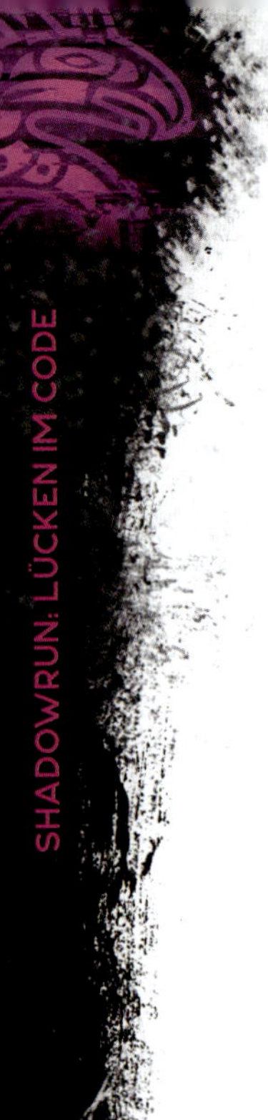

DAS KRISTALLKIND

Das Schicksal des Kristallkinds ist unbekannt. Einige sagen, es sei, wenn nicht beim Netzgewitter, dann gewiss nach der Freisetzung von Apex durch diesen verschlungen worden. Andere wollen es in jüngerer Zeit gesehen haben, müssen aber einräumen, dass man letzten Endes nicht wissen könne, ob man das Kristallkind oder Apex vor sich habe.

SAEDER-KRUPP

An den Kämpfen am Caligariplatz nahmen auch S-K-Konzerntruppen teil, allerdings viel zu wenige, um eine „echte" Aktion von Saeder-Krupp Berlin zu sein. In den Schatten kursiert das Gerücht, dass es sich bei den S-K-Kräften nur um das Einsatzkontingent einer einzelnen Entwicklerin im Unternehmen gehandelt habe, die wohl ohne Kenntnis der Vorgesetzten mit der Erforschung der Splitter beschäftigt war und die Kontrolle über die drei KIs erlangen wollte. Sollte sie überlebt haben, dürfte ihr eine Einladung zum … äh … nach Essen sicher sein.

RENRAKU

Auch Renrakus „Blitzkrieg"-Beteiligung der Kräfte am Checkpoint Ryu, der direkt am Caligariplatz liegt, dürfte auf einen Alleingang des dortigen Hardliner-Kommandanten **Tetsuro Richter** zurückgehen. Andernfalls hätte Renraku weitaus genug Zeit gehabt, das komplette Gebiet „urban umzugestalten". Inzwischen steht das Tor unter dem Kommando einer gewissen **Arika Maeda**, die sozial viel kompetenter als ihr Vorgänger zu sein scheint. Falls Richter überlebt hat, wurde er jedenfalls versetzt.

DIE ANCIENTS

Der Angriff der Ancients auf den Caligarikiez scheint weniger mit Apex als vielmehr mit Streitigkeiten um Drogen zu tun gehabt zu haben, die von Runnern aus dem Kiez gestohlen oder zerstört wurden. Zwischen den Kiezbewohnern und den Ancients, die in der Gegend als Pusher für das Euphoria genannte „Super-Cram" des Engel-Kartells arbeiten, kriselte es bereits seit Längerem. In der Schlacht mussten die Ancients wie praktisch jede Seite empfindliche Verluste hinnehmen. Aktuell sind sie darum bemüht, ihre Reihen wieder aufzufüllen, ehe die neu geeinten Drakova-Vory die Gelegenheit beim Schopfe packen und sich diese spezielle Laus aus den Schuppen brennen.

DIE VORY

Neben all den anderen dunklen Geheimnissen, die durch das Netzgewitter ans Licht kamen, hat sich auch der Verbleib der verschwundenen Vory-Millionen aufgeklärt: Offenbar haben sowohl das Kristallkind als auch Apex Wettmanipulationen und Geldverschiebungen aus dem Besitz der Gargari-Organizatsi genutzt, um ihre jeweils eigenen Projektkassen zu füllen.

Das unerklärliche Fehlen von Unsummen an Wett-, Prostitutions- und Drogengeldern – und die darauffolgenden wechselseitigen Schuldzuweisungen der Vory untereinander – war einer der wichtigsten Gründe dafür, dass die Vereinigung der Berliner Vory-Gruppen unter der Drakova 2079 scheiterte. Die Offenbarung des bzw. der wahrhaft Schuldigen hat die Vory in ihrem Zorn vereint und es der Zariza Berlins gestattet, diesen auf einen gemeinsamen äußeren Feind zu richten.

Jene Vory, die weiterhin den Verdacht hegen, die „Drachin" stecke hinter der Ermordung von Gargari und Karewitsch, mag das nicht von ihrer Opposition abbringen, aber die rein monetär ausgerichteten Diebe im Gesetz und vor allem jene, die fälschlich der Unterschlagung von Vory-Vermögen bezichtigt wurden, schließen derzeit ihre Reihen mit der Drakova-Organizatsi.

- Besieht man sich die am Caligariplatz verstorbenen Vory genau, fällt auf, dass es vor allem diese früheren Drakova-Oppositionellen waren, die ihre Rechnung mit Apex direkt klären wollten. Die Verluste der Drakova hingegen scheinen auffallend übersichtlich zu sein.
- Russian Standard Troll

BROADPEAK UND DIE KABELMATRIX

Das „Schwarze Netz" der Kabelmatrix ist das kommunikationsstrategische Rückgrat des anarchistischen Widerstands in Berlin. Die Kämpfe um die Fuchsbau-Server und die Zerstörung wichtiger Knotenpunkte im südlichen Pankow haben die Leistungsfähigkeit des ganzen Systems in Mitleidenschaft gezogen.

Dies ist umso kritischer, als auch viele BroadPeak-Techniker im Vorfeld und bei den Kämpfen den Tod fanden oder im Nachgang von wütenden Vory ermordet wurden. Das so verlorene technische Wissen über die ISDN2-Matrix ist kaum zu ersetzen. Erschwerend kommt hinzu, dass Apex nun nicht mehr in der Kabelmatrix präsent ist und diese somit ihr wichtigstes IC verloren hat. Und als ob das alles nicht schon schlimm genug wäre, haben die Vory und die Vesuv-Casinos dem eigenen Bekunden nach alle Schlupflöcher geschlossen, durch die die Mittel für Betrieb, Instandhaltung und Ausbau des Schwarzen Netzes abgezweigt wurden.

BroadPeak insgesamt besteht zwar weiter und bietet seine Services zur Bereitstellung abhörsicherer Verbindungen auch weiterhin uneingeschränkt an, aber Wartezeiten von mehreren Monaten sind aktuell an der Tagesordnung.

- Da der Fuchsbau als ein zentraler Knotenpunkt der Kabelmatrix enthüllt wurde, befindet sich BroadPeak auf der Suche nach neuen, versteckten Standpunkten für seine Server. Langfristig möchte man ein noch dezentraleres Servernetz aufbauen, das weniger anfällig für punktuelle Angriffe ist, aber für dieses Vorhaben fehlen aktuell sowohl die Hardware als auch die Manpower.
- Aggi

- Wenn ich BroadPeak wäre, würde ich bei den Engeln anklopfen. Im **Heaven**, der ja der Rohbau einer Arkologie der Draco Foundation ist, soll noch einiges an altvorderer Matrixtech verbaut sein, und der „Himmel über Berlin" ist auch nah genug am früheren

- Knotenpunkt, um Verbindungen mit vertretbarem Aufwand re-routen zu können. Und perfekt zu verteidigen ist er auch.
- .spoof

- Wisst ihr, wer die Hardware und die nötige Expertise für Betrieb, Ausbau und vor allem „Umnutzung“ der Kabelmatrix hat? Renraku! Womit wir wieder bei **Marianne** bzw. Kassandra wären …
- Sim-Eon

KONSEQUENZEN FÜR UNS

GEPOSTET VON: SERMON

Ich weiß, dass Darkside bei einigen als Verschwörungstheoretiker verschrien ist, und kann das auch niemandem vorwerfen. Aber er ist immerhin keiner dieser Alarmisten, die bei jeder Gelegenheit „wir werden alle sterben“ schreien. Dennoch können und sollten wir die neuen Bedrohungen, die in dieser Filesammlung liegen, nicht ignorieren, sondern wachsam bleiben.

APEX ERKENNEN

Rein statistisch ist die Wahrscheinlichkeit, dass ihr es direkt mit Apex zu tun bekommt, mehr als gering. Trotzdem hier meine Einschätzung:

Im Besonderen solltet ihr misstrauisch sein bei **allen, die ihr nur online kennt.** Apex kann Onlinepersönlichkeiten nach Wahl erschaffen und Leute mit Matrixzugang „fressen“ und perfekt nachbilden. Jeder Schmidt, der euch online anwirbt, könnte theoretisch Apex sein.

Die zweite Abstufung sind **Leute, die ihr zuletzt 2081 körperlich gesehen habt.** Diese könnten durch Apex gefressen worden sein und nun perfekt nachgebildet werden. Inklusive Erinnerungen an „Dinge, die nur die/der Echte wissen kann“.

Die dritte Abstufung sind **Xhiditionisten und andere Simrig-Broadcaster**, also Leute, die ein Interface zur Sinnesübertragung und die technischen Möglichkeiten zum Live-Streaming von Simsinn haben. Apex hat ein großes Interesse an Vorgängen in der physischen Welt und den Verhaltensweisen lebendiger Personen gezeigt. Ein betreffendes Link könnte für ihn ein Angriffspunkt sein.

Die vierte Abstufung sind **(Anthro-)Drohnen und Bunraku-Puppen.** Erstere werden seit wenigen Jahren gerne von Schmidts verwendet, um Runner „risikolos“ zu treffen und anzuwerben, Letztere sind darauf ausgelegt, die gespeicherte Persönlichkeit von jemandem (oder etwas) nachzubilden, was für Apex nur den Download einer zuvor geraubten Persönlichkeit oder Teilen seiner eigenen erfordert.

- Also alles wie bei KFS. Juhu.
- Cynic

Die Versuchung, Apex' Fähigkeiten zu überschätzen, ist allerdings groß. Vergesst nicht: Er ist auch jetzt noch praktisch „frisch rekompiliert“ und hat eine komplett neue Datenwelt vor sich, in der er sich erst zurechtfinden muss. Nicht zuletzt hat er es jetzt erstmals mit einer nonlokalen Matrix, Fundament-Tech, GOD und zahllosen neuen digitalen Entitäten zu tun.

- Ich an seiner Stelle wäre in der Kabelmatrix geblieben …
- .spoof

UNSERE PLATTFORMEN

Meiner persönlichen Meinung nach wird es allerhöchste Zeit, dass wir unser Schatten-Netzwerk von Grund auf neu aufbauen. Apex und andere in diesen Files genannte Bedrohungen sind hierfür eher ein Anlass und nicht der eigentliche Grund, und ich will euch gerne sagen, warum:

DAS PANOPTIKUM

Unser Peer-to-Peer-Netzwerk wurde zur Zeit der kabellosen Matrix vor der De-la-Mar-Ära geschaffen und war in den Siebzigern die perfekte State-of-the-Art-Lösung für die Sicherheit unserer Daten und Verbindungen. Inzwischen ist es hoffnungslos veraltet und wird nur noch durch Patches und Emulatoren einer vergangenen Technik-Ära am Leben gehalten. Es simuliert eine gerätegebundene Funktionsweise, die es in der neuen Matrix in dieser Form nicht mehr gibt. Zudem gibt es immer wieder Streit über die restriktive Handhabung von Schreibrechten bei den Files und den Kommentaren.

ARACHNET

Selbst wenn man annimmt, dass Apex die direkte Kontrolle über die Berliner Kabelmatrix verloren hat, ist das Arachnet zu sehr von Apex-Sympathisanten und -Agenten durchsetzt, um eine geeignete Heimat für unsere Unterhaltungen und Schattenfiles zu sein. Außerdem ist es technisch noch veralteter als das Panoptikum, was speziell Teilnehmern von außerhalb Berlins die Partizipation fast unmöglich macht.

NEXUS-HUBS

Zwar existiert mit dem Nexus B eine funktionierende Plattform für „NextGen-Decker“, die bereits Ableger zu fast allen Plexen und Themen vom Nexus A (Augsburg) bis zum Nexus Y (Fachnexus für das Thema Bundeswehr) hervorgebracht hat, aber die verwendete Plattformarchitektur ist ebenso wie der Zugang viel zu offen, um für unsere Zwecke geeignet zu sein. Außerdem herrscht in diesen Hubs mitunter ein Umgangston, gegen den selbst unsere übelsten Streits wie höfliche Gespräche beim Nachmittagstee wirken.

ANDERE PLATTFORMEN

Die meisten der anderen bereits etablierten Plattformen haben ebenfalls Sicherheits-, Performance-, Administrations- oder Matriquette-Probleme. So ist bei der **Helix** beispielsweise kaum zu verhindern, dass europäische User von außerhalb der ADL ein Thema kapern oder Fragen stellen, die für ein deutsches Fachpublikum irrelevant sind (nicht, dass sich ADL-User der Helix zum Beispiel in den französischen Hubs besser betragen, im Gegenteil). Die **Umbra**- und die **Shadowcloud** hingegen sind zwar als Back-up-Archive für brisante Files bestens geeignet, verfügen aber entweder nur über eingeschränkte Chatfunktionen oder sind in jüngerer Zeit von Konflikten der Admins untereinander geplagt, was einige Nutzer vergrault hat.

WILLKOMMEN (ZURÜCK) IM SCHATTENLAND

Vor Kurzem entdeckten ein paar Altdecker (ja, Altdecker, ihr lieben NextGens) in den unkartierten Regionen, die die [#auswurfschock]-Files als „Seite A der Wilden Matrix" beschreiben, die kalten Echos des uralten Schattenlandes.

- Was nur beweist: Man kann nicht finden, wonach keiner sucht.
- .spoof

Gemeinsam mit befreundeten Jungdeckern und Technomancern (ja, gemeinsam erreichen wir die besten Ergebnisse) gelang es diesen „Archäologen" – zu denen übrigens auch AHAB und mehrere Tag-/Nachtwache-Admins des Panoptikums gehörten –, ihren Fund in den Randbereich der Wilden Matrix zu bringen, wo dieser besser vor Emergenten Tieren geschützt ist und dennoch außerhalb des Blicks von GOD bleibt.

- Ähnlich wie das Shadowland BBS.
- .spoof

Inzwischen hat dieses neue alte Schattenland einen technischen Zustand erreicht, der es ideal macht für unsere Kommunikations- und Archivierungsbedürfnisse als deutsche Schattengemeinde. Es ist State of the Art und den Konzernen mehrere Quantensprünge voraus, es ist praktisch nur zu finden, wenn man bereits weiß, wo es sich befindet, ein Zugang ist nur per Einladung möglich, und wir haben ein gestaffeltes Autorisierungssystem geschaffen, das endlich vom überholten binären „Alle Rechte oder gar keine"-Prinzip des Panoptikums und anderer Netzwerke wegkommt. Stattdessen erhalten Neuzugänge – die weiterhin ein Mitglied als Sponsor brauchen – zunächst nur eingeschränkte Lese- und Schreibrechte, die graduell erweitert werden, je mehr Upvotes der Teilnehmer für seine Verlässlichkeit und Expertise sowie – und das wird die N00bs freuen – auch für die Qualität seiner *Fragen* bekommt. Beleidigungen, themenfremde Kommentare, Trolling und Hinweise auf einen möglichen Verrat an Konzerne oder andere schattenfremde Kräfte führen zu Downvotes, die die verliehenen Privilegien ebenso graduell wieder einschränken können, ohne dass beim ersten Suffpost sofort der Bannhammer fliegt. Das jeweilige Verhältnis von Up- zu Downvotes ist jederzeit mit Klick auf den Poster transparent einsehbar, inklusive der ggf. beim Vote beigefügten Begründung.

- Das klingt zwar gruselig nach dem Social-Scoring-System der einschlägigen Wohlverhaltensapps der Kons, andererseits liegen die Vorteile auf der Hand. Außerdem mag ich, dass das Schattenland nonlokal ist, also nicht „in Groß-F", „in Berlin" oder „im RRP" liegt. Ich nehme an, dass die Files trotzdem in der Schattencloud und dem (deutschen und Denveraner) Nexus gespiegelt werden?
- .spoof

- Ja, werden sie. Übrigens bleibt das Panoptikum natürlich ebenso wie die anderen Netzwerke in Betrieb. Es wird eine gewisse, aber gewiss keine hundertprozentige Migration der Nutzer geben.
- Sermon

- Wer ist Admin des Schattenlandes?
- Konnopke

- Die Admin besteht ähnlich der Tag-/Nachtwache des Panoptikums aus rund einem Dutzend Decker, die sich die Aufgabe der Sicherheit und des Rechtemanagements teilen. Anders als Tag- und Nachtwache postet jede:r Admin unter dem eigenen Namen, der nur dann, wenn man in der Funktion als Admin postet, aus der Kennung „Admin.Name" – in meinem Fall: „Admin. Sermon" – besteht.
- Sermon

- Du bist Admin? Glückwunsch!
- .spoof

- Merci. Die Admins werden in den kommenden Tagen Einladungen verteilen, was aus Sicherheitsgründen „top down", also beginnend bei den qualifiziertesten „Stammpostern", beginnen wird. Wenn sich jemand für eine Einladung bewerben mag, findet er hier den >Link<.
- Sermon

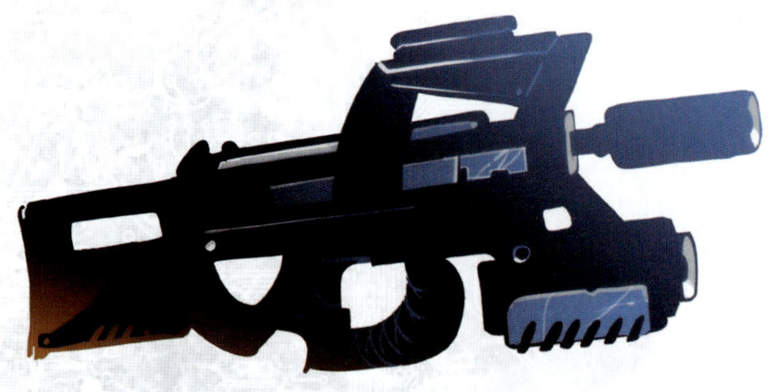

ZUR VERWENDUNG DIESES BUCHES

GRUNDLAGEN

Dieses Buch enthält zehn Matrixgruppen, die ein breites Spektrum an Perspektiven abdecken. Einige von ihnen sind feindselige und furchterregende Bedrohungen, die sehr detailliert ausgearbeitete Antagonisten für deine *Shadowrun*-Abenteuer darstellen. Andere könnten Verbündete oder Connections sein. Jede von ihnen steckt voller Möglichkeiten, eine *Shadowrun*-Kampagne zu bereichern, egal ob du sie als Abenteueraufhänger, wiederkehrende Feinde, Verbündete und Connections, Komplikationen, die sich auf andere Runs auswirken, oder einfach nur als Hintergrundgeschmack verwendest, um die Sechste Welt komplexer und chaotischer zu machen. In diesem Kapitel findest du einige nützliche Tipps, wie du diese Gruppen in deine Kampagne einbauen kannst.

SHADOWRUNS UND ABENTEUER-AUFHÄNGER

Jedes Kapitel enthält einen Abschnitt mit einem oder mehreren Abenteueraufhängern, die dir helfen, die entsprechende Gruppe in deine *Shadowrun*-Kampagne einzubauen. Nicht jeder Aufhänger wird perfekt zu deiner Gruppe passen, kann aber immer noch als Ausgangspunkt für ein Abenteuer verwendet werden. Eine einfache Möglichkeit, einen Abenteueraufhänger zu adaptieren, ist, ihn umzudrehen – die Runner werden also nicht angeheuert, um den Auftrag zu erledigen, sondern, um sich gegen Agenten oder andere Runner zu stellen, die daran arbeiten, die im Aufhänger genannten Ziele zu erreichen. Du könntest dir auch überlegen, welche Folgen es haben mag, wenn die NSC in deiner Kampagne einen Abenteueraufhänger verpfuschen oder erfolgreich abschließen. Anschließend entwirfst du ein Abenteuer, in dem die Spielercharaktere angeheuert werden, sich um diese Folgen zu kümmern. Eine der besten Möglichkeiten, einen Abenteueraufhänger in deine Kampagne einzubinden, ist die Einbeziehung anderer etablierter Connections, die von deinen Spielercharakteren regelmäßig genutzt werden. Schieber, Deckmeister, ID-Fälscher, Gangs, kriminelle Gruppierungen und Megakon-Connections, die sich auf die Matrix konzentrieren, sind wahrscheinlich alle an den Aktionen der Gruppen in diesem Buch beteiligt oder von ihnen betroffen. Diese Connections können für oder gegen diese Gruppen handeln, aber sie wissen wahrscheinlich ebenfalls nichts von der wahren Natur oder den geheimen Plänen der Gruppen. Eine der effektivsten

Methoden, um deine Spielenden auf einer persönlichen Ebene zu motivieren, ist die Einbindung einer etablierten NSC-Connection, die deinen Spielercharakteren am Herzen liegt.

ANTAGONISTEN UND FEINDE

Die meisten Gruppen in diesem Buch sind in erster Linie als Widersacher, Feinde und gefährliche Bedrohungen für deine Kampagne gedacht. Jede von ihnen hat eine ungewöhnliche und gefährliche Agenda, in die Shadowrunner auf die eine oder andere Weise verwickelt werden können. Im Taktikteil jedes Kapitels findest du Details darüber, wie diese Gruppen vorgehen, und in einigen Fällen auch NSC-Werte. Wenn die Spielercharaktere beschließen, den Kampf gegen diese Feinde aufzunehmen, zeigt dir der Abschnitt *Stützpunkte und Verstecke*, wo sie wahrscheinlich zu finden sind – und was auf jeden zukommt, der dort anklopft (oder die Tür eintritt). Jedes Kapitel enthält außerdem einen Abschnitt, der beschreibt, mit wem die jeweilige Gruppe verbündet ist. Bevor du eine dieser Gruppen als Feind einführst, solltest du zuerst mit einer Begegnung gegen einen ihrer Verbündeten beginnen – zusammen mit einigen Hinweisen, die auf die Gruppe hinweisen. Wenn die Spielercharaktere aufgefordert werden, gegen eine dieser Gruppen zu kämpfen, könnten die Feinde der Gruppe zu ihnen kommen und ihnen Hilfe oder Informationen anbieten oder ihnen sogar das Angebot machen, die Runner anzuheuern, damit sie es mit der Gruppe aufnehmen.

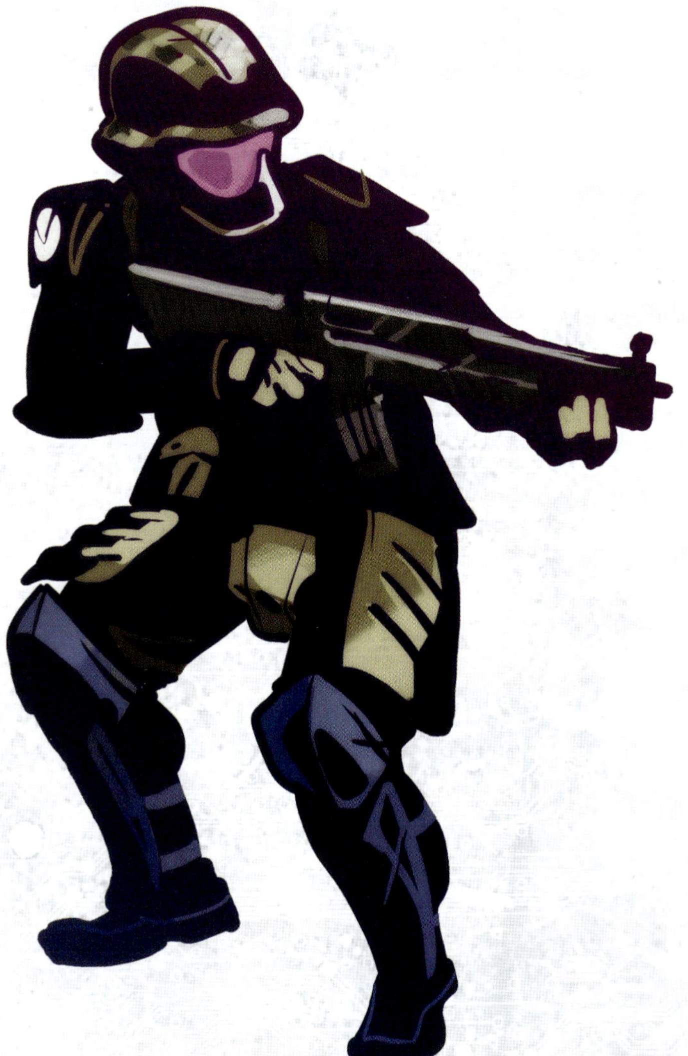

Wiederkehrende Gegner funktionieren am besten, wenn sie hinter den Kulissen arbeiten und sich selten (wenn überhaupt) auf direkte Konfrontationen mit Shadowrunnern einlassen. Solche direkten Begegnungen enden meist mit toten oder besiegten NSC, denn die meisten Spielenden hassen es aus tiefstem Herzen, Schurken entkommen zu lassen, damit sie an einem anderen Tag von ihnen in Gefahr gebracht werden. Einen Namen und ein Gesicht zu haben, das man hassen kann – und das nicht so leicht zu erreichen ist, um es zu schlagen –, macht die Dinge für die Spielenden persönlicher. Im Abschnitt *Prinzipien* jedes Kapitels findest du einige Namen und Gesichter, die du verwenden kannst, aber du kannst dir auch deine eigenen Schurken ausdenken.

Shadowrun gibt dir ein weiteres Werkzeug an die Hand, um einen wiederkehrenden Bösewicht zu haben, der überlebt und die Runner erneut plagt: Edge. Wenn Spielende einen Edge-Punkt verheizen können, um ein Ereignis zu überleben, das sie eigentlich hätte töten sollen, warum sollten NSC das nicht auch tun können? Die klare Antwort darauf ist, dass es sich unfair anfühlen kann, wenn ein NSC nach Belieben Edge verheizen kann – schließlich muss sich die Spielleitung nicht die Mühe machen, die Karmakosten für den Rückkauf des Attributspunkts zu bedenken, und so könntest du leichter dazu verleitet werden, Edge zu verheizen, als die Spielenden es tun würden. Unser Rat ist, diese Option als Werkzeug für besondere Fälle zu behalten – für wichtige Gegner, die darauf achten, sich einen Fluchtweg offenzuhalten, falls die Dinge schlecht laufen. Im Allgemeinen sind NSC mit einer Professionalitätsstufe von weniger als 4 nicht wichtig genug, um Edge zu verheizen. Wenn du diese Taktik zu oft anwendest, werden deine Spielenden vielleicht paranoid und geben sich besonders viel Mühe, um sicherzustellen, dass die Gegner nach einem Kampf auch wirklich tot sind. Das ist auch in Ordnung, denn so sind die Runner einem noch größeren Risiko ausgesetzt, gefangen zu werden, als wenn sie einfach verschwinden würden, wie es wahrscheinlich klüger wäre.

Tappe nicht in die Falle, dass du willst, dass deine Antagonisten länger überleben, als es die Aktionen der Spielenden und ihr Würfelglück zulassen. Es ist fair, das Verheizen von Edge zum Überleben zu nutzen, solange es von der Spielleitung nur selten eingesetzt wird. Wenn du zu Maßnahmen greifst, die einen NSC auf jeden Fall überleben lassen, egal was die Spielenden tun, werden sie wahrscheinlich frustriert sein – und das zu Recht, denn es nimmt ihnen ihre Handlungsfähigkeit. Das kann ein kleiner Balanceakt sein, aber es lohnt sich, ihn zu praktizieren. Es ist okay, wenn die Spielenden deine Lieblinge töten, auch wenn es manchmal wehtut. Denk daran, dass du eine ganze Welt voller NSC hast, mit denen du arbeiten kannst, und du dir immer noch mehr Feinde ausdenken kannst. Die Spielenden hingegen haben jeweils nur einen Charakter mit begrenzten Ressourcen.

VERBÜNDETE UND CONNECTIONS

Auch wenn viele der in diesem Band vorgestellten Gruppen eindeutig als gefährliche Bedrohungen gedacht sind, mit denen kein Shadowrunner etwas zu tun haben möchte, könnten viele von ihnen (auch) zu Verbündeten oder normalen Connections der Spielercharaktere werden. In manchen Fällen sind sie den Spielercharakteren unbekannt und sie halten sie für eine ihrer normalen Connections, weil es keine Anzeichen dafür gibt, dass sie Teil einer größeren Gruppe mit einer seltsamen und gefährlichen Agenda sind. Andere, wie die Reality Hackers, stehen offen zu dem, was sie tun, und sind bekannt. Sie könnten Verbündete sein, die den Runnern im Austausch gegen Gefallen oder Nuyen helfen, und sie werden die Runner wahrscheinlich von Zeit zu Zeit um Hilfe bei Problemen bitten, die sie nicht allein lösen können (oder wollen).

Solche Gruppen können in fast allen Fällen wie jede andere Connection vom Typ Matrix behandelt werden, wobei die Typen Organisiertes Verbrechen, Technisch und Straße die häufigste zweite Option sind. Das Kapitel jeder Gruppe enthält einen Abschnitt darüber, wie man mit dieser Gruppe in Kontakt treten kann – einschließlich Informationen darüber, wie empfänglich diese Gruppe für die Zusammenarbeit mit Außenstehenden ist.

Die in den einzelnen Kapiteln aufgeführten Prinzipien bieten viele Beispiele für ausgearbeitete NSC, mit denen die Runner arbeiten oder die sie kennenlernen können.

Ideen, wie Runner bei diesen Connections Gefallen erhalten können, findest du im Abschnitt über die Ziele der jeweiligen Gruppe.

Wenn du überlegst, was eine Gruppe einem Team von Shadowrunnern bieten kann, lies dir die Informationen zu ihren Ressourcen durch. In diesem Abschnitt findest du Informationen darüber, welche Ressourcen der Gruppe zur Verfügung stehen, um ihre Ziele zu erreichen.

Die meisten Matrixgruppen sind im Informationshandel tätig und wissen, wie sie an illegale Hard- und Software herankommen. Viele von ihnen benötigen gewisse Ressourcen, um ihre Ziele zu erreichen, und sind eine gute Quelle, um gestohlene Waren, Paydata und andere Gegenstände, die auf einem Run erworben wurden, zu verschieben.

KOMPLIKATIONEN

Eine Möglichkeit, eine der Gruppen einzuführen, ohne sie zu einem gewichtigen Handlungspunkt in deiner Kampagne zu machen, ist, sie einen Run verkomplizieren zu lassen, während sie ihre eigenen Ziele verfolgt. Die GOD-Slayers sind dafür perfekt geeignet, denn sie lieben es, Alarm auszulösen, um es mit den Sicherheitsteams aufzunehmen, die GOD auf sie ansetzt. Die Reality Hackers sind eine weitere Möglichkeit, besonders wenn die Runner für die Yakuza arbeiten. Diese Technik ist eine großartige Möglichkeit, einen einfachen Run aufzupeppen oder schwieriger zu machen, wenn die Runner es zu leicht haben. Die Gruppe wird die Runner wahrscheinlich als Komplikation betrachten, die ihre Pläne durchkreuzt, sie könnte sich aber auch im Falle einer Eskalation mit ihnen zusammentun, um mit der schärferen Reaktion umzugehen, die durch die Aktionen beider Parteien verursacht wird.

AUSSCHMÜCKEN

Nachrichten, Gerüchte auf der Straße und in Foren, die auf die Machenschaften einer oder mehrerer der Gruppen in diesem Buch hindeuten, sind eine hervorragende Möglichkeit, das Setting zu bereichern und es lebendig wirken zu lassen. Es geschieht schnell, dass man sich nur darauf konzentriert, was die Runner vorhaben. Connections sind Metamenschen, und Metamenschen lieben es, zu tratschen und sich zu unterhalten. Die Informationen im Abschnitt *Grundlagen* jedes Kapitels enthalten wahrscheinlich alles, was du brauchst, um dir ein paar Gerüchte auszudenken. Dadurch entsteht das Gefühl, dass die Runner Teil einer größeren Welt sind, in der viele Ereignisse stattfinden, die wenig oder gar nichts mit ihnen zu tun haben. Sei aber darauf gefasst, dass deine Spielenden eines dieser Gerüchte aufgreifen und unbedingt weiterverfolgen wollen. Wenn das passiert, lass dich nicht entmutigen – lies ein bisschen mehr über die Gruppe und bereite dich darauf vor, dass sie eine wichtigere Rolle in den Handlungen und Plänen deiner Kampagne einnimmt. Stell dir vor, du streust Samen aus – diejenigen, die die Spielenden interessieren, entwickeln sich zu Handlungsfäden und Themen, und diejenigen, bei denen das nicht der Fall ist, liefern eine schöne Hintergrundfarbe.

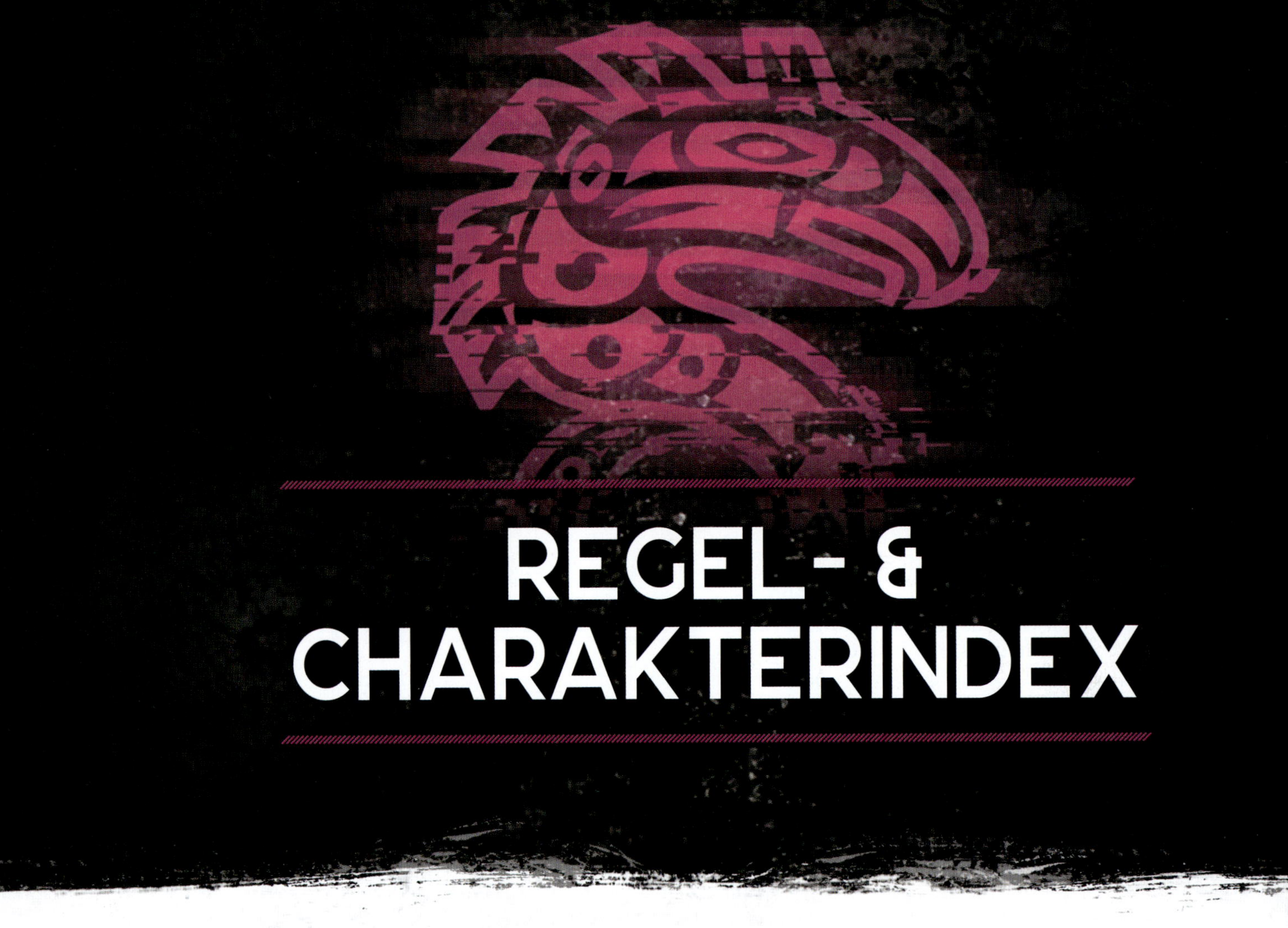

REGEL- & CHARAKTERINDEX

SPIELREGELN UND NSC, DIE IN DIESEM BUCH AUFGEFÜHRT SIND, WERDEN HIER ZUSAMMENGEFASST.

Besessenheitsregeln S. 23

Ex-Machina-Cyberzombie-Instanz S. 15
Ex-Machina-Host S. 22
Ex-Machina-Infiltrator-Instanz S. 15
Ex-Machina-Sprite-Instanz S. 16

Frau in Rot: Aufgestiegene Göttin S. 53
Frau in Rot: Matrixspezialistin S. 52
Frau in Rot: Sozialmanipulatorin S. 52

Hostmods (Nullsekte) S. 102

Nullmods S. 101
Nullsekten-Frevler S. 100
Nullsekten-Heimat und -Strukturen S. 103
Nullsekten-Kreuzritter S. 100
Nullsekten-Versorger S. 100

Reality-Hackers-Leutnant S. 124
Reality-Hackers-Noob S. 123
Reality-Hackers-Soldat S. 124